U0165528

公司法
概要

林勝安—著

序言

　　律師及司法官新制考試，於民國100年登場，其第一試之綜合法學(二)和第二試之商事法，均加考公司法，且比重不小，坊間已有很多公司法參考用書，但大多只有試題模擬，尚乏完整系統條文釋義並兼顧試題解答，因此，筆者想朝此方向努力，為讀者諸君提供一本有系統、簡潔，涵蓋重要考題內容的用書，讓您能以最短時間，獲得最高之報酬。

　　司法考試公司法用書的編撰，除法律專業外，公司法有關之專業知識及實務經驗亦十分重要，筆者從事證券投資有30年經驗，曾任證券商重要職務多年，且是國家證券分析師考試及格，在大學擔任證券交易法和投資學教師近30年，著有證券交易法和股市完全精通等書近20本，與公司業務關係至為密切。以筆者的證券專業經驗，能以淺顯易明的口語，讓您很容易就瞭解公司法的相關規定，惟有概念化，才能簡單化，簡單化之後，才記得住，因為有經驗的考生都知道，進了考場，不只是比較誰懂得多、記得多，更重要的是要比誰忘得最少。

　　本書即根據概念化、簡單化的原則編撰，先對條文作簡明之介紹，並在出過題的部分加註題號標示，讓讀者能馬上活學活用；對於有爭議的問題，以最簡短文詞引述學說和實務見解；申論題解答亦考慮讀者所能記憶之限度，及考試時所能寫完的程度，儘量簡化內容，這樣才能收事半功倍之效。

　　筆者20歲就通過教育行政高考，後又陸續通過金融特考、關稅特考、財稅高考、證券分析師及律師高考等考試，所以本書可跟讀者分享讀書和考試經驗，例如筆者20歲考高考時，當時的憲法主要是考條文內容，我把175個條文變成175字，每5字一小段落，共35段落，把35個字背進考場，考卷發下，不先看試題，先把35個字抄下來，再根據試題找條文，答題總能引經據典，就算遇到某些獨門暗器型考試，眾考生一定邊寫邊罵，但我卻寫得悠哉得意，每次憲法都能拿80至90分，其實，筆者考過那麼多次高考，憲法這一科大概讀不到一星期，卻十拿九穩，以律師高考而言，筆者是將憲法釋字找五分之一的重要釋字，按上述方式整理背誦，故能收事半功倍之效，其他各科條文亦然，謹供參考。

　　研究所畢業之後，承蒙恩師提拔，曾擔任多年的閱卷襄試委員，發現很多考生之申論題，有的空白不會作答，有的答題太過簡要，有的太過冗長、不知所云，碰到少數能夠條分理析、綱舉目張、又有實質內容者，大多樂於給高分，因此，本書的申論題總是朝條分理析、綱舉目張，有實質內容的方向努力，讓讀者平時所讀，即進場所要寫，這就是得到高分、順利金榜題名的鎖鑰。

　　筆者雖極為盡力編撰本書，惟才學淺陋，如有疏誤，尚祈專家先進斧正，幸甚！

林勝安　謹誌

101年3月1日

作者簡介

林勝安

▲現職
　華視空中教學主講教授
　美邦投顧證券分析師

▲經歷
　台灣省政府財政廳股長
　中興大學、朝陽科大、台中科大教授投資學、證交法、行政法等課程
　慶宜證券顧問、慶宜投顧副總經理
　大展綜合證券副總經理
　考選部高普特考襄試委員

▲學歷
　台中師專畢
　中興大學企管系畢
　政治大學財政研究所畢
　美國舊金山金門大學稅務研究所

▲考試
　律師高考及格
　教育行政高考及格
　財稅行政高考及格
　海關特考及格
　金融特考及格
　國家考試證券分析師考試及格

▲著作
　股市完全精通、證券交易法、證券交易法概要、保險法、保險法概要、
　股票賺錢101招、共同基金理財、如何投資未上市股票等

律師、司法官考試準備要領（林勝安提供）

一、一定要有拿手、出眾的一科，例如民法及民事法或商事法；刑法及刑訴法分數都很低，不能當標的。

二、主科以外，各科齊頭併進，絕對不能有任何一科很差。

三、勤作筆記，要整理成(一)系統化(二)概念化(三)尤其是簡單化。

四、重要條文一定要倒背如流，不能等考試再翻條文。

五、相關條文一定要整理連貫：ex.公司負責人責任：§8、23、193、194、199、200……等。

六、準用條文一定要整理連貫：ex.票據法124準121、104……等。

七、大法官釋字將近700號，一定要選出重要的1/5，例如共140號：(一)寫出主文之摘要(二)各號以一個字代表，共140字，每5字一段落（如五言絕句），晨昏定省，早晚背誦，視為珍寶。

八、近十年考題及當年研究所考題答案一定要熟讀並簡化答案。

九、近十年考題一定要統計出題比例：ex.證交法第一高比例：內線交易，出題較高的答案標題一定要倒背如流。

十、答題要訣：(一)要會三段論論述：1.破題　2.本文　3.結論　(二)每題寫二頁。

本書導讀說明

一、為期讀者對公司法能有完整之概念,建議先從第1條開始,有系統閱讀一遍,再就重要條文,按其重要性加強閱讀。

二、何謂重要性條文?筆者根據新制司法人員考試99年預試試題,100年試題,及近年檢察事務官、會計師和研究所考題,加以綜合,並按最高五顆星,依次排列如下供參考:

(一)五顆星者:8、13、15、16、23、24、27、108、156、167、174、185、189、193、194、199、199-1、202、214、216、267、316、369-4

(二)四顆星者:208、212、220、234、235

(三)三顆星者:25、73、74、75、88、159、171、172、172-1、186、192、194、198、277、317、369-2

(四)二顆星者:71、106、158

(五)一顆星者:29、161、161-1、161-2、162-1、163、167-1、168-2、272

並將重大考題圖示如下供參考(出題次數為90年至100年律師、司法官申論題曾引述條文部分)

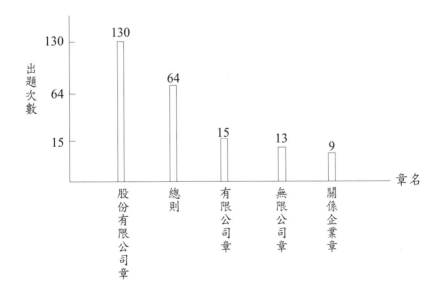

由上圖，股份有限公司章鶴立雞群；總則章緊隨其後；有限公司再次；至於無限公司部分，主要是準用§73至§75合併之條文；關係企業章條文甚少，以出題比例而言，應在有限公司之前；明瞭出題趨勢，讀者當能輕易掌握讀書重點，高分上榜。

三、歷年考題務必常加複習，本書在重要章節之後，附有記誦資料，以最簡短內容呈現，讓讀者好讀、好記憶，常背誦，進考場就能收立即反應之效。

四、條文有二項以上者，本書均於每項前加註①②③……，以利閱讀。

五、條文中有涉及考題者，以阿拉伯字作註腳插註，俾讀者讀完條文解說，馬上可做試題練習，這樣可幫讀者獲得完整且清晰之概念。

公司法沿革

1. 中華民國18年12月26日國民政府制定公布全文233條；並自20年7月1日起施行
2. 中華民國35年4月12日國民政府修正公布全文361條
3. 中華民國55年7月19日總統令修正公布全文449條
4. 中華民國57年3月25日總統令修正公布第108、218條條文
5. 中華民國58年9月11日總統令修正公布第13、14、239、241條條文
6. 中華民國59年9月4日總統令修正公布第5、9、29、41、45、56、66、84、98、101、103、108、111、119、135、136、138、154、165、169、185、186、248、253、255、258、260、268、271、273、276、282、283、285～288、299、306～308、311、317、334、359、385、386、399、402、419、420、431、435條條文
7. 中華民國69年5月9日總統令修正公布第2、8、10、13、17、18、20、24、29、37、77、87、98、100～102、105～113、119、128、156、157、161、162、168、169、172、173、179、181、183、195、198、203、208、210、211、217、222、235、240、241、248、250、251、257、267、268、271、278、294、314、第五章第十一節名稱、315、319、331、334、335、371、373、386、387、396、397、399、401、402、404、406、408、411、413、415～417、419、420、422、423、435、438、447條條文；並增訂第28-1、161-1、218-1、218-2、317-1、402-1條條文；刪除第320、321、第六章名稱、357～369、430～433、439～446條條文
8. 中華民國72年12月7日總統令修正公布第5、7、9、13～16、19、20、22、41、63、73、74、83、87、89、90、93、101、103、112、118、133、135、138、145、146、151、156、159、161、161-1、167～170、172、183～187、195、196、198、200、209～211、214、217～219、228、230、232、235、237、240、241、245、248、251、252、257～259、267、268、271、273、277、279、285、293、300、313、326、331、374、396、398～400、402、403、405、411、412、419、422、424、428、436、447條條文

9. 中華民國79年11月10日總統令修正公布第10、13、15、18～22、130、156、228、230、235、248、267、268、278條條文；並增訂第17-1條條文

10. 中華民國86年6月25日總統令修正公布第4、9、10、13～16、19～22、41、63、73、74、83、87、89、90、93、101、103、112、118、135、138、145、146、161、161-1、167～170、172、183、184、195、210、211、217～219、230、232、237、245、248、252、259、267、268、273、279、285、293、300、313、326、331、371～376、378、380～382、386、396、398～400、402、403、405、412、419、424、435～437、449條條文；增訂第六章之一章名、第369-1～369-12條條文；並刪除第383條條文中華民國90年12月11日行政院發布第383條修正條文自91年1月1日施行

11. 中華民國89年11月15日總統令修正公布第5、7條條文

12. 中華民國90年11月12日總統令修正公布第2、5～7、9～11、13、15～24、27～33、40、41、65、70、73、74、87、89、98、100、101、103、105、106、108、110、118、128～130、135、138、140、143、145、146、156、161～165、167～170、172、173、177、179、183、184、189、192、194、195、197～205、208、210～212、214、216～218、218-2～220、223～225、227、228、230、232、234、235、239～241、245、248、252、253、257、258、262、267、268、270、273、274、278、282～285、287、289～291、304、305、307、309、310、313、第五章第十一節節名、315～317、318、319、326、331、369-4、369-12、371、373、374、378～380、386～388、392、393、397、438、448條條文；並增訂第26-1、128-1、162-1、162-2、167-1、167-2、168-1、182-1、189-1、197-1、199-1、208-1、217-1、246-1、257-1、257-2、268-1、283-1、285-1、316-1、316-2、317-2、317-3、319-1條條文；並刪除第14、35、37～39、236、238、242～244、275、288、376、389、390、394～396、398～429、434～437條條文中華民國90年12月11日行政院發布第373條定自91年1月1日施行

13. 中華民國94年6月22日總統令修正公布第18、128、156、172、177、179、183、278條條文、增訂第172-1、177-1～177-3、192-1、216-1條

條文；並刪除第317-3條條文

14.中華民國95年2月3日總統令修正公布第267、289、290、292、302、306條條文

15.中華民國98年1月21日總統令修正公布第29、156、196條條文

16.中華民國98年4月29日總統令修正公布第100、156條條文

17.中華民國98年5月27日總統令修正公布第66、123、449條條文；並自98年11月23日施行

18.中華民國100年6月29日總統令修正公布第10、156、158、168、177、177-2、183、204、230、267條條文；增訂第167-3條條文

19.中華民國100年11月9日總統令修正公布第197-1條條文

20.中華民國100年12月28日總統令修正公布第198條條文

21.中華民國101年1月4日總統令修正公布第7、8、10、23、27、177-1、181、199-1、206、232、241、249條條文；增訂第26-2條條文

目錄

序言

律師、司法官考試準備要領

本書導讀說明

公司法沿革

第一章　總　則

 **本章學習重點**

總則主要為有關公司設立、解散、撤銷、業務限制、負責人責任、清算、
經理人資格及職權等之一般性規定，主要者如下：

(一)公司種類：包括無限公司、有限公司、兩合公司、股份有限公司等。

(二)設立登記：公司設立登記採登記要件主義，非在中央主管機關登記後，
　　不得成立。

(三)公司負責人：包括當然負責人及職務負責人。

(四)解散：包括意定解散、法定解散、裁定解散等。

(五)業務限制：包括轉投資限制、貸款限制及保證限制等。

(六)業務查核：包括年終查核及平時檢查。

(七)負責人侵權行為：負責人違反忠實義務及注意義務，致公司受有損害；
　　或違反法令致他人受有損害時，應負損害賠償責任。

(八)清算：解散之公司，除因合併、分割或破產而解散者外，應經清算。

(九)經理人：規定經理人之委任、解任、報酬，消極資格，職權，競業禁
　　止，損害賠償責任等。

第1條（公司之意義）

本法所稱公司，謂以營利為目的，依照本法組織、登記、成立之社團法
人。

解說

　　本條說明公司之定義，公司之要件有三：

(一) 以營利為目的：故非營利性之公益社團即不屬本法所稱之「公司」。

(二) 須依照本法組織、登記而成立：公司之成立須符合公司法所規定之要
　　件，採登記要件主義，須經主管機關核准登記之後始告成立，但毋須
　　向法院辦理登記。

(三) 公司為社團法人：公司性質上屬於社團法人，且公司具法人資格，即

得爲權利義務之主體，享有權利能力，此點與自然人無異，故須有其自己之名稱、國籍、住所以及獨立之財產。

第2條（公司之種類）

①公司分爲下列四種：

一、無限公司：指二人以上股東所組織，對公司債務負連帶無限清償責任之公司。

二、有限公司：由一人以上股東所組織，就其出資額爲限，對公司負其責任之公司。

三、兩合公司：指一人以上無限責任股東，與一人以上有限責任股東所組織，其無限責任股東對公司債務負連帶無限清償責任；有限責任股東就其出資額爲限，對公司負其責任之公司。

四、股份有限公司：指二人以上股東或政府、法人股東一人所組織，全部資本分爲股份；股東就其所認股份，對公司負其責任之公司。

②公司名稱，應標明公司之種類。

解說

本條是關於公司種類的規定，茲將四種公司分述如下：

(一) 無限公司：所謂無限公司，乃是指股東對公司債務負無限責任而言[1]，詳言之，即當公司財產不足以清償公司債務時，股東也需要以

---

[1] (C) 依公司法第2條之規定，下列有關公司之敘述，何者正確？(A)無限公司，指2人以上股東所組織，對公司債務負連帶有限清償責任之公司(B)有限公司，指5人以上、21人以下股東所組織，就其出資額爲限，對公司負其責任之公司(C)兩合公司，指1人以上無限責任股東，與1人以上有限責任股東所組織，其無限責任股東對公司債務負連帶無限清償責任；有限責任股東就其出資額爲限，對公司負其責任之公司(D)股份有限公司，指7人以上股東所組織，全部資本分爲股份；股東就其所認股份，對公司負其責任之公司。（模擬試題）

【解說】無限公司，股東所負的是連帶無限清償責任，所以(A)不對；有限公司的股東人數，在過去有上限21人及下限5人的限制，但修法後股東可以只有1人，所以(B)在現行法下不對；兩合是無限十有限的組合，所以(C)正確；股份有限公司的股東人數，在過去有下限7人的限制，但修法後自然人2人，或政府或法人1人可爲股東，所以(D)在現行法下不對。

自己的財產來為公司清償債務。

(二) 有限公司：所謂有限公司，即是指公司股東僅需負繳納自己所認的出資額的義務，其後不論公司對外負債多少，均與股東的私人財產無關，公司債權人亦不能再要求公司股東為公司清償債務。依修正前原條文規定，有限公司須有五人以上始能組成，但是卻造成許多人頭股東之弊病發生，為符合實際，於民國90年修正時，改為僅需有一名以上的股東即可成立有限公司。

(三) 兩合公司：此種公司即屬於前述兩種責任的股東合成的公司，即是由一人以上負無限責任股東，以及一人以上負有限責任股東，共同組成的公司而言。

(四) 股份有限公司：此種公司與有限公司相似，即股東均僅負有限責任，不過，股份有限公司的股東係就所認的「股份」負責，詳言之，即股份有限公司的資本額係區分成股份，故股東當然僅需負繳納所認股份金額的責任，其後公司不論發生多少債務，亦均與該股東無關的制度。依修正前原條文規定，股份有限公司須有七人以上始能組成，但是卻造成無法防堵人頭股東之弊病發生，為符合實際，於民國90年修正時改為本條規定，股份有限公司僅限制最低股東需有二人以上，或是由政府、法人股東一人轉投資即可，至於最高則不設限制，以促使資本大眾化。

(五) 本條第2項規定公司應於名稱中標明公司的種類，其原因即在四種公司均各有其不同之組織架構，及股東負責範圍，為使一般社會大眾均能一目瞭然，故公司法明定在公司名稱中須標明公司種類，例如「○○無限公司」、「○○有限公司」或「○○股份有限公司」等。

(六) 有關公司之設立，是否容許形式一人公司存在？茲依公司法規定，列表說明如下：

無限公司	×	如股東經變動而不足法定最低人數時，將構成公司解散之原因（公§71、§115）。
兩合公司	×	
有限公司	√ （公§98）	1.自然人股東√ 2.政府股東√ 3.法人股東√

股份有限公司	√ （公§128之1）	1.自然人股東× 2.政府股東√ 3.法人股東√

　　由上表可知，在有限公司，許由自然人股東、政府股東、法人股東等成立形式一人公司；至於股份有限公司，許由政府股東或法人股東成立形式一人公司。

　　所謂形式上一人公司，指公司登記的股東只有一人，形式上一人公司可能是在設立時股東只有一人，或者是設立後因出資或股份轉讓，使股東只剩一人。

(七) 另有所謂實質上一人公司，是指公司股東雖然登記有數人，在形式上符合法律規定最低股東人數的要求，但眞正出資只有一人，其餘之人，均屬眞正唯一股東的出資或股份受託人而已，是否承認實質上一人公司，容有爭議：

1. 肯定說（柯芳枝、林國全教授及法務部見解）

   (1) 公司法有關股東人數之限制規定，並未含有股東須爲實際享有股份權益者之意。

   (2) 基於企業維持原則，只要實質一人公司之存續及經營不致危害社會，似可容許其存在。

2. 否定說（經濟部見解）

   經濟部79.1.16經商064942號函認爲：

   如信託行爲係在規避公司法有關股東最低人數規定之適用，企圖在實質上達到破壞公司「成立」或「存續」之目的時，自爲法律所不許。

(八) 股份有限公司是最重要的公司類型，股份有限公司通常人數較多，依其公開發行與否，尙可分爲非公開發行公司與公開發行公司，如果考題涉及的公司型態是股份有限公司時，答題時一定要區分非公開發行公司及公開發行公司兩種類型來思考，理由如下：

1. 公司法賦予公開發行公司(1)股東會通過特別決議的便宜規定。(2)公開募集公司債，及(3)重整。以股東會爲例，這是因爲公開發行公司通常股東衆多，如果不在股東會的定足數或表決權數上給予

一些便宜措施，將會造成決議通過的困難，此容後述。

2. 非公開發行公司只需適用公司法即可，但公開發行公司，則同時有公司法及證券交易法的適用，所以除了公司法外，還需要注意證券交易法有沒有特別規定。

(九) 另者，股份有限公司之中的公開發行公司，又可分為上市（櫃）公司及未上市（櫃）公司，上市公司指符合台灣證券交易所上市審查準則，而在台灣證券交易所掛牌交易的公司，除了上市公司外，另外還有一類公司是股票在證券商營業處所買賣的公司，在這類公司中，如果符合中華民國櫃檯買賣中心上櫃審查準則，而在櫃買中心掛牌交易的公司稱為上櫃公司，其餘的公司則稱為興櫃公司。因為這些公司的股票都是公開交易的股票，為了保護投資大眾，避免公司或有心人士操縱股價，證券交易法及其子法在某些特殊情形下（如證交§28之1Ⅱ、§28之2等），對上市（櫃）公司設有特別規定，所以在證券交易法下，公開發行公司又可分為公開發行但未上市（櫃）公司及上市（櫃）公司。

(十) 為使讀者容易瞭解公司分類及法律適用，茲圖解如下：

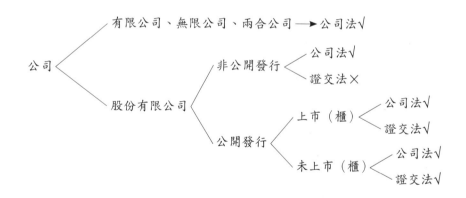

第3條（公司之住所）

①公司以其本公司所在地為住所。

②本法所稱本公司，為公司依法首先設立，以管轄全部組織之總機構；所

稱分公司，爲受本公司管轄之分支機構。

解說

(一) 第1項規定公司之住所：公司之住所乃公司法律關係之中心地域[2]，舉凡公司訴訟之管轄，書狀之送達及債務之清償等均以其住所爲依據。

(二) 第2項所謂本公司，即一般俗稱之總公司，乃指依法首先設立，以管轄全部組織之總機構，而所謂分公司，則指受本公司管轄之分支機構。

(三) 另有一個與分公司相似，但實質不同的名詞，即子公司：
分公司（branch）與子公司（subsidiary）是兩個不同的概念，分公司不是一個獨立的公司，不具備權利能力，而子公司就是一個「公司」，一個獨立的公司，本身就具備權利能力。易言之，分公司是對本公司而言，子公司則係對母公司而言。

(四) 又分公司雖然不具備權利能力，但在民事訴訟上有當事人能力，得爲原告或被告（最高法院66台上3470判例）。

第4條（外國公司之意義）

本法所稱外國公司，謂以營利爲目的，依照外國法律組織登記，並經中華民國政府認許，在中華民國境內營業之公司。

---

[2] (C) 下列有關分公司之敘述，何者正確？(A)公司得以其本公司或分公司之所在地為住所(B)分公司與本公司之營業場所，不得設於同一地址，以避免權責不分(C)分公司為受本公司管轄之分支機構，至其設立之數額，公司法上並無限制(D)最高法院判例從寬認定分公司就其業務範圍內之事項涉訟時，有當事人能力（參照最高法院66年台上字第3470號判例），故必要時，亦可認為分公司亦具有權利能力。（模擬試題）
【解說】依公司法§3規定，公司以其本公司所在地為住所，所以(A)不對；另外，沒有法律規定本公司或分公司不能在同一個地點，所以(B)不對；選項(D)也涉及民法及民事訴訟法的概念，權利能力指的是有無法人人格的問題，當事人能力指的是可否做為訴訟上原告或被告的問題，最高法院判例只是放寬當事人能力，認為分公司在一定情形下，可以成為原告或被告，但並未說分公司可以具有法人人格成為獨立行使權利、負擔義務的主體，所以(D)不對。

解說

　　本條爲外國公司之定義，其要件如下：

(一) 外國公司以營利爲目的：如申請我國認許之外國公司非以營利爲目的，主管機關應駁回其申請，不予認許。

(二) 外國公司以已依外國法律組織登記爲前提：故外國公司倘在其本國不被視爲公司，我國主管機關對其申請認許亦應予以駁回。

(三) 外國公司須經我國政府認許：其申請之程序，公司法設有專章，容後詳述。

(四) 外國公司須在中華民國境內營業：外國公司倘不在我國境內營業，自無認許之問題。

第5條（主管機關）

①本法所稱主管機關：在中央爲經濟部；在直轄市爲直轄市政府。

②中央主管機關得委任所屬機關、委託或委辦其他機關辦理本法所規定之事項。

解說

(一) 本條第1項係明定主管機關，以釐清相關權責之規定。主管機關係負責監督管理公司之行政機關，並且接受公司之登記，在本條中，中央主管機關爲經濟部，在直轄市則爲直轄市政府。

(二) 第2項規定，中央主管機關可以委託其他機關辦理公司法所規定之事項，例如委託縣市政府辦理公司登記等，以符合實際需求。

第6條（公司之成立）

公司非在中央主管機關登記後，不得成立。

解說

(一) 本條規定，公司必須向中央主管機關登記後，才能成立，按公司設立登記，乃是公司成立之最後階段，依照本法規定，除非在中央主管機關辦理設立登記完成，否則該公司仍然不算成立，依法就不能對外以公司名義進行任何行爲，否則就必須負起相關刑責及損害賠償之責任。不過在以往，除了設立登記外，公司還必須在領到公司執照後始

算合法成立，但是由於核發公司執照並非必要條件，因此民國90年新修正條文刪除此規定，僅需公司辦理設立登記完成即爲正式成立。

(二) 又公司設立行爲的法律性質爲何？柯芳枝教授認爲，應依設立者爲一人或數人而不同：

1. 一人公司的設立行爲應屬單獨行爲。

2. 二人以上的設立行爲則屬共同行爲，即二人以上，意思表示合致之行爲。

(三) 公司設立的立法主義：

公司設立的立法主義共有四種：特許主義、核准主義、準則主義及自由設立主義，目前我國公司設立是以核准主義及準則主義爲主，茲說明其定義如下：

1. 核准主義：

又稱許可主義，即公司之設立，除須合於法律規定之要件外，尚須經主管機關以行政處分核准（或許可）其設立，始能取得人格。

2. 準則主義：

須以法律規定設立公司之一定要件，以爲準則，凡公司之設立，符合法定要件時，即可取得法人人格。

就一般公司，我國採取準則主義中的嚴格準則主義[3]，因爲公司法特別加重發起人的責任，所以稱嚴格準則主義，此可由公司法第19條看到發起人責任加重的規定，但就特殊業務，我國則須主管機關事先許可（公§17）。

(四) 設立中公司的法律地位：

1. 何謂設立中的公司？

---

[3] (D) 目前我國公司法對於公司之設立，採取何種立法主義？(A)自由設立主義(B)特許主義(C)核准主義（許可主義）(D)嚴格準則主義。（模擬試題）

【解說】公司設立立法主義共有特許、核准（許可）、準則及自由設立四種，公司法對一般公司所採取的是嚴格準則主義，代表性的法條爲公司法§1，§6，§19，對於特定事業，如銀行、證券、保險、金控等金融業等，所採取的是許可主義，所以答案應該選(D)。

設立中公司，係指自訂立章程時起，至設立登記完成前，尚未取得法人資格的公司而言。設立中公司在股份有限公司特具意義，這是因為股份有限公司的設立程序較其他種類公司、分公司等較為複雜，同時也歷時較久。

2. 設立中公司的法律性質為何？

公司設立過程是經由訂立章程、確定出資、設置機關及設立登記才完成。通說及實務均採同一體說，認為設立中公司為設立後公司的前身，兩者在實質上屬於同一體，依同一體說之見解，設立中公司之法律關係，於公司成立的同時，其法律效果當然歸屬於公司，此際，並不需特殊之移轉行為，亦無須權義之繼受。

3. 設立中公司可否為法律行為？

發起人在公司設立中，可否以公司名義，與他人訂立辦公室租約、建造廠房，甚至是購買生產原料？是否應區分「設立必要行為」與「開業準備行為」而作不同之解釋？茲說明如下：

(1)學者通說：應予區分

應該區分設立必要行為與開業準備行為分析，所謂設立必要行為，係指凡在法律上及經濟上屬於公司設立所必要之行為均屬之，如籌備處之租賃、設立事務員的僱用、認股書及公開說明書等必要文件的印刷及募股廣告的刊登等。而所謂開業準備行為則係指成立後之公司開始營業所為之準備行為，如工廠廠房土地的訂購、機器或原料的購買及工人的僱用等。開業準備行為，非發起人權限範圍所及，基於此等行為所生之債務，並非當然歸成立後公司負擔。

(2)最高法院見解

按依同一體說之見解，設立中公司與成立後之公司屬於同一體，因此設立中公司之法律關係即係成立後公司之法律關係。申言之，發起人以設立中公司之執行及代表機關所為有關設立之必要行為，其法律效果，於公司成立時，當然歸屬於公司。（86台上2404判決）。

4. 發起人如果以設立中公司為開業準備行為時，其法律效果如何？

(1)學者見解：

①劉連煜教授

其行為本屬無權代表，類推適用民法第170條及第171條無權代理的規定，在經公司（即本人）承認後始對公司發生效力。

②王文宇教授

學說上似可分為絕對無效說、無權代理說及類推適用無權代理說，理論上應以類推適用無權代理說為妥。蓋絕對無效說有礙交易安全且發起人係代表而非代理設立中公司對外為法律行為，而為使公司成立後有追認之可能以保障交易安全及公司利益，是自應以類推適用無權代理說較符合法理。

(2)最高法院見解：

公司之設立，在追求營利，非僅以取得法人人格為其唯一目的，故發起人以設立中公司之名義為開業準備行為，於公司成立後，如經公司承認，類推適用關於無權代理之規定，即對公司發生效力（81台上354判決）。

5. 公司如果未能完成登記，或不能成立時，關於設立所為之行為、設立所支出之費用及設立中公司已締結的法律關係（如租賃辦公室），應該如何處理？

因為公司法只有就股份有限公司有明文規定，應區分股份有限公司及其他公司而有不同處理：

(1)股份有限公司：公司不能成立時，發起人關於公司設立所為之行為，及設立所需費用，均應負連帶責任，其因冒濫經裁減者亦同（公§150）。

(2)其他公司：公司未經核准登記，即不能認為有獨立之人格，其所負債務，各股東應依合夥之例，擔負償還責任（最高法院19上1403判例，93台上2188判決）。

第7條（公司登記之委託審核）

①公司申請設立登記之資本額，應經會計師查核簽證；公司應於申請設立登記時或設立登記後三十日內，檢送經會計師查核簽證之文件。

②公司申請變更登記之資本額，應先經會計師查核簽證。

③前二項查核簽證之辦法，由中央主管機關定之。

解說

　　本條是關於資本額查核的規定，爲確保公司資本確實，必須加以查核，惟如果要求主管機關將所有公司申請設立、變更登記之資本額，均需派員前往查核，實際上顯然有困難，因此，爲符合實際要求，乃明定授權會計師查核簽證。

第8條（公司之負責人）

①本法所稱公司負責人：在無限公司、兩合公司爲執行業務或代表公司之股東；在有限公司、股份有限公司爲董事。

②公司之經理人或清算人，股份有限公司之發起人、監察人、檢查人、重整人或重整監督人，在執行職務範圍內，亦爲公司負責人。

解說

(一) 第1項是關於公司當然負責人之規定，所謂「當然負責人」，即指關於公司的一切事務均有執行及代表之權的人而言，在無限公司、兩合公司爲執行業務股東或代表公司之股東，在有限公司及股份有限公司則爲董事。凡公司法上所指之公司負責人，原則上即指本項所規定的「當然負責人」而言。

(二) 第2項則有所不同，僅有在其職務範圍內，始被認定爲公司負責人，故又稱「職務負責人」[4]。此種情形包括一般公司的經理人（總經理、副總經理、協理、經理、副理均包括在內）、清算人，以及股份有限公司特有的「發起人」、「監察人」、「檢查人」、「重整人」、「重整監督人」等。由於以上人員均各有其特殊職務（例如可

---

[4] (D) 下列何者於其執行職務範圍內，亦爲公司之負責人？(A)經理人(B)清算人(C)股份有限公司之發起人(D)選項(A)、(B)、(C)皆是。（模擬試題）

【解說】公司法§8Ⅱ規定：「公司之經理人或清算人，股份有限公司之發起人、監察人、檢查人、重整人或重整監督人，在執行職務範圍內，亦爲公司負責人。」所以除了董事、代表公司或執行業務股東外，這些人在其執行職務範圍內，也都是公司負責人，答案應選(D)。

能僅為財務經理等），或其職務均僅限於一段期間內（例如重整人、重整監督人在重整程序完成後即解任），故當然應使其所負責任與其職務範圍相同，因此本條乃特別明定在其「職務範圍內」始為公司負責人。

第9條（不實登記之撤銷與處罰）

①公司應收之股款，股東並未實際繳納，而以申請文件表明收足，或股東雖已繳納而於登記後將股款發還股東，或任由股東收回者，公司負責人各處五年以下有期徒刑、拘役或科或併科新臺幣五十萬元以上二百五十萬元以下罰金。

②有前項情事時，公司負責人應與各該股東連帶賠償公司或第三人因此所受之損害。

③第一項裁判確定後，由檢察機關通知中央主管機關撤銷或廢止其登記。但裁判確定前，已為補正或經主管機關限期補正已補正者，不在此限。

④公司之設立或其他登記事項有偽造、變造文書，經裁判確定後，由檢察機關通知中央主管機關撤銷或廢止其登記。

解說

　　本條立法意旨在於防止虛設公司，將公司資金不當挪用，或為不實登記之情事，本條規定主要可分為兩個部分：

(一) 資本不實之處罰：這是關於公司資本維持之重要事項，由於有限公司及股份有限公司等，其股東負有限責任，所有公司債務係以公司資產作為償還依據，若有公司資本不實之情形，則對債權人及一般善意與該公司交易之第三人將甚無保障，因此本條明定，公司應收取的股款，如果有未收足卻謊稱已收足，或是雖然收足但是後來卻又將股款發還股東，或任由股東自公司取回股款時，將受到以下之處罰：

1. 公司負責人：除刑事責任外，在民事上，尚須與收回股款或未繳股款的股東連帶賠償公司或第三人因此所受之損害。

2. 收回股款或未繳股款的股東：需與公司負責人連帶賠償公司或第三人因此所受之損害。

3. 公司負責人因受資本不實之處罰而遭判刑確定時，由檢察機關通

知中央主管機關逕行撤銷或廢止其登記。不過爲避免公司消滅造成其他股東之損害，本條復規定在裁判確定前，若已爲補正或經主管機關限期補正已補正者，可以不用因前述之資本不實情事即遭到撤銷或廢止登記之命運。

(二) **其他不實登記**：指公司在辦理登記時，有僞造、變造文書之情形存在，此時只要經查獲，即會遭僞造文書罪起訴，一旦判決確定後，檢察機關將依法通知中央主管機關撤銷或廢止其登記，此時公司將因此即歸於消滅。

第10條（命令解散）

公司有下列情事之一者，主管機關得依職權或利害關係人之申請，命令解散之：

一、公司設立登記後六個月尚未開始營業者。但已辦妥延展登記者，不在此限。

二、開始營業後自行停止營業六個月以上者。但已辦妥停業登記者，不在此限。

三、公司名稱經法院判決確定不得使用，公司於判決確定後六個月尚未辦妥名稱變更登記，並經主管機關令其限期辦理仍未辦妥。

四、未於第七條第一項所定期限內，檢送經會計師查核簽證之文件者。但於主管機關命令解散前已檢送者，不在此限。

解說

(一) 本條爲關於主管機關得以命令解散公司的規定，所謂公司解散，是導致公司人格消滅的法律事實。

(二) 依本條規定，有權發布解散命令的行政機關爲主管機關，此與民國90年修正前，僅中央主管機關可以命令解散的規定不同，因此只要地方主管機關獲授權辦理登記，依法亦可命令解散公司，無庸像以往一樣需報請中央主管機關處理。

(三) 公司受到命令解散的原因有以下四種：

　　1. 公司設立登記後六個月尚未開始營業者：此規定主要是爲防止虛設行號的情形發生，不過，強制要求公司立即營運，可能有困

難，此時公司法復規定只要辦理展延開業期限之延展登記，即可
不用受到命令解散的處分。

2. 開始營業後自行停止營業六個月以上者：指公司確實已對外開始
營業，但是卻在沒有任何理由的情形下，自行停止對外營業達六
個月以上的情形；不過公司停止營業可能有其不得已之事由，因
此公司法亦規定，公司可以依法辦理停業登記，即可不用遭到主
管機關之命令解散。

3. 公司名稱經法院判決確定不得使用，公司於判決確定後六個月尚
未辦妥名稱變更登記，並經主管機關令其限期辦理仍未辦妥。

4. 未於第7條第1項所定期限內，檢送經會計師查核簽證之文件者。
但於主管機關命令解散前已檢送者，不在此限。

第11條（裁定解散）

①公司之經營，有顯著困難或重大損害時，法院得據股東之聲請，於徵詢
主管機關及目的事業中央主管機關意見，並通知公司提出答辯後，裁定
解散。

②前項聲請，在股份有限公司，應有繼續六個月以上持有已發行股份總數
百分之十以上股份之股東提出之。

解說

(一) 本條係裁定解散之規定，與前條命令解散同屬強制解散之性質，其提
起聲請之人，在股份有限公司限於繼續六個月以上持有已發行股份
總數10%以上股份之股東，此限制在於避免少數股東濫用權力提出聲
請，影響公司之運作，至於在無限公司、兩合公司及有限公司則均無
出資額及加入公司時間長短之限制，換言之只要是股東都有聲請權。

(二) 裁定解散之原因必須是公司之經營發生顯著困難或重大損害時始能提
出，實務認為公司股東意見不合，難以繼續營業，而其他股東又不同
意解散時即屬之。法院接到有聲請裁定解散權人之聲請後，應先徵詢
主管機關及目的事業中央主管機關意見，以對該公司狀況及產業現況
有較符實際之了解；另應通知公司提出答辯，避免少數股東作不實指
控而破壞公司整體利益。

第12條（登記之效力）

公司設立登記後，有應登記之事項而不登記，或已登記之事項有變更而不為變更之登記者，不得以其事項對抗第三人。

解說

按公司之設立登記係採「登記要件主義」，非經登記，不得成立；至於其他登記事項，亦用之於昭公信，維護交易安全，故如有應登記事項而不登記，或已登記之事項有變更，而不為變更之登記者，不得以其事項對抗第三人[5]，稱第三人，包括惡意之第三人在內，均不得對抗。

第13條（轉投資之限制）

①公司不得為他公司無限責任股東或合夥事業之合夥人；如為他公司有限責任股東時，其所有投資總額，除以投資為專業或公司章程另有規定或經依下列各款規定，取得股東同意或股東會決議者外，不得超過本公司實收股本百分之四十：

一、無限公司、兩合公司經全體無限責任股東同意。

二、有限公司經全體股東同意。

---

[5] (D) 某股份有限公司章程載明董事會得代理出席。甲董事因移居國外，遂書面委託居住國內之股東乙經常代理出席董事會，惟未辦理登記。試問其效力如何？
　　（A）有效。依公司法第6條規定，僅有設立登記係採登記要件主義，其他事項無須登記(B)不得對抗第三人。依公司法第12條規定，應登記之事項未登記者，僅不得對抗第三人，並非無效(C)效力未定。乙之代理行為須於完成登記之後始生效力，故登記前之代理行為僅屬效力未定(D)無效。此一事項必須經過登記始生效力。（100律8.）
　　【解說】公司登記的效力，原則上採登記對抗主義，依公司法§12規定：「公司設立登記後，有應登記之事項而不登記，或已登記之事項有變更而不為變更之登記者，不得以其事項對抗第三人。」；而採取登記生效主義的只有公司法§6：「公司非在中央主管機關登記後，不得成立。」及公司法§205Ⅱ，Ⅲ：「董事居住國外者，得以書面委託居住國內之其他股東，經常代理出席董事會。前項代理，應向主管機關申請登記，變更時，亦同。」本題因甲董事移居國外，要書面委託乙股東經常代理出席，依§205Ⅱ，Ⅲ規定，未經登記完成前，此一委託並未生效，答案應選(D)。

三、股份有限公司經代表已發行股份總數三分之二以上股東出席，以出
　　席股東表決權過半數同意之股東會決議。

②公開發行股票之公司，出席股東之股份總數不足前項第三款定額者，得
　以有代表已發行股份總數過半數股東之出席，出席股東表決權三分之二
　以上之同意行之。

③第一項第三款及第二項出席股東股份總數及表決權數，章程有較高之規
　定者，從其規定。

④公司因接受被投資公司以盈餘或公積增資配股所得之股份，不計入第一
　項投資總額。

⑤公司負責人違反第一項規定時，應賠償公司因此所受之損害。

解說

(一) 依第1項規定，公司不得為他公司無限責任股東，也不得為合夥事業
　　之合夥人，因為無限責任股東或合夥事業之合夥人對於債務需負連帶
　　無限清償責任，如果放任公司進行前述行為，則可能因為該投資案失
　　利而影響自身公司的營運，因此公司法特別明訂禁止前述投資行為，
　　以維護公司之正常運作。其次，公司如果為其他公司之有限責任股
　　東，因為僅負出資義務，對公司債務不用負連帶無限清償責任，因此
　　法律上加以准許，但是為避免公司過度投資而忽略本業經營，因此限
　　制其投資總額不得超過資本額之40%[甲1]，至於是否屬於轉投資，早期
　　實務認為須符合：1.須以長期經營為目的；2.須章程有訂定；3.須認
　　股繳納股款等三要件；近期實務則以是否為他公司股東判斷之。

(二) 第1項及第3項另設有轉投資限制之例外情形：

　　1. 以投資為專業之公司，也就是所謂的投資公司。

　　2. 公司章程明訂可以轉投資超過40%者。

　　3. 公司因接受被投資公司以盈餘或公積增資配股所得之股份，不計
　　　　入第1項投資總額，因此，縱使因為配股而導致超過規定，也不會
　　　　受到本條之限制。

　　4. 有以下情形之一者：

　　　　(1)無限公司、兩合公司經全體無限責任股東同意。

　　　　(2)有限公司經全體股東同意。

　　　　(3)股份有限公司經代表已發行股份總數三分之二以上股東出席，

以出席股東表決權過半數同意之股東會決議；不過因爲公開發行公司之股東人數眾多，集合不易，因此民國90年修正時參照第185條第2項等有關股東會決議之規定，增訂公開發行股票之公司，出席股東之股份總數不足前述定額時，得以有代表已發行股份總數過半數股東之出席，出席股東表決權三分之二以上之同意行之，不過公司章程如果有較高表決權數之規定時，則必須依章程規定始屬合法。

(三) 第4項規定公司負責人違反本條規定，進行違法之轉投資時，應賠償公司因此所受之損害。

(四) 轉投資40%限額之規定，應注意以下3點：

1. 公司轉投資的總額不可以超過百分之四十的計算標準是實收股本，而不是登記資（股）本（即授權資本額）。

2. 40%的限制，在被投資公司以盈餘或公積增資配股而發予新股時，不計入投資總額中（公§13Ⅳ）因爲盈餘或公積增資配股，並非投資公司所能掌握，而且投資公司取得這些股份時，不須繳納股款，所以公司法才會規定不計入投資總額。

3. 於集中市場購買他公司之股份，是否爲轉投資之行爲，而受公司法§13之限制？實務見解採肯定說：按公司購買股票爲公司法§13規定之投資之一，其購買記名股票者，於股票持有人以背書轉讓並交付股票，於當事人間即生移轉效力；至受讓人是否依公司法§165規定辦理股東名簿之變更，要僅爲得否以其轉讓對抗公司之問題而已（經濟部78.11.10商211081函）。

(五) 違反公司法§13轉投資規定之效果爲何[申2]？

舊法原規定公司負責人違反轉投資限制規定時，應受刑罰制裁，但因公司負責人違反轉投資限制，僅爲私權事宜，應負民事賠償之責，毋庸另爲刑罰規定，故2001年修法刪除刑責規定，依現行公司法第13條第5項，公司負責人違反第1項規定時，僅負有民事賠償責任，賠償公司因此受之損害，但該投資行爲之效力爲何，學者區分情形而認有不同的效果：

1. 違反§13Ⅰ前段（不得爲無限公司股東或合夥事業合夥人）時，通說認爲無效：§13Ⅰ前段屬效力規定，違反法律禁止規定，依

民法§71，應屬無效。

2. 違反§13 I 後段（轉投資爲有限責任股東，不得逾40%限額）時，通說認爲仍屬有效：§13 I 後段非屬效力規定，違反時該投資行爲仍屬有效，蓋公司本得轉投資爲他公司有限責任股東，僅其投資總額受限制而已，且是否超過轉投資限制，係屬公司內部之財務管理，非他公司所能知悉，爲維護交易安全，該行爲應爲有效。

第14條（刪除）

第15條（業務與貸款之限制）
①公司之資金，除有下列各款情形外，不得貸與股東或任何他人：
一、公司間或與行號間有業務往來者。
二、公司間或與行號間有短期融通資金之必要者。融資金額不得超過貸與企業淨值的百分之四十。
②公司負責人違反前項規定時，應與借用人連帶負返還責任；如公司受有損害者，亦應由其負損害賠償責任。

解說
(一) 第1項是關於公司貸放款限制之規定，原條文係爲了維持公司資本、保障股東及債權人之利益，因此規定除因業務上有交易行爲而有融通資金之實際需要外，公司均不能將公司資金貸與股東（含法人股東）或任何其他人員。但是在民國90年10月25日修正時，爲了開放中小企業資金融通之管道，所以開放爲只要有業務往來，或是有短期融通資金之需求時，可以將公司資金貸予其他公司或行號，惟無業務往來，單純融資需要者，其金額需受限於貸與企業淨值40%之內。[申3]
(二) 第2項規定，公司負責人違反公司貸放款限制之規定時，應與借用人連帶負返還責任；如公司受有損害者，亦應由其負損害賠償責任。
(三) 本條第1項有甚多爭議，適用時應注意以下幾點：
1. 第15條第1項兩款規定的關係爲何？是否須同時符合？
(1)經濟部見解，僅須符合其一即可：如符合上開規定其中一款之

情形，即可為資金之貸與，而不問是否為關係企業間之貸款
（經濟部94.8.22經商09402122420函）。

(2)第1項第2款40%之限額，不適用於第1款：公司法第15條第1項
第1款所定與公司間或與行號間有業務往來者，其貸與資金不受
第2款有關不得超過貸與企業淨值的百分之四十之限制（95.5.16
經商09502071430函）。

2. 股份有限公司可否將部分資產贈與股東或他人？經濟部採否定見
解：

參酌公司法§15 I 及§185②規定之立法意旨，以及股份有限公
司有關股東平等、資本充實等原則，並為兼顧債權人之合法權
益，公司法雖無明文規定，但股份有限公司將部分資產贈與股東
（全部或部分）或他人，似有違背公司法之精神（92.10.20經商
092006005180函）。

3. 員工向公司預借薪資，公司是否受有本條限制？

(1)學者、劉連煜及王文宇教授之見解：視預借薪資是否過高而定
如預支薪資不高，通念，屬預支薪水，而非借貸；但是如果預
支薪資過高，即使約定由員工薪資中扣還，仍屬借貸，如員工
每月薪水2萬元，與公司約定預支2年薪水，每個月由薪資扣還
一半，因其金額過高，仍應屬借貸。

(2)經濟部見解：視是否由員工薪資扣還而定
有關公司員工預支薪津，約定就員工薪津內扣還者，非屬一般貸
款性質並不構成違反公司§15之規定（80.8.6經商219043函）。

4. 公司得否將資金貸與法人股東？

(1)經濟部見解：依修法前規定採肯定說
本項所指公司得為資金貸與之情形，含為公司組織之法人股東
（經濟部80.2.6商280927函）。

(2)柯芳枝教授見解：依修法後規定，仍採肯定說。2001年修法大
幅鬆綁公司貸款對象及條件，所以上開經濟部解釋仍可繼續援
用。

5. 短期融通、淨值、40%限額的定義為何？

(1)短期指一年或一營業週期（以較長者為準）之期間（經濟部

91.1.7經商09002270580函）。

(2)淨值指貸與企業為貸與行為時，資產總額減去負債總額之數額
（即股東權益）（經濟部91.11.11經商09102252820函）。

(3)40%限額應以融資金額累計計算之，倘貸款中有已清償完畢
者，不予計入（95.12.27經商09500191240函）。

6. 公司違反本條規定之效力如何？[甲3,甲4]

依公司法§15Ⅱ規定：「公司負責人違反前項規定時，應與借用
人連帶負返還責任；如公司受有損害者，亦應由其負損害賠償責
任。」因此，違反時負責人應負民事損害賠償責任，但是貸款行
為的效力如何？則有爭議：

(1)有效說

公司本有貸款之能力，故本條係訓示規定，且公司仍可向借款
人請求償還，加上公司法第15條第2項已設有公司負責人負損害
賠償責任之規定，為保證善意相對人，維護交易安全，應認該
借貸契約有效成立。

(2)無效說（柯芳枝、王文宇教授）

法人僅於法令限制範圍內其有權利能力，資金借貸逾越限制，
公司自無權利能力。本條意在維持公司資本，避免影響公司資
金運用及債權人利益，向公司借用資金之相對人應知此限制，
且因該借貸行為而受益，實無保護必要，本條既屬效力規定，
公司負責人違法貸與款項時，其行為應屬無效。

(3)區分說（林國全教授）

①違反第1款規定為無效。

②違反第2款規定仍為有效。

第16條（為保證人之限制）

①公司除依其他法律或公司章程規定得為保證者外，不得為任何保證人。

②公司負責人違反前項規定時，應自負保證責任，如公司受有損害時，亦
應負賠償責任。

解說

(一) 爲期穩定公司財務，第1項乃有禁止公司爲保證人之強制規定，按公司違反前述投資限制、貸放款限制之規定，其效力如何固見仁見智，實務認定上多傾向有效見解，以保護交易安全爲重；惟本條具絕對效力，公司不得爲任何保證人，如果非其他法律或公司章程另有規定，而公司擅爲保證人時，依第2項規定，公司不負保證之責，由公司負責人自負其責[6]。

(二) 惟第1項設有例外情形：1.法律有特別規定者。2.公司章程明文得保證者，解釋上須與公司所營事業相關之保證方屬例外允許之例。

(三) 本條因係強制規定，公司負責人違反時，其雖以公司名義爲保證，但依第2項規定，仍由負責人自行負擔保證責任，並賠償公司因此所受之損害。

(四) 本條適用上，應注意幾點：

1. 經濟部實務見解，公司不得以全體股東同意之方式，對外爲保證人：

查公司法§16Ⅰ規定：「公司除依其他法律或公司章程規定得爲保證者外，不得爲任何保證人。」準此，公司除1.依其他法律規定

---

[6] (D) A股份有限公司之章程並無可對外保證之規定，A公司董事長甲竟對外以A公司廠房，爲某乙對丙之債務設定抵押權，關此行爲，下列敍述何者錯誤？(A)本件系爭保證對A公司不生效力(B)本件系爭保證效力僅存在於甲與丙之間(C)最高法院判決認爲物保，與爲他人之保證人無殊，亦爲公司法第16條所禁止(D)本件丙可選擇對A公司或甲主張系爭保證責任。（99預9）

【解說】(1)公司法§16Ⅰ規定：「公司除依法令或公司章程規定得爲保證者外，不得爲任何人之保證人。」Ⅱ規定「公司負責人違反前項規定時，應自負保證責任，如公司受有損害時，亦應負賠償責任。」蓋當保證人，只負義務，不享受任何權利，對公司造成負擔，影響股東、債權人的權利。

(2)惟公司爲他人債務以其不動產設定抵押，即所謂之「物保」，是否在前述規定禁止之列？實務採肯定說，認爲公司法§16目的在於穩定財務，物保與人保均屬有害無利。惟通說採否定說，蓋二者行爲影響之層面不同，人保負無限清償責任。物保之責任只限定在提供標的物，不能類推適用，不能依公司法§16Ⅱ由負責人自負保證責任，本題依實務見解，(A)(B)(C)均正確，故(D)爲錯誤選項。

得爲保證。2.章程規定得爲保證兩種情形外,不得爲任何保證人,自不得以全體股東同意爲對外保證(經濟部81.10.30經商229491函)。

2. 公司於票據上背書,是否受到公司法§16之限制?最高法院採否定說,劉連煜教授則採肯定說:

(1)最高法院見解:

票據之背書,爲票據轉讓行爲之一種,本票之背書人應照本票文義負票據法規定之責任,與民法所稱保證契約之保證人,於主債務人不履行債務時,由其代負履行責任之情形有間,故公司在票據之背書,並非公司法第16條禁止之範圍(最高法院77台上2286判決)。

(2)劉連煜教授見解:

公司法§16的目的是在穩定公司財務,而背書人之責任依票據法§29規定爲照票據文義擔保承兌及付款,所以於票據上背書的效果與保證相同,實務見解不合理。

(五) 公司違反本條規定,爲他人保證時,其效力如何?[申3,申5]

1. 對公司之效力:對公司不生效力

這個部分,公司法沒有明文,但依大法官會議解釋釋字第59號:「公司負責人如違反該條規定,以公司名義爲人保證,既不能認爲公司之行爲,對於公司自不發生效力。」因此,違反公司法§16而以公司爲名義對外保證時,該保證契約對公司不生效力。

2. 公司負責人對第三人的責任:自負保證責任

保證契約雖然對公司不生效力,但依公司法§16Ⅱ前段規定:「公司負責人違反前項規定時,應自負保證責任。」所以,如果債務人不履約,第三人可以對公司負責人請求履行保證責任,換句話說,保證人由公司變成公司負責人。

3. 公司負責人對公司的責任:負損害賠償責任

公司法§16Ⅱ後段規定:「公司負責人違反前項規定時……如公司受有損害時,亦應負賠償責任。」所以公司負責人除了對第三人自負保證之責外,對公司還負損害賠償責任。

第17條（特許業務之登記及撤銷）

①公司業務，依法律或基於法律授權所定之命令，須經政府許可者，於領得許可文件後，方得申請公司登記。

②前項業務之許可，經目的事業主管機關撤銷或廢止確定者，應由各該目的事業主管機關，通知中央主管機關，撤銷或廢止其公司登記或部分登記事項。

解說

(一) 第1項規定特許營業公司之登記，以經政府許可領得許可文件後，始得申請公司登記，此規定在民國90年修正前，係以取得「許可證」為要件，不過因考慮許可業務並不一定以發給證照為必要，因此將原文字修正為取得「許可文件」即可。

(二) 第2項是關於許可被取消之規定，按法律既規定成立該公司需經許可，則該許可被取消時也應一併撤銷該登記，故規定業務之許可，經目的事業主管機關撤銷或廢止確定者，應由各該目的事業主管機關，通知中央主管機關，撤銷或廢止其公司登記或部分登記事項。

第17條之1（違反處分之撤銷）

公司之經營有違反法令受勒令歇業處分確定者，應由處分機關通知中央主管機關，廢止其公司登記或部分登記事項。

解說

本條係為補充§17而設，如果公司因經營違反法令受勒令歇業處分確定，為確實貫徹處分之效力，避免有人因不知情而受害，以維繫交易安全，本條特別明訂處分機關應通知中央主管機關，廢止其公司登記或部分登記事項。

第18條（公司名稱專用權）

①公司名稱，不得與他公司名稱相同。二公司名稱中標明不同業務種類或可資區別之文字者，視為不相同。

②公司所營事業除許可業務應載明於章程外，其餘不受限制。

③公司所營事業應依中央主管機關所定營業項目代碼表登記。已設立登記

之公司，其所營事業為文字敘述者，應於變更所營事業時，依代碼表規定辦理。

④公司不得使用易於使人誤認其與政府機關、公益團體有關或妨害公共秩序或善良風俗之名稱。

⑤公司名稱及業務，於公司登記前應先申請核准，並保留一定期間；其審核準則，由中央主管機關定之。

解說

(一) 第1項規定，公司名稱不得與他公司名稱相同，此稱為「特取」名稱，不過如果在名稱中標明不同之業務種類，例如雖然已經有台灣塑膠股份有限公司，但是如果成立台灣紡織股份有限公司，其業務種類已明顯不同，不致造成混淆，此時法律上即例外許可其使用該名稱；其次，如果在名稱中加入其他可資識別與原使用名稱之公司不同之文字，此時既然也不會使大眾混淆，故法律上也許可之。[申6，申7]

又在舊法下，經濟部除了要審查新設公司的名稱是否與已設立的公司相同外，還必須審查是否類似，但是二家公司名稱是否類似，在認定上遠較是否相同困難，且涉及是否會造成與消費者普遍認知之他人營業事業混淆等不公平競爭的問題，因此新法刪除類似部分，使經濟部不必在公司申請名稱預審時，立即處理公司名稱是否類似的問題，而將公司名稱是否類似的問題，於公司設立後，交由公平交易委員會依公平交易法處理（公交§20、§21、§24），換句話說，新法修正的結果是將行政機關是否賦予公司名稱使用權（是否相同）與公司名稱有無不公平競爭（是否類似）一刀切開，分開處理。

(二) 第2項則放寬所營事業應載明於章程之限制：

在民國90年修法前規定，公司不得經營登記範圍外之業務，不過在修法時為配合世界潮流、減少公司經營上之干預，因此除將原第15條之公司經營範圍需登記之規定刪除，在本條第2項復明文規定，除了依法需經過許可始能經營的業務（例如經營銀行、保險公司等）需要在公司章程訂明外，其他均不受限制，換言之，只要公司設立完成，除許可業務外，即可經營所有業務而不受任何限制。

(三) 此外，政府機關為簡政便民，自87年1月1日起實施公司營業項目代

碼化作業，第3項乃規定，新設立或新增所營事業者，其所營事業應依「公司行號營業項目代碼表」規定辦理。惟之前已設立登記之公司，其所營事業多為文字敘述，範圍未臻明確，致公司或招標單位需反復詢問其對應之新代碼，為提升行政效率並全面推動代碼化措施，以利業務運作，民國94年修正時爰增列第4項規定，要求各公司需依代碼表規定辦理，以杜絕爭議。

(四) 第5項規定，不能使用易於使人誤認其與政府機關、公益團體有關或妨害公共秩序或善良風俗之名稱，因如果准許使用易於使人誤認其與政府機關、公益團體有關之名稱，則可能使交易相對人誤認與政府或該公益團體有關，導致誤信而產生損失。

(五) 又本法就公司之設立，採取嚴格準則主義，但是為了避免名稱重複等情況發生，本條第6項特別規定，公司名稱及業務，於公司登記前應先申請核准，並保留一定期間，以便於籌設公司，在名稱之申請核准及保留一定期間之規定，稱為公司名稱之預審，茲說明如下：

公司名稱既然如此重要，為避免公司籌設人於一切準備就緒後，才發現擬使用之公司名稱早已為其他公司使用，或因違反法令，而無法使用，公司法對於公司名稱採事前核准主義，保留一定期間，並授權主管機關訂定審核原則（公§18V）。經濟部依此授權頒訂「公司名稱及業務預查審核準則」，更細部地規範公司名稱之使用。在實務上，設立公司前，公司名稱必須先經過經濟部預審通過後，才能正式進行設立登記的行為。

茲將實務作業程序說明如下：

1. 先向經濟部申請名稱預審：

   (1)與他公司名稱是否相同？若相同→×

      惟若標明不同業務種類→√

      若加註可資區別文字→√

   (2)特許業務需載明於章程（公§18Ⅱ）

   (3)應依經濟部所定營業項目代碼表登記

   (4)使用

$$易於使人誤認其與 \begin{cases} 政府機關有關 \to × \\ 公益團體有關 \to × \end{cases}$$

　　　　妨害公序良俗名稱→×
　　　(5)應用中文（預審準則§5）
　　　(6)外國公司需標明國籍（預審準則§7）
　2. 經核准後，保留6個月（公§18VI，預審準則§3）
　3. 完成設立登記。

第19條（未登記而營業之處罰）
①未經設立登記，不得以公司名義經營業務或爲其他法律行爲。
②違反前項規定者，行爲人處一年以下有期徒刑、拘役或科或併科新臺幣
　十五萬元以下罰金，並自負民事責任；行爲人有二人以上者，連帶負民
　事責任，並由主管機關禁止其使用公司名稱。

解說
　　　本法就公司之設立探準則主義，非在中央主管機關登記後，不得成
立，故本條第1項規定，在未經設立登記前，不得以「公司名義」經營業
務或爲其他法律行爲，蓋此時設立中，公司尚未取得人格，行爲人倘以公
司名稱爲上開行爲，將造成混淆，使人誤信該公司業已成立，第2項乃課
以違反此一規定之行爲人，處一年以下有期徒刑、拘役、科或併科新臺幣
15萬元以下罰金之刑罰，且由該行爲人自負或連帶負其責任，行政上並由
主管機關禁止其使用公司名稱。

第20條（年終帳表之查核）
①公司每屆會計年度終了，應將營業報告書、財務報表及盈餘分派或虧損
　撥補之議案，提請股東同意或股東常會承認。
②公司資本額達中央主管機關所定一定數額以上者，其財務報表，應先經
　會計師查核簽證；其簽證規則，由中央主管機關定之。但公開發行股票
　之公司，證券管理機關另有規定者，不適用之。
③前項會計師之委任、解任及報酬，準用第二十九條第一項規定。
④第一項書表，主管機關得隨時派員查核或令其限期申報；其辦法，由中
　央主管機關定之。
⑤公司負責人違反第一項或第二項規定時，各處新臺幣一萬元以上五萬元

以下罰鍰。妨礙、拒絕或規避前項查核或屆期不申報時,各處新臺幣二萬元以上十萬元以下罰鍰。

解說

(一) 第1項規定,在每一會計年度終了後,各公司均應編造營業報告書、財務報表以及提出盈餘分派或虧損撥補之議案,並且將前述表冊一併提請股東同意或股東常會承認,以使各股東均能確實監督公司之營運狀況。民國90年修正前,尚須編製「主要財產之財產目錄」,但是修正時為顧慮「主要財產之財產目錄」,耗時費資,並無實益,所以加以刪除。

(二) 第2項規定,公司資本額在一定金額以上(現行規定為新臺幣3,000萬元以上),因牽涉較大,為加強會計方面的查核工作,故要求這些公司之財務報表,應先經會計師查核簽證,以確保內容不致失實。

(三) 至於會計師之委任、解任及報酬,第3項規定,準用29條第1項規定,即依下述方式處理: [甲8]

1. 無限公司、兩合公司須有全體無限責任股東過半數同意。

2. 有限公司須有全體股東過半數同意。

3. 股份有限公司應由董事會以董事過半數之出席,及出席董事過半數同意之決議行之。

(四) 為貫徹主管機關的監督權,第4項規定,主管機關得隨時派員查核前述表冊,或令該公司限期申報,以防止有不法情事存在。

第21條(妨礙或拒絕人員檢查公司業務處罰)

①主管機關得會同目的事業主管機關,隨時派員檢查公司業務及財務狀況,公司負責人不得妨礙、拒絕或規避。

②公司負責人妨礙、拒絕或規避前項檢查者,各處新臺幣二萬元以上十萬元以下罰鍰。連續妨礙、拒絕或規避者,並按次連續各處新臺幣四萬元以上二十萬元以下罰鍰。

③主管機關依第一項規定派員檢查時,得視需要選任會計師或律師或其他專業人員協助辦理。

解說

　　本條是針對公司就主管機關監督之妨礙、拒絕或規避時所科處之罰責，用意在防制經濟犯罪，發揮主管機關管理之效率，而主管機關派員檢查時，得視需要選任會計師或律師或其他專業人員協助辦理。

第22條（拒絕提出有關資料供查核之處罰）

①主管機關查核第二十條所定各項書表，或依前條檢查公司業務及財務狀況時，得令公司提出證明文件、單據、表冊及有關資料，除法律另有規定外，應保守秘密，並於收受後十五日內，查閱發還。

②公司負責人違反前項規定，拒絕提出時，各處新臺幣二萬元以上十萬元以下罰鍰。連續拒絕者，並按次連續各處新臺幣四萬元以上二十萬元以下罰鍰。

解說

　　第1項為主管機關查核公司表冊之程序規定，第2項則規定，公司負責人拒絕提供時之處罰，並採連續處罰，用意是在促進管理監督之效率，確保公司財務之健全。

第23條（負責人之侵權行為責任）

①公司負責人應忠實執行業務並盡善良管理人之注意義務，如有違反致公司受有損害者，負損害賠償責任。

②公司負責人對於公司業務之執行，如有違反法令致他人受有損害時，對他人應與公司負連帶賠償之責。

③公司負責人對於違反第一項之規定，為自己或他人為該行為時，股東會得以決議，將該行為之所得視為公司之所得。但自所得產生後逾一年者，不在此限。

解說

(一) 第1項是關於公司負責人，對於公司應踐行忠實義務及注意義務之規定，由於在舊法時對於公司負責人之義務，並未為明文規定，導致爭議產生，因此，在民國90年修法時，對此部分加以明文規定，並對公司負責人違反致公司受有損害時，規定公司負責人應負起損害賠償責

任，以維護公司股東權益[7]。

(二) 第2項是規定，公司負責人在執行公司業務時，如有違反法令導致他人受到損害時之處理規定，由於此時公司負責人是為公司執行業務，因此對於受害人應與公司一起負連帶賠償責任，以保護受害人權益。[申9，申10]

第24條（公司解散後之清算）

解散之公司除因合併、分割或破產而解散外，應行清算。

---

[7] (B) A公司係生產使用環保電池之電動汽車製造上市公司。95年第一次董事會之其中一項討論議案為：「為興建本公司另一座研發及製造汽車環保電池之工廠，以因應市場未來需求，本公司擬增資新台幣100億元，謹提請決議」。由於本案係A公司董事長甲臨時交辦董事會秘書處，故董事會秘書處除議案外，並未準備任何書面資料加以說明。在該董事會中，本議案宣讀完畢後，並無任何董事針對此一議案發言，故本案便迅速順利鼓掌通過並執行。三年後，汽車業蕭條異常，前揭投資興建完成之研發環保電池工廠虧損累累，致影響A公司今年度獲利。對此結果不滿意之A公司股東乙等人，提起代位訴訟，訴請A公司全部董事請求賠償A公司之損失。請問本件股東乙等人之請求權基礎可能為何？ (A)違反忠實義務(B)違反注意義務(C)違反競業禁止義務(D)違反善意義務。（99預1.）

【解說】(1)公司法§23Ⅰ規定：「公司負責人應忠實執行業務並盡善良管理人之注意義務，如有違反致公司受有損害者，負損害賠償責任。」此為「忠實義務」與「注意義務」之明文。

(2)忠實義務係為解決董事公司間利益衝突而生之法理，公司負責人於處理公司事務時，應以公司最佳利益為目的，作公正誠實之判斷，以防止負責人追求公司外之利益。

(3)至於注意義務指負責人在處理公司事務時，必須要負的注意義務，要求董事能盡到在相似地位之人，於相似情況下應為之注意。

(4)董事之競業禁止義務規定於公司法§209，原則上禁止董事為自己或他人為屬於公司營業範圍內之行為。本題中董事針對錯誤投資在董事會中並未針對此議案發言，係就公司事務之處理有所疏失而未盡善良管理人之注意義務，與利益衝突無關，故正確選項為(B)。

解說

(一) 本條是關於清算程序的規定，公司在解散時，通常均尚有相當多的債權債務必須處理，自不宜使其突然消失，而造成與公司為交易行為之人的損失，因此本條規定，任何公司在經解散後，應先進行清算程序，以便終結所有營業及債務問題。至於公司合併或分割時，因為係由另一公司，或新成立的公司，承受原有的債權債務，已對大眾權益有所保護；而公司破產時，亦有破產程序可處理前述問題，不致發生流弊，故本條明定將此二種公司解散事由排除在清算程序外。

(二) 至於公司經經濟部命令解散後，不向經濟部申請解散登記，而經經濟部依法撤銷公司登記後，有認為其法人人格即屬消滅；但亦有認為在清算範圍內，其法人人格仍然存續，管見以為：若撤銷登記後，仍須辦理解散登記，不僅毫無意義，且亦容易因為人為因素，（遲不申辦）而延宕程序，故以前說為可採。[申11]

第25條（清算中之公司）

解散之公司，於清算範圍內，視為尚未解散。

解說

　　本條是關於清算中公司法律定位的規定，按公司既經解散，本來即應喪失為法律行為主體之資格，不過正如前述，公司清算程序，既然是為解決公司未解散前的相關事務，如果不讓其維持一定地位，則仍將無可避免地產生問題，舉例而言，如果公司一經解散即喪失法人人格，則該解散公司即無權收取他人積欠公司的債務，而公司債權人也不能找解散公司要求其清償，因此，本條乃明定解散之公司，在清算範圍內，視為尚未解散，以便利解散公司處理相關事務。

第26條（清算中之營業）

前條解散之公司，在清算時期中，得為了結現務及便利清算之目的，暫時經營業務。

解說

　　本條是關於已解散公司，在清算程序進行中，所能進行營業範圍的限

制，依本條規定，已解散的公司，在清算程序進行中，只能爲關於了結現
務及便利清算的營業行爲，其他的營業行爲則一律不得進行。所謂了結現
務，是指終結公司在解散前所經營的事務而言。至於便利清算，指爲方便
清算程序進行，所爲的行爲而言，除以上兩種情形外，其他營業行爲，在
清算程序中，均受到限制，而不得進行。

第26條之1（撤銷或廢止登記之準用）

公司經中央主管機關撤銷或廢止登記者，準用前三條之規定。

解說

　　本條係民國90年修正公司法新增之規定，因爲在公司被中央主管機關
依法撤銷或廢止登記時，其情形與解散相同，均屬於公司法人人格消滅之
法定事由，此時當然有進行清算以了結債權債務關係之必要，原條文並未
加以規定，所以在修正時加以增訂。

第27條（政府或法人爲股東時之權利）

①政府或法人爲股東時，得當選爲董事或監察人。但須指定自然人代表行
　使職務。
②政府或法人爲股東時，亦得由其代表人當選爲董事或監察人，代表人有
　數人時，得分別當選。
③第一項及第二項之代表人，得依其職務關係，隨時改派補足原任期。
④對於第一項、第二項代表權所加之限制，不得對抗善意第三人。

解說

(一) 第1項規定，政府或法人不僅得爲股東，且得當選爲董事或監察人，
　　惟其畢竟有別於自然人之實體，故政府或法人被推選爲上開職位時須
　　指定自然人爲代表以執行其職務。[甲12]
(二) 第2項規定，該等代表人亦得當選爲董事或監察人，代表人有數人時
　　更得分別當選[甲13]，由上述之規定可知，代表人並不以具股東身分爲
　　限，而第2項代表人尚得分別當選爲董事或監察人，學者有批評其破
　　壞股東平等原則，且破壞修正前公司法，以股東爲董監之法原意。
(三) 第3、4項規定，前二項之代表人，得依其職務關係隨時改派[甲12，甲13]，

惟任期以補足原任期爲限，又對其代表權所加之限制，因相對人甚難知悉，故明訂不得藉以對抗善意第三人，一則維護交易安全，另則顧及惡意不保護之原則。

第28條（公告之方法）

公司之公告應登載於本公司所在之直轄市或縣（市）日報之顯著部分。但公開發行股票之公司，證券管理機關另有規定者，不在此限。

解說

本條文爲公司公告之規定，本法之公告原則，應登載於公司所在之直轄市或縣（市）日報顯著部分，另外爲求彈性處理，於民國90年增訂但書規定，對於公開發行股票之公司，證券管理機關如果另有規定時可依其規定辦理，以降低公司資訊揭露成本。

第28條之1（送達之方法）

主管機關依法應送達於公司之公文書無從送達者，改向代表公司之負責人送達之；仍無從送達者，得以公告代之。

解說

此條文爲向公司送達之補充規定，原則上主管機關應送達於公司之公文書，自應向公司所在地送達，但遇有公司他遷或其他原因無從送達時，因代表公司之負責人，基本上有代表公司執行職務之權，故可向其送達，若兩者均無法送達時，則以公告代之。

第29條（經理人之設置）

①公司得依章程規定置經理人，其委任、解任及報酬，依下列規定定之。但公司章程有較高規定者，從其規定：

一、無限公司、兩合公司須有全體無限責任股東過半數同意。

二、有限公司須有全體股東過半數同意。

三、股份有限公司應由董事會以董事過半數之出席，及出席董事過半數同意之決議行之。

②公司有第一百五十六條第七項之情形者，專案核定之主管機關應要求參

與政府專案紓困方案之公司提具自救計畫，並得限制其發給經理人報酬或爲其他必要之處置或限制；其辦法，由中央主管機關定之。

③經理人應在國內有住所或居所。

解說

(一) 第1項爲關於經理人設置、委任、解任及報酬之規定，所謂經理人，意即管理公司事務及有權爲其簽名之人（民§553），本法之經理人爲章定（如章程無設置經理人之規定，董事會仍得任命經理人，惟其僅屬一般民法上之經理，與本法上之經理人有別）、任意（可不設置）、常設（非臨時性的）輔助業務執行之機關，其人數並無限制，如有二人以上，民國90年修正前規定強制要求應以其一爲總經理，其餘一人或數人爲經理；不過在修正時爲落實公司自治，認爲其職稱應由公司自行決定，無強制規定之必要，因此刪除前述規定，而交由公司自行決定，至於其委任、解任及報酬，應公司種類之不同，依下列程序處理：

1. 無限公司及兩合公司：全體無限責任股東過半數之同意。

2. 有限公司：全體股東過半數同意。

3. 股份有限公司：由董事會以董事過半數之出席，及出席董事過半數同意之決議行之。

另者，民國90年修正時，基於私法自治原則增訂，如公司章程就經理人之委任、解任及報酬訂有較高規定者，應從其規定，以尊重公司股東之決定[8]。

---

[8] (D) 股份有限公司經理人有關之事項，須經董事會決議，下列何敘述最適當？(A)經理人之委任及解任(B)經理人的報酬(C)經理人的報酬及調動(D)經理人的委任、解任及報酬。（模擬試題）

【解說】(1)依公司法§29 I規定：「公司得依章程規定置經理人，其委任、解任及報酬，依左列規定定之。但公司章程有較高規定者，從其規定：……三、股份有限公司應由董事會以董事過半數之出席，及出席董事過半數同意之決議行之。」

(2)因此，只有經理人的委任、解任及報酬都言明應經董事會決議，才是最適當的敘述。

(3)關於經理人調動部分，經濟部91.1.16經商字第09002274230號函認爲，公司法

(二) 第2項爲98年1月9日修正條文，是爲因應國際金融危機所產生之公司
紓困需求所設，凡因發生營運困難，爲了改善財務結構，或是使公司
能回復正常營運，參與政府之專案紓困時，參與紓困公司，爲了避免
濫用政府之紓困金，因此應要求接受紓困的企業提出具體之自救計
畫，而且政府依本條規定，也可以對受紓困企業經理人的薪資加以限
制，避免如美國部分受紓困企業經理人，仍領取高額薪資，導致紓困
金未能使用於適當用途之不當結果發生，此又稱爲肥貓條款，並於董
事及監察人準用。

第30條（經理人之消極資格）

有下列情事之一者，不得充經理人，其已充任者，當然解任：

一、曾犯組織犯罪防制條例規定之罪，經有罪判決確定，服刑期滿尚未逾
五年者。

二、曾犯詐欺、背信、侵占罪經受有期徒刑一年以上宣告，服刑期滿尚未
逾二年者。

三、曾服公務虧空公款，經判決確定，服刑期滿尚未逾二年者。

四、受破產之宣告，尚未復權者。

五、使用票據經拒絕往來尚未期滿者。

六、無行爲能力或限制行爲能力者。

解說

本條係爲經理人之消極資格規定[9]，茲分述如下：

---

§29Ⅰ只規定經理人之委任、解任及報酬，尚不包括經理人之職務調動，所以答案
應選(D)。

[9] (B) 關於公司經理人之資格要件，下列何一敘述爲正確？(A)曾服公務虧空公款、經
判決確定服刑滿1年後，始得充經理人(B)無行爲能力人及限制行爲能力人，皆
不得充經理人(C)有公司法經理人消極資格要件而充任經理人者，應由主管機關
逕予解任，並撤銷其經理人登記(D)選項(A)、(B)、(C)皆正確。（模擬試題）
【解說】(1)公司法§30規定經理人六大消極資格：組織犯罪（5年）、詐背侵占
（1年+2年）、虧空公款（2年）、破產宣告、票據拒往、無（限）能力。
(2)(A)雖屬六大事由之一，但須服刑期滿2年後才能擔任經理人，所以不對。

(一) 民國90年修正前規定凡曾犯內亂、外患罪者，即永不得擔任經理人，在修正時認為過於嚴苛，因此將該規定加以刪除，換言之，依修正後之規定，前述人員將不會受到不得擔任經理人之限制。

(二) 為限制黑道擔任公司負責人，民國90年修正時增訂第1款「反黑條款」，只要犯組織犯罪防制條例規定之罪，經有罪判決確定，服刑期滿尚未逾五年者即不能擔任公司經理人。

(三) 曾犯詐欺、背信、侵占罪或曾服公務虧空公款等罪時，因有違企業誠信經營之原則，故公司法明定，經判決確定，服刑期滿尚未逾二年者，也不能擔任經理人。

(四) 受破產宣告，尚未復權者，因其個人財務已出狀況，自不宜再擔任經理人，掌理公司之營運。

(五) 使用票據經拒絕往來尚未期滿者。

(六) 無行為能力或限制行為能力人之所以不能擔任經理人，乃因其職務在管理公司事務，並代表公司，職責重大，自不宜由尚須由法定代理人代為表示意思或需得法定代理人同意者來擔任。

第31條（經理人之職權）

①經理人之職權，除章程規定外，並得依契約之訂定。

②經理人在公司章程或契約規定授權範圍內，有為公司管理事務及簽名之權。

解說

按經理人與公司之關係屬委任關係，有管理公司事務及代表公司之權（民§553Ⅰ）；對第三人就公司有為管理一切必要行為之權，惟除有書面授權以外，對不動產不得買賣或設定負擔（民§554Ⅱ、Ⅲ），可見經理人在前述範圍內是否授予各該職權，抑或僅限於一部，均得以章程或契約訂之，惟不能與民法規定牴觸，否則即非適法。

---

(3)(B)與法條規定相同，正確。

(4)(C)不對，因公司法§30規定：「有左列情事之一者，不得充經理人，其已充任者，當然解任：……」如具備消極資格，毋須主管機關命令逕予解任或撤銷經理人登記，而是依法當然解任。

第32條（經理人競業之禁止）

經理人不得兼任其他營利事業之經理人，並不得自營或爲他人經營同類之業務。但經依第二十九條第一項規定之方式同意者，不在此限。

解說

(一) 爲確保經理人之時間、精力能投注於公司業務，經理人不得兼任其他營利事業（不論公司、合夥，甚至獨資經營）之經理人。

(二) 因經理人熟悉公司營業全況，爲避免利害衝突，禁止其自營或爲他人經營同類業務，本條旨在保護公司，經理人違反時，公司得於知悉違反行爲時起一個月內或自該行爲起一年內，向經理人請求因其行爲所得之利益以爲損害賠償（民§563）。

(三) 本條旨在保護公司，因此經理人如果能得到公司同意自無強行禁止之必要，依§29需視下列公司性質之不同，而分別取得其同意：

　1. 無限公司及兩合公司：全體無限責任股東過半數之同意。

　2. 有限公司：全體股東過半數同意。

　3. 股份有限公司：由董事會以董事過半數之出席，及出席董事過半數同意之決議行之。

第33條（經理人遵守決議之義務）

經理人不得變更董事或執行業務股東之決定，或股東會或董事會之決議，或逾越其規定之權限。

解說

　　本條是關於公司經理人應遵守決定或決議的義務，按四種公司中，無限公司係以全體股東爲意思決定機關，並以執行業務股東負責業務之執行；有限公司係以股東會作爲意思決定機關，並以董事負責業務之執行；兩合公司則以無限責任股東決定公司的意思，並擔任執行業務股東、負責公司業務之執行；股份有限公司則係以股東會作爲公司的意思決定機關，並由董事會負責決定公司業務的執行。而經理人既然係由公司所委任，當然應受前述機關所作成的決定或決議之限制，始能確保公司經營上不致發生窒礙之處。

第34條（經理人之損害賠償責任）
經理人因違反法令、章程或前條之規定，致公司受損害時，對於公司負賠償之責。

解說

(一) 本條是關於公司經理人違反法令章程或不遵守決議時之損害賠償責任，按公司經理人係實際負責公司業務之執行，如果有前述情形發生時，常會對公司產生一定程度的損害，因此本條即明定，經理人於前述情形存在，致公司受有損害時，須負起賠償責任。

(二) 其次，經理人雖然沒有違反法令、章程或決議，但是在業務執行上具有過失時，雖然本條未明定其賠償責任，然而經理人與公司間既屬有償委任，自應適用民法第535條及第544條之規定，在未盡善良管理人的注意義務時，即須對公司負損害賠償的責任。

第35條（刪除）

第36條（經理權之限制）
公司不得以其所加於經理人職權之限制，對抗善意第三人。

解說

公司與經理人間屬委任人與受委任人之關係，委任人（即公司）自得就委任事項之範圍決定其大小，惟經理人負有管理公司事務之權限，一般與公司為交易之第三人無從得知其限制，因此公司對經理人權限之限制，不得對抗善意（即非明知該等限制之情事）第三人，至於惡意知情的人當然不受保護，自不待言。

第37條（刪除）

第38條（刪除）

第39條（刪除）

申論題

申1 公司法第十三條轉投資之限制,歷年修正時均有更迭,究其標準以何者為最適當?請申論之。【76年司法官】

答:(一) 轉投資之意義及歷年修正更迭:

　　1.意義:

　　　依公司法§13規定,轉投資係指公司以其名義投資於其他公司,而為其他公司有限責任股東,且其投資總額原則上受有一定限制之行為。

　　2.公司法§13條歷年修正之更迭情形,以民國69年以後之修正,說明如下:

　　　(1)民國69年5月9日修正公司法§13規定:「公司不得為他公司無限責任股東或合夥事業之合夥人;如為他公司有限責任股東時,其所有投資總額,除以投資為專業者外,不得超過公司實收股本百分之四十。公司轉投資達到前項所定數額後,其因被投資公司以盈餘或公積增資配股所得之股份,不受前項限制。」

　　　(2)民國79年11月10日修正公司法§13規定:「公司不得為他公司無限責任股東或合夥事業之合夥人;如為他公司有限責任股東時,其所有投資總額,除以投資為專業或公司章程另有規定或經依左列各款規定,取得股東同意或股東會決議者外,不得超過本公司實收股本百分之四十:

　　　　①無限公司、兩合公司經全體無限責任股東同意。

　　　　②有限公司經全體股東同意。

　　　　③股份有限公司經代表已發行股份總數三分之二以上股東出席,以出席股東表決權過半數同意之股東會決議。

　　　　公司因被投資公司以盈餘或公積增資配股所得之股份,不計入前項投資總額。」

　　　(3)民國90年11月12日修正公司法§13規定:「公司不得為他公司無限責任股東或合夥事業之合夥人;如為他公司有限責任股東時,其所有投資總額,除以投資為專業或公司章程另有

　　規定或經依左列各款規定，取得股東同意或股東會決議者
　　外，不得超過本公司實收股本百分之四十：
　　①無限公司、兩合公司經全體無限責任股東同意。
　　②有限公司經全體股東同意。
　　③股份有限公司經代表已發行股份總數三分之二以上股東出
　　　席，以出席股東表決權過半數同意之股東會決議。
　　公開發行股票之公司，出席股東之股份總數不足前項第三款
　　定額者，得以有代表已發行股份總數過半數股東之出席，出
　　席股東表決權三分之二以上之同意行之。
　　第一項第三款及第二項出席股東股份總數及表決權數，章程
　　有較高之規定者，從其規定。
　　公司因接受被投資公司以盈餘或公積增資配股所得之股份，
　　不計入第一項投資總額。」
(二)究其標準以何者為適當？茲述如下：
　　1.公司法對轉投資加以限制，係為符合公司資本維持原則，避免
　　　公司不務正業，以保護公司之小股東以及債權人，並藉以防制
　　　關係企業之流弊；惟轉投資亦有優點，如可增強競爭力，而妥
　　　當的轉投資可改善公司不當之經營，究竟以那個標準為當，應
　　　視當時經濟發展而定。
　　2.我國公司法關於轉投資之規定，經過79年之修正，公司轉投
　　　資不得超過實收股本百分之四十的法定限制，可於章程另有規
　　　定或徵得公司機關之同意後而不受限制是歷次對轉投資修正放
　　　寬幅度最大的一次，另增加若經無限公司、兩合公司全體無限
　　　責任股東同意，有限公司經全體股東同意，股份有限公司經股
　　　東會輕度特別決議，得解除轉投資成為有限責任股東之限制；
　　　90年更進一步修正，使公開發行股票公司亦得以代表已發行股
　　　份總數過半數之股東出席，出席股東表決三分之二以上同意行
　　　之，以鼓勵多角化經營，兼顧經營彈性及股東權益，故綜合觀
　　　察，其標準以90年修正者，最為適當。

**申2 設甲實業有限公司章程規定，公司資本額為新台幣一千萬元，所營事
業為塑膠產品製造、加工及買賣。因業務興旺，甲公司董事長A遂決**

定：

(一)以甲公司名義及資金新台幣三百萬元，投資乙無限公司。

(二)以甲公司名義及資金新台幣一百萬元，投資丙電器有限公司為股東。隨後又以甲公司名義及資金新台幣二百五十萬元，購買丁股份有限公司股票，每股一百元，共計二萬五千股，並登記為股東。

(三)以甲公司名義及資金二百萬元，購買戊股份有限公司股票，並登記為股東。

問：**甲公司董事長A所為上述投資行為是否合法？對甲公司是否有效？**
　　【85年律師】

答：(一) 本小題A之投資行為不合法，對甲公司不生效力：

　　　1.依本法§13Ⅰ本文前段：「公司不得為他公司無限責任股東或合夥事業之合夥人。」其立法原意係因公司之無限責任股東或合夥事業之合夥人於公司或合夥之資產不足清償債務時，須負連帶清償責任，其對投資公司及其股東將造成莫大之損害，為求公司股本穩固，而特設此一限制規定。

　　　2.違反本法§13Ⅰ本文前段，其對甲公司是否有效？通說認為基於下列兩個理由，應屬無效：

　　　　(1)本條係禁止規定，故依民法§71法律行為違反禁止規定者，無效。

　　　　(2)且按民法§26本文規定：「法人於法令限制內，有享受權利、負擔義務之能力。」而公司法§13Ⅰ本文乃對公司轉投資所加之限制，係公司權利能力之法令上限制之一。

　　　　(3)小結：

　　　　　甲公司董事長A以甲公司名義及資金新台幣三百萬元，投資乙無限公司，違反本法§13Ⅰ本文前段之規定，故該行為對甲公司不生效力，A應依本法§13Ⅱ規定負民事責任，並可能另構成刑法背信罪。

　　(二)本小題A對丙有限公司與丁股份有限公司之投資行為均屬合法：

　　　1.依本法§13Ⅰ本文後段：「公司……如為他公司有限責任股東時，其所投資總額……不得超過本公司實收股本百分之

四十。」此規定係因有限責任股東只對公司債務負間接有限
責任，不致影響公司股本之穩固，故應予認許，惟其投資總額
若不加限制，則公司財產將移用於非公司事業之他途，實非所
宜，故有投資總額之限制。

2.本題中，A以甲公司名義投資丙公司一百萬元，後又以
二百五十萬元，購買丁公司之股票共計三百五十萬元，其總額
未超過甲公司實收股本之百分之四十，依公司法§13Ⅰ後段規
定，該轉投資行為應係有效。

3.然公司轉投資之範圍應否限制？是否限於公司所營業業務方
可？舊法時代，學說及實務對此有不同意見：

(1)甲說：
認為不須要在所營事業範圍內，因公司法並無限制明文，即本
法§15不包括§13（47台上1175判決、經(72)商13627函）。

(2)乙說：
認為仍受本法§15Ⅰ之限制（經濟部63.8.22商22007函）。

(3)丙說：
此說認為基本上受本法§15Ⅰ之限制，但要對§15Ⅰ之業務
範圍為放寬解釋，亦即，凡為公司經營所必要、適宜、有利
而不違反其目的事業者。

(4)管見以為採甲說為妥，蓋公司法並無明文限制，不宜擴張解
釋，基於促進多角化經營，故僅公司投資總額須受限制，轉
投資之業務範圍實毋庸限制之，且現行法§15Ⅰ已刪除經營
業務範圍之限制。

(5)小結：
故本件甲公司所營事業，雖係塑膠產品之相關業務，仍得投
資丙電器有限公司。

(三)本小題A投資戊股份有限公司之行為，對甲公司仍生效力：

1.甲公司董事長A又以甲公司名義，再投資二百萬元購買戊股份
有限公司股票，依前述，已超過甲公司資本額百分之四十（350
萬元 ＋ 200萬元>400萬元），若無公司法§13例外允許之情
形，其轉投資行為，即屬違法。

2.然而違反本法§13後段，其效力如何？學者間有不同看法：

(1)無效說：

認為公司法§13均屬效力、禁止規定，若違反之，依民法§71規定，應歸於無效。

(2)有效說：

認為公司有轉投資權限，僅其投資總額受有限制，且為維護社會交易安全，應將其解釋為有效。

(3)部分有效說：

此說認為：未超過實收股本百分之四十部分為有效，超過部分則無效。

(4)小結：

學者之通說採有效說，管見亦以為有效說為妥，因為如此始能保護善意第三人之交易安全。

申3 甲股份有限公司之董事長張三，以公司之名義，將公司之資金新台幣一千萬元，貸與乙股份有限公司後，復以公司之名義，保證乙股份有限公司，向李四借款新台幣五百萬元。試問上述貸與及保證行為，是否違反公司法之規定，對甲股份有限公司是否有效？請附理由以對。【79年司法官】

答：(一)貸與行為之效力如下：

1.公司之資金，除因公司間或與行號間有業務往來者，或有短期融通資金之必要而融資金額在貸與企業淨值的40%之內者外，不得貸與股東或任何他人（公司§15Ⅰ）。

依前述規定，甲股份有限公司之董事長張三，將公司資金貸與乙股份有限公司，該貸與行為是否違反公司法之規定，應視乙股份有限公司與甲股份有限公司間是否有業務往來、或有短期融通資金之必要且金額在貸與企業淨值40%之內，否則依公司法§15Ⅰ規定，公司資金原則上不得貸與股東或任何他人。

2.關於公司負責人違反公司法§15Ⅰ之規定，該貸與行為，對公司是否有效？分述如下：

(1)無效說：

①公司法§15Ⅰ係屬禁止規定，依民法§71規定，法律行為

違反強制或禁止規定者無效。

②公司之資金貸與股東或其他個人，有違資本維持原則，爲保護其他之股東及債權人，自應認爲該行爲對公司不生效力。

③公司法既已明文禁止，相對人對該行爲之違反規定，應屬知之甚稔，自無加以保護之必要，故該行爲對公司不生效力。

(2)有效說：

①按公司並非無貸款之權限，僅係受有限制，故此項規定僅爲訓示規定，而非效力規定，故違反時，並非無效。

②貸與並非贈與，公司仍可請求償還，故並不違反資本維持原則。

③爲保護與公司交易之相對人及保障社會交易安全，應以有效說爲妥。

(3)小結：

上述二說，多數學者採有效說，且就維護社會交易安全亦以此說爲妥。因此張三之行爲對甲股份有限公司有效，公司仍須負責，僅張三應與借用人乙股份有限公司連帶負返還責任，如公司受有損害者，並賠償公司因此所受之損害（公司§15Ⅱ），且其行爲並可能構成刑法背信罪。

(二)保證行爲之效力，茲述如下：

1.公司除依其他法律或公司章程規定得爲保證者外，不得爲任何保證人（公司§16Ⅰ）：

(1)甲股份有限公司負責人張三以公司名義保證乙股份有限公司向李四借款五百萬元是否違反公司法之規定，應視甲股份有限公司之章程是否有得爲保證之條款，或其他法律規定得爲保證業務。

(2)若甲公司章程無記載「得爲保證業務」之條款，又無其他法律依據，得爲保證業務時，甲股份有限公司負責人張三所爲之保證行爲即違反公司法§16Ⅰ之規定。

2.公司負責人違反§16Ⅰ而爲之保證行爲無效：

　　　(1)§16 I 之規定既爲禁止規定，依民法§71規定，自屬無效。

　　　(2)故公司負責人若違法爲保證，則對公司不生效力，且依本法
　　　　§16 II 之規定，由公司負責人自負保證責任，如公司受有損
　　　　害時，亦應負賠償責任。

申4 有「甲資訊股份有限公司」（以下簡稱甲公司），實收資本額為新台
　　幣壹仟萬元。甲公司全部資產為新台幣壹仟壹佰萬元，全部負債為新
　　台幣貳佰萬元。現甲公司擬貸款與其業務有往來之乙公司。試就公司
　　法之規定及法理回答下列問題：

　　(一)甲公司得貸與之款項最高為多少？是項貸與是否須經甲公司股東
　　　　會之決議通過？（12分）（94司）

　　(二)（因非公司法範圍，試題及解答從略）

答：關於公司的借貸限制：

　1.民國90年公司法修正前§15 II 原規定：「公司之資金，除因公司
　　間業務交易行爲有融通資金之必要者外，不得貸與股東或任何他
　　人。」惟考量資金爲企業經營命脈，靈活的資金流通有助企業擴
　　展，且我國並無如國外之財務融資公司，故宜放寬資金調度，因
　　而修正爲現行第15條第1項，即公司之資金，除公司與行號間有業
　　務往來或有短期融通資金之必要外，原則上不得貸與股東或任何他
　　人；又融通金額不得超過貸與企業淨值的百分之四十。

　2.依90年修正新法的規定，公司在無交易行爲但有業務往來、或甚
　　至沒有業務往來的情形都可貸與資金，僅在無業務往來的情形須受
　　「融資金額不得逾貸與企業淨值的百分之四十」的限制，如有業務
　　往來的情形則不受限。本題甲、乙公司有業務往來，故甲公司得依
　　同法第15條第1項第1款貸款予乙公司；惟貸與金額是否可以毫無限
　　制？容有疑問：考量股份有限公司之資本維持原則，且有心人士可
　　能藉此掏空公司資產，管見認爲在借貸額度上也宜解爲以類推適用
　　同條項第2款「不得逾企業淨值之百分之四十」的規定，或是以雙方
　　業務往來的數額爲限，才能夠兼顧企業自治精神與交易安全確保。

　3.公司法§202規定：「公司業務之執行，除本法或章程規定應由股
　　東會決議之事項外，均應由董事會決議行之。」依此，學界多數以
　　爲，本條文係公司法於企業所有與經營分離的趨勢下，爲落實企業

自治而明文採行董事會中心主義。故依§15文義，似可認為公司借貸資金並非法定應由股東會決議事項，故可由董事會決議通過；惟如有心人藉此掏空公司，其後果不堪設想，立法上應在股東會與董事會的權限分配上有調整，抑或強化監察人的監督制止權限，才能健全企業自治精神。

申5 X股份有限公司依法簽發匯票、本票、支票各一張；某甲為Y股份有限公司之董事長。某甲以Y公司之名義在該匯票上作成背書行為，又以Y公司之名義在該本票及支票上各作保證行為。某甲之行為有何種法律效果？試分別就公司法、票據法之規定說明之？【88年律師】

答：(一)某甲以Y公司名義在匯票上為背書行為之效力如下：

　　1.依公司法§16Ⅰ規定：「公司除依其他法律或公司章程規定得為保證者外，不得為任何保證人。」違反本項規定之效果，係由負責人自負保證責任，如因此造成公司損害時，公司負責人並應對公司負損害賠償責任（公司§16Ⅱ）。至於不得為保證之範圍，包含人保與物保；另外匯票與本票有保證制度，故亦受到公司法§16Ⅰ之限制（43台上83判例），至於支票則無保證制度，在支票上為保證者，視為背書（52台上2286、53台上1930判例）。

　　2.至於一般票據之背書，與保證有別，其法律效力，應依據票據法規定，因此不受公司法§16之限制（司法行政部61.1.18臺函參00457）。茲某甲為Y公司董事長，其以Y公司名義在匯票上所為之背書行為，並非公司法§16Ⅰ所謂之保證，故公司在票據上背書應屬有效，不受公司法§16Ⅰ之限制，Y公司應依票據法§39準用§29之規定，依照匯票文義，擔保承兌及付款之責。

(二)甲以Y公司名義在本票與支票上為保證行為之效力如下：

　　1.甲以Y公司名義在本票所為保證行為之效力：
　　　依公司法§16之除外規定，公司如無依其他法律或章程以保證為業務之情形，自無排斥公司法§16適用之餘地。所以，甲以Y公司名義在本票所為之保證行為，對Y公司不生效力，某甲應自負票據保證之責，依票據法§61Ⅰ規定，與發票人X股份有

限公司負同一責任，並對Y公司所受之損害，負賠償責任（公司§16Ⅱ）。

2.甲以Y公司名義在支票所為保證行為之效力：

(1)保證行為載於支票背面者：

按票據上記載票據法所不規定之事項，不生票據法之效力，為票據法§12所規定，因支票無保證制度，若於支票上加寫「保證人」或「連帶保證人」之背書，則僅生背書之效力（73.5司法院司法業務研究會第三期），因此，甲以Y公司名義在支票所為之保證行為，僅生背書之效力，即由Y公司負背書人之責任，某甲不負背書責任，亦不負保證責任。

(2)保證行為載於支票正面者：

支票為支付證券，並非信用證券，故無保證制度，與匯票及本票不同，因此，若於支票正面作保，充其量，視情形僅發生民法上之保證效力而已，今某甲以Y公司名義於支票正面作保，依公司法§16規定，除非Y公司依法或章程得為保證，否則該保證非但不生票據上保證之效力（因支票無此制度），同時亦不生民法上保證之效力（因公司原則上不得為保證人），故某甲視情形應負民法保證人之責，公司則不負保證之責。

申6 在台中市已有「台灣紡織有限公司」存在，是否得在台北市設立「台灣紡織股份有限公司」、「台灣紡織行」或「台灣建設有限公司」？【85會】

答：依公司法§18規定，說明如下：

(一)不可在台北市設立台灣紡織股份有限公司，因為

1.公司名稱相同。

2.業務種類相同，且無可資區別之文字。

(二)可在台北市設立台灣紡織行，因為：

台灣紡織行非屬公司，不受公司法之限制，但須注意有無違反公平交易法或商標法。

(三)可在台北市設立台灣建設有限公司，因為

1.公司名稱雖相同。

2.但業務種類不同。

申7 萬泰商業銀行（成立在後）與萬泰證券（成立在前）是否相同？萬泰商業銀行有無侵害萬泰證券之公司名稱？（模擬試題）

答：依公司法§18規定說明如下：

(一)最高法院採否定說：

最高法院85台上1273判決認為如下：兩造公司名稱之首末「萬泰……股份有限公司」雖屬全同，但中間表明業務種類之文字，一為「證券」，一為「商業銀行」，係屬不同業務種類，依公司法第18條第2項規定，兩造之公司名稱視為不相同或不類似。……二公司名稱中標明不同業務種類者，其公司名稱視為不相同或不類似。既規定為二公司名稱，而未限於不同類業務公司之名稱，則同類業務公司之名稱自同有適用，始符立法旨趣。是同類業務公司之名稱，標明不同業務種類者，縱其名稱之特取部分相同或類似，其公司名稱視為不相同或不類似。

(二)劉連煜教授採否定說：劉教授認為：應由公平法的觀點出發，認為只要使用公司特取名稱之方法，有使人與相關事業或消費者所普遍認知之他人營業混淆者，即可能違反公平法第20條第1項之規定。因此，公司名稱是否受侵害，重點在於有無混同，如果會使一般大眾誤信其為某一企業集團下之公司時，應屬逾越自由競爭的界限，擾亂交易交序。

申8 試扼要解答下列問題：

(一)資本額達一定數額以上之公司，其資產負債表及損益表應先經會計師簽證，此項會計師須由何人選任？

(二)股份有限公司股東，如不親自出席股東會，得委託他人代理，此項代理人是否限於股東？【74年司法官】

答：(一) 本題會計師之委任，在無限公司、兩合公司須有全體無限責任股東過半數同意、有限公司須有全體股東過半數同意、股份有限公司須有董事過半數同意行之：

79年公司法修正時，於§20Ⅲ增設對簽證會計師之委任及解任，明文準用§29Ⅱ之規定，因此，會計師之選任，在無限及兩合公司須有全體無限責任股東過半數同意；在有限公司須有全體股東

過半數之同意；在股份有限公司須有董事過半數之同意。

(二)股份有限公司股東，如委託他人代理出席股東會，此項代理人是否須限於股東，分非公開發行與公開發行說明如下：

1.非公開發行股票之公司：

依公司法§177Ⅰ規定，股東得於每次股東會，出具公司所發之委託書，載明授權範圍，委託代理人出席股東會。然並未對該代理人身分限制，乃因股份有限公司為資合公司，並不重視股東個性，如要求須委託股東代理，無異對表決權行使加以不必要之限制。

2.公開發行股票之公司：

依公開發行股票公司出席股東會使用委託書規則§5規定可知，委託書徵求人，除本規則另有規定外（即徵求人），應為持有被徵求公司已發行股份五萬股以上之股東，故其代理人須限於股東；至於非屬徵求之受託代理人，而係由股東所委任者，則無此限制。

申9 股份有限公司之董事，在何種情形下，依法須負損害賠償之責任？試一一列舉；又其董事長於公司資產不足抵償債務時，未即聲請宣告公司破產，致使應繳納之稅款未能繳納，稅務主管機關以訴請求該董事長連帶負責賠償，是否合法？請一併論之。【72年律師】

答：(一)股份有限公司董事，依法須負損害賠償責任，簡述幾種說明如下：

1.對公司之責任：

(1)董事為公司之負責人，其應忠實執行業務並盡善良管理人注意義務，如有違反致公司受有損害者，負損害賠償責任（公司法§23Ⅰ）。

(2)董事會執行業務，應依照法令章程及股東會之決議，如違反致公司受損害時，參與決議之董事，對公司負賠償之責，但經表示異議之董事有紀錄或書面聲明可證者，免其責任（公司法§193）。

(3)公司違反公司法§13、§15、§16之限制者，公司負責人應賠償公司因此所受之損害。

2.對第三人之責任：

依公司法§23Ⅱ規定，公司負責人對於公司業務之執行，如有違反法令致他人受有損害時，對他人應與公司負連帶賠償之責任，董事屬股份有限公司之負責人（公司法§8Ⅰ），自有公司法§23Ⅱ之適用。

3.對股東之責任：

股東依公司法§214規定，為公司自行對董事提起訴訟，而所依據之事實，顯屬實在，經終局判決確定時，被訴訟之董事，對於起訴之股東，因此訴訟所受之損害，負賠償之責任（公司法§215Ⅱ）。

4.與監察人之連帶責任：

監察人對於公司或第三人應負損害賠償責任，而董事亦負其責任時，董事與監察人為連帶債務人（公司法§226）。

(二)1.公司資產顯有不足抵償其所負債務時，除得依§282辦理者外，董事會應即聲請破產宣告，違者固應處新台幣二萬元以上十萬元以下罰鍰（公司法§211Ⅱ、Ⅲ），惟其不為此聲請，致公司債權人受損害，該董事對債權人是否應負責，公司法並未有明文。

2.實務上，最高法院23年上字第204號判例，認應依民法§35Ⅱ規定，即有過失之董事，應負賠償責任，其有二人以上時，應連帶賠償。惟此乃僅指私法上之債權人而言，至於稅款及公法債權，應無此適用（56台上627判決參照）。

3.再者，未聲請破產宣告，是否得依公司法§23Ⅱ規定，請求董事長與公司負連帶賠償之責？因實務上認為公司法§23乃以違反法令致他人私權受有損害，為責任發生要件，若公權受有損害，則不得以此為請求賠償之依據（62台上2判例），因此，稅務主管機關之請求並不合法。

申10 設「藍天食品股份有限公司」因經營不善，業績不振，致負債累累，經股東會決議解散公司。該公司董事長甲不依法辦理清算，竟將公司全部資產變賣分配予各股東，致公司債權人受債權不獲清償之損害。公司債權人為此依公司法第二十三條規定訴請某甲賠償損

害,是否有理由?【84年律師】

答:(一)依公司法§24規定:「解散之公司,除因合併、分割或破產而解
散外,應行清算。」故本件藍天公司於解散後即進入清算程序,
而依公司法§322規定,清算人若未經另行選任或章程另有規定
外,應以董事長為清算人。本題公司董事長甲不依法辦理清算,
即不依公司法§327規定,為通知、公告等催報債權之程序,而
將公司全部資產變賣,分配予各股東,其行為實已屬於違背法令
之行為。

(二)又股份有限公司經股東會決議解散,若於解散後違反清算程序,
致侵害債權人之利益,其應負公司法§23Ⅱ之侵權行為責任,
最高法院65年6月8日決議即採此見解,認為公司法§23Ⅱ所謂
清算人依公司法§8Ⅱ規定,於執行清算職務範圍內亦視為公司
之負責人,且股份有限公司解散後,董事以清算人之地位,執行
清算之事務,亦應認為公司負責人執行公司之業務,如於執行清
算事務時違反法令,致他人受有損害,應有公司法§23Ⅱ之適用
(66.12.13第10次民庭決議),故債權人可向公司及董事等請求
連帶賠償之責。

申11 **經濟部在何種情形下,得依職權命令解散公司?若公司經經濟部命
令解散後,不向經濟部申請解散登記,而經經濟部依法撤銷公司登
記後,其法律地位如何?試分別說明之。【79年律師】**

答:(一)公司解散之共同原因有三類～任意解散、法定解散及強制解散:
命令解散為強制解散之一種,依公司法§10規定,有下列情形之
一者,主管機關得依職權命令解散公司:
1.公司設立登記後六個月尚未開始營業者。
2.開始營業後自行停止營業六個月以上者。

(二)經濟部依法撤銷公司登記後,其法律地位為何,容有爭執,亦即
依法撤銷登記後之公司其法人人格是否存續,茲就學說及實務分
述如下:
1.學說:
依公司法§24規定:「解散之公司除因合併、分割或破產而解
散外,應行清算。」與同法§25:「解散之公司,於清算範圍

內，視爲尙未解散。」，因此通說認爲解散之公司於清算範圍內仍具有法人格，亦即公司法人格於公司清算終結後始消滅，故依法撤銷登記後的公司法人人格，在清算範圍內仍存續。

2.實務：

經濟部與最高法院都曾表示過見解，大致可分爲下列兩種見解：

(1)認爲公司經依法撤銷登記後，其法人人格即屬消滅：

依經濟部71年7月15日商字第25031號函謂：「公司經主管機關依法撤銷登記處分確定者，其公司即不存在，勿庸再申辦解散登記，但撤銷登記之處分，應送達於被處分之公司。」

(2)認爲公司經依法撤銷登記後，於公司清算範圍內，其法人人格仍然存續：

依76年台上字第717號判決：「主管機關撤銷公司設立登記，爲公司解散原因之一，而解散之公司，於清算範圍內，視爲尙未解散，公司法§25定有明文。……」蓋其認爲撤銷登記亦爲公司解散之原因，而解散之公司於清算範圍內，視爲尙未解散，因此撤銷登記後，法人格仍於清算範圍內有法人格。

3.管見以爲：

經撤銷登記之公司固然仍須辦理清算程序，但一經撤銷登記，如經濟部解釋，已無須申請辦理解散登記，蓋經濟部係因公司遲不辦理解散登記，始撤銷其公司登記，如謂撤銷登記後仍須辦理解散登記，不僅毫無意義，且亦容易因人爲因素（遲不申辦）而延宕程序，故應以撤銷登記後，法人人格即歸於消滅之見解爲可採。

申12 乙公司爲甲公司投資參與之公司。甲公司因投資參與關係被選爲乙公司董事，依公司法相關規定指派其董事A君出任爲乙公司之法人代表。乙公司因業務需要向銀行貸款，銀行要求所謂的「董監聯保」，A君乃應乙公司董事會之決議，在未事先徵求甲公司意見前，即爲董監聯保。其後乙公司因無力償還銀行貸款，A君被訴履行保證債務，於敗訴履行保證責任後，因乙公司已支付不能，民法

所定保證代位已無實益，前來求教予你，試附具理由答覆下列各題：

(一)A君不願再擔任乙公司之董事，能否以自己個人之名義，致函公司宣布辭職？董事辭職是否須經公司（乙公司）之同意？

(二)A君不甘受損，能否對甲公司為任何之請求？其法律依據為何？

(三)甲公司對A君之請求能否以公司不得為保證行為為由拒絕之？
【83年律師】

答：(一)A君不得以自己個人之名義，致函公司宣布辭去董事職務，又董事辭職無須經公司（乙公司）之同意：

1.依公司法§27Ⅰ、Ⅲ規定，政府或法人為股東時，得當選為董事或監察人，但須指定自然人代表行使職務，前項之代表，得依其職務關係，隨時改派補足原任期。

2.本題中，甲公司始為乙公司之董事，乙公司之董事委任關係係存在於乙公司與甲公司間，故A君不得以自己個人之名義，致函乙公司宣布辭任乙公司之董事。

3.A不想再擔任乙公司董事，應和甲公司終止委任關係，甲公司則應依公司法§27Ⅲ規定，改派另自然人補足原任期，且此辭職毋須經乙公司之同意，因董事之委任關係，係存在於乙公司與甲公司之間。

(二)A得依民法§546Ⅱ規定，請求甲公司為債務之清償或提供擔保：

1.因董監聯保為工商社會之慣例，其之所以出名具保，純係因職務關係使然，故法人代表就子公司業務上債務行為所為之保證，仍應解釋為受任人為處理委任事務所必要之行為。

2.A之所以為乙公司為貸款之保證，是因其受甲公司指派擔任乙公司之法人代表，而之後被訴請履行保證責任，應可認為是因處理甲公司委任事務，負擔必要債務，故法人代表A可依據民法§546Ⅱ「受任人因處理委任事務，負擔必要債務者，得請求委任人代其清償，未至清期者，得請求委任人提出相當擔保。」之規定，請求甲公司代為清償或提出擔保。

(三)甲公司對A君之請求不得以公司不得為保證行為為由拒絕之：

1.甲公司就其法人代表A君之職務上保證行為所應負之責任，係

依民法委任關係所生，不受公司法§16公司不得爲保證人規定之限制，蓋A之履行保證責任，係以其私人名義爲之，與公司法§16公司不得爲保證之規定無涉，而嗣後A再依其和甲公司間之委任關係向甲公司求償，甲公司不得以公司不得爲保證行爲爲理由拒絕。

2.又雖甲公司對A君之請求，不得以公司不得爲保證行爲爲由拒絕，惟如此將間接違反公司法§16，仍有待商榷。

申13 設有財政部、高雄市政府、台灣省政府及甲、乙、丙、丁、戊等共同投資成立「中華水泥股份有限公司」。其中財政部、台灣省政府、高雄市政府之投資額，各占該公司股份總數百分之二十，甲、乙、丙、丁、戊各占該公司股份總數百分之八。財政部指定A、B、C三人爲代表人。「中華水泥股份有限公司」召開股東會，選任A、B、乙及台灣省政府爲董事，高雄市政府及C爲監察人。試問：

(一)財政部之代表A、B被選爲董事，C被選爲監察人，是否有效？現行法之規定是否合理？

(二)設A當選董事不久，即因車禍死亡。財政部可否改派丁爲繼任人？【86年律師】

答：(一)依公司法§27Ⅱ規定，財政部之代表A、B、C分別當選董監事有效，但與學理相悖而不合理：

1.財政部之代表A、B被選爲董事，C被選爲監察人，係屬有效：

(1)股份有限公司之董事及監察人係由有行爲能力之人選任，公司法§192Ⅰ及216Ⅰ定有明文，且政府爲股東時，得當選爲董事或監察人，但因其非行爲實體，故須指定自然人代表行使職務（公司法§27Ⅰ）；又依公司法§27Ⅱ規定，政府或法人爲股東時，亦得由其代表人當選爲董事或監察人，代表人有數人時得分別當選，此一代表人不以具有股東身分爲要件。

(2)本題台灣省政府及高雄市政府被選爲中華水泥股份有限公司之董事、監察人，屬公司法§27Ⅰ規定政府或法人爲股東時，其本身得擔任公司負責人之情形，但其須指定自然人代表行使職務，至於財政部之代表被選爲董事及監察人，則爲

政府爲股東時，由其代表人當選爲公司負責人之情形，依公司法§27Ⅱ規定，代表人有數人時，得分別當選。

(3)惟財政部代表A、B被選爲董事，C被選爲監察人，是否有效？學說與實務有不同見解，茲分述如下：

①實務認爲有效：

蓋其認爲公司法§27Ⅱ例外規定政府或法人爲股東時，亦得由其代表人被推爲執行業務股東或當選爲董事或監察人，代表人有數人時得分別被推或當選，故一政府或法人股東指派代表人二人以上分別當選爲董事或監察人並無不可（經濟部57.9.24商34076函）。

②有學者以爲應屬無效：

其認爲公司法§27Ⅱ之規定，除違反股東平等原則以外，亦違反公司法§222「監察人不得兼任公司董事、經理人或其他職員」之規定，破壞公司內部監控之設計。

(4)若從現行法規定與實務見解來看，本題財政部之代表A、B被選爲董事，C被選爲監察人，應屬有效。

2.惟現行法規定並不合理：

從學理而言，現行公司法§27Ⅱ之規定不僅違反股東平等原則，復有悖於公司法§222公司內部監控之設計，實值商榷。

(二)丁若不具備職務關係，則財政部不可派任丁爲繼任人：

1.依公司法§27Ⅲ政府爲股東時，當選爲董事或監察人之政府代表人，得依其職務關係，隨時改派補足原任期，蓋法人股東與其代表人間之關係爲委任關係（民法§528），故A當選董事不久後死亡，委任關係即爲消滅（民法§550），依公司法§27Ⅲ之規定，財政部得依其職務關係隨時改派代表人，補足原任期。

2.又政府機關可否改派他人爲代表人？

實務見解認爲依公司法§27之意旨觀之，必須在政府機關，又有職務關係，始具有被派任爲政府代表人之資格（法務部79.8.22法(79)律12335），故丁若不具備職務關係，則不可派任丁爲繼任人；反之，則可。

本題中丁似不具備與財政部之職務關係，故應不可改派丁爲繼任人。

本章記誦事項

1. 股份有限公司之組成：自然人股東須二人以上；政府或法人股東一人即可。
2. 公司法之主管機關：在中央爲經濟部；在直轄市爲直轄市政府。
3. 公司之登記：設立登記採登記要件主義；其餘登記多爲對抗要件主義。
4. 公司之負責人，包括：
   (1)當然負責人：在無限公司、兩合公司爲執行業務股東或代表公司股東；在有限公司、股份有限公司爲董事。
   (2)職務負責人：任何種類公司之經理人或清算人；股份有限公司之發起人、監察人、檢查人、重整人或重整監督人，在執行職務範圍內，亦爲公司負責人。
5. 公司不得爲他公司之無限責任股東或合夥事業合夥人，因其責任爲連帶無限責任，恐影響公司自身營運。
6. 公司爲他公司有限責任股東時，其投資總額，除以投資爲專業或章程另有規定，或經股東依法律規定條件同意者外，不得超過股本40%。
7. 公司間或與行號間有短期融通資金必要時，可貸款與他公司或行號，但不得超過貸與企業淨值的40%。
8. 公司除依其他法律或章程規定，得爲保證者外，不得爲任何保證人，負責人違反規定時，應自負保證責任，並賠償公司所受損害。
9. 公司負責人應對公司盡忠實及善良管理人的注意義務，如有違反，致公司受有損害，應對公司負損害賠償責任。
10. 公司負責人對於公司業務之執行，如有違反法令，致他人受有損害時，對他人應與公司負連帶賠償責任。
11. 解散之公司，除因合併、分割或破產而解散者外，應行清算。
12. 政府或法人爲股東時，得當選爲董事或監察人，但須指定自然人代表行使職務，代表人得依其職務關係，隨時改派補足原任期。
13. 公司接受政府紓困時，得限制經理人之報酬，稱爲「肥貓條款」。

作者小叮嚀

　　本章重點在第13條轉投資限制及其效力,第15條貸款之限制及其效力,第16條保證之限制及其效力,第23條負責人之侵權責任,第24條解散後清算程序,第27條法人或政府股東當選董監之爭議等,宜注意學說及實務見解,另第29條經理人之委任、解任及報酬,第32條經理人之競業禁止規定等,已日漸重要。

第二章　無限公司

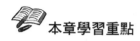
本章學習重點

本章為無限公司，因股東對公司債務須負連帶無限責任，責任甚重，故此種型態之公司應甚少，學說、實務及考試均非重點，稍為閱覽即可。

惟無限公司既然規定在各種公司規定之首，其規定內容，被其它種類公司準用者，仍宜留意，包括：

(一)§73：合併之程序，如編造資產負債表及財產目錄，並為通知及公告，使債權人知悉。

(二)§74：合併之程序，如不通知及公告，或對於異議債權人不為處理之效果。

(三)§75：合併後權利義務之概括承受。

第一節　設　立

第40條（無限公司股東之限制與章程之訂立）

①無限公司之股東，應有二人以上，其中半數，應在國內有住所。

②股東應以全體之同意，訂立章程，簽名或蓋章，置於本公司，並每人各執一份。

解說

(一) 第1項是無限公司股東最低人數之限制規定，此點為無限公司之成立要件，如果股東人數僅有一人時，即不能成立無限公司，至於股東人數可多至多少人，法律則無限制，不過，關於股東資格方面，尚須注意以下兩點：

　　1. 無限公司之股東，其中半數應在國內有住所。本規定之用義，係在便利公司業務之推行，屬於強制規定，至於該股東是否為本國籍或者國籍為何，則均非所問。

　　2. 依本法第13條第1項規定，公司不得為他公司之無限責任股東，由

於該條係包含所有公司，因此不僅有限公司及股份有限公司不得為無限公司之股東，即使其他無限公司也不能作為該無限公司之股東。

(二) 第2項是關於公司章程之訂立的規定，由於公司章程是有關公司之組織及活動的根本規則，對於公司未來之運作有極重大之影響，因此本項特規定無限公司章程，必須經全體股東同意、簽名或蓋章，並置於本公司及各股東各執一份，始能成立，否則仍不符合本法所要求之形式要件，其章程亦不能認為有效。

第41條（無限公司章程之內容）

① 無限公司章程應載明下列事項：

一、公司名稱。

二、所營事業。

三、股東姓名、住所或居所。

四、資本總額及各股東出資額。

五、各股東有以現金以外財產為出資者，其種類、數量、價格或估價之標準。

六、盈餘及虧損分派比例或標準。

七、本公司所在地；設有分公司者，其所在地。

八、定有代表公司之股東者，其姓名。

九、定有執行業務之股東者，其姓名。

十、定有解散事由者，其事由。

十一、訂立章程之年、月、日。

② 代表公司之股東，不備置前項章程於本公司者，處新臺幣一萬元以上五萬元以下罰鍰。連續拒不備置者，並按次連續處新臺幣二萬元以上十萬元以下罰鍰。

解說

本條是有關公司章程內容的規定，由於章程係規範公司組織及活動之根本準則，而且隨著公司之設立登記完成後，並有可以其規定之事項對抗第三人之效力（本法§12），所以本法對於其內容，特別在本條作規定。

不過本條依據公司法之規定，尚可區分為章程之絕對必要記載事項、相對必要記載事項兩種：

1. 絕對必要記載事項

對於此類事項，由於公司法明文規定必須記載於章程之上，如果不記載或者記載違反法律規定，則將使章程歸於無效，並進而使公司無法成立，此事項有以下幾種：

(1)公司名稱：關於公司之名稱，可由設立人自行選定，惟須注意本法§18不得使用相同或類似名稱之限制，除此之外，在公司名稱中，尚須標明無限公司的字樣（本法§2Ⅱ），否則仍不能認係合法有效的公司名稱。

(2)所營事業：此處所謂的所營事業，是指該無限公司所欲經營之事業而言，對於所營事業除其他法律有例外之規定外，只要不違反公序良俗，一般均得經營，不過對於所營事業，仍應具體標明其範圍。

(3)股東姓名、住所或居所：本款係規定載明何人為該無限公司之股東的事項。

(4)資本總額及各股東之出資額：所謂「出資額」，是指各股東基於股東之資格，以財產或以信用或勞務換算成具體之數額，作為成立公司的資產而言。

(5)盈餘及虧損分派之比例或標準：本款是規定在公司發生盈餘或虧損時應如何分配予各股東之標準。

(6)本公司所在地：所謂本公司，依本法第3條第2項規定，是指公司依法首先設立，以管轄全部組織之總機構，亦即一般俗稱之「總公司」而言。

(7)訂立章程的年、月、日。

2. 相對必要記載事項

此類事項，須俟有其他事實存在，始有在章程訂定之必要，因此稱為相對必要記載事項，共有以下幾種：

(1)各股東有以現金以外財產為出資者，其種類、數量、價格或估價之標準。

(2)設有分公司者，其所在地。

(3)定有代表公司或執行業務之股東者，其姓名。

(4)定有解散之事由者，其事由。

第二節　公司之內部關係

第42條（無限公司內部關係之決定）

公司之內部關係，除法律有規定者外，得以章程定之。

解說

　　本條是有關規範無限公司股東間內部關係的章程之概括規定，由於依本法§60規定，無限公司股東對於公司債務負連帶無限清償責任，因此對於股東對外與債權人間之關係已甚為明確，因此公司章程主要即係在規範公司的各股東間之權利義務關係，此即本條所謂的內部關係，由於各股東間權利義務關係，均是以股東相互間的信賴為基礎，所以本法特規定，得由無限公司股東一致同意，訂立於章程中來加以規定，不過，如果法律有特別規定時（本法§43～55），對於此種法律已有規定的事項，無限公司的股東即不能任意以章程規定加以改變。

第43條（股東出資之種類）

股東得以信用、勞務或其他權利為出資。但須依照第41條第1項第5款之規定辦理。

解說

　　本條是有關無限公司股東出資種類的規定，在無限公司，股東的出資可分為財產出資、信用出資及勞務出資三種，茲分述如下：

(一) 財產出資

　　是指股東以現金或其他具有現金價值的財產作為出資標的而言，又可分為以下兩種：

1. 現金出資

　　即以金錢作為出資標的而言，由於其本身不需要再有估價或換算，因此毋庸在章程另為估價標準之規定（本法§41Ⅰ⑤）。

2. 其他財產出資

所謂其他財產，指現金以外具有金錢價值的財產而言，包括動產、不動產、其他物權（如地上權等）、有價證券、債權、無體財產權（例如商標權）等均屬之。由於以其他財產出資，牽涉到估價標準的爭議，因此法律規定須於章程中訂明其種類、數量、價格或估價之標準。

(二) 信用出資

即是股東以自己的信用而為出資，例如對公司債務提供保證，或對公司簽發之票據為背書、保證等行為而言，由於此種出資方式並無一定之估價標準，因此，須於章程中明定其種類、數量及估價的標準等，以杜絕爭議。

(三) 勞務出資

所謂勞務出資，指以股東對公司服一定勞務，作為該股東的出資而言，舉例而言，如某股東擁有公司所必需的特別技術時，即可以該技術來提供勞務，作為出資的方式。由於法律並未限制無限公司股東所服勞務的種類，因此只要為公司所需的勞務，不論是擔任經理或工友，只要各股東之間同意，似均無不可。不過由於其價格應如何計算，恐會產生不少疑問，因此須由訂立章程者，在章程中載明其種類、價格或估價標準，以防止未來爭端的發生。

第44條（出資之補繳）

股東以債權抵作股本，而其債權到期不得受清償者，應由該股東補繳；如公司因之受有損害，並應負賠償之責。

解說

　　無限公司股東可以用債權作為出資標的，但此種欠款債權是否能順利收回，並非確定之事，然而此時該債權已登記為該無限公司資本總額之中，自然不能因此不確定狀況，而使該無限公司的資本額亦成為不確定，因此明文規定，如果其出資的債權到期無法受到清償時，均應負補繳的義務。此外，如果公司因此受有損害，該無限公司尚可向該股東請求損害賠償，以維持公司營運的正常。

第45條（得執行業務之股東）

①各股東均有執行業務之權利，而負其義務。但章程中訂定由股東中之一
　人或數人執行業務者，從其訂定。
②前項執行業務之股東須半數以上在國內有住所。

解說

(一) 第1項所謂的執行業務，是指處理與公司事業有關的各種事務而言，
　　 舉凡決定公司業務應如何推展、聘用人員，甚或採購商品或與業務相
　　 關的用具等，皆包含在執行業務的範圍之內。在無限公司，由於股東
　　 均須負連帶無限清償責任，因此自然應使其有參與公司經營的機會，
　　 始為妥適，所以第1項規定，無限公司各股東均有執行業務的權利，
　　 並負其義務。不過如果公司股東人數過多，或者各股東均認定由其中
　　 一人或少數人執行業務較為適當時，法律實無加以限制的必要，所以
　　 本項但書復規定在章程中訂明由股東中一人或數人執行業務者，從其
　　 訂定。由於無限公司章程須由股東全體同意（本法§40），因此如在
　　 其中訂明由少數人經營時，必定係由各股東一致同意，所以公司法特
　　 規定此時即可僅由章程中所訂明的該一人或數人執行業務，其他人即
　　 免除執行業務的權利及義務。

(二) 第2項是規定執行業務股東，須有半數以上在國內有住所，以便利公
　　 司業務的推行，由於屬強制規定，因此如果無限公司之執行業務股東
　　 在國內有住所的少於半數，則此部分即成為違法，如果以此申請設立
　　 登記，即將會遭退件。

第46條（執行業務之方法）

①股東之數人或全體執行業務時，關於業務之執行，取決於過半數之同
　意。
②執行業務之股東，關於通常事務，各得單獨執行。但其餘執行業務之股
　東，有一人提出異議時，應即停止執行。

解說

(一) 本條是無限公司執行業務股東，關於業務方面應如何執行的規定，由
　　 於公司業務，尚可區分為通常事務與非通常事務二者，所謂通常事

務，指一般日常事務的執行，且對於公司資產及經營上不致產生重大影響者，由於這類事務皆較簡易，故本條第2項特規定各執行業務股東皆得單獨執行；不過由於這些事務仍可能對公司產生一定的影響，造成其他股東權益的受損，因此本項但書復規定，有任何一名執行業務股東提出異議時，該執行業務股東即應停止該業務的執行，以保障公司及各股東的權益。

(二) 另外一種則是非通常事務的執行，由於此類事務並非日常所經常執行，而且對公司的權益影響較大，因此第1項規定，對於這類事務，須由執行業務股東過半數的決議。

第47條（章程之變更）

公司變更章程，應得全體股東之同意。

解說

　　本條是有關無限公司變更章程的規定，由於公司章程一般係於公司設立時所訂立，可能有部分事項缺乏考慮或欠缺規定，而且公司設立後也可能有某些情況變化，而有改變章程的必要，因此必須對章程加以修改，這就是所謂的變更章程。由於章程是規定公司組織及活動的根本規則，對各股東的權益影響甚大，因此規定無限公司變更章程須得全體股東之同意，此為無限公司變更章程的生效要件，如果違反本條規定，則其變更章程之行為即屬無效，因此，只要原股東中有一人反對，則該無限公司章程，即無法加以改變。

第48條（不執行業務股東之監督權）

不執行業務之股東，得隨時向執行業務之股東質詢公司營業情形，查閱財產文件、帳簿、表冊。

解說

　　本條是有關不執行業務股東監察權的規定，所謂的不執行業務股東，即是指章程上並未被列為執行業務股東的股東而言，由於依第46條規定，公司業務之執行均係由執行業務股東來負責，因此對於章程所規定的執行業務股東以外的股東之業務執行權即受到剝奪，然而該股東對外仍需對公

司債務，負連帶無限清償責任，因此本法爲保護該股東的利益，特於本條明定，其可隨時向執行業務股東質詢營業情形，即了解公司營業狀況，並且可查閱財產文件、帳簿、表冊，以切實掌握公司的財務狀況，由於此爲公司法所特別賦予的權利，因此其他人（包括執行業務股東）均不得加以妨礙，而且也不能以章程加以限制。

第49條（執行業務股東之報酬請求權）

執行業務之股東，非有特約，不得向公司請求報酬。

解說

　　本條是有關執行業務股東請求報酬的規定，由於除公司章程有特別規定外，無限公司的股東均有業務執行權，如果各股東均請求報酬，將造成公司的財務負擔，而且各股東對公司債務，尚須負連帶無限清償責任，此時造成公司財務支出亦無實益，所以本法特明定執行業務股東原則上不得向公司請求報酬，但是如果各股東均認爲執行業務股東，應給予報酬時，法律亦無加以限制的必要，所以規定無限公司得以特約約定，執行業務股東可向公司請求報酬，有此特約載明於章程時，該執行業務股東始可向公司請求給付報酬。

第50條（股東墊款、債務擔保及損害賠償請求權）

①股東因執行業務所代墊之款項，得向公司請求償還，並支付墊款之利息；如係負擔債務，而其債務尚未到期者，得請求提供相當之擔保。
②股東因執行業務，受有損害，而自己無過失者，得向公司請求賠償。

解說

(一) 第1項是有關執行業務股東的求償權利，共可分爲三部分，第一部分即是代墊款項的求償權，由於該筆支出是爲了公司營運自然不能歸由該墊付的股東個人負擔，因此第1項特規定該墊款的股東得向公司請求償還，並支付墊款的利息。
(二) 第二部分即是負擔債務的請求權，此種情形亦限於與公司經營有關所負的債務。舉例而言，爲了支付貨款而由執行業務股東向外借錢即屬之，由於此類借款係爲了公司經營，因此該股東如到期，自可依前述

規定向公司求償，但是如借款到期日甚遠時，則公司財務狀況的變化亦尚不可知，因此本條特明定該股東尚可向公司請求提供擔保。

(三) 第三部分則是損害賠償請求權，由於執行業務股東負責爲公司處理事務，有可能造成損失，如果是因該股東的故意或過失所造成者，自然應由該股東個人負責，但如果該股東沒有過失卻遭受損失時，如要求其個人負責亦非妥當，因此本條第2項即規定此時該股東可向公司請求賠償其所受損害。

第51條（執行業務之確保）

公司章程訂明專由股東中之一人或數人執行業務時，該股東不得無故辭職，他股東亦不得無故使其退職。

解說

(一) 本條是規定無限公司執行業務股東執行業務的保障，由於當無限公司章程中訂定由股東中一人或數人執行業務時，這些負責執行業務的股東，對於公司事業的經營，即具有重要的影響，因此爲保障公司其他股東的權益，本條前段特規定該執行業務股東不得無故辭職，以避免公司營運出現問題，否則仍應對公司負賠償責任（民§549），此外，如果違反本條規定無故自行辭職時，不但須如前述之負賠償公司損害的責任，尚且可認爲係屬於第67條第4款之對於公司不盡重要之義務者，而依該條規定經其他全體股東同意，予以除名的處分。

(二) 另外，由於執行業務股東負責公司業務的經營，必須有避免受到干擾的權利，所以本條後段規定，其他股東也不能無故使其退職，以保障該執行業務股東的業務執行權。此外，由於執行業務股東屬於無限公司章程之必要記載事項之一（本法§41），因此如有所更動時，仍應依變更章程的程序，並呈報主管機關登記，否則仍不能對抗與公司交易的善意第三人（本法§12）。

第52條（遵守法令章程決定之義務）

①股東執行業務，應依照法令、章程及股東之決定。

②違反前項規定，致公司受有損害者，對於公司應負賠償之責。

解說

(一) 第1項是有關無限公司執行業務股東，於業務執行時的限制及賠償之
規定，由於無限公司執行業務股東，雖然有業務執行的權利，但是仍
不能不有所限制，以避免對公司產生不利的影響，因此第1項即規定
股東在執行業務時，必須依照法令、章程及股東的決定。

(二) 第2項規定，如果因該執行業務股東有違反法令、章程及股東決定的
行為，而造成公司損害時，該執行業務股東即須對公司負損害賠償責
任。

第53條（代收款項交還之義務）

股東代收公司款項，不於相當期間照繳或挪用公司款項者，應加算利息，
一併償還；如公司受有損害，並應賠償。

解說

本條是對於無限公司股東代收或挪用公司款項的處理規定，由於代收
公司款項一般僅得由執行業務之股東為之（民§541），因此本條代收款
項的規定，原則上係針對執行業務股東而言，但是如果執行業務股東委由
其他股東代為收取公司欠款，則亦不妨適用本條的規定，股東代收款項，
不於相當期間照繳或挪用，依本條前段規定，應加算利息，一併償還；此
外，本條後段尚規定如果公司受有損害，均得要求該挪用的股東賠償。

第54條（競業之禁止與公司歸入權）

①股東非經其他股東全體之同意，不得為他公司之無限責任股東或合夥事
業之合夥人。

②執行業務之股東，不得為自己或他人為與公司同類營業之行為。

③執行業務之股東違反前項規定時，其他股東得以過半數之決議，將其為
自己或他人所為行為之所得，作為公司之所得。但自所得產生後逾一年
者，不在此限。

解說

(一) 第1項是有關無限公司股東個人權利能力限制的規定。在無限公司
中，由於各股東對公司債務均須負連帶無限清償責任，因此各股東之

間均以信用為重；可是如果有股東作為其他公司的無限責任股東，或合夥事業的合夥人時，由於以上的情形下，該股東對其所加入的另一公司或合夥事業的債務均須負連帶無限清償責任，則如果該另一公司或合夥事業發生問題，則必損及該股東的償債能力，不但可能影響該股東的個人信用，而且有可能造成該股東的出資被法院強制執行（本法§66Ⅰ⑥）而造成法定退股事由，影響公司的資金及經營等，因此第1項特明文規定，無限公司的股東，原則上均不得為其他公司的無限責任股東或合夥事業的合夥人，以保障其他股東的權利，但是如果其他股東全體均認可該股東的行為，法律即無加以限制的必要。此外尚須注意者，即違反本項規定時，依本法第67條第2款規定構成法定除名事由，該無限公司得經其他股東全體的同意，將該擔任其他公司無限責任股東或合夥事業的合夥人之股東予以除名。

(二) 第2項稱為競業禁止的規定，所謂競業禁止，是指負責執行無限公司業務的股東，除該公司的業務外，不得為自己或他人經營與該無限公司所經營之事業相同種類的業務，以免導致公司損失，侵害其他股東的權益，本項所規定的情形包含為自己經營及為他人經營二種。

(三) 由於本條第2項規定，負競業禁止義務的股東，以執行業務股東為限，因此其他非執行業務的股東（指章程所訂執行業務股東以外的股東而言）即不必受本條的限制。至於如果執行業務股東違反規定時，依第3項規定，其他股東得以過半數的決議，將該股東該行為的所得，作為公司所得，此即所謂歸入權的規定。詳言之，即無限公司的其他股東可以過半數的決議，將該違反競業禁止規定的執行業務股東之收益，要求其交給公司而言，此為一種形成權，不過，此項歸入權的行使，仍然有時間限制，即必須自該執行業務股東所得產生之日起一年之內為之。

第55條（出資轉讓之禁止）

股東非經其他股東全體之同意，不得以自己出資之全部或一部，轉讓於他人。

解說

　　本條是有關無限公司股東出資轉讓的限制規定，由於無限公司的股東間，主要係以信用為基礎而結合，則一旦允許其中之一股東將其出資全數移轉他人時，則新的股東之信用是否得為原股東所接受，即有疑問；再者，除章程有特別規定執行業務股東外，無限公司的股東皆有執行業務的權利，因此新股東的加入，也會造成業務執行上，是否得加以信任的問題存在，故本條規定無限公司的股東，原則上均不得將其出資的全部或一部移轉與他人，以確保全體股東間的信賴關係；但是如果其他股東全體均同意該股東的轉讓行為，則法律自無加以禁止的必要。

第三節　公司之對外關係

第56條（公司之代表機關）

①公司得以章程特定代表公司之股東；其未經特定者，各股東均得代表公司。

②第45條第2項之規定，於代表公司之股東準用之。

解說

(一) 本條是有關代表公司股東的規定，所謂代表公司股東與前述的執行業務股東二者最主要的區別即為一對外、一對內。詳言之，代表公司股東是指有對外代表公司為行為之股東而言，因此舉凡對外為訂約行為等，均須由此股東為代表，始可認對公司生效；而執行業務股東則負責公司內部事務的處理，如果沒有代表權，則不能對外代表公司為任何行為，由於無限公司各股東對公司債務均負連帶無限清償責任，因此本條第1項特明定原則上各股東均得代表公司，然而，如此可能造成公司有多頭馬車之情形，所以可以章程將有代表權的股東特定為一人或數人，在章程中有此特別規定，並經主管機關登記時，該無限公司即僅有此被特別規定的一人或數人有代表公司的權利。

(二) 第2項準用§45Ⅱ規定，即無限公司的代表公司股東，必須半數以上在國內有住所。

第57條（公司代表之權限）

代表公司之股東，關於公司營業上一切事務，有辦理之權。

解說

　　本條是有關代表公司股東權限的規定，由於代表公司股東對外代表該無限公司，因此自然應對公司營業上的一切事務均認為有辦理之權，惟代表公司股東如果有多人時，究竟應共同代表，或者單獨代表即可，法律上並未為明文規定，因此仍不妨於章程上加以規定，如果章程上未規定時，依第56條第1項後段規定：「其未經特定者，各股東均得代表公司」可知，各代表公司股東，均得單獨代表公司為行為。

第58條（代表權之限制）

公司對於股東代表權所加之限制，不得對抗善意第三人。

解說

(一) 本條是關於代表公司股東代表權所加之限制，不得對抗善意第三人的規定，因為正如前條所述，凡代表公司的股東，關於該無限公司營業上之一切事務，均有辦理之權，因此與公司為交易行為之人，均會信賴此類代表公司的股東，均有全權代表公司的權利，為了保護交易的安全，及使善意第三人不致受害，因此規定，無限公司縱然對代表公司股東的權利有加以限制，仍不得對抗善意的第三人；換言之，即如果有代表公司股東，超越該無限公司所規定的代表權範圍，而為其他代表公司之行為，對於該不知情而與其為交易的第三人，仍然可以向公司請求負責。

(二) 本條之規定尚須注意到，該股東所為的行為，必須是在公司營業範圍內的事務，如果該股東代表公司為顯然不屬於公司營業上的事務時，此時該股東所為之無權限的行為，不問第三人是否善意，均非經公司承認，不能對公司發生任何效力（最高法院21年上字第1486號判例）。

第59條（雙方代表之禁止）

代表公司之股東，如為自己或他人與公司為買賣、借貸或其他法律行為

時，不得同時爲公司之代表。但向公司清償債務時，不在此限。

解說

(一) 本條是有關代表公司股東代表權的限制，可分爲兩種：一種爲自己代表；另一種爲雙方代表。所謂自己代表，即指代表公司與自己爲法律行爲而言，其限制的原因，乃在於如果允許代表公司股東來代表公司與自己爲法律行爲，則可能會有爲自己之利益，而損害公司利益的可能。第二種則爲雙方代表，所謂雙方代表，即代表公司股東，以公司代表的身分，與自己所代表的他人爲法律行爲而言，此種情形，仍有可能有利益衝突情形產生，因此也明文加以禁止。

(二) 不過，本條有一例外的規定，即如果僅是向其所代表的無限公司清償債務時，即不受本條的限制，原因乃是因此種還錢行爲，屬於單純有利於公司的行爲，在當事人之間不致產生利害衝突。

(三) 此外，尚須注意者，即違反本條規定，而爲代表行爲時，其所爲行爲的結果並非當然無效，而僅係一無權代表的行爲，此時僅非經公司承認，對公司不生法律上的效力而言（民§170），如果公司不予承認，該行爲人則須自負無權代理的責任（民§110）。

第60條（股東之連帶清償責任）

公司資產不足清償債務時，由股東負連帶清償之責。

解說

本條是無限公司股東對於公司債務負連帶無限清償責任的規定，按公司既然屬於法人的一種，具有獨立的人格，因此本來公司的債務應由公司本身自行負責；然而所謂的無限公司，即是以股東個人的信用作爲交易的保障，故本條特明定無限公司的股東，對於公司債務，亦負連帶無限清償責任。

本條所發生的股東責任，係以「公司資產不足清償債務」時爲責任產生的基礎，就公司的債權人可否於公司資產不足清償債務時，即向公司之股東請求，有兩種不同的見解：

(一) **直接請求說**：本說認爲只要符合本條要件，即無限公司資產不足清償負債時，公司債權人即可以此計算債務超過的證明，向該無限公司的

股東請求履行本條所規定的連帶無限清償責任，以清償自己的債權。

(二) 執行無效說：本說認為公司債權人除符合本條要件外，尚須先對公司為清償的請求，而且必須在依強制執行或破產程序向公司執行仍不能全部受償時，始發生股東的連帶無限清償責任，才能向股東請求。

以上二說，比較而言，以第二說較為妥當。因為如果依第一說的見解，則無限公司的債權人，只要在公司資產小於債務時，即可向該無限公司股東起訴請求，則該無限公司股東將不勝其擾；再者，對於公司的資產評價上亦容易發生爭議，例如房地產的價格依市價、公告地價或公告現值，其間的差異即非常之大，容易滋生紛擾，因此原則上係以第二說較為妥當，惟實務上尚缺乏對本問題的一致見解。

此外，如果一股東對公司債務清償後，是否對於其他股東具有求償權？按本條既謂無限公司股東負「連帶無限清償責任」，因此自應適用民法連帶債務的規定，詳言之，即為清償公司債務的股東，得向其他股東請求償還「各自分擔」之部分，及自免責時起的利息。舉例而言，如一無限公司有甲、乙、丙、丁四位股東，其盈虧分派權利均相同時，則四人對公司債務的「各自分擔部分」，即均為四分之一，因此如果某甲向公司債權人履行股東責任後，除非尚得向公司請求，否則可要求乙、丙、丁各請求分擔四分之一的債務，例如甲給付債權人新臺幣40萬元時，即可向乙、丙、丁各請求新臺幣10萬元。

第61條（新入股東之責任）

加入公司為股東者，對於未加入前公司已發生之債務，亦應負責。

解說

本條是關於無限公司成立後，新加入股東責任之規定，一般而言，無限公司的股東均係對其加入後所生的債務負責，然而因新加入的股東，在加入之前自然對公司的營運狀況均加斟酌，始願加入，再加上新加入的股東對所加入公司的財產均與原始股東享有相同的權利，則對於公司原始所積欠的債務，理應為相同的負擔，始符合公平的原則，因此本條特明定，無限公司成立後新加入的股東，對於其加入以前公司所既存的債務，亦應負責。

第62條（類似股東之責任）

非股東而有可以令人信其為股東之行為者，對於善意第三人，應負與股東同一之責任。

解說

本條是有關表見股東責任之規定，所謂表見股東，是指該行為人實際上並非無限公司的股東，而且也並非載明於章程上的形式上股東，可是卻以自己的行為，使不知情的第三人誤以為他是該公司的股東，而放心地與該公司為交易行為而言，由於此種情形存在時，該善意不知情的第三人，是因信賴該表見股東的信用，而與公司為法律行為，如果不使此表見股東負責，將造成該善意第三人不可預測的損失。

第63條（盈餘之分派）

①公司非彌補虧損後，不得分派盈餘。
②公司負責人違反前項規定時，各處一年以下有期徒刑、拘役或科或併科新臺幣六萬元以下罰金。

解說

(一) 第1項是無限公司分派盈餘的限制，無限公司的股東既然須對公司債務負連帶無限清償責任，若有虧損存在而不予彌補，則終將導致資產不足清償債務，此時該受分派盈餘的股東，仍需再拿錢出來彌補，因此原先的分派盈餘即無益處可言；再者，公司至少應維持相當於資本額的財產，以保障債權人之利益，因此第1項規定，無限公司在帳面上有虧損存在時，必須先以盈餘彌補虧損，於有贍餘時始得分派盈餘予股東。

(二) 違反本條分派盈餘限制規定時，第2項規定，公司負責人（指執行業務或代表公司股東）即須受刑事制裁。

第64條（抵銷之限制）

公司之債務人，不得以其債務與其對於股東之債權抵銷。

解說

　　本條是公司債務人債務抵銷的禁止，按依民法第334條規定，二人互負債務，而其給付種類相同，並均屆清償期者，各得以其債務，與他方之債務，互相抵銷，此即所謂的抵銷規定，如此可免除互相請求清償的麻煩。惟在無限公司中，雖然股東對公司債務負連帶無限清償責任，但並不因此即可認為公司財產與股東財產係屬相同，相反地，無限公司為法人，具有獨立的人格，因此公司財產仍然應認為是公司所有，因此公司的債權，當然與股東私人所欠的債務互不相干，所以本條特規定二者不能互相抵銷，以維持公司財產的確實性，及避免使公司與股東私人的財產間發生混淆不清的情形，由於本條屬於禁止規定，因此違反本條規定而主張抵銷者，其抵銷行為當然無效。

第四節　退　股

第65條（股東之聲明退股）

①章程未定公司存續期限者，除關於退股另有訂定外，股東得於每會計年度終了退股。但應於六個月前，以書面向公司聲明。

②股東有非可歸責於自己之重大事由時，不問公司定有存續期限與否，均得隨時退股。

解說

(一) 第1項是有關無限公司股東得聲明退股的規定，由於無限公司股東須對公司債務，負連帶無限清償的責任，其所承擔風險非常之大，所以本法許可無限公司股東，可於公司存續中退出公司，以求解除自己所承受的風險，依本項規定，在一般情形下，首先必須是章程未規定公司存續期限者，股東始得聲明退股，因此如果公司定有存續期間，例如公司章程訂明公司自成立後營業三年即解散，此時即屬確定期限的章程，該公司股東，即不得在期限內為退股的聲明；其次，股東欲為退股的聲明，原則上必須在會計年度終了六個月之前，以書面向公司聲明，並且在會計年度終了時退股。由於本項係強行規定，因此違反本規定的要件而聲明退股者，其退股無效；另外，本項尚有規定，如

果章程另有特別訂定者，則須依該章程所定的規定來聲明退股。

(二) 第2項是股東退股的特別規定，即股東有非可歸責於己之重大事由時，不論公司定有存續期間與否，均得隨時退股。

第66條（法定退股）

①除前條規定外，股東有下列各款情事之一者退股：

　一、章程所定退股事由。

　二、死亡。

　三、破產。

　四、受監護或輔助宣告。

　五、除名。

　六、股東之出資，經法院強制執行者。

②依前項第六款規定退股時，執行法院應於二個月前通知公司及其他股東。

解說

(一) 第1項是無限公司股東必須退股的事由，又稱為法定退股事由，亦即有此事由存在時，不問該股東是否有退出公司之意思，均必須自無限公司退股，而與前條的股東以自己的意思聲明退股有別，因為在無限公司中，股東個人的信用為其最主要的結合基礎，如果有股東發生特殊事由，致信用喪失或損及公司權益時，法律不能不加以處理，以求保障公司股東及債權人的權利，所以特設本條的規定，使得無限公司在股東有本條第1項所規定的六種事由存在時，即可命該股東退股，茲將此六種事由分述如下：

1. 章程所定退股事由。

2. 死亡。

3. 破產。

4. 受監護或輔助宣告：所謂「監護之宣告」是指對於有因精神障礙或其他心智缺陷，致不能為意思表示或受意思表示，或不能辨識其意思表示之效果的人，這時法院可以因本人、配偶、四親等內之親屬、最近一年有同居事實之其他親屬、檢察官、主管機關或

社會福利機構之聲請，爲監護之宣告，一經監護之宣告某甲即喪失行爲能力，至於「輔助之宣告」，則係情形較輕的情形，也就是對於因精神障礙或其他心智缺陷，致其爲意思表示或受意思表示，或辨識其意思表示效果之能力，顯有不足的人，法院得因本人、配偶、四親等內之親屬、最近一年有同居事實之其他親屬、檢察官、主管機關或社會福利機構之聲請，爲輔助之宣告，此時該受輔助之宣告人，所爲行爲必須獲得法定代理人之同意始發生效力，由於受「監護之宣告」或「輔助之宣告」的人本身對於自己事物的處理即有困難，更遑論處理公司營運上的事務，因此，爲保護全體股東的權益，以及公司營運上的正常性，本條特規定有此事由存在時即須辦理退股。

5. 除名。
6. 股東之出資，經法院強制執行者。

(二) 第2項規定，依本款執行股東出資時，執行法院應於二個月前通知該無限公司及其他股東，以保護該無限公司及其他股東的權益。

第67條（股東之除名）

股東有下列各款情事之一者，得經其他股東全體之同意議決除名。但非通知後不得對抗該股東：

一、應出之資本不能照繳或屢催不繳者。
二、違反第五十四條第一項之規定者。
三、有不正當行爲妨害公司之利益者。
四、對於公司不盡重要之義務者。

解說

　　本條是有關將股東除名的規定，由於無限公司首重信用，因此倘有違反法律規定，或損及公司的行爲時，自須對此股東加以處置，以保障其他股東的權益，所以本條規定，無限公司股東，有以下情事之一時，其他股東即可以全體的同意予以除名，茲分述如下：

(一) 應出的資本不能照繳或屢催不繳者

(二) 違反第54條第1項之規定者

此即指該股東在沒有得到其他股東全體同意的情形下，擅自去擔任其他公司的無限責任股東或合夥事業的合夥人而言。

(三) 有不正當行為妨害公司之利益者

所謂不正當行為，包含違反法令、章程或股東會之決定而執行業務，或其他一切不正當之行為均屬之，有此種情形致損害公司利益時，由於對公司影響甚大，因此列為股東的除名事由之一。

(四) 對於公司不盡重要的義務者

此即指該股東對於公司有重要應盡的義務存在卻不履行而言，不過尚須注意者，本款係以不盡重要的義務為限，所謂重要的義務，當然指與公司營運息息相關的事務而言。

第68條（姓名使用之停止）

公司名稱中列有股東之姓或姓名者，該股東退股時，得請求停止使用。

解說

本條是有關無限公司股東退股時，請求公司停止使用其姓名的規定，如果於公司名稱中表明其資力雄厚的股東姓名，則必可使其他人更放心與該公司為交易，所以一般無限公司在取名稱時，常有以股東中的一人或數人之姓名作為公司名稱，以建立客戶信心的情形發生，但是，如果在該股東已依法定程序退股後，如果仍允許原無限公司使用其姓名，可能因原無限公司發生問題，導致該股東個人信用受損；另一方面因該股東姓名仍列於公司名稱之上，可能會有不知情的第三人因誤認該股東仍係該公司一份子，而放心與公司為交易，此時即符合本法§62非股東而有可以令人信其為股東的情形產生，而使該退股股東仍須對該善意第三人負與股東相同的責任，對該退股股東權益影響甚大，因此，本條規定，公司名稱中列有股東之姓或姓名者，該股東退股時，可以請求公司停止使用。

第69條（退股之結算）

①退股之股東與公司之結算，應以退股時公司財產之狀況為準。
②退股股東之出資，不問其種類，均得以現金抵還。
③股東退股時，公司事務有未了結者，於了結後計算其損益，分派其盈虧。

解說

(一) 第1項是規定退股股東與公司的結算，應以退股時公司財產之狀況為準，因為股東自出資後到請求退股之間，已營運了一段時間，而在這段時間內，必有盈虧狀況存在，因此本項規定，退股金的結算，以退股當時公司的財產為計算標準。

(二) 第2項是允許退股金以現金抵還的規定，因為無限公司的出資種類眾多，可以現金出資，亦可以信用、勞務或其他權利出資，因此在償還時即可能發生困擾，因此本項規定，不論該退股股東原先出資的種類，均得以現金結算其價額，而予以返還。

(三) 第3項是有關未了結事務損益計算的規定，因為無限公司股東退股的時間均不固定，極可能該股東退股時，公司正進行一些計畫而尚未完結，損益尚缺乏可供估算的標準，所以本項遂明定對於這類事務尚未完結的情形，可於其了結後再計算其損益。

第70條（退股股東之責任）

①退股股東應向主管機關申請登記，對於登記前公司之債務，於登記後二年內，仍負連帶無限責任。

②股東轉讓其出資者，準用前項之規定。

解說

(一) 第1項是對無限公司退股股東責任所作的規定，依本項規定，無限公司的股東，如有本法§65聲明退股或§66法定退股情事存在時，並不當然因此即對外生退股的效力，換言之，該退股股東應向主管機關申請變更登記，即必須在登記後，始能對公司債務產生限制責任的效果，亦即該股東僅須對登記時點前公司的債務，在登記後二年內仍負連帶無限清償責任，若自登記開始二年內，公司並未發生資產不足清償負債的情事，該退股股東即不再對登記前公司所既存的債務負責；至於股東退股變更登記後公司所新生的債務，因退股股東自退股登記後，即對外發生效力而喪失股東資格，所以自然不用對退股登記後，公司所新生的債務負責。

(二) 第2項是對於股東轉讓出資的責任規定，由於在無限公司中，股東除

以退股的方式退出股東地位外，尚可經其他股東全體同意，轉讓自己全部出資，而退出股東的地位，因此依本項規定，股東轉讓其出資者，其所負責任與前項同。

第五節　解散、合併及變更組織

第71條（解散之事由）

①公司有下列各款情事之一者解散：

一、章程所定解散事由。

二、公司所營事業已成就或不能成就。

三、股東全體之同意。

四、股東經變動而不足本法所定之最低人數。

五、與他公司合併。

六、破產。

七、解散之命令或裁判。

②前項第一款、第二款得經全體或一部股東之同意繼續經營，其不同意者視爲退股。

③第一項第四款得加入新股東繼續經營。

④因前二項情形而繼續經營時，應變更章程。

解說

(一) 第1項是無限公司解散的規定，所謂解散即是了結公司現務，並使該公司人格歸於消滅之程序，茲就無限公司解散事由分述如下：

1. 章程所定解散事由

2. 公司所營事業已成就或不能成就

3. 股東全體之同意

4. 股東經變動而不足本法所定之最低人數

5. 與他公司合併

6. 破產

7. 解散之命令或裁判

(二) 雖然本條明定有前述事由存在時，公司即必須解散，但是，如強制爲

此項規定，則仍有失公平，例如，如果股東仍願意繼續經營，實無強令其解散的必要，因此第2項即明定，於此情形下，可以由原股東的全體或一部分股東的同意繼續經營，而使不同意的股東退股脫離公司，以保障有意經營股東的繼續經營權。

(三) 第3項則係針對無限公司股東退股或轉讓出資致僅賸一名股東時，為避免公司的任意解散，所以規定可由該股東另行尋求新股東加入，來繼續經營。

(四) 適用前述第2、3項的規定來使公司繼續經營時，由於須變更公司所營事業或股東人數及姓名、出資額等，均屬章程必要記載事項，所以本條第4項特明定，應變更章程加以規定始屬合法，違反者，其意圖繼續經營的行為仍不發生效力。

第72條（公司合併之決議）

公司得以全體股東之同意，與他公司合併。

解說

本條是有關公司合併決議要件的規定，所謂公司合併，是指二個以上的公司，依據公司法規定，訂立合併契約，而使這些公司合併成為一公司而言。此種合併行為又可分為兩種情形，第一種是吸收合併，所謂吸收合併，就是將此二個以上的公司，歸併由其中一個公司承受其他消滅公司的權利義務者。第二種情形為新設合併，所謂新設合併，是指簽訂合併契約的各公司均同意解散本身的公司，而另行成立一新公司而言。不論是哪一種合併方式，均牽涉到原始公司的解散，或是否承受另一公司資產及負債的情事，對於該公司股東權益影響甚大，因此本條特明文規定，在無限公司與他公司合併時，必須經股東全體同意始能為之，因此，只要股東中有一人反對合併，則縱使該無限公司已與他公司簽訂合併契約，該合併行為仍屬無效。

第73條（公司合併之程序）

①公司決議合併時，應即編造資產負債表及財產目錄。
②公司為合併之決議後，應即向各債權人分別通知及公告，並指定三十日

以上期限，聲明債權人得於期限內提出異議。

解說

(一) 第1項是無限公司合併程序之規定，因爲公司合併雖然可以不經清算
程序（本法§79～97），但是仍不能不將公司財產作一處理，以使
各合併公司的股東及債權人對公司財務狀況更加了解，因此第1項特
明定，無限公司經全體股東同意與他公司合併後，應立刻編造資產負
債表及財產目錄，以釐清公司的財務狀況，不過本項並非無限公司合
併的效力要件，因此違反此規定而合併時，該合併行爲並不會因此而
當然無效。

(二) 第2項是保護公司債權人利益的規定，因爲公司之間的合併，不但牽
涉到股東利益，對公司債權人也會產生影響，因此第2項規定，在無
限公司全體同意作出合併決議之後，應立刻向公司的債權人分別爲通
知及公告，並且在通知及公告中須載明債權人可以在三十天以上的期
限內，對公司合併事項提出異議。

第74條（通知與公告之效力）

公司不爲前條之通知及公告，或對於在指定期限內提出異議之債權人不爲
清償，或不提供相當擔保者，不得以其合併對抗債權人。

解說

(一) 本條是有關對於債權人通知及公告效力的規定，由於依前條規定，無
限公司在全體股東同意爲與他公司合併的決議後，須立即向公司的債
權人爲通知及公告，並指定三十日以上的期限，讓債權人可以在期限
內提出異議，可是如果公司根本不爲任何通知或公告，或者對於提出
異議的債權人不爲任何處理，此時如果不予以任何制裁的效力，即不
足以保障債權人。

(二) 本條可分爲兩種情形，第一種就是公司根本未對債權人爲通知或公告
的行爲時，此時依本條規定，不得以其合併對抗債權人，而須對其負
與公司未合併相同的股東責任。第二種情形則是債權人在公司指定期
間內，對於公司的合併即時提出異議時，依本條規定，該公司須對提
出異議的債權人爲清償行爲或提供擔保，如果公司二者皆未採取時，

公司即不得以其合併對抗債權人。

第75條（權利義務之概括承受）

因合併而消滅之公司，其權利義務，應由合併後存續或另立之公司承受。

解說

　　本條是有關公司合併後，所生權利義務承受的規定，如前所述，公司合併有所謂的吸收合併及新設合併兩種，在吸收合併，由於係原參與合併的二個以上公司之一繼續存在，因此，所有合併公司的資產及負債等，均應由該公司接收，此即本條所規定的因合併而消滅的公司，其權利義務應由合併後存續之公司承受之意；至於新設合併，則係由參與合併的二個以上的公司，另外成立一新公司，而使原參與公司均歸於消滅，因此，原消滅公司的資產及負債，自然應歸由新設立的公司承受，所以本條遂規定原消滅公司的權利義務均由另外設立的新公司承受，由於本條係屬效力規定，因此各合併公司均不能以特約來免除公司承受的義務。

第76條（公司組織之變更）

①公司得經全體股東之同意，以一部股東改為有限責任或另加入有限責任股東，變更其組職為兩合公司。

②前項規定，於第七十一條第三項所規定繼續經營之公司準用之。

解說

(一) 第1項是無限公司變更組織的規定，由於無限公司股東，在公司資產不足清償負債時，須對公司債務負連帶無限清償責任，其責任極重，如果強制要求股東欲免除此種責任時必須退股，則對公司的維持亦有所不利。因此第1項前段遂規定，無限公司可以經全體股東同意，將其中一部分股東改為有限責任，不過，此時同時有無限及有限責任股東存在，因此應變更組織為兩合公司；此外，為擴大公司規模，第1項也規定，無限公司可以經全體股東同意，另外加入有限責任股東，

而變更公司組織爲兩合公司[1,2]。

(二) 第2項是針對因無限公司股東變動，而造成公司股東僅賸一人時，依本法§71 I ④，屬於公司法定解散事由之結果，雖然依該條第3項，該無限公司可找其他股東加入，以避免公司解散，但是要找新人加入公司，並對公司債務負無限責任，可能導致他人望而卻步，爲儘量避免公司解散，本項遂規定，此時可找其他人爲有限責任股東而加入公司，使公司不致因此而造成必須解散的結果，惟必須依法定程序變更組織爲兩合公司。

第77條（合併規定之準用）

公司依前條變更組織時，準用第73條至第75條之規定。

解說

本條是有關無限公司變更組織爲兩合公司的法定程序，依本條規定，無限公司在變更組織爲兩合公司時，除須經全體股東的同意外，尚須履行以下兩種程序：

(一) 須立刻編造資產負債表及財產目錄（準用本法§73），以便使公司財務狀況能爲變更組織後的公司及原無限公司的債權人所掌握：如果未

---

[1] (D) 無限公司僅可變更爲下列何者公司？(A)有限公司(B)無限公司(C)股份有限公司(D)兩合公司。（模擬試題）

【解說】公司法76 I規定：「公司得經全體股東之同意，以一部股東改爲有限責任或另加入有限責任股東，變更其組織爲兩合公司。」本題指的是無限公司，因此無限公司只能變爲兩合公司，答案應選(D)。

[2] (D) 有關公司變更組織之類型，下列何者爲法所不許？(A)無限公司變更爲兩合公司(B)兩合公司變更爲無限公司(C)有限公司變更爲股份有限公司(D)股份有限公司變更爲有限公司。（模擬試題）

【解說】(1)目前公司組織變更的情形只有下列三種：

①無限變兩合：依公司法§76可以。

②兩合變無限：依公司法§126可以。

③有限變股份有限：依公司法§106可以。

(2)無限或兩合變有限或股份有限；或有限或股份有限變成無限或兩合；以及股份有限變有限，都不爲公司法所允許，所以正確答案應選(D)。

履行此項程序，該變更組織的行爲雖不致因而無效，但是無限公司的負責人則會被處2萬元以下的罰金，如果負責人在資產負債表或財產目錄上爲虛僞記載時，尚可能受到其他刑法規定（如僞造文書罪等）之制裁（準用本法§73）。

(二) 須履踐保護原無限公司債權人的程序：依本條規定，在無限公司股東全體同意作出變更組織爲兩合公司的決議後，應立刻通知全體債權人，並定三十日以上的期限，聲明債權人可在期限內提出異議（準用本法§73Ⅱ）；如果有債權人在指定期限內提出異議時，則該無限公司就必須對該債權人清償或提供相當的擔保，以確保該債權人的債權。如果該無限公司未爲前述的行爲時，則不得以其已變更組織，來對抗該債權人（準用本法§74）。

(三) 另外，無限公司變更爲兩合公司，僅是公司的組織及股東責任有所變更，而該公司實質上仍並無任何差異，因此本條逐明文規定準用第75條的規定，使變更組織後的兩合公司對原無限公司的權利義務均概括承受。

第78條（變更組織後股東之責任）

股東依第七十六條第一項之規定，改爲有限責任時，其在公司變更組織前，公司之債務，於公司變更登記後二年內，仍負連帶無限責任。

解說

　　本條是有關無限公司變更組織後，有限責任股東責任的規定，若無限公司變更組織爲兩合公司後，原無限公司股東在兩合公司仍然擔任無限責任股東，其對公司債務當然須負連帶無限清償責任，自不待言；但是，如果原無限公司股東，因一部分改爲有限責任股東，而變更爲兩合公司時，該股東是否仍須對原公司的債務負責，則恐有爭議，因此，本條規定，對於此種由無限責任改爲有限責任的股東，在公司變更登記後二年內，仍須對公司變更前的債務，負連帶無限清償責任[3]。

---

[3] (B) 無限公司因組織變更，原無限責任股東改爲有限責任時，其在公司組織變更前，公司之債務，於公司變更登記多久內，仍負連帶無限責任？(A)一年(B)二

第六節　清　算

第79條（清算人）

公司之清算，以全體股東爲清算人。但本法或章程另有規定或經股東決議，另選清算人者，不在此限。

解說

(一) 本條是有關無限公司清算人之規定，所謂清算，是指了結已解散公司的一切事務，並分配其財產爲目的之程序而言。

(二) 依本條規定，原則上公司的清算人有以下幾種：

1. 章定清算人：即於該無限公司的章程上本即有以何人爲清算人之規定時，即應以該人爲清算人。

2. 選任清算人：即由該解散公司股東決議，選任特定人爲清算人而言。

3. 一般清算人：即該無限公司如無前二種事由存在時，除本法另有規定（本法§80），原則上即以全體股東爲清算人。

第80條（法定清算人之繼承）

由股東全體清算時，股東中有死亡者，清算事務由其繼承人行之；繼承人有數人時，應由繼承人互推一人行之。

解說

　　本條是有關股東死亡時，由其繼承人接手爲清算人之規定，屬於前條所謂的本法另有規定，因爲依第79條規定，原則上應以全體股東作爲無限公司的清算人，但是如果有股東死亡時，則勢必造成無法由全體股東作爲清算人之困擾產生，爲解決此問題，因此本條前段特另爲規定，於此時即由該死亡股東的繼承人作爲清算人，但是惟恐一股東有多數繼承人，如均

　　年(C)三年(D)四年。（模擬試題）

　　【解說】依公司法§78規定，無限責任股東依§76Ⅰ之規定，改爲有限責任時，其在公司變更組織前，公司之債務，於公司變更登記後2年內，仍負連帶無限責任，所以應選(B)。

要求其至公司為清算人，將造成清算程序的延滯，因此本條後段復規定，在繼承人有數人時，應由繼承人中互推一人為清算人，以符事實之需。

第81條（選派清算人）

不能依第七十九條規定定其清算人時，法院得因利害關係人之聲請，選派清算人。

解說

　　本條是有關由法院選派清算人的規定，雖然無限公司解散時應由何人擔任清算人，於本法§79有明文規定，但是仍然可能有爭議產生，而造成清算人無法決定之情形，因此本條遂規定，於不能依§79規定，來決定清算人時（例如是否公司章程有特別規定清算人有爭議時），與公司清算程序有利害關係之人（例如公司債權人及股東），即得向法院聲請，由法院來選派清算人[4]。

第82條（清算人之解任）

法院因利害關係人之聲請，認為必要時，得將清算人解任。但股東選任之清算人，亦得由股東過半數之同意，將其解任。

解說

(一) 本條是有關無限公司清算人解任的規定，由於公司於清算期間內，關於公司一切事務的處理，均由清算人為之，因此對於原公司的股東及債權人的權益關係甚大，如果清算人有違法或不當的情事存在時，法律自應有對其加以處置的方法，所以本條特設此將清算人解任的規定，以保障公司的股東及債權人等與公司有利害關係之人。

(二) 依本條的規定，清算人的解任可分為二種情形，第一種是裁判解任，

---

[4] (C) 公司進行清算程序，應由下列何種機關監督？(A)經濟部(B)財政部(C)法院(D)縣市政府。（模擬試題）

　　【解說】此為清算程序監督的問題，不論是公司法無限公司§81以下或股份有限公司§322以下的清算程序，或§335的特別清算程序，均規定由法院監督，因此，答案應選(C)。

即於清算人有違法或不當之情事，或有其他無法執行職務之事實存在時，利害關係人即可向法院聲請，經法院認定有必要時，以裁定將該清算人解任者。第二種解任方式是決議解任，此時發生在選任清算人的情形，即在由股東決議選任特定之人為清算人時，由於此清算人係由股東所決議選任，自應使其有權加以解任，所以本條規定，對於股東所選任之清算人，可以由股東過半數決議予以解任。

第83條（清算人之聲報）

①清算人應於就任後十五日內，將其姓名、住所或居所及就任日期，向法院聲報。

②清算人之解任，應由股東於十五日內，向法院聲報。

③清算人由法院選派時，應公告之；解任時亦同。

④違反第一項或第二項聲報期限之規定者，各處新臺幣三千元以上一萬五千元以下罰鍰。

解說

(一) 第1項是有關清算人就任時的聲報規定，由於不論是一般清算人、章定清算人或選任清算人，自然應使外界有可得知悉何人為清算人之方法，並使法院有可得監督的對象，因此本項規定，清算人須於就任後十五日內，將姓名、住居所及就任日期，向法院提出聲報。

(二) 第2項是有關選任清算人解任之聲報規定，因依§82規定，僅「由股東選任之清算人」，可以由股東以決議加以解任，因此本項規定，當然亦係指在此種情形下的解任。

(三) 第3項是有關法院選派或解任清算人的公告規定，由於法院不論為選派或解任清算人之行為，均會對公司股東及債權人等造成一定程度的影響（參見本法§84），所以本項規定，法院為此裁定時，尚須加以公告，以便使一般利害關係人均能有知悉的管道。

第84條（清算人之職務）

①清算人之職務如下：

　一、了結現務。

二、收取債權、清償債務。

三、分派盈餘或虧損。

四、分派賸餘財產。

②清算人執行前項職務，有代表公司為訴訟上或訴訟外一切行為之權。但將公司營業包括資產負債轉讓於他人時，應得全體股東之同意。

解說

　　本條是有關清算人之職務的規定，共可分以下幾種[5]：

(一) 了結現務：即將該公司目前所經營中的事業加以結束的意思。

(二) 收取債權：即將屬於公司的債權，並已屆清償期者，向債務人收取該金錢或要求清償之行為。

(三) 清償債務：即清算人應將公司財產用來清償公司的債務之意。

(四) 分派盈餘或虧損：即清算人在為前述行為後，如公司仍有盈餘或虧損，均應依公司章程之規定，分配予股東之意。

(五) 分派賸餘財產：即清算人在結束前四種行為後，公司仍有賸餘之財產時，即應將其分派與股東。

(六) 代表公司為訴訟上及訴訟外之一切行為：即清算人在執行前述事務時，有代表公司的權利而言。例如對於積欠公司貨款之廠商，向法院起訴請求其清償，即屬代表公司為訴訟上之行為；又例如將公司已完成的貨物，依合約交與買受人之行為，即屬於訴訟外的行為。但是如

---

[5] (C) 在清算中之公司，不得為下列何種行為？(A)收取客戶積欠之貨款(B)召開股東會(C)新設分公司(D)按股東股份比例分派賸餘財產。（模擬試題）

【解說】(1)依公司法§84Ⅰ（§334準用）規定：「清算人之職務如左：一、了結現務。二、收取債權，清償債務。三、分派盈餘或虧損。四、分派賸餘財產。」

(2)(A)的收取客戶積欠之貨款，為「收取債權」。

(3)而(D)按股東股份比例分派剩餘財產，屬「分派賸餘財產」。

(4)公司法§331規定：「清算完結時，清算人應於十五日內，造具清算期內收支表、損益表、連同各項簿冊，送經監察人審查，並提請股東會承認。」故(B)也是清算中公司可為的行為。

(5)只有新設分公司，屬於「業務擴展」，與「結束公司業務」的清算概念並不相符，答案應選(C)。

果將公司營業，以包括資產及負債的方式移轉與他人時，由於事涉股東利益，因此第2項後段遂規定應得全體股東的同意。

第85條（清算人之代表權）

①清算人有數人時，得推定一人或數人代表公司，如未推定時，各有對於第三人代表公司之權。關於清算事務之執行，取決於過半數之同意。
②推定代表公司之清算人，應準用第83條第1項之規定向法院聲報。

解說

(一) 第1項是有關無限公司清算人代表權及職務執行的規定，由於依§84規定，清算人關於了結現務、收取公司債權、清償公司債務、分派盈餘或虧損及分派賸餘財產等事項上，有代表公司為訴訟上或訴訟外一切行為之權，對於清算中公司影響甚大，因此何人具代表權即頗為重要，因此第1項規定，清算人有數人時，得推定一人或數人代表公司，如未推定時，各有對於第三人代表公司之權；如果清算人有數人，關於清算事務之執行，取決於過半數之同意。

(二) 第2項則規定，由清算人中推定代表公司的清算人時，應於就任後十五日內，將代表公司清算人的姓名、住所或居所及就任日期向法院申報，以便利法院進行監督。

第86條（清算人代表權之限制）

對於清算人代表權所加之限制，不得對抗善意第三人。

解說

本條是對於善意第三人的保護規定，一般而言，選任清算人的機關可以對清算人的代表權加以限制，例如，無限公司的股東選任甲、乙二人為清算人，並規定僅甲可對外代表公司收取債權即是，由於此種限制一般第三人無從得知，如果有第三人丙向公司清償債務，並由乙自行代表公司收取，此時如果認定此種清償行為無效，將造成無法預期的損失，為了避免善意不知情的第三人遭致損失，因此本條即明文規定，對於清算人代表權所加之限制，不得對抗善意第三人。

第87條（清算人檢查財產完結清算與答覆）

①清算人就任後，應即檢查公司財產情形，造具資產負債表及財產目錄，送交各股東查閱。

②對前項所爲檢查有妨礙、拒絕或規避行爲者，各處新臺幣二萬元以上十萬元以下罰鍰。

③清算人應於六個月內完結清算；不能於六個月內完結清算時，清算人得申敘理由，向法院聲請展期。

④清算人不於前項規定期限內清算完結者，各處新臺幣一萬元以上五萬元以下罰鍰。

⑤清算人遇有股東詢問時，應將清算情形隨時答覆。

⑥清算人違反前項規定者，各處新臺幣一萬元以上五萬元以下罰鍰。

解說

(一) 本條可分爲三個部分，第一部分是有關清算人就任時之造具資產負債表及財產目錄的義務，由於公司解散時，必須先了解公司營業狀況及財產，始能進行後續之了結現務、收取債權、清償債務等工作，因此第1項即規定，清算人於就任後，應立刻檢查公司財產情形，以便使清算人得掌握公司之狀況，爲了保障清算人之工作不受干擾，第2項即明文規定，任何人對於清算人之檢查有妨礙行爲時，會被科新臺幣2萬元以上10萬元以下罰鍰，又在清算人檢查完財產後，即應造具資產負債表及財產目錄，送交該公司股東查閱，以使各股東能了解公司狀況。

(二) 第二部分是清算期間之規定，由於清算事務，除關係公司之債權人外，對於公司的股東在分配賸餘財產上也有一定的影響，其期間自不宜過長，因此第3項即規定，清算人應在六個月內完結清算，不過，如果確有不能在六個月內完結清算的事由，清算人即可請求法院准許延展清算時間，如果清算人不於前述的期限內完成清算工作時，依本條第4項規定，清算人均會被各處以新臺幣1萬元以上5萬元以下罰鍰。

(三) 第三部分是清算人的隨時答覆義務，依第5項規定，清算人遇有股東詢問時，應將清算情形隨時答覆，以便使股東了解清算進行的情形，

清算人違反此規定時，依第6項規定會被各處新臺幣1萬元以上5萬元以下罰鍰。

第88條（催報債權）

清算人就任後，應以公告方法，催告債權人報明債權，對於明知之債權人，並應分別通知。

解說

　　本條是有關清算人以公告催告債權人申報債權的規定，因為雖然依§87 I 規定，清算人可以檢查公司的財產情形而掌握公司財產狀況，但是有時可能因干擾（例如股東拒絕交出帳冊等）或部分債務並未記載等情事存在，而使清算人無法確實掌握公司實際負債的情形，因此為保障債權人權益，本條遂明定清算人在就任後，必須以公告方式訂定一定期間，使對於公司有債權之人能在期間之內向清算人申報，以使其有平等獲清償的機會，並使清算人能確實了解公司的負債情形，此外，如有清算人已明知之債權人，為使債權人能了解公司清算狀況，故本條後段規定，清算人對於已明知的債權人，並應分別為通知的行為。

第89條（聲請宣告破產）

①公司財產不足清償其債務時，清算人應即聲請宣告破產。
②清算人移交其事務於破產管理人時，職務即為終了。
③清算人違反第一項規定，不即聲請宣告破產者，各處新臺幣二萬元以上十萬元以下罰鍰。

解說

　　本條是有關清算人聲請公司破產的規定。由於依本法第87及88條規定，清算人於就任後應即檢查公司財產，並且公告或通知公司債權人，使其申報債權，在這些程序完成後，清算人即可對公司財產及負債狀況居於一最有利的了解地位，而可知公司財產是否足以清償公司債務。為保障股東及公司債權人，在公司財產顯然不足以清償公司所欠的債務時，法院特明定清算人有向法院聲請宣告公司破產的義務，使該破產公司嗣後適用破產程序，以公平分配公司財產予各公司之債權人。如果清算人違反本規定

時，依本條第3項規定，須被處新臺幣2萬元以上10萬元以下罰鍰。

其次，須注意者即是清算中公司被法院依破產法規定宣告破產後，依法為裁定之法院必會另行選任破產管理人，以執行破產程序之事務，此時自不宜使清算人同時存在或使其在無執行權之情形下負擔不必要之責任，因此本條第2項即明文規定，在清算人移交其事務於破產管理人時，其職務即為終了，換言之，即自此時點起，該清算人即不再有代表公司或執行業務的權利，同時亦不用對公司其後事務負擔任何責任。

第90條（分派財產之限制）

①清算人非清償公司債務後，不得將公司財產分派於各股東。

②清算人違反前項規定，分派公司財產時，各處一年以下有期徒刑、拘役或科或併科新臺幣六萬元以下罰金。

解說

本條是有關清算中公司分派賸餘財產的規定，因為公司如有積欠他人債務，應以公司財產償還，必俟公司財產扣除債務後尚有賸餘，始可分配予各股東，如果允許清算人直接分派公司財產予無限公司股東，雖然債權人事後仍可再向股東追討，但仍徒增繁累，殊非保護公司債權人之道，因此本條乃明定清算人必須在清償公司債務後，始可分派公司財產予各股東，以保護公司債權人的權益，違反本條之規定時，依本條第2項規定清算人須負刑事責任。

第91條（賸餘財產之分派）

賸餘財產之分派，除章程另有訂定外，依各股東分派盈餘或虧損後淨餘出資之比例定之。

解說

本條是有關清算中公司賸餘財產分配比例的規定，如前所述，清算人在清償公司債務後，如果沒有賸餘，當然就沒有分配的問題，必定是在無限公司所擁有的財產，在清償公司債務後尚有賸餘，此時即發生應如何分派之疑問。依本條規定，如果無限公司章程本來即定有分派比例，即依章程的規定來進行分配，但是，如果公司章程未加規定時，為杜絕爭議，本

條即明定依各股東分派盈餘或虧損後之出資比例作爲其分派比例。

第92條（清算承認之請求）

清算人應於清算完結後十五日內，造具結算表冊，送交各股東，請求其承認，如股東不於一個月內提出異議，即視爲承認。但清算人有不法行爲時，不在此限。

解說

　　本條是有關結算表冊的承認之規定，所謂的結算表冊，是指清算人在辦理無限公司清算之期間內所爲之收支表、損益表等而言，如清算人在清算期內爲賣出公司財產之行爲、清償公司債務、分派賸餘財產等情事，均須詳列於收支表上，以使股東均得了解清算人的處理經過，而保障股東的權益，因此本條乃明文規定，清算人必須在前述各清算行爲完成後十五日之內，將前述之收支表及損益表等結算表冊造具完成，送交各股東，使其得以了解清算之情形；另外並且須請求各股東承認；其次，爲方便各股東及清算人，本條又規定如果股東在收到表冊後一個月內不提出異議，即視爲承認，以避免清算程序的延滯，不過，須注意者，雖然結算表冊一經股東承認，即可免除清算人責任，但是僅限於該清算人無不法情事時而言，依本條後段規定，只要該清算人有不法行爲，即不能免除責任。

第93條（清算完結之聲報）

①清算人應於清算完結，經送請股東承認後十五日內，向法院聲報。

②清算人違反前項聲報期限之規定時，各處新臺幣三千元以上一萬五千元以下罰鍰。

解說

　　本條是有關清算完結的聲報規定，因爲依§25規定，解散之公司，在清算範圍內，視爲尚未解散，因此雖然無限公司已因解散而進入清算程序，但是公司的人格仍屬存在，爲使公司已清算完結的事實得有另一公正機關監督，第1項即規定，清算人須在完成清算程序，並且表冊經股東承認後十五日內，將此事實向法院聲報，而自此時起，清算程序始完全終了，公司人格也自此時起消滅。如果清算人違反前述聲報期間的規定，依

本條第2項須被各處以新臺幣3,000元以上1萬5千元以下的行政罰鍰。

第94條（簿冊文件之保存）

公司之帳簿、表冊及關於營業與清算事務之文件，應自清算完結向法院聲報之日起，保存十年，其保存人，以股東過半數之同意定之。

解說

　　本條是有關無限公司的帳簿及清算文件之保存規定，因為不論是無限公司的帳簿、結算表冊（收支及損益表等），以及其他一切關係營業及清算事務的文件，都對未來事務之處理具有重大關係，為保障股東權益，本條前段乃規定前述表冊均須向法院聲報清算完結之日起保存十年，以保留原始證據，至於由何人擔任保存人，因此等文件均涉及股東權益，所以本條後段即規定以股東過半數同意決定保存人。

第95條（清算人之注意義務）

清算人應以善良管理人之注意處理職務，倘有怠忽而致公司發生損害時，應對公司負連帶賠償之責任；其有故意或重大過失時，並應對第三人負連帶賠償責任。

解說

　　本條是有關清算人責任之規定，由於清算人負責清算事務的執行，因此其責任自亦不宜過輕，依本條規定，其責任可分為對公司責任及對第三人責任兩種，在對公司責任方面，本條規定清算人應負善良管理人之注意義務，所謂善良管理人之注意義務，即指一般合理正常人，在相同情形下，所會盡之注意義務而言，如有違反一般合理正常人在相同情形下所應為之注意，即應依本條前段規定，對公司負連帶賠償責任。另一種則是對第三人責任，茲說明如下：

(一) 依本法§23規定，公司負責人對於公司業務之執行，如有違反法令致他人受損害時，對他人應與公司負連帶賠償責任，而依本法第8條規定，無限公司之清算人在執行職務範圍內，亦為公司負責人。

(二) 依本條規定，清算人對於第三人之責任屬於故意或重大過失責任，即須認定清算人對於第三人在執行職務上，有故意或重大過失時始須負責。

第96條（股東連帶責任之消滅）

股東之連帶無限責任，自解散登記後滿五年而消滅。

解說

　　本條是有關無限公司股東責任之消滅規定，依本法§60規定，無限公司股東對公司債務，於公司資產不足清償債務時，本即負有連帶無限清償責任，如果此項責任因公司清算完結即消滅，則對於在清算期間內未獲清償的公司債權人即欠缺保障，因此，本條特明文規定，股東的連帶無限清償責任，從「解散登記」（即有§71①～④及⑦的事由存在，並向主管機關辦理解散登記而言）起滿五年而消滅；換言之，即從解散登記開始起五年之內，公司債權人仍可向股東主張要求其負連帶無限清償責任。

第97條（清算人之委任關係）

清算人與公司之關係，除本法規定外，依民法關於委任之規定。

解說

　　本條是有關清算人與公司間的關係準用民法委任之規定，例如，清算人因處理清算事務而為公司代墊款項時，可準用民法§546Ⅰ規定向公司請求返還；如果清算人為了自己的利益，使用了公司的金錢，公司也依民法§542規定，除要求清算人返還該金錢外，尚可請求自使用時起之利息，及公司所受損害的賠償等。

> 本章不重要，故申論題、記誦事項及作者小叮嚀均從略。

第三章　有限公司

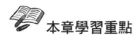 **本章學習重點**

本章為有限公司之規定，有限公司為我國中小企業之主幹，設立之數量最多，故出題重要性僅次於股份有限公司一章，本章重點如下：

(一)§98：有限公司為資合公司，股東僅以出資額為限，對公司負其責任，股東人數多寡並不重要，因此，民國90年修法規定，一人以上即可組成有限公司。

(二)§102：有限公司除資合性質外，亦具人合性質，故本條規定：每一股東不論出資額多寡，均有一表決權，但得以章程訂定按出資額多寡比例分配表決權。

(三)§105：有限公司股東出資之證明為股單（股份有限公司則為股票）。

(四)§106：有限公司之增資，應經股東過半數之同意，但股東雖同意增資，仍無按原出資比例出資之義務；又有限公司得經全體股東同意減資，或變更其組織為股份有限公司。

(五)§108：有限公司之執行業務機關為董事，董事應就股東選任；有限公司之董事亦有競業禁止之限制。

(六)§111：有限公司之股東非得其他全體股東過半數之同意，不得轉讓出資；董事則非得其他全體股東同意，不得轉讓出資；法院依強制執行程序，將股東之出資轉讓於他人時，應通知公司及其他全體股東。

(七)§113：有限公司變更章程、合併、解散及清算，均準用無限公司有關之規定。

第98條（有限公司之組織與章程）

①有限公司由一人以上股東所組成。

②股東應以全體之同意訂立章程，簽名或蓋章，置於本公司，每人各執一份。

解說

(一) 本條是有關有限公司股東人數的限制及章程訂立之規定，在民國90年修正時，爲因應自由化的趨勢，並考慮到有限公司爲資合公司的特質，與股東人數無關，乃修正爲僅需一人即可成立有限公司，以符合實際[1]。

(二) 第1項在民國90年修正前，原在後段規定股東半數以上須爲我國人，即半數以上的股東須有中華民國國籍並在國內有住所，而且這些人的出資額合計須超過公司資本總額的一半，不過立法者爲因應公司經營之國際化、自由化，認爲有限公司股東國籍、住所及出資額之限制已無必要，因此於修正時刪除前述規定。

(三) 第2項是對於有限公司章程訂立須全體同意之規定，由於公司章程是規範公司及股東權利義務的主要依據（本法§101），對於各股東權益影響甚大，因此規定，有限公司的章程必須以股東全體的同意訂立，並簽名或蓋章，由各股東及公司均各持一份，以作爲書面證明。

第99條（股東之有限責任）

各股東對於公司之責任，以其出資額爲限。

解說

本條是有關有限公司股東責任之規定，依本條規定，有限公司的股東

---

[1] (B) 下列有關有限公司之敘述，何者正確？(A)至少五人以上股東所組織(B)就其出資額爲限對公司負其責任(C)可依章程規定設常務董事對外代表公司(D)公司所有股東均得行使監察權。（模擬試題）

【解說】(1)依公司法§98 I規定，有限公司得由一人以上股東所組成，所以(A)不對。

(2)依公司法§99規定，各股東對於公司之責任，以其出資額爲限，負有限責任，所以(B)正確。

(3)依公司法§108 I規定，董事有數人時，得以章程特定一人爲董事長，對外代表公司，所以不是由常務董事對外代表公司，故(C)不對。

(4)依公司法§109規定，不執行業務股東，得行使監察權，並不是所有股東均得行使，而只限於不執行業務股東，故(D)不對。

對於公司之責任，以其出資額為限，換言之，只要該股東的出資額已依約定繳納，其後即與公司無涉，有限公司的債權人均不得向有限公司的股東請求清償公司債務。

第100條（出資之履行）

公司資本總額，應由各股東全部繳足，不得分期繳款或向外招募。

解說

(一) 本條是有關有限公司資本的規定，依第1項規定，公司的資本總額，應由各股東全部繳足，不得分期繳款或向外招募[2]。推究其故，因有限公司的股東負有限責任，因此公司的財產即成為公司債權人的保障，如果允許公司訂立一極高的資本總額卻未實際繳足，則恐會使善意信賴該公司登記資本額之人受到不當損失的可能。因此本條第1項乃明文規定，有限公司的資本總額，股東必須全部繳足，且不得分期繳納，以避免此種浮報資本額的弊病產生；至於不得向外招募方面，一方面是避免欺騙大眾以騙取資金的流弊；另一方面則是配合有限公

---

[2] (C) 甲、乙、丙、丁四人共同發起設立A有限公司，資本總額為新臺幣50萬元，約定由甲出資20萬元，乙、丙、丁各出資10萬元，並由甲、乙、丙擔任董事，丁則純係投資，不執行業務。則下列敘述何者錯誤？(A)甲、乙、丙、丁須一次繳足所認資本，不得分期繳納(B)A公司得以章程訂定按甲、乙、丙、丁之出資比例，分配表決權(C)A公司設立登記後應發給甲、乙、丙、丁之股單，該股單為有價證券(D)A公司之監察權由丁一人行使。（100司7.）

【解說】(1)依公司法§100：「公司資本總額，應由各股東全部繳足，不得分期繳款或向外招募。」甲、乙、丙、丁的股本應一次繳足，不能分期繳納，故(A)正確。

(2)依公司法§102：「每一股東不問出資多寡，均有一表決權。但得以章程訂定按出資多寡比例分配表決權。」如果甲、乙、丙、丁想按出資比例來分配表決權，須在章程中訂定這種表決權分配，否則是採「人頭制」，故(B)正確。

(3)有限公司股單的性質，通說與實務均認為僅屬「股東出資的證明文書」而非有價證券，所以登記後發給甲、乙、丙、丁的股單，不是有價證券，與股份有限公司的股票不同，故(C)係屬錯誤。

(4)依公司法§109：「不執行業務之股東，均得行使監察權；其監察權之行使，準用§48之規定。」丁純投資，不執行業務，監察權應由丁一人行使，故(D)正確。

司的部分人合特性,因此所爲之限制規定。

(二) 98年4月29日修正刪除本條原第2項有關有限公司最低資本額之限制,爲了配合公司的國際化及與國際接軌,修正時特別將最低資本額之要求刪除,未來成立公司時即無需爲符合最低資本額而四處籌錢,使有限公司更容易成立。

第101條(有限公司之章程)

①公司章程應載明下列事項:

　一、公司名稱。

　二、所營事業。

　三、股東姓名或名稱、住所或居所。

　四、資本總額及各股東出資額。

　五、盈餘及虧損分派比例或標準。

　六、本公司所在地;設有分公司者,其所在地。

　七、董事人數。

　八、定有解散事由者,其事由。

　九、訂立章程之年、月、日。

②代表公司之董事不備置前項章程於本公司者,處新臺幣一萬元以上五萬元以下罰鍰。連續拒不備置者,並按次連續處新臺幣二萬元以上十萬元以下罰鍰。

解說

　　本條是有關有限公司章程的一般規定,按有限公司章程中可分爲絕對必要記載事項、相對必要記載事項及任意記載事項三種,茲分述如下:

(一) **絕對必要記載事項**

　　係指這些事項爲公司法所明定之有限公司章程必須記載的事項,如果未記明於章程,將有導致章程無效,進而影響有限公司成立的情形而言,茲有以下幾種:

　　1. 公司名稱。

　　2. 所營事業。

　　3. 股東姓名或名稱、住所或居所。

4. 資本總額及各股東出資額。

5. 盈餘及虧損分派比例及標準。

6. 本公司所在地。

7. 董事人數。

8. 訂立章程之年、月、日。

9. 員工分配紅利的成數。

(二) 相對必要記載事項

指如果無此種事實存在時，即不必於章程上記載；但是有此事實存在時，則必須在章程上載明的事項而言，主要有以下幾種：

1. 設有分公司者，其所在地。

2. 置有董事長應載明（§108Ⅰ）。

3. 定有解散事由者，其事由。

第102條（股東之表決權）

①每一股東不問出資多寡，均有一表決權。但得以章程訂定按出資多寡比例分配表決權。

②政府或法人為股東時，準用第一百八十一條之規定。

解說

(一) 第1項是有關有限公司股東表決權之規定，依本法的設計，有限公司股東原則上係以一股東有一表決權，不過如果章程另有規定依出資多寡比例分配，即可以各股東出資額多寡作為表決權多寡之依據。

(二) 第2項是有關政府或法人擔任股東時的特別規定，因為依本法§181前段規定，政府或法人擔任該有限公司股東時，可以推派一人以上之代表人來作為代表，惟為符公平，縱使有二人以上的代表人，其表決權仍應共同行使之（準用本法§181Ⅱ），換言之，在公司章程未特別規定的情形下，該法人或政府仍僅有一表決權，僅由其代表人共同行使之；如果公司章程明定以出資額作為表決權分配的基準時，該法人或政府亦僅能依其出資額作為表決權計算基礎，不能因有限公司推派二個代表人，而使該公司作為股東的表決權數加倍。

第103條（股東名簿之備置及其內容）

①公司應在本公司備置股東名簿，記載下列事項：
一、各股東出資額及股單號數。
二、各股東姓名或名稱、住所或居所。
三、繳納股款之年、月、日。
②代表公司之董事，不備置前項股東名簿於本公司者，處新臺幣一萬元以上五萬元以下罰鍰。連續拒不備置者，並按次連續處新臺幣二萬元以上十萬元以下罰鍰。

解說

(一) 本條是有關有限公司股東名簿的規定，所謂股東名簿，指記載有限公司股東權益即股單等相關事宜的簿冊，依第1項規定，須記載以下事項：
1. 各股東的出資額及股單號數。
2. 各股東姓名或名稱、住所或居所。
3. 繳納股款之年、月、日。
(二) 由於股東名簿的設置，對於股東權益的確定，及政府監督上具有重大的關係，因此第2項前段明定如果不備置股東名簿時，代表公司的董事將被處以新臺幣1萬元以上5萬元以下之行政罰鍰；連續拒不備置者，並按次連續處新臺幣2萬元以上10萬元以下罰鍰，直到依法備置為止。

第104條（股單之內容）

①公司設立登記後，應發給股單，載明下列各款事項：
一、公司名稱。
二、設立登記之年、月、日。
三、股東姓名或名稱及其出資額。
四、發給股單之年、月、日。
②第一百六十二條第二項、第一百六十三條第一項但書、第一百六十五條之規定，於前項股單準用之。

解說

(一) 本條是有關股單的規定，有限公司與股份有限公司在這方面有顯著的不同，在股份有限公司係發行「股票」，而有限公司則是發行「股單」。一般而言，有限公司的股單僅係一證明股東權存在的證書，與股份有限公司的股票並不相同，因為有限公司的出資轉讓，不能僅憑股單為之（參見§111之解說）；而且股東姓名及出資額已記載於公司章程及股東名簿上，實際上股東行使權利並不須憑股單為之，此點顯與股份有限公司的股票有所不同。

(二) 第1項規定，「股單」應記載以下事項：

1. 公司名稱。
2. 設立登記之年、月、日。
3. 股東姓名或名稱及其出資額。
4. 發給股單的年、月、日。

此外，尚須注意者，即股單上股東姓名之記載，均以本名記載，縱使政府或法人為該公司股東，並推派有代表人時，該股單仍應記載政府或法人之名稱，而不能以代表人或其他名義記載於股單之上（本條準用§162Ⅱ）；另外，有限公司的章程，不能對股東股權移轉作限制（例如規定股東轉讓出資須得全體股東同意等），不過仍須在公司設立登記後，且符合本法§111規定的情形下始可轉讓（準用§163Ⅰ）；而且股單如果要移轉，除符合§111的要件外，尚須將受讓人的本名、名稱（指法人或政府機關）及住、居所記載於股東名簿上，否則不得對抗公司（準用§165）。

第105條（股單之製作）

公司股單，由全體董事簽名或蓋章。

解說

本條是有關有限公司股單簽章的規定，其立法意旨，主要是以由全體董事簽名或蓋章始較為慎重，並較具公信力而為考量基礎，由於本條為效力要件的規定，因此違反本條規定所發行的股單，即不具任何法律效力。

第106條（資本之增減與組織之變更）

①公司增資，應經股東過半數之同意。但股東雖同意增資，仍無按原出資
　數比例出資之義務。

②前項不同意增資之股東，對章程因增資修正部分，視為同意。

③有第一項但書情形時，得經全體股東同意，由新股東參加。

④公司得經全體股東同意減資或變更其組織為股份有限公司。

解說

(一) 本條是有關有限公司資本變更之規定，一般而言，有限公司成立後，
　　 經過營業，必定會有盈餘或虧損產生，而且可能會需要資金來進行投
　　 資，此時即有增加公司資本（以充實營運資金）或減少公司資本（已
　　 抵減公司虧損）的可能，對於減少有限公司資本上，由於會導致公司
　　 營運資金及財產減少，對公司經營及股東權益會有影響，因此本條第
　　 4項前段明文規定，有限公司須經全體股東同意，始可辦理減資。另
　　 一種則是增加資本總額的情形。由於有限公司增加資本總額，係現實
　　 增加公司財產，對債權人並無任何不利，故無予以限制的必要，因此
　　 依本條第1項規定，只要經股東過半數同意即可辦理，不過，如果有
　　 人不願再出資，導致無法順利增資，並進而使營業推展發生困難，亦
　　 非妥當，所以本條第1項後段明定縱使股東同意增資，仍無按原來出
　　 資額比例出資的義務。

(二) 至於如果有股東未按出資比例給付的部分，則可由其他股東認繳，亦
　　 可經全體股東同意，由新股東參加並繳納該不足額的部分作為新股東
　　 的出資額，以便利增資案之完成。

(三) 另外，由於資本總額及各股東之出資額，為公司章程絕對必要記載事
　　 項（本法§101），因此如有變更，當然必須踐行變更章程的程序，
　　 而依§113準用§47規定，有限公司變更章程必須要得全體股東的同
　　 意，如此即會造成與前項（即本條Ⅰ）規定不合，而使該條規定變成
　　 無法適用的可能，為此，本條第2項遂規定，對於增資案不同意的股
　　 東，對章程因增資修正部分，視為同意，詳言之，增資案部分，只要
　　 經過半數同意通過後，該因增資而必須修正的章程部分（指公司的資
　　 本總額及股東的出資額而言）亦視為已通過，以便利有限公司辦理增

資事宜。

(四) 第4項除減資規定外，另外是關於變更組織的規定，在經營自由化及允許法人股東一人股份有限公司之設立的前提下，公司法明定只要經股東全體同意，可以變更組織爲股份有限公司。[3,4,申1]

第107條（變更組織之通知公告及債務承擔）

①公司爲變更組織之決議後，應即向各債權人分別通知及公告。

②變更組織後之公司，應承擔變更組織前公司之債務。

解說

(一) 本條是有關有限公司變更組織的程序規定，所謂變更組織，指在不影響公司的存續下，改變其法律上組織，使該公司成爲公司法上另一種類的公司而言。在有限公司方面，依本法規定，僅有變更爲股份有限公司一種情形。至於其他情形，均爲法所不許。

(二) 第1項是規定通知債權人的程序，因爲在有限公司變更組織爲股份有限公司時，其股東對公司均仍僅負有限責任，而公司債務亦僅係以公司財產負清償之責，對於債權人的權利並無任何妨礙，所以本項僅規定在有限公司通過變更組織爲股份有限公司的決議後，僅須向各債權人分別爲通知及公告即可，不用像無限公司變更組織須定期使債權人聲明異議。

---

[3] (A) 有限公司股東如欲變更其組織為股份有限公司，應經：(A)全體股東同意(B)四分之三以上股東之同意(C)三分之二以上股東之同意(D)過半數股東之同意。（模擬試題）

【解說】依公司法§106IV規定：「公司得經全體股東同意……變更其組織為股份有限公司。」因此，有限公司股東人數如有二人以上，而要改為股份有限公司時，一定要經過全體股東同意，答案應選(A)。

[4] (D) 有限公司若欲變更組織，其變更以下列何類型公司為限？(A)無限公司(B)有限公司(C)兩合公司(D)股份有限公司。（模擬試題）

【解說】依公司法§106IV規定，有限公司得經全體股東同意變更其組織為股份有限公司，所以答案應選(D)，另外應注意，有限只能轉為股份有限，不能轉為無限或兩合。

(三) 第2項則是承接前項規定而來，由於有限公司變更組織爲股份有限公司時，既未賦予公司債權人有表示不同意見的權利，而不論有限公司或股份有限公司均係以公司財產作爲公司債務清償的基礎，如果允許新公司得免除以往舊公司的債務，則對於公司債權人未免過於欠缺保障，因此，第2項逐明文規定變更組織後的公司，須承擔變更組織前公司的債務。

第108條（執行業務之機關）

①公司應至少置董事一人執行業務並代表公司，最多置董事三人，應經三分之二以上股東之同意，就有行爲能力之股東中選任之。董事有數人時，得以章程特定一人爲董事長，對外代表公司。

②執行業務之董事請假或因故不能行使職權時，指定股東一人代理之；未指定代理人者，由股東間互推一人代理之。

③董事爲自己或他人爲與公司同類業務之行爲，應對全體股東說明其行爲之重要內容，並經三分之二以上股東同意。

④第三十條、第四十六條、第四十九條至第五十三條、第五十四條第三項、第五十七條至第五十九條、第二百零八條第三項、第二百零八條之一及第二百十一條之規定，於董事準用之。

解說

本條是關於有限公司機關的設置及權限之規定，依第1項規定，有限公司係以董事來代表公司並負責公司事務的執行，因此有限公司的機關即爲董事，詳述如下：

(一) 董事之資格

1. 必須是有行爲能力之股東。[5, 申2]

---

[5] (D) 甲與乙二人原係以合夥方式經營美容保養品事業，之後兩人商討欲將之改為以公司之方式經營，以避免須就合夥債務負連帶清償之責任。另外，兩人希望於公司成立後，由非出資者之丙出任董事長。請問：甲、乙應選擇何種公司型態？(A)無限公司(B)有限公司(C)兩合公司(D)股份有限公司。（100司8.）
【解說】甲、乙二人為公司出資者，自然為公司的股東，但希望非出資者丙也成為董事，並擔任董事長，所以這題的考點是那一種公司型態能使「公司經營與公司所

2. 有以下情形者，亦不得擔任董事（準用本法§30）：

　(1)曾犯組織犯罪防制條例規定之罪，經受有罪判決確定，服刑期滿尚未逾5年者。

　(2)曾犯詐欺、背信、侵占罪，經受有期徒刑1年以上刑之宣告，服刑期滿尚未超過2年者。

　(3)曾服公務（指擔任公務員等）虧空公款（例如貪污等），經判決確定，服刑期滿尚未超過2年者。

　(4)受破產宣告，尚未復權者。指該當事人正在破產程序進行中，尚未了結者。

　(5)使用票據經拒絕往來尚未期滿者。

(二) 董事之人數

依本條第1項規定，有限公司董事最少須有一人，最多僅可有三人。另外，如果董事不只一人時，有限公司股東可以視實際需要，在章程上特定一人為董事長，以對外代表公司，惟是否設董事長，均由該有限公司的股東自行決定，即使不設亦無不可，此點與股份有限公司並不相同。

(三) 董事之權利義務

1. 有業務執行權：依第1項規定，有限公司應至少置董事一人執行業務，因此董事當然有執行業務的權利。不過董事如有一人以上時，關於通常事務，各董事均得單獨執行，但是如有其他董事表示異議時，即應停止執行；至於非通常事務，則取決於董事過半數的同意（準用本法§46）。

2. 公司代表權：依第1項規定，公司應至少置董事一人執行業務，並代表公司，因此原則上董事均得對外代表該有限公司，不過依同項規定，有限公司可以章程特定一人為董事長，對外代表公司，有此特定時，則僅董事長可對外代表公司。至於其代表公司的權限，包括公司營業上之一切事務。有限公司對董事代表權所加之

有分離」。無限公司、兩合公司沒有董事的規定，可以刪去選項(A)、(C)，又公司法§108Ⅰ規定：「公司應至少置董事一人執行業務並代表公司……董事就有行為能力之股東中選任之。」故有限公司之董事應具股東身份，(B)選項亦錯誤。

限制，不得對抗善意第三人，因此善意第三人仍可主張其為有效（準用本法§57、58）。惟代表有限公司的董事，如果為自己或他人與公司為買賣等法律行為時，則不得同時為公司之代表，以避免利益衝突；不過如果該行為僅是向公司清償債務時，則不在此限，因此時公司為單純獲利之一方，較無利害衝突情事之存在（準用本法§59）。

3. 交付款項之義務：依本條第4項準用§53規定，董事於職務所代收之款項，應交付予公司，如果不於相當期間照繳，或甚至挪用公司款項時，對於該款項，應加算利息，一併償還，如果導致公司受損害，尚應對公司負賠償責任。

4. 禁止為同類營業之義務：由於董事負責有限公司實際業務的執行，為避免利益衝突情事產生，第3項遂規定，董事為自己或他人為與公司同類業務之行為，應對全體股東說明其行為之重要內容，並經三分之二以上股東同意[6, 申3]，違反前述規定時，其他股東得以過半數決議，將該董事此行為的所得，作為公司所得，惟如自所得產生後已超過1年以上時，則不能請求（準用本法§54）。

5. 董事執行業務，尚有應遵守法令、章程及股東會決議的義務。如有違反此義務，導致公司受損害時，對於公司應負賠償責任（準用本法§52）

6. 虧損報告及破產聲請之義務：依本條第4項準用§211之規定，有

---

[6] (C) 有限公司之董事不負下列何種義務？(A)忠實義務(B)不為競業之義務(C)公司增資時出資義務(D)為股東簽章之義務。

【解說】(1)有限公司的董事，依公司法§8為公司負責人，即負有公司法§23 I 之忠實義務。

(2)公司法§108Ⅲ規定：「董事為自己或他人為與公司同類業務之行為，應對全體股東說明其行為之重要內容，並經三分之二以上股東同意。」有限公司董事亦負競業禁止義務。

(3)公司法§105規定：「公司股單，由全體董事簽名或蓋章。」有限公司董事也負股單簽章義務，所以(A)、(B)、(D)均不對。

(4)惟公司增資時，不論公司種類為何，股東或董事都不負有出資義務，所以本題應選(C)。

限公司的董事，在公司虧損達到資本總額二分之一以上時，即應召開股東會報告此事實，使股東能掌握情況；而在公司資產顯然不足清償負債時，應立即聲請宣告破產，以維護股東及債權人之權益。

第109條（股東之監察權）

不執行業務之股東，均得行使監察權；其監察權之行使，準用第四十八條之規定。

解說

　　本條是有關有限公司股東行使監察權的規定，由於有限公司股東人數較少，為使執行業務股東以外的股東，能有了解公司營運狀況，並監督董事業務執行的機會，本條逐明定有限公司之董事以外的股東均得行使監察權，以保障自身權益。至於監察權的內容，依本法§48規定，是指該非董事的股東，可以隨時向董事質詢公司營業情形，並查閱公司財產文件、帳簿及公司表冊，以期透過查閱公司財產及表冊之方式，切實掌握公司實際財產及營運之狀況，並防止董事有不法情事的產生。

　　但是，如果董事不遵本條的規定，讓其他股東查閱公司等表冊時，股東即有無法行使監察權的可能。為避免造成漏洞，本法§110Ⅲ逐明文規定準用§245Ⅰ，即繼續1年以上，持有達公司資本額3%以上的股東，可以聲請法院選派檢查人，檢查公司業務帳目及財產情形，以更進一步行使監察權。

第110條（表冊之編造）

①每屆會計年度終了，董事應依第二百二十八條之規定，造具各項表冊，分送各股東，請其承認。

②前項表冊送達後逾一個月未提出異議者，視為承認。

③第二百三十一條至第二百三十三條、第二百三十五條及第二百四十五條第一項之規定，於有限公司準用之。

解說

(一) 本條是關於有限公司造具表冊及盈餘分派的限制規定，依本條第1項

規定，每個會計年度終了後，董事即應造具上述表冊，分送各股東，請求其承認。股東承認的方式可分為兩種，第一種是以口頭或書面直接明白表示承認；第二種則是在收受表冊後不提出異議（即表示不承認的意思），依本條第2項規定，股東在收受表冊超過一個月後仍未提出異議時，法律上即認定其為承認。至於各項表冊經股東承認後，依本條第3項準用§231規定，除非董事有不法行為（例如侵占公款、或偽造文書等），否則董事即不用再負擔民事責任。

(二) 本條的第二個主要規範對象，則是盈餘分派的問題，為避免公司董事在公司虧損時仍分派紅利予股東，造成公司財產減少，而損及債權人權利，因此本條第3項首先即明文準用§232Ⅱ規定，有限公司在沒有盈餘時，不能分派股息或紅利，縱使有限公司在某一年度產生盈餘，首先仍須檢視該公司有無累積虧損存在，如有，則須先彌補公司虧損；其次，在盈餘扣除歷年虧損及一切稅捐後，如有賸餘，尚須將此賸餘金額的10%提出作為法定盈餘公積，在扣除前二項金額後，尚須保留員工分配紅利的成數後，始能分派盈餘給股東（準用本法§32Ⅰ、235、112Ⅰ）。

(三) 如果有限公司董事違反前述規定分派盈餘時，依本條第3項準用§232Ⅲ規定，公司負責人將被各處1年以下有期徒刑、拘役或科或併科新臺幣6萬元以下罰金，至於民事方面，公司的債權人可以請求受領違法分派的股東將其所受領的金額退還公司，並且可以請求賠償因此所受的損害，以保障公司債權人的權利（準用本法§233）。

第111條（出資之轉讓）

①股東非得其他全體股東過半數之同意，不得以其出資之全部或一部，轉讓於他人。

②前項轉讓，不同意之股東有優先受讓權；如不承受，視為同意轉讓，並同意修改章程有關股東及其出資額事項。

③公司董事非得其他全體股東同意，不得以其出資之全部或一部，轉讓於他人。

④法院依強制執行程序，將股東之出資轉讓於他人時，應通知公司及其他

全體股東，於二十日內，依第一項或第三項之方式，指定受讓人；逾期未指定或指定之受讓人不依同一條件受讓時，視為同意轉讓，並同意修改章程有關股東及其出資額事項。

解說

(一) 本條是關於有限公司出資額轉讓的限制規定，依公司法的設計，有限公司股東雖然是負有限責任，但是仍有一定之閉鎖性，因此如果有股東將出資額移轉於他人，此不但會影響股東之表決權，而且更進一步會影響到公司議案的通過（例如變更章程、變更組織等事實，均須得全體股東同意），對於其他股東權益的影響甚大，所以第1項遂明文規定，有限公司的股東（指董事以外的股東，至於董事則規定於本條第3項），除非得到其他全體股東過半數同意，否則不能將出資額的全部或一部分轉讓給他人[7]。

---

[7] (A) 甲為A有限公司之股東，乙為甲之債權人，今乙對甲依強制執行程序，將甲之出資轉讓於他人時，下列之敘述，何者正確？(A)法院應通知公司及其他全體股東，依法律規定於20日內，指定受讓人(B)公司法顧及有限公司具有閉鎖性之特質，甲之出資不得轉讓(C)為保護有限公司股東之債權人之權益，容許股東之債權人對股東之出資聲請強制執行，並且與一般執行程序並無不同(D)法院於通知公司及其他全體股東後，公司及其他全體股東逾期未指定或指定之受讓人不依同一條件受讓時，視為不同意轉讓。 （99預3）

【解說】(1)有限公司股東間係建立在互信基礎上，股東人數不會太多，係供中小規模企業所利用，因股東間相互有信賴關係，因此公司法第§111ⅠⅢ設有規定「股東非得其他全體股東過半數之同意，不得以其出資之全部或一部，轉讓他人。」「公司董事非得其他全體股東同意，不得以其出資之全部或一部，轉讓於他人。」債權人獲得勝訴判決後，取得執行名義，為顧及股東間有信賴關係，故公司法§111Ⅳ規定「法院依強制執行程序，將股東之出資轉讓於他人時，應通知公司及其他全體股東，於二十日內，依第一項之方式，指定受讓人；逾期未指定或指定之受讓人不依同一條件受讓時，視為同意轉讓，並同意修改章程有關股東及其出資額事項。」故(A)為正確選項。

(2)有限公司股東出資依上述規定可以轉讓，所以(B)係錯誤。

(3)有限公司股東出資依上述規定，與一般強制執行有別，所以(C)係錯誤。

(4)有限公司股東出資被執行時，公司及其他全體股東逾期未指定受讓人或指定之受讓人不依同一條件受讓時，視為同意轉讓，所以(D)亦錯誤。

(二) 不過，在有限公司中並無如同無限公司的退股制度，因此一旦欲收回其出資，只有靠轉讓出資額的方式，如果僅因有人反對即使該股東無法收回出資額，亦未免太過嚴苛。因此，第2項規定，如果對該股東轉讓出資額不同意的其他股東，僅取得優先受讓權，換言之，即可以同一價格優先於他人來購買該股東的出資額，如果拒絕購買，公司法即認定該股東同意此轉讓的行為，其後，因此移轉行為而須修改章程中的股東名稱及其出資額部分，均視為已經全體同意。

(三) 第二種情形是董事轉讓出資額的情形，因為在有限公司中，董事係負責公司業務的執行及代表公司（參見本法§108之解說），對於其他股東權益影響甚大，因此本條第3項遂規定，有限公司的董事，除非得到其他股東全體的同意，否則不能將自己的出資額之全部或一部轉讓給他人，以使董事能專心從事公司事務的執行[註4]。

(四) 除前述股東及董事之自行轉讓情形外，尚有因法院強制執行而轉讓出資的方式。依第4項規定，法院應先通知公司及其他全體股東，要求其在二十日內指定受讓人，如果超過二十天卻未指定，或者被指定的受讓人不願意以同一條件（指強制執行程序中出價最高之人相同的價格）受讓時，法律即視為其他股東均同意將該被執行之出資額移轉給該出價最高之人，並且同意修改章程上有關股東及出資額的相關事項。

第112條（盈餘公積之提出）

①公司於彌補虧損完納一切稅捐後，分派盈餘時，應先提出百分之十為法定盈餘公積。但法定盈餘公積已達資本總額時，不在此限。

②除前項法定盈餘公積外，公司得以章程訂定，或股東全體之同意，另提特別盈餘公積。

③公司負責人違反第一項規定，不提出法定盈餘公積時，各科新臺幣六萬元以下罰金。

解說

(一) 本條是關於有限公司提撥盈餘公積的規定，所謂盈餘公積，是指公司在有盈餘產生的年度時，為預慮公司未來可能產生營運不善的狀況，而預先提撥的部分盈餘而言，換言之，即以之作為公司未來虧損的彌

補之用。依本法規定，可分爲法定盈餘公積及特別盈餘公積。所謂法定盈餘公積，乃指依法必須提列而不能分配的盈餘公積，依第1項規定，有限公司在彌補虧損及完納一切稅捐後，須先將賸餘的盈餘中提出10%作爲法定盈餘公積，以維持公司未來營運的健全。但是如果法定盈餘公積已經達到資本總額，即可不用再提列法定盈餘公積，如果公司負責人違反前述提列法定盈餘公積之規定，將會被各科以新臺幣6萬元以下罰金。

(二) 其次，所謂特別盈餘公積是指在法定盈餘公積之外，由公司各股東以章程規定，或以全體同意的方式，再提列一定的盈餘，作爲公積金而不予分配之情形而言，由於此種方式對公司未來的營運有正面的影響，因此第2項遂規定賦予法律上之效力。

第113條（無限公司規定之準用）

公司變更章程、合併、解散及清算，準用無限公司有關之規定。

解說

　　本條是關於有限公司的變更章程、合併、解散及清算等程序，準用無限公司相關程序的規定，茲分述如下：

(一) **有限公司的變更章程**

　　依本條準用§47規定，有限公司欲變更章程，須得全體股東的同意。

(二) **有限公司的合併**

　　依本條準用無限公司的規定，有限公司欲與他公司進行合併，須進行以下的程序：

1. 須經全體股東的同意，依本條準用§72規定，有限公司要與其他公司合併，須先經全體股東的同意。

2. 在合併決議（即經全體股東同意）時，公司應即編造資產負債表及財產目錄，並在決議後立刻通知公司債權人及刊登公告，指定三十日以上期限，聲明債權人得於期限內提出異議（準用本法§73），如果不爲前述的通知及公告行爲，或者對已提出異議的債權人不爲清償，或未對該債務提供擔保時，此時即不能以公司

已合併來對抗債權人（準用本法§74）。

3. 如果該有限公司因為合併而消滅時，則原公司所有的權利義務均歸合併後繼續存在或另立之公司承受。

(三) 有限公司之解散

有限公司在有以下事由存在時，即必須解散（準用本法§71）：

1. 章程所定解散事由。

2. 公司所營事業已成就或不能成就。

3. 股東全體之同意。

4. 與他公司合併。

5. 破產。

6. 解散之命令或裁判。

7. 有限公司解散依§113準用無限公司有關解散之規定（§88），故而，有限公司解散時，清算人若未踐行清算程序，對於明知債權存在之債權人不為通知，即向法院聲報清算完結，應賠償債權人所受之損害[申5]，此為準用之相關規定，宜就相關法條整理熟背。

(四)有限公司的清算

申論題

申1 有限公司與股份有限公司得否相互變更其組織？公司變更組織時，依法應否履行清算？【70年律師】

答：(一) 有限公司得變更組織為股份有限公司；但股份有限公司則不得變更組織為有限公司：

  1.公司之變更組織之意義：

    係指公司在不影響人格存續下，變更其法律上組織，使其成為他種類之公司，但其人格則保持同一性。

  2.有限公司變更組織為股份有限公司：

    依公司法§106Ⅳ之規定可知，有限公司得經全體股東同意變更其組織為股份有限公司。

  3.股份有限公司則不得變更組織為有限公司：

    (1)公司法於民國69年修正前，其§315原規定，股份有限公司

因記名股票股東不滿七人而解散時，得經全體股東同意，改
組（即變更組織）爲有限公司，惟69年修正時，已將該規定
刪除，其理由乃爲加強公司大眾化，限制有限公司之設立，
故限制股份有限公司不得變更組織爲有限公司。

(2)復參照90年增訂公司法§316-1精神，股份有限公司亦不得變
更組織爲有限公司。

(二)依法並無履行清算之必要：

1.民國69年修正前之公司法§24規定，解散之公司，除因合併、
破產或變更組織而解散者外，應行清算，即將變更組織，排除
於應行清算之範圍；惟因準用合併之規定（舊公司§77），應
分別辦理解散登記與設立登記，如此，使法人資格中斷，影響
對外信譽，且徒增繁瑣之手續。

2.故於69年修正公司法時，刪除§24「或變更組織」部分，惟
此並非認爲變更組織應行清算，而係認爲變更組織僅改變組織
型態，公司人格並未中斷，不構成解散原因，自無履行清算之
必要（參見68.6.19台立經455立法院經濟司法委員會函及公司
§24、§77修正理由），故刪除舊法不當之用語，並規定可逕
辦理變更登記（公司§387Ⅳ），以資簡化。

3.小結：

如前述，公司變更組織，僅係變更成另一種類之公司，人格則
維持同一，不構成解散事由，更不須經清算程序，即可逕行辦
理變更登記。

**申2 有限公司、股份有限公司之必設業務執行機關有何不同？兩種公司之
必設業務執行機關之執行業務方法有何不同？又兩種公司之董事之權
責有何不同？試分別說明之。【88年司法官】**

答：(一)兩者必設業務執行機關之不同：

1.有限公司之必設業務執行機關爲董事：

依公司法§108Ⅰ規定：「公司應至少置董事一人執行業務並代
表公司，最多置董事三人，應經三分之二以上股東之同意，就
有行爲能力之股東中選任之。董事有數人時，得以章程特定一
人爲董事長，對外代表公司。」

2.股份有限公司之必設業務執行機關爲董事會：
依公司法§202前段規定，公司業務之執行，由董事會決定之。
另公司董事會設置董事不得少於三人（公司法§192 I前段），
並由董事會（設有常務董事者，由常務董事選）互選一人爲董
事長，任董事會主席，並對外代表公司（公司法§208）。
3.故在有限公司，係以董事個人爲業務執行機關，而股份有限公
司則以董事會全體董事組成之會議體爲業務執行機關。
(二)兩者必設業務執行機關執行業務方法之不同：
1.有限公司：
依公司法§108Ⅲ準用§46無限公司執行業務股東執行業務之方
法：董事有數人時，取決於全體董事過半數之同意，但關於通
常事務，董事各得單獨執行，惟其餘董事有一人提出異議時，
應即停止執行。
2.股份有限公司：
股份有限公司之業務執行機關既爲董事會，則董事會就業務之執
行，爲決定其意思，須召開會議決之；至於其所決定意思之執行，
則交由董事長、副董事長或常務董事爲之（公司法§208Ⅴ）。
3.故兩者之執行業務方法不同在於有限公司之董事，如爲一人，
當可單獨爲業務之執行，如有數人，原則上須以過半數之同意
爲之，惟其程序不以召集會議爲必要；而股份有限公司其業務
執行機關之董事會既爲會議體，則其業務執行意思之決定，必
依法定程序召集董事會會議行之，且董事會乃決定業務執行之
意思，其所決定意思之執行，尚須由董事長、副董事長或常務
董事等執行之。
(三)兩者董事權責之不同：
1.有限公司：
有限公司之董事在公司內部有執行業務之權，此觀之公司法
§108 I之規定自明，對外部而言，依同條規定，公司設置之董
事，除執行業務外，並代表公司，而董事有數人時，得以章程
特定一人爲董事長，對外代表公司，若章程未特定者，則全體
董事均有代表權。

2.股份有限公司：

至於股份有限公司之董事，其地位雖亦屬業務執行機關，惟其並不能具體執行業務，且公司法規定股份有限公司必須設置董事長以代表公司，故股份有限公司之董事，除非被選爲董事長，否則無有代表公司之權。

3.另外，股份有限公司之董事於公司募集公司債或公開發行新股時有申請證管機關審核（公司法§249Ⅰ、§268Ⅰ）、申報持有股份（公司法§197）、於股票上簽名（公司法§162）等責任，此爲有限公司董事所無，而有限公司董事須於股單上簽章之義務，則此爲股份有限公司董事所無。

申3 下列行爲之效力如何？試分別說明之。

(一)甲公司之董事爲乙公司經理人，製造與甲公司同一種類、品質之產品，贈與乙公司出售。

(二)以建築房屋出售爲業之股份有限公司，未經特別決議，出售全部所建房屋。

(三)股東使用非公司印發之委託書，委任代理人出席股東會。【73年司法官】

答：(一)本小題未就甲公司之組織種類表示，故區分有限公司、股份有限公司說明如下：

1.甲公司爲有限公司時：

董事之競業禁止義務係準用無限公司股東競業禁止之部分規定（公司法§108Ⅲ），董事不得爲自己或他人爲與公司同類營業之行爲；故本題中甲公司董事又爲乙公司經理人，且經營同類業務，贈與乙公司，爲乙公司之利益計算，違反競業禁止業務，依同法§54Ⅲ規定，其他股東得以過半數之決議，將其所得，作爲公司所得，但自所得產生後逾一年者，不在此限。

2.甲公司爲股份有限公司時：

依同法§209，董事爲自己或他人爲屬於公司營業範圍內之行爲，必須對股東會說明其行爲之重要內容，並取得股東會特別決議之許可，方可解除競業禁止義務。本題中，甲公司之董事違反此競業禁止規定，股東會得以普通決議，將該行爲之所

得，視爲公司之所得，但自所得產生後逾一年者，不在此限。

(二)本小題中，未經特別決議出售全部所建房屋之行爲，係屬有效：

1.依公司法§185Ⅰ②規定，股份有限公司與全部或主要部分之營業或財產，應經股東會之特別決議，而此所謂讓與全部或主要部分營業或財產，係指因其營業或財產之轉讓，影響其原訂之所營事業不能成就爲準。

2.故而以建築房屋出售爲業之股份有限公司，出售其全部所建房屋之行爲，正係公司業務之正當營運，並非使其原訂所營之事業不能成就，自不必經股東會特別決議，因此該出售行爲有效。

(三)股東使用非公司印發之委託書，委任代理人出席股東會之效力：

1.非公開發行股票之公司：

依公司法§177Ⅰ規定，股東得於每次股東會，出具公司印發之委託書，其法條用語係得而非應，且此規定係爲便利股東委託他人出席而設，並非強行規定，公司雖未印發，股東仍可自行書寫此項委託書，委託他人代理出席，即其代理行爲有效，有表決權。

2.公開發行股票之公司：

依證券交易法§25-1規定，及行政院金管會發布之「公開發行公司出席股東會使用委託書規則」§2及§22①，使用之委託書非公司印發者，其代理之表決權不予計算，即代理人仍得參加股東會，但無表決權。

申4 甲乙丙丁戊五人設立A有限公司，經營食品製造及販賣。甲乙丙三人當選爲董事，營業年度終了後，丁戊二人欲查閱財產文件、帳簿、表冊，甲等三人拒絕。嗣後，甲乙丙與丁戊雙方即經常發生爭執，關係日趨惡化，終至不能相互容忍之地步。問：

(一)丁戊得否向公司聲明退股？

(二)甲乙丙得否將出資額全部讓與他人？

(三)設雙方均未能如願退出公司，公司法上是否尚有其他解決途徑？

【85年司法官(一)】

答：(一)丁、戊不得向公司聲明退股：

1.公司法僅於具人合色彩之無限公司與兩合公司設有聲明退股之制度（公司§65、§115準用§65），由於無限公司之股東負無限清償責任，風險頗大，故許其於公司存續中退出公司，以脫卸風險；再者無限公司注重股東之特質，往往必須排除發生待定情事之股東，始足保護公司利益，故有聲明退股與法定退股二種制度（公司法§65、§68、§115）。

2.有限公司之股東僅就其出資額對公司負有限責任，其股東地位之取得或喪失，具有閉鎖性之特質，為確保公司財產不致於無端減少，以維護公司信用，乃明文規定不得減少其資本總額（公司§106Ⅰ），所以並無退股、除名等制度，以避免出資之返還。

3.小結：

綜上所述，本題丁、戊不得向公司聲明退股，如其欲向公司收回投資，唯有透過出資轉讓之方式。

(二)甲、乙、丙須得其他全體股東同意，始得將其出資額全部轉讓他人：

1.依公司法§111Ⅲ規定，公司董事非得其他全體股東同意，不得以其出資之全部或一部讓與他人。蓋董事係有限公司法定必備之業務執行機關，地位極為重要，故要求其出資之轉讓應得其他全體股東之同意。

2.值得注意的是，此項規定僅設「同意條款」，未如同條第2項，對不同意之股東設有「先買條款」，因比，只要任一股東反對，董事即無法轉讓出資，以收回投資，似嫌過苛，故建議日後修法宜參仿日本立法例，不論是否擔任董事，均適用先買條款之規定。

3.小結：

依現行公司法§111Ⅲ規定，甲、乙、丙三人因為係公司董事，故應得其他全體全部股東之同意，方能將出資轉讓與他人。

(三)今設雙方均未能如願退出公司，且關係惡化難期繼續經營公司時，惟有利用解散公司之方式，藉由清算予以解決：

1.關於有限公司之解散，依其事由可分為三種：

(1)任意解散：

本題，可依公司法§113準用§71Ⅰ③規定，經甲、乙、丙、丁、戊全體股東之同意解散公司。

(2)法定解散：

若A公司具有公司法§71Ⅰ各款所列事由，依§113準用結果，得基於法律規定，而解散公司。

(3)強制解散：

即公司基於主管機關頒布之解散命令或法院所為之裁定，而解散，前者為命令解散（公司§10），後者為裁定解散（公司§11）。與本題密切相關者，為裁定解散之制，即公司之經營，有顯著困難或重大損害時，法院得據股東之聲請，於徵詢主管機關及目的事業中央主管機關意見，並通知公司提出答辯後，裁定解散。

2.綜上所述，甲、乙、丙、丁、戊五人可經由全體同意解散公司；惟若有股東反對，則其他股東僅得另向法院聲請裁定解散。

申5 A有限公司由董事長甲代表向旅居美國之乙借貸新台幣一千萬元後，該公司經股東全體同意解散，並依公司章程規定由甲為清算人，五個月後，甲向法院聲報清算完結。乙返國後始知A公司已解散，調查後得知事實上清算並未完結，尚有賸餘財產未為分派。問：

(一)A公司之權利能力是否已經消滅？

(二)乙可否以「甲明知其債權之存在而不通知」為由，求甲賠償其損害？

(三)乙可否請求A公司與甲負連帶賠償之責？【84年司法官】

答：(一)A公司之權利能力尚未消滅：

1.公司之解散僅為公司權利能力消滅之原因，公司並不因解散，即當然失其權利能力（因合併、分割或破產而解散者除外），必須經清算程序，以處理解散當時未了結之法律關係，而俟清算終結時，公司之權利能力始告消滅（公司法§24、§25），實務上亦採此見解，認為公司解散後，尚須經清算程序，了結其法律關係，在清算範圍內，視為尚未解散，即在清算完結

前，法人之人格於清算範圍內仍然存續，必待清算完結後，公司之人格始歸消滅（81.2nd民庭決議）。

2. 所謂清算終結，係指應為之清算事務，全部辦理完竣而言，申言之，清算人於清算完結後，除向法院聲報外，並應依非訟事件法§88規定，向法院辦理清算終結登記，待清算終結登記後，清算事務始告全部完竣，公司之權利能力亦始歸消滅（司法院78.8.9秘台廳(一)01799）。

本題A有限公司經股東同意解散，依公司法§24應行清算，而在公司清算完結前，法人人格於清算範圍內仍然存續，清算完結後，公司之法人格始歸消滅。清算人甲依公司法§113條準用§88之規定，應催告債權人報明債權，今甲明知有乙債權人而不通知乙報明債權，即有違公司法§88之規定，縱已辦申報完結手續，亦不生清算完結之效果，A公司法人格仍然存續，因此A公司之權利能力尚未消滅。

(二) 乙得以「甲明知其債權之存在而不通知」為由，請求甲賠償其損害：

1. 依公司法§23Ⅱ規定：「公司負責人對於公司業務之執行，如有違反法令致他人受有損害時，對他人應與公司負連帶賠償之責。」

2. 公司之清算人係公司職務範圍內之負責人（公司法§8Ⅱ），解散之公司進行清算，亦屬公司負責人執行業務之範圍（參照65台上3031判例）；再者，依公司法§113準用§88之規定，清算人就任後，應以公告方法，催告債權人報明債權，對於明知之債權人，並應分別通知，否則即屬違反法令，因此清算人如於執行清算事務時，違反法令，致他人受有損害，應有公司法§23Ⅱ之適用（66.12.13.第10次民推決議）。

本題中，A有限公司董事長甲，明知債權人乙對公司有一千萬之債權，竟違反公司法§113準用§88規定，不通知乙報明債權，致乙無法獲得清償，乙自得依公司法§23Ⅱ，以甲明知其債權之存在而不通知為由，請求甲賠償其損害。

(三) 甲係公司負責人，於清算程序中因執行清算事務，違反法令，致

乙受有損害，乙自得依公司法§23 II請求A公司與甲負連帶賠償之責。

本章記誦事項

1. 有限公司由一人以上股東所組成。
2. 有限公司股東對於公司之責任，以其出資額為限。
3. 有限公司資本總額，應由各股東全部繳足，不得分期繳納或向外招募。
4. 有限公司每一股東不問出資多寡，均有一表決權。但得以章程訂定按出資多寡比例分配表決權。
5. 有限公司設立登記後，應發給股單，股單應由全體董事簽名或蓋章。
6. 有限公司得經全體股東同意減資，或變更其組織為股份有限公司。
7. 有限公司董事至少一人，至多三人，應經三分之二以上股東之同意，就有行為能力之股東選任之。
8. 有限公司之董事競業許可，應經三分之二以上股東之同意。
9. 有限公司不執行業務之股東，均得行使監察權。
10. 有限公司之股東轉讓出資，應得其他全體股東過半數之同意，董事轉讓出資，則應得其他全體股東同意。
11. 有限公司變更章程、合併、解散及清算，準用無限公司有關之規定。

 作者小叮嚀

　　本章亦為出題重點，宜注意有限公司之執行業務機關為董事（股份有限公司則為董事會），董事應就股東選任（股份有限公司則無此限制）；又有限公司兼具資合與人合性質，基於人合之特性，股東轉讓出資，應得其他全體股東半數同意，董事轉讓出資，則須得到其他全體股東之同意，股東出資額之執行程序亦有特殊規定；另者，有限公司之變更章程、合併、解散及清算，準用無限公司有關之規定等，均應加強練習。

第四章　兩合公司

第114條（兩合公司之組織與股東之責任）
①兩合公司以無限責任股東與有限責任股東組織之。
②無限責任股東，對公司債務負連帶無限清償責任；有限責任股東，以出資額爲限，對於公司負其責任。

解說
(一) 第1項是對於兩合公司股東組成所作的規定，所謂兩合公司，依本條第1項規定，係指由一人以上的無限責任股東及一人以上的有限責任股東合組而成。
(二) 兩合公司的無限責任股東與無限公司同，係指須對公司債務負連帶無限清償責任之人而言；至於有限責任股東則與有限公司同，僅以出資額爲限，對於公司負其責任。

第115條（準用無限公司之規定）
兩合公司除本章規定外，準用第二章之規定。

解說
　　本條是有關兩合公司準用無限公司的規定，換言之，即將兩合公司的無限責任股東準用無限公司的規定，因爲依本章內容，均僅提到有限責任股東的權利義務方面，因此一般而言本條僅適用於無限責任股東的權利義務方面，不過其他本章另有規定者（指本法§126、127），亦不在準用之列，至於無限責任股東的權利義務方面，其詳情請參照無限公司章之解說。

第116條（章程之內容）
兩合公司之章程，除記載第四十一條所列各款事項外，並應記明各股東之責任爲無限或有限。

解說

　　本條是有關兩合公司章程內容的特別規定，詳言之，兩合公司章程應記載下列事項：

(一) 公司名稱。

(二) 所營事業。

(三) 有限責任股東及無限責任股東之姓名及住、居所。

(四) 資本總額及各股東出資額。

(五) 各股東有以現金以外財產出資者，其種類、數量、價格或估價的標準。

(六) 盈餘及虧損分派之比例或標準。

(七)本公司所在地；設有分公司者，其所在地。

(八) 定有代表公司之股東者，其姓名。

(九) 定有執行業務股東者，其姓名。

(十) 定有解散事由者，其事由。

(十一) 訂立章程之年、月、日。

第117條（有限責任股東出資之限制）

有限責任股東，不得以信用或勞務為出資。

解說

　　本條是有關兩合公司之有限責任股東出資種類的限制，由於有限責任股東僅負出資的義務，對兩合公司的債務並不負任何責任，如果允許其得以信用或勞務等非現實財產出資，則恐將造成公司資本與現實財產不符，影響其他股東及公司債權人之權利，因此本條明文限制之。不過，本法§115明文規定除本章有規定外，準用無限公司的規定，而依§43規定，股東可以信用、勞務或其他權利出資，而本條僅限制「信用、勞務」二種，所以有限責任股東除現金出資外，當然可以其他權利作為出資標的，例如以土地或房屋之所有權、對於他人的債權等，只要經其他股東同意，均無不可。

第118條（有限責任股東之監督權）

①有限責任股東，得於每會計年度終了時，查閱公司帳目、業務及財產情

形；必要時，法院得因有限責任股東之聲請，許其隨時檢查公司帳目、業務及財產之情形。
②對於前項之檢查，有妨礙、拒絕或規避行為者，各處新臺幣二萬元以上十萬元以下罰鍰。
③連續妨礙、拒絕或規避者，並按次連續各處新臺幣四萬元以上二十萬元以下罰鍰。

解說

　　本條是有關兩合公司有限責任股東之監督權，因為依本法§122，有限責任股東不能執行公司業務及對外代表公司，換言之，即無公司的經營權，因此自應另覓途徑以保障自身權益，所以本條規定，兩合公司的有限責任股東，可以在每會計年度終了時查閱公司帳目、業務及財產情形，不過有時候，因為特殊需要，例如，股東發現執行業務股東有不法情形時，有限責任股東即可聲請法院許可，隨時檢查公司帳目、業務及財產之情形，以避免公司的損失。

第119條（有限責任股東出資之轉讓）
①有限責任股東，非得無限責任股東過半數之同意，不得以其出資全部或一部，轉讓於他人。
②第一百十一條第二項及第四項之規定，於前項準用之。

解說

(一) 本條是關於兩合公司之有限責任股東出資轉讓的限制規定，雖然兩合公司的有限責任股東並無業務經營權，但是仍有檢查權（參見本法§118），如果任由不信任之第三人加入，仍有造成公司經營上之困擾，因此，本條第1項規定，有限責任股東必須在得到無限責任股東過半數同意，始可將出資的全部或一部移轉給他人，不過，本條僅規定「無限責任股東過半數同意」，所以其他有限責任股東的意見為何，則在所不問，縱使其他有限責任股東表示反對，只要得無限責任股東過半數同意，該股東仍可合法有效地為轉讓行為。
(二) 其次，即使在未得無限責任股東過半數同意的情形下，依本條第2項準用§111Ⅱ規定，僅發生該不同意股東有優先受讓權的效果。

(三) 此外，兩合公司的有限責任股東，也有可能因欠債的情況而使自己出資額被強制執行的情形，此時依本條第2項準用§111Ⅳ規定，法院應通知公司及其他無限責任股東，要求其於二十日內以過半數決議的方式，指定受讓人，如果在期限內未作任何指定，或被指定的受讓人不願依相同條件受讓時，法律即視為同意，法院即可將該出資額移轉給強制執行程序中出價最高之人。

第120條（競業禁止責任之免除）

有限責任股東，得為自己或他人，為與本公司同類營業之行為；亦得為他公司之無限責任股東，或合夥事業之合夥人。

解說

　　本條是有關兩合公司之有限責任股東競業禁止的免除規定，蓋兩合公司之有限責任股東，依本法§122規定，既不能執行公司業務或對外代表公司，自然無獲悉公司營業秘密，所以縱使經營其他與公司同類營業時，亦不致因此損害兩合公司其他股東的利益，因此本條特明文規定免除其競業禁止的義務，其次，兩合公司的有限責任股東既然不用對公司債務負責，從而縱使擔任其他公司的無限責任股東或合夥事業的合夥人，而使得自己對他公司債務負連帶無限清償責任，亦不致因此而損及該兩合公司股東或其他債權人，因為縱使該股東因他公司資產不足清償負債而受牽連時，對兩合公司亦僅生本法§119Ⅱ之出資額被強制執行而移轉的情形，對公司整體財產及其他股東權益並不至損害，所以本條特明文許可。

第121條（表見無限責任股東之責任）

有限責任股東，如有可以令人信其為無限責任股東之行為者，對於善意第三人，負無限責任股東之責任。

解說

　　本條是有關兩合公司有限責任股東的表見責任之規定，即該股東本為有限責任股東，而非無限責任股東，卻因自己的行為，使第三人誤信其為無限責任股東時，為保障此善意第三人，而使該股東對該第三人須負與無限責任股東相同的責任而言。

第122條（執行業務及代表公司之禁止）

有限責任股東，不得執行公司業務及對外代表公司。

解說

　　本條是有關兩合公司有限責任股東權利的限制，按只要是公司股東，就有權利執行公司業務（無限公司，參見本法§45）或被選為執行公司業務的董事（有限公司，參見本法§108），不過本條則因兩合公司的有限責任股東，其對公司債務的責任與無限責任股東不同，為使對公司債務負連帶無限清償責任的股東，能擁有業務執行等權利以保障自身權利，故明文規定有限責任股東均不能執行兩合公司的業務，或對外代表兩合公司，此為強行規定，違反者，其所為之行為無效。

第123條（退股之限制與出資之繼承）

①有限責任股東，不因受監護或輔助宣告而退股。
②有限責任股東死亡時，其出資歸其繼承人。

解說

(一) 本條是關於兩合公司有限責任股東退股的限制及繼承的問題，如前所述，有限責任股東僅負交付其出資額予兩合公司的義務，其後縱使兩合公司發生任何債務，均與該股東個人無關（參見本法§114Ⅱ之解說）；而兩合公司的有限責任股東，亦不能執行公司業務及對外代表公司（本法§122），因此，兩合公司的有限責任股東是否具有行為能力，對其他股東及公司債權人均無任何影響，所以本條第1項規定，有限責任股東，不因受監護或輔助宣告而退股。

(二) 第2項則是關於兩合公司有限責任股東的繼承問題，由於兩合公司的無限責任股東，因具公司經營大權及本身兼負償債責任，所以首重股東個人信用，故依本法§115準用§66規定，無限責任股東一旦死亡，即構成退股事由，換言之，即必須結算其股金並自兩合公司中退出，而不能繼承；不過，兩合公司的有限責任股東則有所不同，由於其完全不能執行公司業務，而且又對公司債務不負任何責任，故縱使留於公司中亦不致影響其他股東或公司債權人，所以本項規定有限責任股東死亡時，可由其繼承人繼承其出資額而繼續擔任兩合公司的有

限責任股東。

第124條（退股之程序）

有限責任股東遇有非可歸責於自己之重大事由時，得經無限責任股東過半數之同意退股，或聲請法院准其退股。

解說

　　本條是關於兩合公司有限責任股東自行退股程序的規定，由於有限責任股東加入兩合公司後，可能發生特殊事由，而有退出公司的必要，只要此等事由非可歸責於己，自無強制其留於公司的理由，因此本條乃明文規定，該股東可經無限責任股東以過半數同意，或向法院提出聲請，而由法院以裁定准許其退股。

第125條（有限責任股東之除名）

①有限責任股東有下列各款情事之一者，得經全體無限責任股東之同意，將其除名：

一、不履行出資義務者。

二、有不正當行為，妨害公司利益者。

②前項除名，非通知該股東後，不得對抗之。

解說

(一) 本條是關於有限責任股東除名的規定，由於兩合公司成立後，有限責任股東雖然不負實際經營之權，但是仍可能有其他事實的存在，導致公司遭致損失，此時如果不使其他股東可有處置的方法，則必將造成公司的損害繼續持續下去，所以本法乃設計一除名制度，即可經由兩合公司的全體無限責任股東之同意，將該有限責任股東除名。

(二) 不過，雖然公司依法可將有限責任股東除名，但是仍應使受除名者有得知的機會，因此本條第2項規定，在無限責任股東全體通過將該有限責任股東除名後，尚須通知該股東，始能對抗該股東，否則如果未經通知，則該股東仍可行使其基於股東地位所可行使的權利（例如請求分派盈餘），直至通知後，除名的效力始發生。

第126條（解散與變更組織）

①公司因無限責任股東或有限責任股東全體之退股而解散。但其餘股東得以一致之同意，加入無限責任股東或有限責任股東，繼續經營。

②前項有限責任股東全體退股時，無限責任股東在二人以上者，得以一致之同意變更其組織為無限公司。

③無限責任股東與有限責任股東，以全體之同意，變更其組織為無限公司時，依前項規定行之。

解說

(一) 本條是關於兩合公司之股東退出及變更組織的規定，由於依本法§114規定，兩合公司是以無限責任股東與有限責任股東合組而成，可是公司設立後，可能會因無限責任股東全體退股或有限責任股東全體退股，導致公司只賸一種責任的股東存在，此時即與兩合公司須有兩種不同責任股東始能構成的要件不符，在此種情形下，公司既僅賸有限或無限責任股東單方面存在，實無再許其使用兩合公司名義之理，因此本條第1項逐明文規定，只要兩合公司因股東退股，導致只賸一種責任股東存在之時，該兩合公司即必須解散。不過立法者又考慮到，如果該公司其他賸餘股東願意加入另一種責任股東，而使兩合型態繼續維持時，自無強令其解散的必要，所以同項後段又規定，其餘股東得以一致同意，加入無限責任股東或有限責任股東，而使公司繼續存在、經營。

(二) 其次，在兩合公司的有限責任股東全數退股後，如果賸下的無限責任股東在二人以上時，由於符合無限公司最低股東數的要求，本條第2項逐特別允許在賸餘股東全體同意的情況下，使該公司可變更組織為無限公司，而省去先解散兩合公司再重新申請無限公司設立的煩瑣程序。

(三) 第3項是關於有限責任股東同意變更自己為無限責任股東，並經全體股東同意將公司變更組織為無限公司的情形，由於既經全體股東同意，實無強加禁止的必要，因此本條乃明文規定予以許可。

第127條（清算人之選任）

清算由全體無限責任股東任之。但無限責任股東得以過半數之同意另行選任清算人；其解任時亦同。

解說

　　本條是關於兩合公司清算人產生的特別規定，如前所述，無限公司及有限公司均係以全體股東作為公司解散時之清算人（本法§79、113），但是兩合公司則僅無限責任股東可作為公司的一般清算人，至於有限責任股東即不得為之。不過，本法也考慮到無限責任股東可能另有要事，不便擔任，遂又規定無限責任股東可以過半數同意，另行選任他人為清算人，至於此時被選任之人則並無限制，不但有限責任股東可作為被選任的對象，即使非股東之第三人亦可被選為清算人；其解任時亦同。

第五章　股份有限公司

本章學習重點

　　股份有限公司為企業之骨幹，亦為歷年出題重點，故考生對本章重要條文要能熟記，有關爭議事項之學說與實務見解要列表分析比較，而準用規定亦要熟背，考古題之答案亦要簡化其內容熟背，以免臨考還要翻條文，或構思答案，這樣就會棋差一著，落於人後，本章重點如下：

(一)§128：股份有限公司發起人資格之限制。

(二)§128-1：股份有限公司政府或法人股東股東會職權之行使，及董監之指派。

(三)§156：股份有限公司股份轉讓與資本之規定。

(四)§157～159：股份有限公司特別股之規定。

(五)§161～163：股份有限公司股票發行、製作、轉讓之規定。

(六)§167：股份有限公司股份收回、收買、收質之規定。

(七)§170～175：股份有限公司股東會之召集程序及決議方法之規定。

(八)§177～177-2：股份有限公司股東會之代理出席及表決權行使方式。

(九)§178：股份有限公司表決權行使之迴避。

(十)§185：股份有限公司營業政策之重大變更。

(十一)§186～188：股份有限公司少數股東之收買請求權。

(十二)§189～190：股份有限公司股東會決議之撤銷與無效。

(十三)§192～192-1：股份有限公司董事之選任及候選人提名制度。

(十四)§193：股份有限公司董事之責任。

(十五)§194：股份有限公司股東之制止請求權。

(十六)§198～199-1：股份有限公司董事之選任及解任。

(十七)§200：股份有限公司解任董事之訴。

(十八)§202：股份有限公司董事會與股東會職權之區分。

(十九)§208：股份有限公司董事長、副董事長、常務董事之選任、解任及職權行使。

> (二十)§209：股份有限公司董事競業規定。
>
> (二十一)§210～215：股份有限公司對董事訴訟之規定。
>
> (二十二)§216～227：股份有限公司監察人之選任及職權。
>
> (二十三)§232～233：股份有限公司股利分派之限制。
>
> (二十四)§234～235：股份有限公司建設股息之規定。
>
> (二十五)§246～250：股份有限公司公司債發行之規定。
>
> (二十六)§266～270：股份有限公司公開發行新股之規定。
>
> (二十七)§277～280：股份有限公司變更章程及增資、減資、合併之規定。
>
> (二十八)§282～285-1：股份有限公司重整之規定。
>
> (二十九)§315～317-2：股份有限公司之解散、合併、分割之規定。

第一節　設　立

第128條（股份有限公司發起人之限制）

①股份有限公司應有二人以上為發起人。

②無行為能力人或限制行為能力人，不得為發起人。

③政府或法人均得為發起人。但法人為發起人者，以下列情形為限：

　一、公司。

　二、以其自行研發之專門技術或智慧財產權作價投資之法人。

　三、經目的事業主管機關認屬與其創設目的相關而予核准之法人。

解說

(一) 第1項規定股份有限公司的發起人最低人數是二人以上，至於最高人數則沒有限制，這樣可以迅速集合多數人資金，形成大資本，來經營公司業務，符合大規模企業的需要，這些發起人自然成為公司設立的原始股東。

(二) 發起人是公司最初參與設立的人，為符合國際化及自由化的趨勢，民國90年修正時，對發起人改為沒有國籍限制，本國人或外國人都可以充任，而且也不必在國內有住所，除此以外，發起人要有完全行為能力，由民法第12、13條規定可知，滿二十歲的成年人或是未成年人已結婚者始可充任發起人，期能以周全的智慮、獨立的意思而為有效

的公司設立行為[1]。

(三) 第3項所稱的政府指公法人，而法人應是指私法人，民國94年公司法修正第3項規定為：法人為發起人者，除公司外，以其自行研發之專門技術或智慧財產權作價投資之法人，或經目的事業主管機關認屬與其創設目的相關而予核准之法人，亦列為可擔任公司發起人之法人，以利技術之取得。

(四) 而政府係指中央政府和地方政府，如直轄市政府和縣（市）政府而言。

第128條之1（政府或法人股東）

①政府或法人股東一人所組織之股份有限公司，不受前條第一項之限制。該公司之股東會職權由董事會行使，不適用本法有關股東會之規定。

②前項公司之董事、監察人，由政府或法人股東指派。

解說

(一) 第1項是關於政府或法人股東一人所組織之股份有限公司的情形而言，[甲1, 甲2, 甲3] 由於政府或法人組織股份有限公司時，依第2條規定僅需一人即可成立，因此本條特明定得僅由一人擔任發起人即可，而排

---

[1]　(D) 甲等人欲發起設立專供電動車使用之鋰電池製造公司，下列何者不得擔任公司發起人？(A)已滿20歲之某鋰電池工程師(B)專門投資高科技之創投公司(C)以其自行研發之專門技術或智慧財產權作價投資之財團法人工業研究院(D)承辦本設立案之法律事務所。（99預10.）

【解說】(1)公司法§128Ⅱ規定：「無行為能力人或限制行為能力人，不得為發起人。」Ⅲ規定「政府或法人均得為發起人。但法人為發起人者，以左列情形為限：一、公司。二、以其自行研發之專門技術或智慧財產權作價投資之法人。三、經目的事業主管機關認屬與其創設目的相關而予核準之法人。」

(2)已滿20歲之某鋰電工程師依前述第2項反面解釋得為發起人。專門投資高科技之創投公司依同條第3項第2款，以其自行研發之專門技術或智慧財產權作價投資之財團法人，工業研究院依第3項第2、3款均得為發起人，所以(A)(B)(C)均正確。

(3)惟法律事務所僅為民法上之合夥，並非法人，故不得為發起人。

除原來需兩人以上發起人規定的適用[2]。

(二) 其次，政府或法人股東一人所組織之股份有限公司，其股東既僅有一人，若強行要求其召開股東會並無實益，因此本條明定股東會之職權即移由董事會行使，以符實際。至於董事及監察人的人選方面，由於並無股東會之存在，與一般公司由股東會選任之情形不同，因此本條第2項明定，董事及監察人的人選由政府或法人股東指派即可，以便利公司之運作。

第129條（章程之絕對必要記載事項）

發起人應以全體之同意訂立章程，載明下列各款事項，並簽名或蓋章：

一、公司名稱。

二、所營事業。

三、股份總數及每股金額。

四、本公司所在地。

五、董事及監察人之人數及任期。

六、訂立章程之年、月、日。

解說

(一) 章程係規定公司內部組織及活動等根本規則的自治法，惟章程之規定，不得違反強行法之規定，否則其規定無效。

(二) 本條係規定股份有限公司章程之絕對必要記載事項，凡是不記載或記載違法，不但章程本身歸於無效，而且公司之設立，也因為未具備這有效章程之要件而歸於無效。

(三) 其次，在股份有限公司，無論採「發起設立」或「募集設立」，應以

---

[2] (D) 我國公司法於民國90年修法時，已引進一人公司的法制，請問所謂之「一人」係指：(A)員工僅有一人之公司(B)董事僅有一人之公司(C)僅設有總經理一人之公司(D)股東僅有一人之公司。（100律4.）

【解說】依公司§128-1規定：「政府或法人股東一人所組織之股份有限公司，不受前條第一項之限制。」再依公司法§98 I規定：「有限公司由一人以上股東所組成。」因此，依公司法規定，一人公司指的是「股東」僅有一人之公司，答案應選(D)。

發起人全體之同意，訂立章程，並且由發起人全體簽名或蓋章，如此章程之訂立才完成[甲4]，除了本條六款事項外，除經政府核定之公營事業及目的事業主管機關專案核定之事業外，公司章程尚應定明員工分配紅利之成數（本法§235Ⅱ）。

第130條（章程之相對必要記載事項）

①下列各款事項，非經載明於章程者，不生效力：

一、分公司之設立。

二、分次發行股份者，定於公司設立時之發行數額。

三、解散之事由。

四、特別股之種類及其權利義務。

五、發起人所得受之特別利益及受益者之姓名。

②前項第五款發起人所得受之特別利益，股東會得修改或撤銷之。但不得侵及發起人既得之利益。

解說

(一) 本條係規定股份有限公司章程之相對必要記載事項，也就是指這類事項是否記載與章程本身的效力無關，惟一旦記載於章程，則發生作為章程事項之效力，且這些事項又是本法所明文列舉者。

(二) 第2項所規定發起人得受之特別利益，係為酬庸發起人籌設公司之功勞所給予，惟此項特別利益之給予，對於股東權益影響甚大，因此本項明定對於前述特別利益，可由股東會於將來公司成立後修改或撤銷之，但是不得侵害到發起人既得之利益。

第131條（發起設立及選任董監）

①發起人認足第一次應發行之股份時，應即按股繳足股款並選任董事及監察人。

②前項選任方法，準用第一百九十八條之規定。

③第一項之股款，得以公司事業所需之財產抵繳之。

解說

(一) 本條係規定股份有限公司發起設立之程序，按一般股份有限公司之設

立，須經訂立章程、確定股東及其出資、設置機關及設立登記等階
段，發起人於訂立公司章程時，即可同時確定發起人出資、資本額及
股份總數，接著發起人認足第一次應發行之股份，認足後即按所認股
數由各發起人繳足所認之股款，並選任董事及監察人，發起人若財力
足，一次發行全數之股份並認足之亦可[3]。

(二) 至於選任董事及監察人之方法，則準用本法§198之規定。

(三) 發起人應繳之股款，亦得以公司事業所需之財產抵繳，此即所謂現物
出資，一般股款之繳納，多以現金為之，即現金出資，如以公司事業
所需財產抵繳股款者，出資人亦應於股款繳納期日履行出資義務，即
於該期日如同現金繳納股款，將該財產所有權移轉於設立中之公司。

---

[3] (D) 甲、乙兩人為好友，決定聯合他人共同投資成立資本額新臺幣1千萬元之A股份
有限公司，下列敘述何者錯誤？(A)A公司採發起設立，甲以現物出資時，由簽
證會計師對甲之現物出資是否合理進行查核(B)A公司採募集設立，甲以現物出
資時，由創立會對甲之現物出資是否合理進行監督(C)A公司章程並未規定是否
發行股票，則A公司董事會得決定不發行股票(D)A公司章程並未規定是否發行
股票，則A公司之股東得請求發行股票，A公司不得拒絕。（100律1.）
【解說】(1)(A)正確：依公司法§131Ⅰ，Ⅲ：「發起人認足第一次應發行之股份
時，應即按股繳足股款並選任董事及監察人。……第一項之股款，得以公司事業所
需之財產抵繳之。」A公司如採發起設立時，甲得以現物出資。又依公司法§7：
「公司申請設立、變更登記之資本額，應先經會計師查核簽證。」因此，在發起設
立時，必須要由會計師出驗資報告，對現物出資的合理性進行查核。
(2)(B)正確：依公司法§147：「發起人所得受之報酬或特別利益及公司所負擔之設
立費用有冒濫者，創立會均得裁減之，用以抵作股款之財產，如估價過高者，創立
會得減少其所給股數或責令補足。」A公司如採募集設立時，甲也可以現物出資，
但由創立會來進行監督。
(3)(C)正確：依公司法§161-1：「公司資本額達中央主管機關所定一定數額以上
者，應於設立登記或發行新股變更登記後三個月內發行股票；其未達中央主管機關
所定一定數額者，除章程另有規定者外，得不發行股票。」本題中，公司的資本額
只有1,000萬元，未達應發行股票的「5億元」門檻，A公司董事會可以決定不發行
股票。
(4)(D)錯誤：依公司法§161-1，在未達門檻而又要發行股票時，必須章程明定才能
發行，不能只因A公司股東請求發行股票，即應發行。

第132條（募集設立）
①發起人不認足第一次發行之股份時，應募足之。
②前項股份招募時，得依第一百五十七條之規定發行特別股。

解說
(一) 股份有限公司之設立，除了採前條規定之發起設立，即公司設立時，第一次應發行股份悉由發起人認足，而不另對外募集認股外，亦可採如本條所規定之募股設立（或稱募集設立），即公司設立時，發起人不認足第一次應發行股份，將其股份餘額對外募足，此種設立方式，須對外募足股份，又須召集創立會（本法§143），所以設立程序遠較發起設立複雜，由發起人認股在先，認股人認股在後，股東人數較多，通常係向社會大眾吸收游資而成，故採募股設立之公司多屬大眾公司；而採發起設立之公司，股東人數少，多係閉鎖性公司，究採何種方式設立，由發行人自行抉擇。
(二) 股份招募時，亦得依本法§157之規定發行特別股，所謂特別股，係指該股份表彰之股東權所具有之盈餘分配請求權、賸餘財產分配請求權或表決權等權利內容，異於普通股而言，而所謂異於，通常係指優於普通股而言。

第133條（募股之申請審核）
①發起人公開招募股份時，應先具備下列事項，申請證券管理機關審核：
　　一、營業計畫書。
　　二、發起人姓名、經歷、認股數目及出資種類。
　　三、招股章程。
　　四、代收股款之銀行或郵局名稱及地址。
　　五、有承銷或代銷機構者，其名稱及約定事項。
　　六、證券管理機關規定之其他事項。
②前項發起人所認股份，不得少於第一次發行股份四分之一。
③第一項各款，應於證券管理機關通知到達之日起三十日內，加記核准文號及年、月、日公告招募之。但第五款約定事項，得免予公告。

解說

(一) 在募股設立，發起人無需認足第一次發行之股份，但每人至少應認一股以上，且全體發起人所認股份，不得少於第一次發行股份四分之一，因此，發起人認股後，就未認足部分即應進行募股程序，既爲公開招募股份，則其對象爲不特定之公眾。

(二) 招股工作，除可由發起人直接對外招募外，亦可透過證券承銷商間接向社會大眾招募，依本條規定，有承銷與代銷之分，承銷在證券交易法上則稱包銷，證券承銷商包銷股份，於承銷契約所訂定之承銷期間屆滿後，對於約定包銷之股份，未能全數銷售者，其賸餘數額之股份，應自行認購之（證交§71）。反之，證券承銷商代銷股份，於承銷契約所訂定之承銷期間屆滿後，對於約定代銷之股份，未能全數銷售者，其賸餘數額之股份，得退還發起人（證交§72），兩者不同於此。

(三) 證券管理機關爲行政院金融監督管理委員會證券期貨局，其規定之其他事項，如應先向應募人交付公開說明書，應依照「發行人申請募集與發行有價證券審核標準」申請審核及股份有限公司最低資本額標準等，對於本條規定之事項，證券管理機關應逐項加以審查。

(四) 募股設立既係公開招募股份，則對於營業計畫書、發起人經歷、認股數目及出資種類、招股章程之內容等事項，自有使一般不特定之公眾知悉之必要，以供其作爲認股與否的參考，故發起人應於申請事項經證券管理機關核准後，於通知到達之日起三十日內，將經核准之各事項，除與承銷或代銷機構約定事項外，加記核准文號及年、月、日公告招募之。

第134條（代收股款之證明）

代收股款之銀行或郵局，對於代收之股款，有證明其已收金額之義務，其證明之已收金額，即認爲已收股款之金額。

解說

本條規定繳納股款可向公司指定代收之銀行或郵局爲之，銀行或郵局對於代收之股款有證明已收金額之義務，經代收銀行或郵局證明之金額，

即認爲係已收股款之金額。

第135條（不予或撤銷核准之情形）

①申請公開招募股份有下列情形之一者，證券管理機關得不予核准或撤銷核准：

一、申請事項有違反法令或虛偽者。

二、申請事項有變更，經限期補正而未補正者。

②發起人有前項第二款情事時，由證券管理機關各處新臺幣二萬元以上十萬元以下罰鍰。

解說

　　證券管理機關就申請公開招募股份之事項，有審核之權利，除認申請於法並無不合，應爲核准之通知外，如有本條第1項各款所列之情形之一者，得不予核准；已核准者，撤銷其核准，此外，第2項並規定發起人有第1項各款情形之處罰。

第136條（撤銷核准之效力）

前條撤銷核准，未招募者，停止招募；已招募者，應募人得依股份原發行金額，加算法定利息，請求返還。

解說

　　本條規定證券管理機關就核准公開招募之申請撤銷核准之效力，不予核准時自無從開始招募，而撤銷核准，則係已核准招募，而後再撤銷者，故在撤銷核准，可能尚未招募，可能已招募尚未完畢，或已招募足額，因此，主管機關爲撤銷核准時，未招募者，應停止招募；已招募者，應募人得依股份之原發行金額加算法定利息，請求返還。

第137條（招股章程應記載之事項）

招股章程，應載明下列各款事項：

一、第一百二十九條及第一百三十條所列各款事項。

二、各發起人所認之股數。

三、股票超過票面金額發行者，其金額。

四、招募股份總數募足之期限，及逾期未募足時，得由認股人撤回所認股份之聲明。

五、發行特別股者，其總額及第一百五十七條各款之規定。

六、發行無記名股者，其總額。

解說

　　招股章程，謂記載有關招募股份之規則，招股章程，應記載下列事項：

(一) 第129條及第130條所列各款事項：此即指章程之絕對必要記載事項及一般的相對必要記載事項。

(二) 各發起人所認之股數。

(三) 股票超過票面金額發行者，其金額：此係指股票之溢價發行，例如股票票面金額為10元，而發行價額定為15元，溢價額為5元。

(四) 招募股份總額募足之期限及逾期未募足時，得由認股人撤回所認股份之聲明：此規定旨在保護認股人之權益。

(五) 發行特別股者，其總額及第157條各款之規定：募股設立時，得依本法第157條之規定發行特別股（本法§132Ⅱ），因此，如欲發行特別股時，則應於招股章程載明其總額及特別股之種類及其內容，以便認股人有所選擇。

(六) 發行無記名股者，其總額：股票未記載股東姓名者，稱為無記名股票，公司得以章程規定發行無記名股票，但其股數不得超過已發行股份總數二分之一（本法§166Ⅰ），此為章程相對必要記載事項。

第138條（認股書之備置）

①發起人應備認股書，載明第一百三十三條第一項各款事項，並加記證券管理機關核准文號及年、月、日，由認股人填寫所認股數、金額及其住所或居所，簽名或蓋章。

②以超過票面金額發行股票者，認股人應於認股書註明認繳之金額。

③發起人違反第一項規定，不備認股書者，由證券管理機關各處新臺幣一萬元以上五萬元以下罰鍰。

解說

　　本條規定認股書之備置，發起人於公告招募前，應備妥認股書，以供認股人認股用，認股人應於認股書填寫所認股數、金額及其住所或居所，簽名或蓋章，如超過票面金額發行股票者（即溢價發行），認股人應於認股書註明其所認繳之金額，以明其繳納股款之義務範圍，如違反本條規定，發起人不予備置時，則依第3項處罰各發起人新臺幣1萬元以上5萬元以下之罰鍰。

第139條（認股人繳款之義務）

認股人有照所填認股書繳納股款之義務。

解說

　　由本條規定觀之，認股人有照所填認股書繳納股款的義務，而發起人對認股人即有催繳股款的權利。

第140條（股票發行之價格）

股票之發行價格，不得低於票面金額。但公開發行股票之公司，證券管理機關另有規定者，不在此限。

解說

　　本條規定，為資本三原則中「資本維持原則」之表現，因為公司於存續中，欲確保正常經營，至少須經常維持相當於資本額之財產，以保護公司債權人，如股票發行價格高於票面金額者，則稱為股票之溢價發行；反之，若低於票面金額發行者，則稱為股票之折價發行，依本條規定，原則上公司不得折價發行股票。不過為開創企業良好經營環境，所以民國90年修正時增訂但書，讓公開發行股票之公司在行政院金融監督管理委員會證券期貨局另有規定的情形下，可以依其規定折價發行股票，以便利企業發行新股，以籌措資金。

第141條（股款之催繳）

第一次發行股份總數募足時，發起人應即向各認股人催繳股款，以超過票面金額發行股票時，其溢額應與股款同時繳納。

解說

　　認股人認股後，第一次發行之股份總數募足時，發起人即有向認股人催繳股款之權利，以票面金額發行股票時，認股人須照所認金額繳納股款；於以超過票面金額發行股票時，認股人更須將溢額連同股款同時繳納。

第142條（認股人延欠股款之效果）

①認股人延欠前條應繳之股款時，發起人應定一個月以上之期限催告該認股人照繳，並聲明逾期不繳失其權利。

②發起人已為前項之催告，認股人不照繳者，即失其權利，所認股份另行募集。

③前項情形，如有損害，仍得向認股人請求賠償。

解說

　　本條係規定認股人延欠股款之失權程序，發起人對於延欠應繳股款之認股人，定一個月以上之期限為「附失權預告之繳款催告」，對於經催告而逾期仍不繳款之認股人，得片面的使認股人喪失認股人之地位，就其所認股份得重新招募認股人，這是對延欠應繳股款之認股人所為之一種片面、集團的處理方法，又發起人已為催告繳納股款，認股人不照繳，除了失其權利及得另行募集外，如有損害，發起人得向認股人請求賠償。

第143條（創立會之召集）

前條股款繳足後，發起人應於二個月內召開創立會。

解說

　　本條規定創立會之召開，此乃募股設立程序之一，創立會係募股設立時，由發起人召集認股人所組成之設立中公司的意思決定機關，是成立後公司股東會的前身，為保護認股人之利益，本法於是給予認股人聽取設立經過，並對之加以檢討，若認為公司以不設立為適當時，得以廢止設立之機會，故規定需於發起人及認股人履行出資義務繳交股款後二個月內召開。

第144條（創立會之決議及程序）

創立會之程序及決議，準用第一百七十二條第一項、第三項、第六項，第一百七十四條至第一百七十九條、第一百八十一條及第一百八十三條之規定。但關於董事及監察人之選任，準用第一百九十八條之規定。

解說

(一) 本條規定創立會之召集程序及決議方法，因創立會係成立後公司股東會之前身；創立會成員係為公司原始股東之發起人及認股人，故多準用股東會之規定。如創立會之召集，應於二十日前通知各認股人，通知應載明召集事由，發起人違反通知期限之規定時，處1萬元以上5萬元以下罰鍰（準用本法§172Ⅰ、Ⅲ、Ⅵ）。

(二) 創立會之主席，解釋上可由發起人中推選一人擔任，若創立會另選時則又另當別論，開會場所可由發起人決定，原則上，發起人及認股人應親自出席，又政府或法人為發起人或認股人時，其出席創立會之代表人不限於一人（準用本法§181）。如發起人或認股人有事未能親自出席時，得出具設立中公司印發之委託書，載明授權範圍，委託代理人出席創立會。除信託事業外，一人同時受二人以上發起人或認股人委託時，其代理之表決權不得超過第一次發行股份總數表決權之3%。超過時其超過之表決權不予計算。一發起人或一認股人以出具一委託書，並以委託一人為限。委託書應於創立會開會五日前送達設立中公司，委託書有重複時，以最先送達者為準，但聲明撤銷前委託者，不在此限（準用本法§177）。

(三) 各發起人或認股人，除屬無表決權之特別股股東外，每股有一表決權。又政府或法人為發起人或認股人時，其出席之代表人雖不限於一人，但其表決權之行使，仍以其所認之股份綜合計算。前項之代表人有二人以上時，其代表人行使表決權應共同為之（準用本法§181）。

(四) 創立會之決議，除本法另有規定外，應有代表第一次發行股份總數過半數發起人與認股人之出席，以出席發起人與認股人表決權過半數之同意行之（準用本法§174），例如選任創立會的主席即屬此普通決議。如果出席發起人與認股人不足前述之定額，而有代表第一次發行

股份總數三分之一以上發起人與認股人出席時,則得以出席發起人與認股人表決權過半數之同意爲假決議(就是暫時決議),並將假決議通知各發起人與認股人,於一個月內再行召集創立會。再召集之創立會,對於假決議如果仍有第一次發行股份總數三分之一以上發起人與認股人出席,並經出席發起人與認股人表決權過半數之同意,即將該決議視同普通決議(準用本法§175)。

(五) 發起人或認股人對於會議之事項,有自身利害關係致有害於設立中公司利益之虞時,不得加入表決,並不得代理他發起人或認股人行使其表決權(準用本法§178)。創立會之決議,對於前述有自身利害關係致不得行使表決權之股份數,不算入已出席發起人及認股人之表決權數(本法§180Ⅱ),才不致影響創立會決議之成立。

(六) 創立會之議決事項,應作成議事錄,由主席簽名蓋章,並於會後二十日內,將議事錄分發各發起人及認股人。議事錄應記載會議之年、月、日、場所、主席之姓名及決議方法,並應記載議事經過之要領及其結果。議事錄應與出席發起人及認股人之簽名簿及代理出席之委託書一併保存,發起人若不保存議事錄與發起人及認股人出席簽名簿及代理出席委託書者,處新臺幣1萬元以上5萬元以下罰鍰;其有虛僞記載時,依刑法或特別刑法有關規定處罰(準用本法§183)。

(七) 創立會選任董事及監察人,其決議方法採累積投票,與發起設立時選任董事及監察人之情形相同,即每一股份有與應選出董事人數相同之選舉權,得集中選舉一人或分配選舉數人,由所得選票代表選舉權較多者當選之(準用本法§198)。

第145條(發起人之報告義務)

①發起人應就下列各款事項報告於創立會:

一、公司章程。

二、股東名簿。

三、已發行之股份總數。

四、以現金以外之財產抵繳股款者,其姓名及其財產之種類、數量、價格或估價之標準及公司核給之股數。

五、應歸公司負擔之設立費用，及發起人得受報酬。

六、發行特別股者，其股份總數。

七、董事、監察人名單，並註明其住所或居所、國民身分證統一編號或其他經政府核發之身分證明文件字號。

②發起人對於前項報告有虛偽情事時，各科新臺幣六萬元以下罰金。

解說

　　本條規定發起人對創立會報告之義務，其目的是希望透過發起人的報告，提供創立會調查及檢討設立經過的資料，所以創立會有聽取發起人報告有關設立事項的權限。但是發起人有數人時，究係由每一發起人逐一為之？或是推派一人代表為之？本法並未明訂，故解釋上可推派一人為代表報告，其他發起人如認為有必要亦可以補充報告，但是無論採何種方式，發起人之報告不得有虛偽情事，否則發起人各科新臺幣6萬元以下罰金。

第146條（選任董監事及檢查人）

①創立會應選任董事、監察人。董事、監察人經選任後，應即就前條所列事項，為確實之調查並向創立會報告。

②董事、監察人如有由發起人當選，且與自身有利害關係者，前項調查，創立會得另選檢查人為之。

③前二項所定調查，如有冒濫或虛偽者，由創立會裁減之。

④發起人如有妨礙調查之行為或董事、監察人、檢查人報告有虛偽者，各科新臺幣六萬元以下罰金。

⑤第一項、第二項之調查報告，經董事、監察人或檢查人之請求延期提出時，創立會應準用第一百八十二條之規定，延期或續行集會。

解說

(一) 本條係規定董事、監察人及檢查人之選任。創立會應選任董事、監察人，選任時應自發起人、認股人或其他有行為能力人中選出（本法§192、216 I），否則其決議無效，選任董事、監察人之決議方法，如§144但書規定，採用累積投票法。

(二) 董事、監察人如果是由發起人當選，而且調查設立經過與自身有利害關係者，就發起人依§145向創立會報告公司設立經過之事項，創

立會得另選檢查人，就§145所列設立之事項切實調查後向創立會報告。

(三) 董事、監察人或檢查人之調查，主要在調查現物出資之估價有無冒濫及公司核給的股數是否相當，以及應歸公司負擔的設立費用及發起人所得受之報酬或特別利益有無冒濫或虛偽。依據董事、監察人或檢查人提出之調查報告，認為有冒濫或虛偽者，得依第3項之規定由創立會加以裁減，發起人對於董事、監察人或檢查人之調查不得妨礙，而董事、監察人或檢查人之調查報告也應據實為之，如有妨礙調查或調查報告虛偽者，發起人或董事、監察人或檢查人各科新臺幣6萬元以下罰金。

(四) 董事、監察人或檢查人之調查報告，如無法於創立會開會期間內提出者，可請求創立會延期提出，此時創立會應準用§182之規定，得以決議在五日內延期或續行集會。

第147條（創立會之裁減權）

發起人所得受之報酬或特別利益及公司所負擔之設立費用有冒濫者，創立會均得裁減之，用以抵作股款之財產，如估價過高者，創立會得減少其所給股數或責令補足。

解說

本條規定前條第3項創立會之裁減權，請參見前條及§149之解說。

第148條（發起人之連帶認繳義務）

未認足之第一次發行股份，及已認而未繳股款者，應由發起人連帶認繳；其已認而經撤回者亦同。

解說

本條規定發起人的連帶認繳股款義務，其情形有三，此為發起人應負的充實資本責任：

(一) **未認足之第一次發行股份**

如§142之附失權預告之繳款催告，認股人不照繳而失權之股份，由發起人另行募集，如仍募集無著，由發起人連帶認繳。

(二) 已認而未繳股款者

認股人遲延繳納股款，未經發起人依本法§142進行失權程序者，例如發起人誤認為第一次發行股份之股款已全部繳畢，而續行設立程序時，該認股人仍可出席創立會行使表決權，於公司成立後當然成為股東，但繳款義務並未消滅，因此，發起人對於此已認而未繳股款的部分，應負連帶認繳義務。

(三) 已認而經撤回者

已經繳納第一次發行股份股款之認股人，如因第一次發行股份募足後，超過三個月而已認之股份股款尚未繳足，或認股人已全數繳納股款，而發起人不依§143之規定於二個月內召集創立會者，認股人可依§152之規定，撤回其所認的股份，這些股份則由發起人連帶認繳。

第149條（發起人之損害賠償責任）

因第一百四十七條及第一百四十八條情形，公司受有損害時，得向發起人請求賠償。

解說

本條規定發起人對公司之損害賠償責任，依條文規定，情形有三：

(一) 發起人所得受之報酬或特別利益及公司所負擔之設立費用有冒濫，致公司受有損害時（本法§147 I）。

(二) 用以抵作股款之財產，如估價過高，致公司受有損害時（本法§147 I）。

(三) 發起人負連帶認繳第一次發行股份之義務，致公司受有損害時（本法§148）。

公司得因此三種情形向發起人請求損害賠償，因此時涉及資本維持之原則，所以不問發起人對公司所受損害之發生有無過失，均應負賠償之責，屬無過失賠償責任。

第150條（公司不能成立時發起人之責任）

公司不能成立時，發起人關於公司設立所為之行為，及設立所需之費用，

均應負連帶責任，其因冒濫經裁減者亦同。

解說

　　本條規定公司不能成立時發起人的責任，所謂公司不能成立，係指公司在進行設立程序過程中，因創立會爲公司不設立之決議，或因其他原因致未能完成設立登記之情形而言，設立中公司既屬無權利能力社團，現既不能完成設立登記取得人格，原應歸於解散，經清算再將賸餘財產分配給發起人及認股人，爲保護認股人權益，乃規定發起人對於公司設立所爲之行爲及設立所需之費用負連帶責任，以代替解散及清算，認股人則居於設立中公司之債權人地位，得向發起人請求返還所繳之股款[4]。

第151條（創立會之權限）

①創立會得修改章程或爲公司不設立之決議。

②第二百七十七條第二項至第四項之規定，於前項修改章程準用之；第三百十六條之規定，於前項公司不設立之決議準用之。

解說

　　本條規定創立會得修改章程或爲公司不設立之決議，創立會是成立後公司股東會的前身，如認爲發起人所訂立的章程不夠完善時，得增刪修

---

[4] (D) 甲、乙、丙、丁、戊五人欲設立一家以風力發電之A股份有限公司，並在公司章程簽名一起擔任發起人。工作分配上，甲、乙、丙三人負責對外籌措資金，丁戊則一起對外負責尋找辦公室，最後並由戊簽約承租某大樓十樓充作A股份有限公司之籌備處（合約中並載明：A股份有限公司籌備處）。後來因A股份有限公司無法籌到必要之資金，致公司不能成立。而戊所簽之租約卻欠款50萬元，問依法誰應對此欠款50萬元負責？(A)僅丁、戊二人負連帶責任(B)丁、戊各分別負25萬元之賠償責任(C)僅戊一人應負責(D)甲、乙、丙、丁、戊五人均應負連帶責任。（99預15）

　　【解說】(1)依公司法§150規定：「公司不能成立時，發起人關於公司設立所爲之行爲，及設立所需之費用，均應負連帶責任，其因冒濫經裁減者亦同。」

　　(2)公司不能成立，則自始無權利能力，前述規定之目的在加重發起人責任，使發起人執行職務時更加慎重。本題中甲乙丙丁戊雖各有分工，但均爲發起人，所以依前開規定對於50萬之欠款應負連帶責任。

改，爲修改章程之決議（本法§151Ⅰ前）；創立會於聽取董監或檢查人設立經過之報告後，斟酌設立過程中社會經濟的變遷及其他情事，如認爲公司以不設立爲適當時，得爲公司不設立之決議（本法§151Ⅰ後），至於爲修改章程或爲公司不設立之決議，則分別準用股東會變更章程及公司解散決議之規定。

第152條（撤回認股）

第一次發行股份募足後，逾三個月而股款尚未繳足，或已繳納而發起人不於二個月內召集創立會者，認股人得撤回其所認之股。

解說

　　本條規定認股人撤回認股之情形有二：
(一) 第一次發行股份募足後，超過三個月而認股人尚未繳足股款。
(二) 認股人已繳納股款而發起人不於二個月內召集創立會者。

第153條（股份撤回之禁止）

創立會結束後，認股人不得將股份撤回。

解說

　　本條規定認股人撤回股份之限制，因爲創立會既已結束，而且又未爲公司不設立之決議，則設立中公司已可朝向申請設立之登記程序進行，如此時認許認股人撤回其所認股份，則公司股份將陷於不確定狀態，不但影響資本確定原則，且危及公司之成立，所以本法規定創立會結束後，不得將股份撤回。

第154條（股東之有限責任）

股東對於公司之責任，以繳清其股份之金額爲限。

解說

　　本條規定股東之有限責任，股份有限公司之資本，應分爲股份，每股金額應歸一律，認股人於認股時，應填認股書，並負繳納股款之義務，認股人於公司成立後，即成爲公司之股東，其對公司之責任，只限於以繳清

股份之金額,股款繳清之後,其責任即完了。

第155條(發起人之連帶賠償責任)

①發起人對於公司設立事項,如有怠忽其任務致公司受損害時,應對公司負連帶賠償責任。

②發起人對於公司在設立登記前所負債務,在登記後亦負連帶責任。

解說

(一) 本條規定發起人對於設立中公司之連帶賠償責任,發起人是設立中公司的執行機關,如果怠忽其任務,未盡善良管理人之注意,導致公司受有損害時,應對公司連帶負賠償責任。

(二) 發起人對於設立中公司對第三人所負之債務,也應連帶負責,本法為確保公司債權人必獲清償,特別規定公司在設立登記前所負債務,發起人在公司設立登記後,也應負連帶責任。

第二節 股 份

第156條(股份與資本)

①股份有限公司之資本,應分為股份,每股金額應歸一律,一部分得為特別股;其種類,由章程定之。

②前項股份總數,得分次發行。

③公司得依董事會之決議,向證券主管機關申請辦理公開發行程序;申請停止公開發行者,應有代表已發行股份總額三分之二以上股東出席之股東會,以出席股東表決權過半數之同意行之。

④出席股東之股份總數不足前項定額者,得以有代表已發行股份總數過半數股東之出席,出席股東表決權三分之二以上之同意行之。

⑤公開發行股票之公司已解散、他遷不明或因不可歸責於公司之事由,致無法履行證券交易法規定有關公開發行股票公司之義務時,證券主管機關得停止其公開發行。

⑥公營事業之申請辦理公開發行及停止公開發行,應先經該公營事業之主管機關專案核定。

⑦股東之出資除現金外，得以對公司所有之貨幣債權，或公司所需之技術抵充之；其抵充之數額需經董事會通過，不受第二百七十二條之限制。

⑧公司設立後得發行新股作爲受讓他公司股份之對價，需經董事會三分之二以上董事出席，以出席董事過半數決議行之，不受第二百六十七條第一項至第三項之限制。

⑨公司設立後，爲改善財務結構或回復正常營運，而參與政府專案核定之紓困方案時，得發行新股轉讓於政府，作爲接受政府財務上協助之對價；其發行程序不受本法有關發行新股規定之限制，其相關辦法由中央主管機關定之。

⑩前項紓困方案達新臺幣十億元以上者，應由專案核定之主管機關會同受紓困之公司，向立法院報告其自救計畫。

⑪同次發行之股份，其發行條件相同者，價格應歸一律。但公開發行股票之公司，其股票發行價格之決定方法，得由證券主管機關另定之。

解說

(一) 本條規定股份及其發行，第1項所謂資本，係指股東爲達成公司營運，對公司所爲財產出資之總額，另一方面，爲保護公司債權人及維護公司信用，公司須保有相當於資本之財產，故資本也可說是對公司債權人最低限度之擔保額；而第1項所規定之股份乃是資本的成分，亦是構成資本的均等單位，每一股份均代表一定之金額，其金額應歸於一律，此外，股份亦表彰股東權，即股東對於公司之法律上地位。此外，公司所發行之股份，一部分可以爲特別股發行之，其種類應於章程中明定。股份有限公司在股東有限責任原則之下，股東對公司債務，並不負任何責任，公司債務完全以公司財產清償，爲保障公司債權人及維護公司信用，公司須確保相當於資本之現實財產，因此，以德國爲首之大陸法系國家，乃產生資本三大原則，茲述如下：

1. 資本確定原則
指股份有限公司在設立之初，資本總額必須在章程中確定，且應認足（指發起設立）或募足（指募集設立）。

2. 資本維持原則
指公司存續中，至少須經常維持相當於資本額之財產，以具體財

產充實抽象資本。

3. 資本不變原則

指資本總額一經章程確定，應保持固定不動，公司欲變動（增加或減少）資本，須履踐嚴格之法定增減資程序。

(二) 資本三原則雖對公司債權人之保護周到，然卻有礙公司資本之籌集，有加以修改使之緩和之必要，因此，我國改採英美法系之授權資本制，以修改資本確定原則，在此制之下，於章程所定股份資本之範圍內發行新股時，毋庸履踐變更章程之繁複程序，只須經董事決議為之即可，等到章程所定之授權股份數全數發行完畢後，欲再發行新股時，始須依變更章程之程序增加授權股份數而增加資本。此致使公司易於迅速成立，資金之籌集趨於方便，公司不須冷藏超過營運所需之鉅額資金，此為優點，但若公司設立時發行之股份數額過少，則公司財產基礎有欠穩固，不足以保護公司債權人之利益，為其缺點，故我國公司法自民國55年7月19日起，改採折衷式之授權資本制，規定股份總數得分次發行，但第一次應發行之股份，不得少於股份總數四分之一；不過由於此規定造成公司增資時計算上之困擾，反而造成不必要之爭議，因此民國94年修正公司法時，又將此規定刪除，也就是採完全之授權資本制，公司登記資本額與實收資本額間不必有任何關聯，以增加公司實際運作之便利性，因此，現行法第2項規定，股份總數得分次發行，未再限制第一次應發行之股份[5, 6, 甲5]。

(三) 第3項規定，公司得依董事會之決議，向證券主管機關申請辦理公開發行程序，即是否公開發行已改採自由申請制[7]；惟如因情事變更，

---

[5] (D) 某甲欲設立一家股份有限公司，章程記載資本額為新臺幣1億元（相當於1,000萬股），請問依我國現行的公司法規定，第一次應發行之股份數為多少？
(A)250萬股(B)10萬股(C)5萬股(D)無限制。（100司6.）
【解說】(1)依公司法§156Ⅱ規定，對於第一次應發行股份並無限制，此為授權資本制的特色，答案應選(D)。
(2)但應注意：§156Ⅱ與§133Ⅱ：「前項發起人所認股份，不得少於第一次發行股份四分之一。」不同，前者指的是「公司」「第一次應發行股份總數」，後者是「發起人」就「第一次發行之股份」負有認購四分之一的義務。

不擬公開發行者，亦可申請停止公開發行，舊法對於申請停止公開發行之程序並無明文，適用有疑義，但因停止公開發行，對股東損益影響甚大，所以100年修法時，規定應由代表已發行股份總額三分之二以上股東之出席，以出席股東表決權過半數之同意行之。

(四) 第4項規定，公司停止公開發行，如果出席股東之股份總數不足第3項

6　(D) 甲等七人係A雲端運算股份有限公司之發起人，但七人皆缺乏雄厚財力，今A公司章程載明其股份總數為5,000萬股，每股金額10元，A公司發起人並決定在第一次發行新股時，發行1,000萬股，詢問律師，律師亦稱合法。試問律師之回答係基於公司法上之何一概念？(A)資本確定原則(B)資本維持原則(C)法定資本制(D)授權資本制。（99預4）

【解說】(1)股份有限公司之股東不直接對債權人負責任，公司資產為公司債權人唯一擔保，且股份有限公司規模大，影響範圍大，故對資本或資產規制特別嚴格。

(2)所謂資本確定原則係指股份有限公司設立之初，資本總額必須在章程中確定，且應認足或募足。在此原則之下，早期公司法採法定資本制，要求設立時於章程明定資本總額及每股金額，且須全部發行完畢；但現行法採授權資本制允許公司設立時，不必將公司章程所記載之股份總數全部發行完畢，可部分發行，於章程所定之股份總數範圍內授權董事會視需要發行新股，又依公司法§156Ⅱ規定：「前項股份總數，得分次發行。」

(3)資本維持原則係指資本總額一經章程確定，應保持固定不動，公司欲變動資本，須踐履嚴格之法定增資或減資程序，本題中與之直接相關者顯為授權資本制之問題，故(D)為正確選項。

7　(D) A股份有限公司為一家非公開發行公司，但其實收資本額有新台幣10億元、股東人數則有5,000人。在某法律事務所內，A公司董事長甲，詢問乙律師：A公司依法是否應強制辦理公開發行？試問乙律師的下列回答中，何者正確？(A)A公司實收資本額超出新台幣5億元，必須辦理公開發行(B)A公司股東人數超出300名，必須辦理公開發行(C)由A公司股東會自行決定是否辦理公開發行(D)由A公司董事會自行決定是否辦理公開發行。（99預12）

【解說】舊法規定，公司資本額達一定數額以上者，除經目的事業中央主管機關專案核定者外，其股票須公開發行，立法原意為促進經濟繁榮。惟公司是否公開發行，乃企業自治事項，不宜干涉，故現行公司法§156Ⅲ：「公司得依董事會之決議，向證券管理機關申請辦理公開發行程序。但公營事業之公開發行，應由該公營事業之主管機關專案核定之。」故是否公開發行，應由董事會自行決定之，(D)為正確選項。

定額者，得以有代表已發行股份總數過半數之出席，出席股東表決權三分之二以上同意行之。

(五) 第5項規定，公開發行股票之公司如已解散，他遷不明或因不可歸責於公司之事由，致無法履行證券交易法規定有關公開發行股票公司之義務時，此時，無法由股東會特別決議申請停止公開發行，因此100年乃修法規定：證券主管機關得停止其公開發行。

(六) 第6項則規定，公營事業之申請辦理公開發行及停止公開發行，應先經公營事業之主管機關專案核定，以尊重公營事業主管機關之專業判斷。

(七) 在股份有限公司，股東之出資，在民國90年修正前除發起人之出資（本法§131）及本法§272但書之規定外，只能向公司直接以現金為之，繳納股款，不過此項限制對於公司營運之彈性確實造成很大的妨礙，例如科技公司欲取得專利權僅能用買賣方式取得，對於經營上實不甚便利，而且公司欲合併其他公司時，或債權人有意入股時，該債權如何處理亦常導致問題，因此民國90年修正時，第7項規定，允許公司以債權作股，或以公司所需之技術、商譽作股，以符合社會之實際並方便公司之經營。

(八) 惟以貨幣債權或技術、商譽入股，為防止浮濫，第8項規定，其抵充之數額須經董事會通過，但不受§272出資種類之限制[甲6]。

(九) 此外，公司設立後為方便公司與他公司進行購併等自由競爭情事，以取得新股東之有利資源，本條亦明定可以發行新股作為受讓其他公司股份的代價，不過為避免流弊，所以須董事會以三分之二以上董事出席，出席董事過半數決議始得行之，惟不受§267Ⅰ至Ⅲ員工及股東優先分認之限制[8]，本項股份交換只須董事會特別決議即可[甲7]。

---

[8] (B) A股份有限公司為電信業者，已發行股數總數為20億股，為與已發行股數總數為3億股之手機零售通路商B股份有限公司進行業務合作，A公司董事會以特別決議方式通過發行新股3,000萬股，換取B公司所發行之新股3,000萬股。假設B公司股東甲不同意上述交易，問甲可否行使不同意股東股份收買請求權？(A)可以，因為本件屬於企業併購法之「股份轉換」，故有不同意股東股份收買請求權(B)不可以，因為本件屬於公司法之「股份交換」，故無不同意股東股份收買請求權(C)可以，因為本件屬於公司法之「公司合併」，故有不同意股東股份收

(十) 本條第10項及第11項為98年1月9日修正條文，這是為因應國際金融危機所產生之紓困需求所設，詳言之，凡是因為發生營運困難時，為了改善財務結構或是使公司能回得正常營運，賦予政府得以專案方式，對於企業紓困之法源依據，此時參與政府專案紓困的公司，由於有體質較差並且籌資不易的情形，本條第10項明定這些參與紓困的公司可以發行新股轉讓於政府，作為接受政府財務上協助之對價，不過由於我國關於發行新股尚有一些限制規定，例如§269發行特別股的限制、§270公開發行新股的限制及§267發行新股須保留員工認購及股東優先認購等規定，將造成紓困企業執行新股轉讓之困擾，因此本條明定，此種情形下發行新股不受本法有關發行新股規定之限制，只要符合中央主管機關的辦法即可發行，以利紓困案能迅速順利進行。

(十一)本條第11項是對於高額紓困的限制，由於紓困所使用之金額為全體納稅人的錢，為避免不當核准及使用之情況，因此特別明定只要金額10億元以上，專案核定之主管機關必須會同受紓困之公司向立法

買請求權(D)不可以，因為本件屬於企業併購法之「收購」，故無不同意股東股份收買請求權。（99預7）

【解說】(1)公司合併係指兩個以上公司訂立合併契約，依公司法§24之規定，免經清算程序，歸併成一個公司之行為。本題中，AB公司均為存續，並非公司合併，故無不同意股東股份收買請求權。

(2)「股份交換」係指公司透過股份交換或股份移轉等方式，以進行企業組織再造，達成轉換為「控股公司」或「關係企業組織」。依公司法§156IX規定：「公司設立後得發行新股作為受讓他公司股份之對價，需經董事會三分之二以上董事出席，以出席董事過半數決議行之，不受§267I至III之限制。」本題中A、B公司係為股份交換，依前述規定並無不同意股東股份收買請求權。

(3)企業併購法之「股份轉換」，依該法§4係指公司經股東會決議，讓與全部已發行股份予他公司作為對價，以繳足公司股東承購他公司所發行之新股或發起設立所需之股款之行為。

(4)企業併購法之「收購」係指公司依公司法等相關法律規定，取得他公司股份、營業或財產，並以股份、現金或財產為對價之行為。

(5)本題為股份交換，非股份轉換或合併，故無收買請求權，且本題亦非企業併購法之併購。

院報告其自救計劃，以期透過民意機關之監督而減少弊端發生。

(十二)第12項規定，同次發行之股份，發行條件相同者，價格應爲一律，以保持股份之平等性，但不同次發行股份之價格則不必一律，故同次發行之股份，如部分溢價發行，其餘照票面金額發行，發行條件不同，價格不一，則非法之所許，不過公開發行股票公司，其股票發行價格之決定方法，得由證券主管機關另訂之。

第157條（發行特別股之程序）

公司發行特別股時，應就下列各款於章程中定之：

一、特別股分派股息及紅利之順序、定額或定率。

二、特別股分派公司賸餘財產之順序、定額或定率。

三、特別股之股東行使表決權之順序、限制或無表決權。

四、特別股權利、義務之其他事項。

解說

公司除了發行普通股外，亦得發行特別股，欲發行特別股，須於章程記載特別股之種類及其權利義務，此爲章程之相對必要記載事項，有關特別股之記載，應依本條之規定。此外，發行特別股時，應將其總額及本條之規定載明於招股章程（本法§137）及認股書（本法§138 I、273 I），以便於認股人認股時知悉其所認之特別股所具有之股東權內容[9, 10]。

---

9 (A) X股份有限公司爲一家成立多年之建設公司，受到大環境之影響，近年來，公司不僅獲利能力欠佳，且已連續兩年未能分派盈餘給股東。另一方面，X公司預估房地產業之景氣將逐漸好轉，擬先發行各種特別股用以購地伺機而動。試問：在現行公司法及主管機關之函釋下，X公司所設計之特別股內容，何者錯誤？(A)其盈餘分派優先於普通股，且表決權數係一股三表決權(B)其盈餘分派雖優先於普通股，但表決權之行使，以七五折計算之(C)其盈餘分派雖優先於普通股，但行使表決權之順序上，劣後於普通股(D)其盈餘分派雖優先於普通股，但無表決權。（100司13.）

【解說】(1)依公司法§157規定：「公司發行特別股時，應就下列各款於章程中定之：一、特別股分派股息及紅利之順序、定額或定率。二、特別股分派公司賸餘財

第158條（特別股之收回）

公司發行之特別股，得收回之。但不得損害特別股股東按照章程應有之權利。

產之順序、定額或定率。三、特別股之股東行使表決權之順序、限制或無表決權。四、特別股權利、義務之其他事項。」因此，特別股在盈餘分派部分，依§157①，得優先於普通股，四個選項這部分都相同且正確，問題在於表決權的行使。

(2)(A)係錯誤：特別股得否約定一股有數表決權？實務上，經濟部72.3.23商字第11159號函認為：「查公司法§179 I規定『公司各股東，除有§157③情形外，每股有一表決權。』參照同法§157③規定『公司發行特別股時，應於章程中訂定特別股之股東行使表決權之順序、限制或無表決權。』條文中所稱『行使表決權之限制』固不能解釋為每股享有數表決權，『行使表決權之順序』亦僅在分別普通股股東與特別股股東，或二種以上特別股股東對同一事項決議之先後，而與表決權之多寡應無關連，故依現行法應不能容有每股享有數表決權之特別股發行。」因此，對於一股有數表決權之約定，為現行實務所否定。

(3)(B)係正確：約定一股少於一表決權是可以的，上開函示的精神是，由公司法§179一股一表決權的原則，以及§157③的文義來看，既言「限制」，則約定「少於」一表決權應符合文義，所以特別股表決權較普通股打七五折，符合公司法及經濟部函釋。

(4)(C)係正確：公司法既允許得對特別股表決權的順序加以約定，自可約定其決議先後，所以當然可以約定特別股行使表決權的順序劣後於普通股。

(5)(D)亦正確，因為符合公司法§157③明文。

10 (C) 某股份有限公司欲發行特別股，請問下列何種情形可能會違反公司法：①享二倍之盈餘分派權利、且每股有二表決權；②享二倍之盈餘分派權利、惟無表決權；③有盈餘分派之權利、惟每股有二表決權；④有盈餘分派之權利、但無表決權(A)①②(B)③④(C)①③(D)②④。（100律5.）

【解說】(1)這題同年司法官一試也考過，依公司法§157規定：「公司發行特別股時，應就左列各款於章程中定之：一、特別股分派股息及紅利之順序、定額或定率。二、特別股分派公司賸餘財產之順序、定額或定率。三、特別股之股東行使表決權之順序、限制或無表決權。四、特別股權利、義務之其他事項。」所以享二倍的盈餘分派權利是可以的，無表決權也沒有問題。

(2)爭點在於特別股得否約定一股有數表決權？實務上，經濟部72.3.23商字第11159號函認為依公司法規定，應不能容有每股享有數表決權之特別股發行，刪掉每股有二表決權的答案後，答案應選(C)。

解說

　　本條規定特別股之收回，換句話說，特別股得為償還股，公司於章程中訂定特別股權利義務時，最好一併訂明公司將來欲收回（償還）特別股之意旨（本法§157），以保護特別股股東之權益，但是特別股之收回，不得損害特別股股東按照章程應有的權利，例如，公司章程對償還優先股訂有累積條款時，則公司於償還時，對以前未經給付之盈餘分配也應一併償還。

第159條（特別股之變更與其股東會）

①公司已發行特別股者，其章程之變更如有損害特別股股東之權利時，除應有代表已發行股份總數三分之二以上股東出席之股東會，以出席股東表決權過半數之決議為之外，並應經特別股股東會之決議。

②公開發行股票之公司，出席股東之股份總數不足前項定額者，得以有代表已發行股份總數過半數股東之出席，出席股東表決權三分之二以上之同意行之，並應經特別股股東會之決議。

③前二項出席股東股份總數及表決權數，章程有較高之規定者，從其規定。

④特別股股東會準用關於股東會之規定。

解說

　　本條規定已發行特別股的公司，章程變更有損害特別股股東權利時股東會的特別決議方式，立法目的是維護特別股股東的權益，又股東會是由特別股股東及普通股股東所組成，若普通股股東所持有的股份占大多數，股東會就可能被普通股股東所控制，當變更章程時，就容易有侵害特別股股東之虞，為了保障特別股股東權利，除了經股東會之輕度特別決議外，並應經特別股股東會的決議，才發生變更章程的效力。至於特別股股東會，則準用有關股東會的規定，準用的結果，特別股股東會應有代表已發行特別股股份總數三分之二以上特別股股東出席，以出席特別股股東表決權過半數之決議通過，其決議才告成立。但公開發行股票公司，出席特別股股東之股份總數不足前項定額者，得以有代表已發行特別股股份總數過半數特別股股東之出席，出席特別股股東表決權三分之二以上之同意行

之，又出席特別股股東股份總數及表決權數，章程有較高之規定者，從其規定。此時，無表決權之特別股股東對該決議也應享有表決權，又本條第1項所謂特別股股東之權利，應係指優先權利而言。

第160條（股份之共有）

①股份爲數人共有者，其共有人應推定一人行使股東之權利。
②股份共有人，對於公司負連帶繳納股款之義務。

解說

(一) 股份爲股份有限公司資本總額之最小構成單位，且每股金額，應歸一律（本法§156Ⅰ），所以無法再予分割，否則即失去最小均等單位的本質，此爲股份之不可分性所致，公司法承認數人共有一股份，但共有人應推定一人行使股東的權利。

(二) 既然數人得共同認一股份而成爲股份共有人，則各共有人即有負連帶繳納股款之義務。

第161條（股票發行之時期(一)）

①公司非經設立登記或發行新股變更登記後，不得發行股票。但公開發行股票之公司，證券管理機關另有規定者，不在此限。
②違反前項規定發行股票者，其股票無效。但持有人得向發行股票人請求損害賠償。

解說

(一) 本條規定股份有限公司發行股票之義務及時期，立法原意是因爲股票乃證明已經發生的股東權之設權證券，在公司設立登記或發行新股變更登記前，股東權尚未發生，所以不許其發行[甲8]，所謂發行股票，是指製作並交付股票的行爲（證交§8），而所謂股票，是表彰股東權的有價證券、要式證券、設權證券，不過，在特殊情形下，如強制要求須發行新股變更登記後再發行股票，可能會造成公司運作上的困難，例如公開發行股票之公司發行可轉換公司債時，當債權人要求轉換成股票時，須等到變更登記完成後才能交付，對於債權人之資金調度可能會產生影響，而減低認購意願，因此本條第1項但書明定，如

果證券管理機關另有規定時，公開發行公司可依該規定辦理，例如當可轉換公司債債權人要求轉換成股票時，公開發行公司可以依主管機關規定，逕行交付股票，事後再以補辦變更登記之方式辦理即可。

(二) 至於股票違反本條第1項規定發行者，股票無效，因公司未經設立登記，尚未取得法人人格；又未經發行新股變更登記，不便發行配股股票，如許先發行股票，可能使第三人受到損害，故定此限制，且為保護持有人，規定如有損害，持有人得向發行股票人請求賠償。

(三) 至於股票所表彰的「股東權」內容為何？股東權是股東對公司的法律上地位，股東基於股東地位對公司享有的權利內容，有以下分類：

1. 共益權與自益權

前者指股東以參與公司的管理、營運為目的所享有的權利，例如，表決權（本法§179）、訴請撤銷股東會決議之權利（本法§189）、董事會違法行為之停止請求權（本法§194）；後者指股東為自己的利益而行使之權利，例如，盈餘及賸餘財產分派請求權（本法§157、330）、股票發行請求權（本法§161之1）。

2. 單獨股東權與少數股東權

前者指凡是每一個股東單獨可以行使的權利，例如，盈餘分派請求權、董事會違法行為停止請求權；後者指凡是股東持有的股份須達到一定比例始可行使的權利，如果單一股東持股未達此一比例，可以集合數股東合併計算，例如，請求監察人為公司對董事提起訴訟之權利（本法§214）、請求董事會為公司對監察人提起訴訟之權利（本法§227準用§214）。

3. 固有權與非固有權

凡是不得以公司章程或股東會決議予以剝奪或限制之股東權利，稱為固有權，例如，表決權、股東會召集請求權；但是特別股股東行使表決權得以章程加以限制或剝奪（即無表決權）是例外（本法§157）。一般而言，自益權多為非固有權，但股份轉讓權（本法§163）、股份收買請求權（本法§186、317）、新股認購權（本法§267）等，不得以公司章程加以剝奪或限制，視為固有權。

第161條之1（股票發行之時期(二)）

①公司資本額達中央主管機關所定一定數額以上者，應於設立登記或發行新股變更登記後三個月內發行股票；其未達中央主管機關所定一定數額者，除章程另有規定者外，得不發行股票。

②公司負責人違反前項規定，不發行股票者，除由主管機關責令限期發行外，各處新臺幣一萬元以上五萬元以下罰鍰；期滿仍未發行者，得繼續責令限期發行，並按次連續各處新臺幣二萬元以上十萬元以下罰鍰，至發行股票為止。

解說

(一) 本條規定股票發行之義務及時期，在民國90年修正前公司法，硬性規定所有公司都應於設立登記或發行新股變更登記後三個月內發行股票，不過在民國90年修正時，為考量閉鎖性公司發行股票實益不大，因此修正為資本額達中央主管機關所定一定數額以上之公司，始需於設立登記或發行新股變更登記後三個月內發行股票[11]，以減低不必要之成本。

(二) 至於前條對於股票發行之時期，只是消極禁止規定，雖然可以從法條反面解釋得知，公司於設立登記或發行新股變更登記後，始可以發行股票，但究竟在什麼時候發行則無積極明文規定，為避免登記後多年從未發行股票之情事發生，保障股東之權益，所以增訂本條強制公司發行之規定。[甲9]

第162條（股票之製作及程式）

①股票應編號，載明下列事項，由董事三人以上簽名或蓋章，並經主管機

---

[11] (A) 股份有限公司資本額達中央主管機關所定一定數額以上者，應於設立登記或發行新股變更登記後，多少時間內發行股票？(A)3個月 (B)4個月 (C)5個月 (D)6個月。（模擬試題）

　　【解說】依公司法§161-1Ⅰ規定：「公司資本額達中央主管機關所定一定數額以上者，應於設立登記或發行新股變更登記後三個月內發行股票；其未達中央主管機關所定一定數額者，除章程另有規定者外，得不發行股票。」發行股票的期限是登記後3個月內，本題應選(A)。

關或其核定之發行登記機構簽證後發行之：

一、公司名稱。

二、設立登記或發行新股變更登記之年、月、日。

三、發行股份總數及每股金額。

四、本次發行股數。

五、發起人股票應標明發起人股票之字樣。

六、特別股票應標明其特別種類之字樣。

七、股票發行之年、月、日。

②記名股票應用股東姓名，其為同一人所有者，應記載同一姓名；股票為政府或法人所有者，應記載政府或法人之名稱，不得另立戶名或僅載代表人姓名。

③第一項股票之簽證規則，由中央主管機關定之。但公開發行股票之公司，證券管理機關另有規定者，不適用之。

解說

　　本條規定股票之制作形式，股票為要式證券，應依本條規定記載法定事項、編號，並由董事三人以上簽名或蓋章，並經主管機關或其核定之發行登記機構簽證後才能發行。如果股票未經簽證而發行，該股票是否有效？依本條規定，簽證與董事簽名並舉，所以可知簽證為要式行為之一，未簽證的股票，當然無效為妥，至於本條所稱主管機關，係指行政院金融監督管理委員會證券期貨局。

第162條之1（股票之發行）

①公開發行股票之公司發行新股時，其股票得就該次發行總數合併印製。

②依前項規定發行之股票，應洽證券集中保管事業機構保管。

③依第一項規定發行新股時，不適用前條第一項股票應編號及第一百六十四條背書轉讓之規定。

解說

　　本條是關於公開發行股票公司發行新股時之特別規定，所謂公開發行公司，就是依法經證期局核准，而可對一般大眾公開發行募集資金之公司，由於此類公司股東人數眾多，印製股票，造成相當大的花費，為了解

決此問題，公司法於民國90年修正時，特別對於公開發行股票公司設本項之便利規定，也就是公開發行股票公司可以在發行新股時，將股票僅合併印製一張即可，至於股東權方面，則交由證券集中保管事業機構加以保管，並以集保存摺中所載明之股數來加以表彰，以取代實體股票之給付，而節省股票印製之成本，由於係合併印製，因此當然無須編號，而且也因無股票之存在，自然無法依背書方式加以轉讓，而僅以集保帳戶之進出加以取代，屬於無實體交易制度，因此本條第3項特別加以明定，以杜爭議。

第162條之2（無實體發行）

①公開發行股票之公司，其發行之股份得免印製股票。
②依前項規定發行之股份，應洽證券集中保管事業機構登錄。

解說

　　本條也是在民國90年修正時，關於公開發行股票公司在發行新股時之特別規定，前條是關於合併印製之方式規定，屬於無實體交易制度，本條則是更進一步引進無實體發行制度，也就是公司無須印製股票，將原先股票之發行，轉而由證券集中保管事業機構之登錄加以取代，也就是公司無須發行股票，而直接將原應發行之股票，直接向證券集中保管公司登錄後，轉入各股東於集保公司之帳戶中即可，使公司的增資能更為便利[12]。

---

[12] (B) 甲向乙銀行借款新臺幣1,000萬元，並將其持股A公司之股票2,000張（價值新臺幣5,000萬元）質押給乙銀行，作為該次借款之擔保。該次設質，經帳戶劃撥之方式交付且向A公司申請設定質權之登記。於甲質押期間，A公司欲分派股票股利，除別有約定外，該新股應分派給何人，理由為何？(A)甲，甲仍為股東有盈餘分派請求權(B)乙銀行，乙銀行有收取孳息之權利(C)A公司，待質權解除再分派給出質人(D)該股票經設質，故一切股票上權利凍結行使。

【解說】(1)依最高法院63年第3次民庭庭推總會決議(二)：「按民法§901規定，權利質權準用關於動產質權之規定，動產質權人依民法§819規定，除契約另有訂定外，得收取質物所生之孳息。」本件股票質權乃權利質權，自亦在準用之列，乙公司分派之盈餘，係由各股份所生之法定孳息，質權人之甲公司，亦得就此行使權利質權。至民法§910所定附屬於該證券之利息證券，定期金證券或分配利益證券，

第163條（股份之轉讓及限制）

①公司股份之轉讓，不得以章程禁止或限制之。但非於公司設立登記後，不得轉讓。

②發起人之股份非於公司設立登記一年後，不得轉讓。但公司因合併或分割後，新設公司發起人之股份得轉讓。

解說

(一) 本條規定股份得自由轉讓[甲10]，所謂股份之轉讓，是指以法律行為移轉表彰股東權的股份，也就是說，股東將其基於股東之資格對公司所有之股東權移轉於受讓人，由受讓人繼受取得股東權而成為公司的新股東。公司股份之轉讓，不得以章程禁止或限制，這就是所謂股份轉讓自由原則[13, 14]。因為股份有限公司，是以聚集多數人的資金，形成

以已交於質權人者為限，始為質權效力之所及。後者乃指已發行附屬證券之情形而言，與本題情形不同。

(2)因此，在有價證券設定質權時，最高法院的見解是將其分為二類，一為法定孳息，一為附屬證券。如為法定孳息（含現金股利或股票股利）為質權效力所及；如果附屬證券，如債券的利息證券、定期金證券或分配利益證券，則因其可與債券本身分離，質權人的權利將僅限於已交付之證券；另外，在股務實務上，股票設定質權時，約定孳息由質權人領取者，遇股利發放時，現金股利可由質權人逕自領取；配發股票股利時，股票仍應記載股東（出質人）姓名，由質權人領取。

(3)選項(A)、(B)理論上均為正確，因股份出質時並未改變股份所有權，但如果真的只能選擇一個答案的話，因為股票股利為法定孳息，而乙銀行又為質權人，其效力優先於股東甲，答案還是應該要選(B)。

[13] (B) 對於公司股份之轉讓，下列何者錯誤？(A)公司股份之轉讓，除法律另有規定外，不得以章程禁止或限制之(B)股份之轉讓，未經辦理股東名簿變更者，其轉讓不生效力(C)非公開發行公司之記名股票，由股票持有人以背書轉讓之，並應將受讓人之姓名或名稱記載於股票(D)無記名股票，得以交付轉讓之。（模擬試題）

【解說】(1)依公司法§163Ⅰ規定，公司股份，以自由轉讓為原則，不得以章程禁止或限制之，除了法律特別明文者，如公司法§167等，均屬無效，所以(A)正確(2)依公司法§165Ⅰ規定，股份之轉讓，非將受讓人之姓名或名稱及住所或居所，記載於公司股東名簿，不得以其轉讓對抗公司，因此，未辦理股東名簿變更者，轉

大資本來從事大規模企業經營為目的，股東人數多，不注重股東個人條件，所以表彰股東權之股份，不具有個人特性，可以自由轉讓於他人。從經濟的觀點而言，股份之轉讓是股東收回投資的方法之一，公司章程如規定股份不得轉讓，或股份之轉讓須經董事會之同意，均為對股份轉讓自由之禁止或限制，此規定應屬無效。至於本條第1項但書規定，公司股份，非於公司設立登記後，不得轉讓，是因為公司既然尚未完成設立登記，則公司尚未成立，將來是否成立並不確定，為了防止投機，以維護交易之安全，並期盼公司設立程序進行穩固，於是禁止發起人或認股人於設立登記前轉讓，如果違反本條第1項但書規定者，轉讓應屬違反禁止規定而無效。

(二) 至於發起人之股份，非於公司設立登記一年後，不得轉讓[甲11]，是因為發起人為公司最重要的原始股東，負有很重的設立責任，為確保公司之健全與信譽，使公司及第三人最起碼能自發起人所有持有之股份獲得損害賠償起見，於是限制發起人股份之轉讓。如果違反此一規定而為轉讓者，依民法§71規定，此法律行為違反強制或禁止之規定，應屬無效，不過公司合併或分割後新設公司時，因均為原已存在公司之改變而已，與一般發起設立成立新公司之性質不同，因此本條第2項特別規定此時發起人股份之轉讓無須限制，以免造成爭議。

讓本身仍為有效，僅生對抗效力而已，所以(B)不對。

(3)依公司法§164規定，記名股票，由股票持有人以背書轉讓之，並應將受讓人之姓名或名稱記載於股票，所以(C)正確。

(4)依164規定，無記名股票，得以交付轉讓，所以(D)亦正確。

[14] (B) 下列敘述何者正確？(A)公司股份之轉讓，得以章程禁止或限制之(B)發起人之股份非於公司設立登記一年後，不得轉讓。(C)公司辦理設立登記前股份得自由轉讓(D)無記名股票應以背書轉讓之。（模擬試題）

【解說】(1)依公司法§163 I規定：「公司股份之轉讓，不得以章程禁止或限制之。但非於公司設立登記後，不得轉讓。」(A)及(C)與法條規定不同，不對。

(2)公司法§164後段規定：「無記名股票，得以交付轉讓之。」所以(D)不對。

(3)(B)與公司法§163本文相同：「發起人之股份非於公司設立登記一年後，不得轉讓。」所以答案應選(B)。

第164條（記名股票之轉讓）

記名股票，由股票持有人以背書轉讓之，並應將受讓人之姓名或名稱記載於股票。無記名股票，得以交付轉讓之。

解說

　　本條規定記名股票之轉讓方式，本條規定記名股票一經持有人背書交付受讓人後，於當事人間即發生移轉效力，但是為了要求股票之轉讓同時具備對抗要件之要求，其背書應以記名背書為之，又背書所用的印章，以使用預留於公司的印鑑章為宜，否則將可能有無法向公司辦理過戶登記之問題發生，至於無記名股票，由於根本無股東名義之記載，因此本條明定僅需交付予他人即發生移轉之效力。

第165條（股票過戶之效力與期限）

①股份之轉讓，非將受讓人之姓名或名稱及住所或居所，記載於公司股東名簿，不得以其轉讓對抗公司。

②前項股東名簿記載之變更，於股東常會開會前三十日內，股東臨時會開會前十五日內，或公司決定分派股息及紅利或其他利益之基準日前五日內，不得為之。

③公開發行股票之公司辦理第一項股東名簿記載之變更，於股東常會開會前六十日內，股東臨時會開會前三十日內，不得為之。

④前二項期間，自開會日或基準日起算。

解說

(一) 本條規定股票之過戶。記名股票，只須由股票持有人以背書轉讓，於當事人間即發生轉讓的效力，並可以其轉讓對抗公司以外的第三人，但是若想要以其轉讓對抗公司，必須完成本條第1項之過戶程序始可，以過戶為對抗公司之要件，它所具有的意義，在於股東對公司之資格可因此而確定，在過戶以前，受讓人不得對公司主張自己為股東，但一經過戶，則推定受讓人為正當之股東。又本條第1項所謂不得以其轉讓對抗公司，係指未過戶以前，不得向公司主張因背書受讓而享有開會及分派股息或紅利而言，並不包括股票持有人請求更換股東名義的權利。

(二) 過戶之手續，原則上隨時可以請求爲之，但是本條第2項規定於股東常會開會前三十日內（公開發行股票之公司於股東常會開會前六十日內），股東臨時會開會前十五日內（公開發行股票之公司於股東臨時會開會前三十日內），或公司決定分派股息及紅利或其他利益之基準日前五日內，不得爲股東名簿記載之變更，於期間內停止辦理過戶，係爲藉此來確定行使表決權或盈餘分配請求權等股東權之股東，以利公司事務之處理，至於期日之計算，條文之規定主要在於○日內，應包括開會本日及基準日在內，又所謂其他利益，例如公司以公積撥充資本，按股東原有股份之比例發給新股（本法§241）等。

(三) 公司若違反本條第2項之規定，於法定禁止辦理過戶期間照常辦理過戶者，依法此項股東名簿記載之變更應屬無效。

第166條（無記名股票之發行）

①公司得以章程規定發行無記名股票。但其股數不得超過已發行股份總數二分之一。

②公司得因股東之請求，發給無記名股票或將無記名股票改爲記名式。

解說

(一) 本條規定無記名股票之發行，公司欲發行無記名股票者，應經公司章程之授權，若欠缺此授權，則只能發行記名股票，至於發行之數額，本法規定無記名股票的股數最多只能達已發行股份總數二分之一。

(二) 此外，依第2項之規定，股東有無記名股票之發行請求權，亦有權請求公司將無記名股票改爲記名式之權。

(三) 公司法之所以對無記名股票之發行有所限制，理由有二：

    1. 無記名股票轉讓容易，股票持有人是誰不易察覺，很容易造成公司負責人把持業務、操縱股票行情，影響公司業務正常經營。

    2. 無記名股票喪失後，很難行使股東權，補救方法較記名股票困難，雖然如此，從便利證券交易的立場來說，無記名股票的買賣可免過戶之麻煩，有其存在的價值，所以本法乃容許公司有限度的發行無記名股票。

第167條（股份之收回、收買及收質）

①公司除依第一百五十八條、第一百六十七條之一、第一百八十六條及第三百十七條規定外，不得自將股份收回、收買或收為質物。但於股東清算或受破產之宣告時，得按市價收回其股份，抵償其於清算或破產宣告前結欠公司之債務。

②公司依前項但書、第一百八十六條規定，收回或收買之股份，應於六個月內，按市價將其出售，屆期未經出售者，視為公司未發行股份，並為變更登記。

③被持有已發行有表決權之股份總數或資本總額超過半數之從屬公司，不得將控制公司之股份收買或收為質物。

④前項控制公司及其從屬公司直接或間接持有他公司已發行有表決權之股份總數或資本總額合計超過半數者，他公司亦不得將控制公司及其從屬公司之股份收買或收為質物。

⑤公司負責人違反前四項規定，將股份收回、收買或收為質物，或抬高價格抵償債務或抑低價格出售時，應負賠償責任。

解說

(一) 本條規定公司不得取得或收買自己股份的規定[申11]，如容許公司收買自己發行之股份，無異授予公司負責人，利用收買股份，控制股票價格，擾亂證券市場；且若容許自行收買股份，無異使公司法人本身成為自身的構成員（股東），導致公司與股東之權利義務因此混淆不明，影響股東權益[申12]。因此本法規定除§158特別股收回、§186少數股東請求收買、§167-1庫藏股及§317反對合併股東請求收買等之規定外，公司不得自將股份收回、收買或收為質物。本條第1項但書規定為公司適法取得自己股份之情形，立法意旨是因為股東既已進行清算或破產程序，則身為股東之公司或其他法人其法律上的人格即將消滅，其以前欠公司之債務顯然不能清償，若不容許公司按市價收回其股份來抵償股東以前結欠公司的債務，則該股東一切人格消滅（即公司或其他法人因清算終了完結），或於破產程序終結後（指股東為自然人及法人而言），公司將無從取償，反而危害到公司的權益。

(二) 公司依本條第1項但書及§186因公司營業政策重大變更少數股東請

求收買股份而取得自己股份時，應於六個月內按市價將該取得之股份出售，則公司之債權多少可獲受償，如果這些股份超過六個月內未經出售，就視為公司未發行這些股份，並應為公司章程變更登記，本法如此規定，係認為取得公司自己的股份是暫時的變態現象，如果這種狀態一直存續，不但使公司資產不能使用於本來的目的事業，而且有投機或濫用這種方式控制股東會決議之流弊，所以禁止長期持有。

(三) 雖然公司法設有例外得取得自己股份之規定，但是此例外規定，在實行上卻產生一些流弊，例如甲公司以轉投資的方式持有乙公司過半數的股權，再由乙公司持有自己（即甲公司）的股票，此時所產生的情形與甲公司自行持有時並無不同；又如甲公司以轉投資的方式持有乙公司過半數的股權，再由甲公司以轉投資的方式持有丙公司30%的股權，乙公司也以轉投資的方式持有丙公司30%的股權，此時丙公司實質上也屬於遭甲公司所掌控者，然後再由丙公司購買甲公司之股票，此二種情形甲公司均可藉此方式達到掌控自己公司之目的，而且其結果更造成公司資金均遭挪用於購置股票之上，使得公司財務容易發生問題，影響公司債權人及股東的權益，因此民國90年修正時，增訂第3項及第4項的規定，只要一公司持有他公司已發行有表決權之股份總數或資本總額超過半數時，被投資之從屬公司就不得將控制公司之股份收買或收為質物；如前述之控制公司及其從屬公司直接或間接持有他公司已發行有表決權之股份總數或資本總額合計超過半數者，他公司亦不得將控制公司及其從屬公司之股份收買或收為質物，以杜絕前述之問題發生[甲13]。

(四) 公司負責人如果違反本條前述規定將股份收回、收買或收為質物，或抬高價格抵償債務或抑低價格出售時，應負賠償責任。

第167條之1（公司收買股份）

①公司除法律另有規定者外，得經董事會以董事三分之二以上之出席及出席董事過半數同意之決議，於不超過該公司已發行股份總數百分之五之範圍內，收買其股份；收買股份之總金額，不得逾保留盈餘加已實現之資本公積之金額。

②前項公司收買之股份，應於三年內轉讓於員工，屆期未轉讓者，視爲公司未發行股份，並爲變更登記。

③公司依第一項規定收買之股份，不得享有股東權利。

解說

(一) 本條是關於公司實施庫藏股的規定，由於以往無庫藏股規定，公司如欲留任優秀人才，勢必以高員工分紅來加以處理，如此容易造成股東權益稀釋，以及股價下跌之問題；其次，如果公司股票有上市或上櫃，而股價不合理下跌時，爲維持投資人信心，卻又不許公司買回，將造成困擾，因此本條第1項明定，在不超過保留盈餘加已實現之資本公積之金額下，得經董事會以董事三分之二以上之出席及出席董事過半數同意之決議，於不超過該公司已發行股份總數5%之範圍內，收買自己公司的股份。

(二) 至於公司收買股份後應如何處理，本條第2項明定應在購買後三年內轉讓於員工，如果到期未轉讓的股份，依法就會被視爲公司未發行股份，公司並應爲減資變更登記銷除前述股份[15]。

(三) 不過爲避免公司藉庫藏股以達到控制公司的目的，本條第3項明定收買之股份，不得享有股東權利，也就是不得享有表決權，也無股利分配請求權等，以杜爭議。

第167條之2（員工認股權憑證）

①公司除法律或章程另有規定者外，得經董事會以董事三分之二以上之出席及出席董事過半數同意之決議，與員工簽訂認股權契約，約定於一定期間內，員工得依約定價格認購特定數量之公司股份，訂約後由公司發給員工認股權憑證。

②員工取得認股權憑證，不得轉讓。但因繼承者，不在此限。

---

[15] (C) 公司逾越幾年期限仍未將股份轉讓於員工者，始應依公司法第167條之1規定辦理變更登記？(A)一年(B)二年(C)三年(D)四年。（模擬試題）

【解說】依公司§167-1Ⅱ規定：「前項公司收買之股份，應於三年內轉讓於員工，屆期未轉讓者，視爲公司未發行股份，並爲變更登記。」所以答案應選(C)。

解說

(一) 本條是規定公司得對員工發行認股權憑證，如前所述，以往公司如欲留任優秀人才，勢必以高員工分紅來加以處理，如此容易造成股東權益稀釋以及公司股價下滑之問題，爲增進公司經營彈性，本條特別明定，除法律或章程另有規定者外，得經董事會以董事三分之二以上之出席及出席董事過半數同意之決議，與員工簽訂認股權契約，約定於一定期間內，員工得依約定價格認購特定數量之公司股份，並於訂約後由公司發給員工認股權憑證，以方便公司延攬或留任優秀人才。

(二) 不過立法者認爲由於員工認股權憑證是基於該員工對公司之貢獻，因此不宜擅自買賣，因此於第2項明定員工取得認股權憑證，不得轉讓，不過因爲繼承係不得已之情形，所以例外可以不受此限制。

第167條之3（公司股份轉讓員工之轉讓限制）

公司依第一百六十七條之一或其他法律規定收買自己之股份轉讓於員工者，得限制員工在一定期間內不得轉讓。但其期間最長不得超過二年。

解說

本條爲100年修法新增，規定公司依§167-1或其他法律規定，收買自己之股份轉讓員工者，得限制員工在一定期間內不得轉讓，此即閉鎖期之限制，惟爲保障員工權利，此閉鎖期最長不得超過二年。

第168條（股份之銷除）

①公司非依股東會決議減少資本，不得銷除其股份；減少資本，應依股東所持股份比例減少之。但本法或其他法律另有規定者，不在此限。

②公司減少資本，得以現金以外財產退還股款；其退還之財產及抵充之數額，應經股東會決議，並經該收受財產股東之同意。

③前項財產之價值及抵充之數額，董事會應於股東會前，送交會計師查核簽證。

④公司負責人違反前三項規定者，各處新臺幣二萬元以上十萬元以下罰鍰。

解說

(一) 第1項規定股份有限公司股份之銷除，股份銷除是使股份所表彰之股東權絕對消滅，使股票失去效力，銷除股份為減少資本的方法之一，本條規定，要銷除股份，須依股東會決議，始能減少資本，以維護股東及債權人權益。不過公司法規定之減資尚有如§167等規定，或其他法律另有規定之情形發生，自應予以排除，因此本條第1項但書明定如本法或其他法律另有規定時即依其規定辦理，而不適用本條之規定。又為了劃一減少資本的方法並遵守股東平等原則，本條另規定應依股東所持股份比例銷除。

(二) 第2項規定，公司減少資本得以現金以外財產退還股款；惟財產究非現金，可能高估或低估，所以應經股東會決議，並經該收受財產之股東同意，以期公允，此為100年修法新增。

(三) 第3項規定，以現金以外財產退還股款時，其財產之價值及抵充之數額，董事會應於提交股東會議決前，先送交會計師查核簽證，以期公允。

(四) 第4項規定，負責人違反前3項規定者，各處新臺幣二萬元以上十萬元以下罰鍰。

第168條之1（彌補虧損之處置）

①公司為彌補虧損，於會計年度終了前，有減少資本及增加資本之必要者，董事會應將財務報表及虧損撥補之議案，於股東會開會三十日前交監察人查核後，提請股東會決議。

②第二百二十九條至第二百三十一條之規定，於依前項規定提請股東臨時會決議時，準用之。

解說

(一) 本條是關於同時辦理增資及減資之規定，這是因股份有限公司有時因為經營發生困難而造成嚴重虧損，為改善財務結構，準備以減資彌補虧損，但是又為了引進新資金，以正常經營公司或發展新事業，此時將造成同時辦理減少資本及增加資本情事發生，為便利公司經營，本條第1項乃明定，可就當年度期中虧損彌補之，以利企業運作。

(二) 要實行本條規定必須依法定程序辦理，首先董事會應將財務報表及虧損撥補之議案，於股東會開會三十日前先送交監察人查核，其次將前述表冊及監察人查核報告書於股東會開會前十日備置於公司，以方便股東查閱（本條第2項準用§229）。其後即是於股東臨時會時提請股東會決議通過（本條第2項準用§230），其程序始屬完成，另外各項表冊經股東承認後，依本條第2項準用§231規定，除非董事有不法行為（例如侵占公款、或偽造文書等），否則董事即不用再負擔民事責任。

第169條（股東名簿應記載事項）
①股東名簿應編號記載下列事項：
　一、各股東之姓名或名稱、住所或居所。
　二、各股東之股數；發行股票者，其股票號數。
　三、發給股票之年、月、日。
　四、發行無記名股票者，應記載其股數、號數及發行之年、月、日。
　五、發行特別股者，並應註明特別種類字樣。
②採電腦作業或機器處理者，前項資料得以附表補充之。
③代表公司之董事，應將股東名簿備置於本公司或其指定之股務代理機構；違反者，處新臺幣一萬元以上五萬元以下罰鍰。連續拒不備置者，並按次連續處新臺幣二萬元以上十萬元以下罰鍰。

解說
　　本條規定股東名簿之記載及備置，股東名簿是股份有限公司依照本法的規定，必須備置用來記載有關股東及股票事宜的名冊，鑑於股權日漸分散，股東人數及事務迅速增加，人工操作不足適應需要，勢必採用事務機器處理，所以設第2項規定，使股東名簿之資料可採附表補充方式，以免公司處理上發生困難。

第三節　股東會

第170條（股東會之種類與召集之期限）

①股東會分下列二種：

一、股東常會，每年至少召集一次。

二、股東臨時會，於必要時召集之。

②前項股東常會應於每會計年度終了後六個月內召開。但有正當事由經報請主管機關核准者，不在此限。

③代表公司之董事違反前項召開期限之規定者，處新臺幣一萬元以上五萬元以下罰鍰。

解說

(一) 股東會是由公司全體股東所組成的會議體，為股份有限公司法定且必須常設之最高機關，所謂全體股東，包括普通股股東及特別股股東。

(二) 股東會按照召開時期不同，可分為股東常會和股東臨時會，前者每年至少召開一次；後者係於必要時召開，兩者的區別在於召集權人和召集程序的不同，必須注意者，第2項又規定股東常會應於每會計年度終結後六個月內召開[16]，如有正當事由，致無法六個月內召開者，經報請主管機關經濟部核准者，則不受此限制，所謂會計年度，一般係指每年1月1日起至12月31日止之會計年度而言。

(三) 代表公司的董事如違反召開期限之規定者，處新臺幣1萬元以上5萬元以下罰鍰。

第171條（股東會之召集）

股東會除本法另有規定外，由董事會召集之。

---

[16] (D) 股東常會在正常情況下，應於每會計年度終了後幾個月內召開？(A)2個月 (B)3個月 (C)4個月 (D)6個月。（模擬試題）

　　【解說】依公司法§170Ⅱ規定，股東常會應於每會年度終了後6個月內召開，但有正當事由經報請主管機關核准者，不在此限。故應選(D)。

解說

本條規定股東會原則上由董事會召集,常會及臨時會均是,但是本法另有規定者,則另當別論[甲14],如本法§173、§220、§245Ⅱ、§310Ⅰ、§326Ⅰ、§331等。

第172條(股東會召集之程序)

①股東常會之召集,應於二十日前通知各股東,對於持有無記名股票者,應於三十日前公告之。

②股東臨時會之召集,應於十日前通知各股東,對於持有無記名股票者,應於十五日前公告之。

③公開發行股票之公司股東常會之召集,應於三十日前通知各股東,對於持有無記名股票者,應於四十五日前公告之;公開發行股票之公司股東臨時會之召集,應於十五日前通知各股東,對於持有無記名股票者,應於三十日前公告之。

④通知及公告應載明召集事由;其通知經相對人同意者,得以電子方式為之。

⑤選任或解任董事、監察人、變更章程、公司解散、合併、分割或第一百八十五條第一項各款之事項,應在召集事由中列舉,不得以臨時動議提出。

⑥代表公司之董事,違反第一項、第二項或第三項通知期限之規定者,處新臺幣一萬元以上五萬元以下罰鍰。

解說

(一) 本條規定股東會之召集程序,應受通知之股東,以記名股東為限,而且以股東名簿之記載為準。而無記名股東因為無股東名簿作為依據,無從通知,所以用公告來代替通知[17]。又本條第1項及第2項所稱二十

---

[17] (B) 公開發行股票之公司股東常會之召集應於幾日前通知各記名股票之股東?(A)20日(B)30日(C)45日(D)60日。(模擬試題)

【解說】依公司法§172Ⅲ規定,公司發行股票之公司股東常會之召集,應於30日前通知各股東,對於持有無記名股票者,應於45日前公告之,故答案應選(B)。

日前、三十日前、十日前、十五日前、四十五日前，計算方式應依照民法總則所規定期間之計算法，以開會日爲始日不算入，以開會日的前一日爲起算日，逆算至期間末日午前零時爲期間之終止。例如，於101年4月8日要召開股東常會，則開會通知書最遲應於3月18日寄發給記名股東，因爲二十日之期間自3月19日午前零時起算至4月7日午後二十四時止剛好爲二十日。

(二) 通知及公告，應載明召集事由，其中得列臨時動議，但關於選任或解任董事、監察人、變更章程、公司解散、合併、分割或§185Ⅰ各款之事項則不得以臨時動議提出，因爲這些事項屬於重大事項，所以要求應在股東會之召集事由中列舉，旨在保障股東權益[18, 申15]。

(三) 此外爲因應電子科技進步，節省現行公司以書面進行通知之成本，民國94年修正公司法規定股東會召集之通知，得依電子簽章法規定，經相對人同意，以電子方式爲之。

代表公司之董事如果違反第1、2項通知期限的規定時，僅處新臺幣1萬元以上5萬元以下罰鍰，罰則甚輕，以致有不肖之董事違反此規定，以巧取私利。

第172條之1（股東提案權）

①持有已發行股份總數百分之一以上股份之股東，得以書面向公司提出股

---

[18] (A) 股份有限公司正準備召開本年度之股東大會事宜，試問下列關於召集事由記載之敘述，何者錯誤？(A)選任或解任董事、監察人必須在召集事由中列舉，得以臨時動議提出(B)公司法第185條第1項各款之事項，應在召集事由中列舉，不得以臨時動議提出(C)以變更章程爲召集事由者，應於召集通知之召集事由中列舉，不得以臨時動議提出(D)上市上櫃公司以低於實際買回股份之平均價格轉讓於員工之決議事項，得以臨時動議提出。（99預11.）

【解說】(1)限制決議案以臨時動議提出，目的在使股東有事先了解思考之機會，故何種事項受限制，自爲重要之事，依公司法§172Ⅴ規定：「選任或解任董事、監察人、變更章程、公司解散、合併、分割或§185Ⅰ各款之事項，應在召集事由中列舉，不得以臨時動議。」

(2)上市上櫃公司以低於實際買回股份之價格轉讓於員工之決議事項不在§172Ⅴ之限制，得以臨時動議提出，故僅(A)爲錯誤。

東常會議案。但以一項爲限，提案超過一項者，均不列入議案。

②公司應於股東常會召開前之停止股票過戶日前，公告受理股東之提案、受理處所及受理期間；其受理期間不得少於十日。

③股東所提議案以三百字爲限，超過三百字者，該提案不予列入議案；提案股東應親自或委託他人出席股東常會，並參與該項議案討論。

④有下列情事之一，股東所提議案，董事會得不列爲議案：

一、該議案非股東會所得決議者。

二、提案股東於公司依第一百六十五條第二項或第三項停止股票過戶時，持股未達百分之一者。

三、該議案於公告受理期間外提出者。

⑤公司應於股東會召集通知日前，將處理結果通知提案股東，並將合於本條規定之議案列於開會通知。對於未列入議案之股東提案，董事會應於股東會說明未列入之理由。

⑥公司負責人違反第二項或前項規定者，處新臺幣一萬元以上五萬元以下罰鍰。

解說

(一) 第1項是關於少數股東提案權之規定，是民國94年修正公司法時新增之規定，由於現代公司法架構下，公司之經營權及決策權多賦予董事會，爲使股東得積極參與公司之經營，避免議案遭到經營階層之拖延，因此本條賦予股東提案權[19]；不過又爲避免提案過於浮濫，乃於

---

[19] (D) 對於公司法所規定之股東提案權制度，下列敘述何者正確？(A)非由董事召集之股東常會，股東仍得行使提案權(B)得以書面或口頭提出，但以口頭提出時，應由公司做成紀錄(C)必須持有以發行股份總數百分之三以上股份之股東，始得行使(D)得適用於公開發行股票之公司及未公開發行股票之公司。（模擬試題）

【解說】(1)依公司法§172-1 I 規定，持有已發行股份總數1%以上股份之股東，得以書面向公司提出股東常會議案，故(B)、(C)與法條不符。

(2)又少數股東提案權，目前僅限股東常會，但事實上，不可能出現非由董事會召集的股東常會（公§170、§171、§173），所以(A)不對。

(3)又公司法§172-1 I 僅規定向公司提出議案，當然包含公開發行及未公開發行公司，所以答案應選(D)。

第1項但書明定股東所提議案，以一項爲限，若提二項以上議案者，所提全部議案將均不列入議案，以杜絕爭議[甲16]。

(二) 第2項是關於公告受理股東之提案、受理處所及受理期間之規定，一方面爲使公司有充分時間處理股東提案，另一方面則使全體股東都能得知此訊息而爲提案，同時爲避免時間過短影響股東提案，因此明定期間不得少於十天，以維護股東權益。

(三) 第3項是關於字數限制的規定，雖然提案權爲法律所賦予，但是如果議案過長，容易影響議事運作之順利，反而造成出席股東之不便，故爲防止提案過於冗長，特於第3項就提案之字數限制在三百字以內，另外，爲使該股東提案有充分說明之機會，所以特別明定，提案股東應親自或委託他人出席股東會，並參與該項議案討論，以使股東都能了解其提案之內容。

(四) 第4項是關於董事會得不列爲議案之情事，爲了避免董事會任意拒絕股東之提案，影響股東提案之權益，同時也爲了避免股東濫行提出無法決議之議案，影響股東會之進行，因此明定董事會得不列爲議案之情事，以資明確。

(五) 此外，爲了使提案股東能得知其議案之處理情形，本條第5項遂明定公司收到股東提出之議案後，應於股東會召集通知日前，將處理結果通知提案股東，並應將符合規定之議案，列印於開會通知，以避免發生流弊。

(六) 公司負責人如違反第2項公告受理股東之提案、受理處所及受理期間之規定，或第5項將處理結果通知提案股東，並應將符合規定之議案，列印於開會通知之規定時，由於影響股東權益，因此本條第6項明定將處公司負責人新臺幣1萬元以上5萬元以下罰鍰。

第173條（股東會因少數股東請求之召集）

①繼續一年以上，持有已發行股份總數百分之三以上股份之股東，得以書面記明提議事項及理由，請求董事會召集股東臨時會。

②前項請求提出後十五日內，董事會不爲召集之通知時，股東得報經主管機關許可，自行召集。

③依前二項規定召集之股東臨時會，爲調查公司業務及財產狀況，得選任檢查人。

④董事因股份轉讓或其他理由，致董事會不爲召集或不能召集股東會時，得由持有已發行股份總數百分之三以上股份之股東，報經主管機關許可，自行召集。

解說

(一) 本條規定少數股東權之股東得自行召集股東會之情形有二：

1. 繼續一年以上，持有已發行股份總數3%以上股份之股東，得以書面記明提議事項及理由，請求董事會召集股東臨時會，請求提出後十五日內，董事會不爲召集通知時，股東得報經主管機關許可，自行召集。

2. 董事因股份轉讓或其他理由，致不能依本法之規定召集股東會時，得由持有已發行股份總數3%以上股份之股東，報經主管機關許可，自行召集，立法之目的，是使公司在大部分董事將其股份權數轉讓而解任之特殊情形下，無法依§171召集股東會時，由股東經許可後自行召集，以資救濟，不過須注意，本條立法理由係因股東會以董事會召集爲原則，但如董事會不爲召集或不能召集，允宜給予股東應有請求召集或自行召集之權而設，與監察人能否召集股東會無關，因此即使公司監察人仍能正常行使職權，持有已發行股份總數3%以上股份之股東，仍可報經主管機關許可，自行召集而不受影響。

(二) 至於第3項所選任之檢查人，則爲當董事會應少數股東請求而召集，或少數股東報經主管機關許可自行召集之臨時股東會，爲調查公司業務及財產狀況而選任出來執行查核業務者，爲法定任意臨時之監督機關。

第174條（股東會之決議方法）

股東會之決議，除本法另有規定外，應有代表已發行股份總數過半數股東之出席，以出席股東表決權過半數之同意行之。

解說

(一) 本條規定股東會之普通決議，股份有限公司因為股東人數多，而且各股東只負間接有限責任，因此股東會的決議均採多數決，不必全體股東一致同意，至於決議方法，有下列幾種：

1. 普通決議

即本條之規定，股東會的決議，應有代表已發行股份總數過半數股東之出席，以出席股東之表決權過半數之同意是。至於所謂除本法另有規定外，係指除了依公司法規定，應以特別決議通過的事項外，都是屬普通決議的範疇[20]。

2. 特別決議[甲17]

依事件之輕重程度，又可分下列兩種：

(1)輕度特別決議：此指股東會的決議，應有代表已發行股份總數三分之二以上股東出席，以出席股東表決權過半數之同意行之，適用此決議者，如公司營業或財產之重大變更（本法§185Ⅰ）、許可董事為自己或他人為屬於公司營業範圍內之行為（本法§209）、股份股息之分派（§240Ⅰ）、公積撥充資本（本法§241Ⅰ）、變更章程（本法§159Ⅰ、Ⅳ、277Ⅱ），及公司之解散及合併（本法§316Ⅰ）。

(2)重度特別決議：指應有代表已發行股份總數四分之三以上股東出席，出席股東表決權過半數同意行之者。

3. 假決議

即暫時決議之意，詳見§175之解說。

(二) 又不論股東會之普通決議或特別決議，對無表決權股東之股份數額，

---

[20] (D) 何謂股東會之「普通決議」？(A)經代表已發行股份總數3/4以上股東出席，以出席股東表決權2/3同意之股東會決議(B)經代表已發行股份總數3/4以上股東出席，以出席股東表決權過半數同意之股東會決議(C)經代表已發行股份總數2/3以上股東出席，以出席股東表決權過半數同意之股東會決議(D)經代表已發行股份總數過半數股東出席，以出席股東表決權過半數同意之股東會決議。（模擬試題）

【解說】依公司法§174為之規定。

不算入已發行股份之總數,對依§178規定,不得行使表決權之股份數,不算入已出席股東之表決權數,應予注意。

第175條(假決議)

①出席股東不足前條定額,而有代表已發行股份總數三分之一以上股東出席時,得以出席股東表決權過半數之同意,爲假決議,並將假決議通知各股東,於一個月內再行召集股東會,其發有無記名股票者,並應將假決議公告之。

②前項股東會,對於假決議,如仍有已發行股份總數三分之一以上股東出席,並經出席股東表決權過半數之同意,視同前條之決議。

解說

(一) 本條規定股東會之假決議。當出席股東不足代表已發行股份總數過半數股東之定額,而有代表已發行股份總數三分之一以上股東出席時,得以出席股東表決權過半數之同意,爲假決議,假決議即暫時決議之意,是臨時的權宜措施,只能適用於普通決議,因出席股東不足代表已發行股份總數過半數股東之定額而無從爲之的情形,立法的原意,是因爲股東會開會不易,而又是普通決議,所以權衡情況暫時以此決議方式辦理。爲避免假決議由代表極少數股份數之股東出席而草率成立,所以要求仍應有代表已發行股份總數三分之一以上股東之出席才可爲假決議,並於一個月內再行召集股東會,如果再一次召集的股東會,對於假決議如仍有代表已發行股份總數三分之一以上股東出席,則經出席股東表決權過半數之同意,就視同普通決議,以免股東會一開再開,遲遲無法作成決議,影響公司事務之推展[21, 22, 23, 24]。

---

[21] (B) A股份有限公司本年度股東常會有下列四個議案,一、會計表冊承認案;二、改選董事案;三、對監察人甲提起訴訟案;四、董事報酬決定案。惟因支持監察人甲之股東杯葛該次股東會而未出席,致出席股東所代表之股份數僅達公司已發行股份總數之40%。則上述議案中,何者不得做成假決議?(A)會計表冊承認案(B)改選董事案(C)對監察人甲提起訴訟案(D)董事報酬決定案。(100司11.)

【解說】(1)公司法§174:「股東會之決議,除本法另有規定外,應有代表已發行

股份總數過半數股東之出席，以出席股東表決權過半數之同意行之。」

(2)再依公司法§175：「出席股東不足前條定額，而有代表已發行股份三分之一以上股東出席時，得以出席股東表決權過半數之同意，為假決議……。」所以僅得對「普通決議」事項為假決議，改選董事案不合於作成假決議之條件，故應選(B)。

22 (C) 甲股份有限公司本年度股東會，有代表已發行股份總數45%之股東出席，惟不足50%，甲公司仍為承認去年度財務報表之決議，並經出席股東全體同意通過。試問，下列關於該次決議之敘述何者正確？(A)該決議為無效，因為該次決議並未通過普通決議之門檻(B)該決議不成立，因為該次決議並未通過普通決議之門檻(C)該決議為假決議，應再行召開股東會再次決議該議案(D)該決議為效力未定，應提請董事會承認該次決議之效力。(100司5.)

【解說】(1)依公司法§174：「股東會之決議，除本法另有規定外，應有代表已發行股份總數過半數股東之出席，以出席股東表決權過半數之同意行之。」

(2)又依公司法§175：「出席股東不足前條定額，而有代表已發行股份總數三分之一以上股東出席時，得以出席股東表決權過半數之同意，為假決議，並將假決議通知各股東，於一個月內再行召集股東會，其發有無記名股票者，並應將假決議公告之。前項股東會，對於假決議，如仍有已發行股份總數三分之一以上股東出席，並經出席股東表決權過半數之同意，視同前條之決議。」

(3)本題甲股份有限公司本年度股東會「出席股數」僅達已發行股份總數45%，未過半數，即便獲全部出席股東同意通過，仍無法依§174做成有效承認去年財務報表之決議。

(4)惟其出席股數已達三分之一以上，所以本次股東大會可先依§175為假決議，再於一個月內召集股東會，再次決議該議案，本題答案應選(C)。

23 (B) 出席股數不足規定定額，而為假決議時，應將假決議通知各股東，並於多久期間內再行召集股東會？(A)十五日(B)一個月(C)四十五日(D)二個月。（模擬試題）

【解說】(1)依公司法§175Ⅰ後段規定：「出席股東不足前條定額，而……為假決議，並將假決議通知各股東，於一個月內再行召集股東會，其發有無記名股票者，並應將假決議公告之。」

(2)假決議做成後的一個月內須再召集股東會，故應選(B)。

24 (C) 下列何一事項，得適用假決議規定？(A)變更章程(B)董事競業行為之許可(C)公司資產負債等會計表冊之承認(D)選項(A)、(B)、(C)皆可適用。（模擬試題）

【解說】(1)依公司法§175Ⅱ規定：「前項股東會，對於假決議，如仍有已發行股

(二) 至於股東會之特別決議，如因出席股東不足定額而無從為決議時，則必須擇期另行召集股東會，直到出席股東已達定額時才進行決議，而不可以適用假決議。

(三) 又股東會為假決議時，對無表決權股東之股份數，不算入已發行股份之總數；對於有自身利害關係的股東不得行使表決權之股份數，不算入已出席股東之表決權數（本法§180）。

第176條（無記名股東之出席股東會）

無記名股票之股東，非於股東會開會五日前，將其股票交存公司，不得出席。

解說

本條規定持有無記名股票之股東，以於股東會開會前五日將股票交存於公司為行使表決權之前提要件，違反者即不能出席股東會來行使表決權。立法的用意，是為使公司可以事先計算持有無記名股票的股東出席股東會的大略數字，以便作開會的準備，同時另一方面，公司對於無記名股票之股東，除了以公告通知股東會之召集外，無法以書面通知，並且附以出席證等證件，所以如果未將股票交存公司以換取出席證件，不足以區別股東身分。

第177條（出席股東會之代理）

①股東得於每次股東會，出具公司印發之委託書，載明授權範圍，委託代理人，出席股東會。

②除信託事業或經證券主管機關核准之股務代理機構外，一人同時受二人以上股東委託時，其代理之表決權不得超過已發行股份總數表決權之百

份總數三分之一以上股東出席，並經出席股東表決權過半數之同意，視同前條（即公§174）之決議。」

(2)因此，假決議所得適用的事項，應限於得由股東會「普通決議」同意之事項，而不及於應以特別決議方式為之者。

(3)(A)及(B)依公司法§277及§209規定均須以特別決議為之，只有(C)不用特別決議，應選(C)。

分之三，超過時其超過之表決權，不予計算。

③一股東以出具一委託書，並以委託一人爲限，應於股東會開會五日前送達公司，委託書有重複時，以最先送達者爲準。但聲明撤銷前委託者，不在此限。

④委託書送達公司後，股東欲親自出席股東會或欲以書面或電子方式行使表決權者，應於股東會開會二日前，以書面向公司爲撤銷委託之通知；逾期撤銷者，以委託代理人出席行使之表決權爲準。

解說

(一) 本條規定代理出席股東會行使表決權之情形，股東有委託代理人行使其表決權之權利。本法對於代理人的資格未加以限制，因此代理人不以公司之股東爲限，而股東自可作爲他股東之代理人，但對於會議事項有自身利害關係致有害於公司利益之虞的股東，則不得代理其他股東行使其表決權，再者，公司自己本身也不得爲代理人，此由公司依本法自己持有之股份無表決權一點可以了解原因所在。股東爲代理權之授予須以書面爲之，爲要式行爲，此委託書應由公司印發，隨同股東會召集之通知送達於股東，股東應於每次股東會出具委託書，不得一次爲長期的授權，以免發生流弊，股東會出具委託書，應載明授權範圍，如果沒有載明時，如公司所發出的開會通知有列舉股東會召集事由者，應認爲代理人有於該事由範圍內代理股東爲一切行爲的權限，而且其代理權的範圍以此爲限。

(二) 一股東以出具一委託書，並以委託一人爲限，以免表決權的計算產生紛擾。但一人不妨爲二人以上股東的代理人，只是爲了防止少數股東徵求委託書以操縱股東會的流弊，於是規定除信託事業及經證券主管機關核准之股務代理機構外，一人同時受二人以上股東委託時，該人所代理的表決權不得超過已發行股份總數表決權的3%，超過時，其超過的表決權就不予計算。然而如果一人僅受一股東的委託時，該人

所代理的表決權則不受不得超過3%的限制[25, 26]。

---

[25] (C) 甲股東持有非公開發行之A股份有限公司有表決權之發行股份總數1.5%，乙股東持有A股份有限公司有表決權之發行股份總數2.4%。甲、乙皆委託自然人丙參加A公司之股東常會，請問丙所代理之表決權該如何計算？(A)丙不得同時受二股東之委託，故其代理之發行股份總數表決權3.9%全部不予計算(B)丙可同時受二股東委託，其代理之發行股份總數表決權3.9%全部予以計算(C)丙可同時受二股東委託，但其代理之表決權不得超過3%，超過部分不予計算(D)丙不得同時受二股東之委託，但事先向A公司申報，表決權即可全部計算。（100律10.）

【解說】(1)依公司法§177Ⅱ：「除信託事業或經證券主管機關核准之股務代理機構外，一人同時受二人以上股東委託時，其代理之表決權不得超過已發行股份總數表決權之百分之三，超過時其超過之表決權，不予計算。」自然人丙可否接受甲、乙的委託代理參加A公司的股東常會，依本條規定，答案是可以的，但表決權不能超過3%，超過的部分不能計算。

(2)所以丙同時代理甲、乙時，其表決權不是3.9%（1.5%+2.4%），而是3%，答案應選(C)。

[26] (C) 下列關於股東委託他人行使表決權之敘述，何者正確？(A)股東於每次股東會，均須使用公司印製之委託書，載明授權範圍，委託代理人，出席股東會(B)一人同時受二人以上股東委託時，其代理之表決權不得超過已發行股份總數表決權之10%，超過時其超過之表決權，不予計算，但仍計入代表已發行股份總數(C)信託事業雖受二人以上股東委託時，不論表決權占已發行股份總數表決權之比例多少，其行使仍不受限制(D)股東以書面方式行使表決權，並以委託書委託代理人出席股東會者，以書面行使之表決權為準。（模擬試題）

【解說】(1)依公司法§177Ⅰ規定：「股東得於每次股東會，出具公司印發之委託書，載明授權範圍，委託代理人，出席股東會。」(A)說股東必須使用公司印製委託書，不對（69年台上字第3879號判決參照）。

(2)又依公司法§177Ⅱ規定：「除信託事業或經證券主管機關核准之股務代理機構外，一人同時受二人以上股東委託時，其代理之表決權不得超過已發行股份總數表決權之百分之三，超過時其超過之表決權，不予計算。」(B)說超過10%才不予計算，不對。

(3)再依公司法§177Ⅱ代理表決權3%的限制，排除了信託及股代的適用，故(C)正確。

(4)依公司法177-2Ⅲ規定：「股東以書面或電子方式行使表決權，並以委託書委託代理人出席股東會者，以委託代理人出席行使之表決權為準。」在書面、電子與代理出席有衝突時，公司法規定以代理出席為準，故(D)不對。

(三) 股東之委託書須於股東會開會五日前送達公司，如未於五日前送達，公自可以拒絕接受。委託書有重複時，以最先送達公司者爲準，股東得任意撤回其代理權，使自己可以隨時親自行使表決權，或另委託他人代理行使，如委託書送達公司後，後一委託書內容爲聲明撤銷前委託書之委託者，則以後一委託書爲準。

(四) 實務上常發現股東出具委託書後，卻於開會當日親自出席或以書面或電子方式行使表決權，導致何人出席之爭議，並造成公司股務作業之困擾，因此新增第4項規定，強制要求股東欲親自出席時，至遲應於股東會開會兩日前，以書面向公司爲撤銷委託之通知，以便利公司作業，如果逾期撤銷者，以委託代理人出席行使之表決權爲準。

第177條之1（通訊表決之效力）

①公司召開股東會時，得採行以書面或電子方式行使其表決權；其以書面或電子方式行使表決權時，其行使方法應載明於股東會召集通知。

②前項以書面或電子方式行使表決權之股東，視爲親自出席股東會。但就該次股東會之臨時動議及原議案之修正，視爲棄權。

解說

(一) 本條是民國94年修正公司法時所新增，依公司法原規定，股東出席股東會之方式，只有親自出席及委託出席兩種，但是在現今科技發達時代，爲鼓勵股東參與股東會，公司法遂規定公司得允許股東以書面或電子方式行使其表決權，惟公司應將書面或電子方式行使表決權之方法，載明於股東會召集通知，以資明確[27]。

(二) 本條第2項是關於股東以書面或電子方式行使表決權時之效力規定，本條第2項明定其效力視爲親自出席股東會，以資明確。又以書面或

---

[27] (A) 公司召開股東會時，得採行以書面或電子方式行使其表決權，其以書面或電子方式行使表決權時，其行使方法應載明於下列何處？(A)股東會召集通知(B)公司章程(C)公司印製之股票(D)公司印製之委託書。（模擬試題）

　　【解說】依公司法§177-1Ⅰ規定：「公司召開股東會時，得採行以書面或電子方式行使其表決權；其以書面或電子方式行使表決權時，其行使方法應載明於股東會召集通知。」故答案應選(A)。

電子方式行使表決權之股東，因未當場參與股東會，對於該次股東會之臨時動議及原議案之修正方面根本不知情，無法表達意見或進行表決，則其效力如何亦容易產生疑義，第2項乃明定該股東就該次股東會之臨時動議及原議案之修正，視為棄權，以便利股東會之進行。

第177條之2（通訊表決之程序）

①股東以書面或電子方式行使表決權者，其意思表示應於股東會開會二日前送達公司，意思表示有重複時，以最先送達者為準。但聲明撤銷前意思表示者，不在此限。

②股東以書面或電子方式行使表決權後，欲親自出席股東會者，至遲應於股東會開會二日前，以與行使表決權相同之方式撤銷前項行使表決權之意思表示；逾期撤銷者，以書面或電子方式行使之表決權為準。

③股東以書面或電子方式行使表決權，並以委託書委託代理人出席股東會者，以委託代理人出席行使之表決權為準。

解說

(一) 本條是關於通訊表決之程序規定，也是民國94年修正公司法時所新增，依本條第1項規定，股東如以書面或依電子簽章法規定之電子方式行使股東表決權，應於股東會開會二日前送達公司，以便利股務之處理；然而如果重複送達時，則以最先送達公司的為準，因此如果要以後送達者為準時，必須在後送達的通知上載明撤銷前意思表示，始能讓後送達之通訊表決發生效力。

(二) 本條第2項是關於行使通訊表決後又欲親自出席股東會之情形，當股東已經以書面或電子方式行使股東表決權後，卻又想親自出席股東會時，此種情形與委託他人出席又親自出席之情形類似，均屬於股東之權利，但是為避免股務作業之不便與爭議，因此本條第2項明定股東以書面或電子方式行使表決權後，欲親自出席股東會者，至遲應於股東會開會兩日前，以與行使表決權相同之方式撤銷前項行使表決權之意思表示，才能使親自出席股東會發生效力，否則將以書面或電子方

式行使之表決權爲準[28]。

(三) 本條第3項是關於股東以書面或電子方式行使表決權並以委託書委託代理人出席股東會時，以何者爲準之規定，立法者鑒於股東已委託代理人出席，且亦可能涉及委託書徵求人徵得股數之計算，故以委託代理人出席行使之表決權爲準，以杜爭議。

第177條之3（議事手冊）

①公開發行股票之公司召開股東會，應編製股東會議事手冊，並應於股東會開會前，將議事手冊及其他會議相關資料公告。

②前項公告之時間、方式、議事手冊應記載之主要事項及其他應遵行事項之辦法，由證券管理機關定之。

---

[28] (A, C) A股份有限公司於民國99年度之股東常會，採行電子投票及委託書代理出席之方式，下列敘述，何者錯誤？(A)股東甲得在家以視訊會議行使表決權(B)以電子投票方式視爲親自出席，但對於臨時動議視爲棄權(C)以電子投票方式進行表決者，其意思表示應於股東會開會五日前送達公司(D)股東同時以電子投票及委託代理出席之方式，以後者爲準。（100司15.）

【解說】(A)錯誤：因股東如選擇以「電子方式」行使表決權時，依公司法§177-2 I，應將其意思表示送達公司。而如以「委託書代理出席」方式，依公司法§177也須代理人出席股東會才能行使表決權。所以沒有辦法在家以視訊方式行使表決權。

(B)正確：因公司法§177-1 II：「前項以書面或電子方式行使表決權之股東，視爲親自出席股東會。但就該次股東會之臨時動議及原議案之修正，視爲棄權。」所以親自出席及對臨時動議視爲棄權均正確。

(C)依舊法正確（但新法下不正確）：因民國100年6月修正前之§177-2 I規定：「股東以書面或電子方式行使表決權者，其意思表示應於股東會開會五日前（新法已改爲二日前）送達公司。」這題題目問的是民國99年的股東會，用舊法來回答時正確，但依新法則不正確，故本題考選部後更改答案，選(C)與新法相符也給分。

(D)正確。因依公司法§177-2 II：「股東以書面或電子方式行使表決權，並以委託書委託代理人出席股東會者，以委託代理人行使之表決權爲準。」當電子表決與代理出席衝突時，應以代理出席爲準。

解說

(一) 本條是關於公開發行公司編製議事手冊及提供會議相關資料之規定，為民國94年修正公司法時所新增，由於公開發行股票公司係對大眾發行，為維護投資大眾之權益，使股東了解股東會議事程序及內容，因此本條第1項明定公司除應編製議事手冊外，並應於開會前將議事資料公告揭露，以便股東行使權利。

(二) 本條第2項是關於公告之時間、方式、議事手冊應記載之主要事項及其他應遵行事項，授權證券管理機關加以規定，以符合實際需求。

第178條（表決權行使之迴避）

股東對於會議之事項，有自身利害關係致有害於公司利益之虞時，不得加入表決，並不得代理他股東行使其表決權。

解說

本條規定表決權行使之迴避與限制，立法的目的，是因為股東對於會議事項既有利害關係，若容許該股東行使表決權加入表決，恐怕該股東因私利忘公益，所以禁止其參與表決及代理他股東行使表決權[29]。如違反本條之強行規定者，其他股東得自決議之日起三十日內，訴請法院撤銷股東會之決議（本法§189）。

---

[29] (D) 有關表決權行使利益迴避，下列敘述何者有誤？(A)股東對會議事項，有自身利害關係致有害於公司利益之虞時，不得加入表決(B)董事對董事會之決議亦準用利益迴避(C)違反此項規定之決議得撤銷(D)不得加入表決，但仍得代理其他股東行使表決權。（模擬試題）

【解說】(1)(A)正確：因依公司法§178規定：「股東對於會議之事項，有自身利害關係致有害於公司利益之虞時，不得加入表決，並不得代理股東行使表決權。」

(2)(B)亦正確：因依公司法§206Ⅱ規定：「§178、§180Ⅱ之規定，於前項之決議（即董事會之決議）準用之。」

(3)(C)亦正確：因如果違反利益迴避規定，而加入利害關係股東的表決權或其代理之表決權時，屬「決議方法」的違反，依公司法§189規定：「股東會之召集程序或其決議方法，違反法令或章程時，股東得自決議之日起三十日內，訴請法院撤銷其決議。」

第179條（表決權之限制）

①公司各股東，除有第一百五十七條第三款情形外，每股有一表決權。

②有下列情形之一者，其股份無表決權：

一、公司依法持有自己之股份。

二、被持有已發行有表決權之股份總數或資本總額超過半數之從屬公司，所持有控制公司之股份。

三、控制公司及其從屬公司直接或間接持有他公司已發行有表決權之股份總數或資本總額合計超過半數之他公司，所持有控制公司及其從屬公司之股份。

解說

(一) 本條規定表決權之計算及其限制，表決權，乃是股東對於股東會之議決事項得參與決議的權利，在股份有限公司企業所有與經營分離之下，股東雖然無業務執行權，但是可透過表決權的行使，對公司經營者的任免及公司基本事項有發言的權利，從而能支配控制公司。

(二) 第1項規定公司各股東除了特別股股東表決權依章程規定受限制或無表決權者外，原則上依其持有股份數，而享有與其股份數同額的表決權，也就是一股一表決權，是為「表決權平等之原則」，此乃「股東平等原則」的具體表現。

(三) 第2項是無表決權股份之規定，在民國94年公司法修正前原僅規定公司依本條規定而取得持有自己的股份時無表決權，其目的是為了免損及其他股東權益，故本條明定其股東權是處於停止的狀態，所以無表決權。但是由於修法前已存在交叉持股情形，本法為避免影響層面太大，並未強制其賣出，採取「只能賣，不能買」之彈性作法，但是鑒於從屬公司就其對控制公司之持股，在控制公司之股東會中行使表決權時，實際上與控制公司本身就自己之股份行使表決權無異，此與公司治理之原則有所違背，因此當然有限制其行使表決權之必要。另外控制公司及其從屬公司再轉投資之其他公司持有控制公司及其從屬公司之股份，亦應納入規範，以避免流弊產生，因此民國94年公司法修正第2項，將由從屬公司取得股份之情形亦列入無表決權之規定，以保護其他股東之權益。

第180條（股份數表決權數之計算）

①股東會之決議，對無表決權股東之股份數，不算入已發行股份之總數。

②股東會之決議，對依第一百七十八條規定不得行使表決權之股份數，不算入已出席股東之表決權數。

解說

　　本條係規定股份數及表決權不予計算之規定，股東會之決議，對於無表決權股東（如無表決權之特別股股東、公司依本法持有自己股份者）之股份數，不算入已發行股份之總數；對於股東因對會議之事項有自身利害關係致有害公司利益之虞而不得行使表決權之股份數額，不算入已出席股東之表決權數，立法原意是爲求決議方法計算之精確。

第181條（政府或法人為股東之表決權）

①政府或法人爲股東時，其代表人不限於一人。但其表決權之行使，仍以其所持有之股份綜合計算。

②前項之代表人有二人以上時，其代表人行使表決權應共同爲之。

③公開發行公司之股東係爲他人持有股份時，股東得主張分別行使表決權。

④前項分別行使表決權之資格條件、適用範圍、行使方式、作業程序及其他應遵行事項之辦法，由證券主管機關定之。

解說

　　本條係規定政府或法人爲股東時表決權之計算及行使，表決權係基於股東地位而享有的權利，因此除了無表決權之特別股股東之外，凡是享有股東權的股東，原則上均得出席股東會行使表決權。股份爲數人共有時，其共有人應推定一人行使表決權（本法§160 I）。至於若政府或法人爲股東時，其代表人不限於一人，但其表決權之行使乃以其所持有之股份綜合計算，代表人有二人以上時，其代表人行使表決權應共同爲之。如此規定，是因爲如不限制其應共同行使股東權，實務上易滋生困難，尤其各代表人所代表股權之計算，極爲繁瑣，因此規定應共同行使表決權，以免兩歧。

第182條（延期或續行集會之程序）

股東會決議在五日內延期或續行集會，不適用第一百七十二條之規定。

解說

公司每次召集股東會時，固然應依據§172之規定為召集之通知及公告，但股東會決議在五日內延期或續行集會，則不適用§172之規定，是因為延期或續行集會之決議，應為出席之股東所知悉，所以毋需另為通知及公告。所謂「延期集會」，是指股東會開會後，尚未進入議程，即行決議延期改日開會的情形；所謂「續行集會」，是指股東會開會後，已進入議程，因故（例如因議案太多，來不及於當日全部作成決議等原因）而決議改日繼續開會的情形。

第182條之1（主席之產生及議事規則訂定）

①股東會由董事會召集者，其主席依第二百零八條第三項規定辦理；由董事會以外之其他召集權人召集者，主席由該召集權人擔任之，召集權人有二人以上時，應互推一人擔任之。

②公司應訂定議事規則。股東會開會時，主席違反議事規則，宣布散會者，得以出席股東表決權過半數之同意推選一人擔任主席，繼續開會。

解說

(一) 第1項是關於股東會主席及議事程序之規定，在民國90年修法前，由於股東會之主席並無明文規定，因此容易產生爭議，因此於修正時明定由董事會召集者，其主席依§208Ⅲ規定辦理，即原則上由董事長擔任主席，董事長不能行使職權時，則依該條規定決定由何人擔任；由董事會以外之其他召集權人召集者，主席則由該召集權人擔任之，例如監察人召集時，主席當然由監察人擔任；至於持有已發行股份總數3%以上股份之股東，報經主管機關許可，自行召集之情形，由於股東人數可能不止一人，因此本條也明定召集權人在兩人以上時，由召集權人互推一人擔任主席，以杜絕爭議。

(二) 第2項是關於公司應訂定議事規則及不當散會之處理規定。由於民國90年修正前原條文就股東會之散會程序並無規定，易流為主席之恣意行為，無法保障股東之權益，尤其股東會開會時，主席違反公司所定之議事規則任意宣布散會，再擇期開會，不但耗費諸多社會成本，亦影響國內經濟秩序，因此於第2項明定股東會開會時，主席違反議事

規則，宣布散會者，得以出席股東表決權過半數之同意推選一人擔任主席，繼續開會，以防止流弊。

第183條（議事錄之作成與保存）

①股東會之議決事項，應作成議事錄，由主席簽名或蓋章，並於會後二十日內，將議事錄分發各股東。

②前項議事錄之製作及分發，得以電子方式為之。

③公開發行股票之公司對於持有記名股票未滿一千股之股東，第一項議事錄之分發，得以公告方式為之。

④議事錄應記載會議之年、月、日、場所、主席姓名、決議方法、議事經過之要領及其結果，在公司存續期間，應永久保存。

⑤出席股東之簽名簿及代理出席之委託書，其保存期限至少為一年。但經股東依第一百八十九條提起訴訟者，應保存至訴訟終結為止。

⑥代表公司之董事，違反第一項、第四項或前項規定者，處新臺幣一萬元以上五萬元以下罰鍰。

解說

(一) 本條規定股東會議事錄之制作、記載及保存。議事錄為公司股東會記載開會議事經過及議決事項之書面記載，為公司必須備置保存的簿冊。議事錄依本條之規定制作完成後，應分發給各股東，並備置於本公司及分公司，以便公司之債權人、股東，得隨時請求查閱或抄錄。此外，議事錄更應與出席股東之簽名簿及代理出席之委託書一併保存，以便供公司債權人及股東查閱、了解決議之過程、方法及內容有無違反法令或章程之情事。代表公司之董事如違反本條第1項、第4項或第5項規定者，處新臺幣1萬元以上5萬元以下罰鍰。

(二) 不過民國94年公司法修正時，為因應電子科技之進步，所以增訂第2項，規定關於議事錄之製作及分發，得以電子方式為之，以節省公司通知事務之成本，並便利股務之處理。

第184條（股東會之查核權）

①股東會得查核董事會造具之表冊、監察人之報告，並決議盈餘分派或虧

　損撥補。

②執行前項查核時，股東會得選任檢查人。

③對於前二項查核有妨礙、拒絕或規避之行為者，各處新臺幣二萬元以上十萬元以下罰鍰。

解說

(一) 第1項規定股東會對董事會造具之會計表冊及監察人報告之查核權。於每會計年度終了時，董事會應編造營業報告書、資產負債表、損益表、股東權益變動表、現金流量表、盈餘分派或虧損撥補之議案等會計表冊，於股東常會開會三十日前先交監察人查核並作成報告，然後提出股東會請求決議承認[申18]，但股東會為一會議體機關，有時不便自行查核，因此執行查核時，股東會得選任檢查人，此外，除了查核董事會造具的表冊及監察人的報告外，股東會並有決議分派盈餘及虧損彌補之權。

(二) 第2項所謂的「檢查人」，係以調查公司業務及財務狀況等為主要目的，而設置的臨時監督機關，在此檢查人的權限為查核董事會造具的表冊及監察人的報告，然後將結果報告股東會。

第185條（有關公司重大行為之股東會特別決議）

①公司為下列行為，應有代表已發行股份總數三分之二以上股東出席之股東會，以出席股東表決權過半數之同意行之：

　一、締結、變更或終止關於出租全部營業，委託經營或與或他人經常共同經營之契約。

　二、讓與全部或主要部分之營業或財產。

　三、受讓他人全部營業或財產，對公司營運有重大影響者。

②公開發行股票之公司，出席股東之股份總數不足前項定額者，得以有代表已發行股份總數過半數股東之出席，出席股東表決權三分之二以上之同意行之。

③前二項出席股東股份總數及表決權數，章程有較高之規定者，從其規定。

④第一項行為之要領，應記載於第一百七十二條所定之通知及公告。

⑤第一項之議案，應由有三分之二以上董事出席之董事會，以出席董事過半數之決議提出之。

解說

(一) 本條規定公司為營業或財產重大變更之行為時應履踐的程序，所謂營業及財產重大變更行為，即第1項所列舉三款的行為，皆為事關公司基礎的重大事項，對公司營運及股東之利益影響甚大，因此這些行為原則上須經股東會之特別決議通過，以保護股東的權益。

(二) 依據第5項之規定，公司須先由董事會決議後向股東會提出議案，依第1項至第3項之規定，經股東會之特別決議通過。其通過方式在非公開發行公司為三分之二出席，出席表決權二分之一通過（2/3×1/2），在公開發行公司，因通常股本較大，所以可以二分之一出席，出席表決權三分之二通過（1/2×2/3）。

(三) 依據本條第4項之規定，應於股東會召集之通知及公告中，將公司為營業及財產之重大變更行為之要領記載為召集事由，不得列為臨時動議，讓股東得以事先知悉，以便踴躍出席股東會表達意見，而反對該議案的股東才能於決議前，先以書面通知公司反對該項行為，以作為行使股份收買請求權的準備。

第186條（股份收買請求權）

股東於股東會為前條決議前，已以書面通知公司反對該項行為之意思表示，並於股東會已為反對者，得請求公司以當時公平價格，收買其所有之股份。但股東會為前條第一項第二款之決議，同時決議解散時，不在此限。

解說

(一) 本條係規定少數股東之股份收買請求權，當股東會作成前條重大事項之決議時，往往容易引起股價的變動，為了保護反對決議股東之利益，於是賦予少數股東得請求公司，以當時公平價格收買其股份之權利，稱為股份收買請求權。

(二) 股東反對公司為前條第1項第1款及第3款行為而欲行使股份收買請求權時，應具備下列兩要件：

1. 股東於股東會為決議前，已以書面通知公司反對該項行為之意思表示。
2. 股東並於股東會已為反對，即股東須於股東會對該議案已積極為反對之意思表示。如果僅於表決時棄權，不得作為已反對，因此於議案決議時最好採記名表決。

(三) 股東反對公司為前條第1項第2款行為，而欲行使股份收買請求權時，除了具備前述兩積極要件外，還須股東會為該輕度特別決議時，未同時決議解散，因為股東會如同時決議解散，則不僅無認許股份收買請求權的必要，而且一旦認許，則變成在清償公司債務之前，先對一部分股東返還出資，如此有害公司債權人的權利，所以本法不允許。

第187條（請求收買之日期及價格）

①前條之請求，應自第一百八十五條決議日起二十日內，提出記載股份種類及數額之書面為之。
②股東與公司間協議決定股份價格者，公司應自決議日起九十日內支付價款，自第一百八十五條決議日起六十日內未達協議者，股東應於此期間經過後三十日內，聲請法院為價格之裁定。
③公司對法院裁定之價格，自第二項之期間屆滿日起，應支付法定利息，股份價款之支付，應與股票之交付同時為之，股份之移轉於價款支付時生效。

解說

(一) 本條規定股份收買請求權之行使及收買股份價格之決定，為收買請求之股東，必須為決議時及請求收買時均持有股份之股東名簿上的股東；而請求收買之股份，原則上以請求之股東於決議時已持有而於請求時仍繼續持有的股份為限。至於決議後已讓與或始取得的股份，該股東均不得請求，以免該股東獲取不當之利益。又依本條第1項可知，股份收買請求權之行使，必須以書面為之，為要式行為，股東一旦行使，不必等到公司的承諾，於股東與公司間即發生成立股份買賣契約之法律關係。

(二) 至於收買價格之確定方法，依第2項前段規定，首先由股東與公司間協議決定；依後段規定，如自決議之日起六十日內未達成協議者，股東則可聲請法院為價格之裁定。

(三) 至於股票之交付與價款之支付，除了股東與公司間協議決定股份價格者，公司應自決議之日起九十日內支付價款外；若收買價格由法院裁定決定時，公司應何時支付價款？因公司法無規定，所以在解釋上，公司應於裁定確定後支付，同時公司對法院裁定之價格，應自股東會決議日起之九十日之期間屆滿日起，支付法定利息，以免公司獲不當利益。之外，股份價款之支付應與股票之交付同時為之，股份之移轉於價款支付時生效。

第188條（股份收買請求權之失效）

①第一百八十八條股東之請求，於公司取銷第一百八十五條第一項所列之行為時，失其效力。
②股東於前條第一項及第二項之期間內，不為同項之請求時亦同。

解說

(一) 本條規定股份收買請求權之失效，依第1項之規定，於公司取銷第185條所列營業及財產變更之重大行為時失其效力，因為此時，反對的股東已經無反對的對象。

(二) 其次，股東於股東會決議日起二十日內，不為股份收買之請求，或者自決議之日起六十日內，與公司就收買股份之價款未達成協議，而未於此期間經過後三十日內聲請法院為價格之裁定時，股份收買請求權也失其效力，以後即不得再為行使。

第189條（決議之撤銷）

股東會之召集程序或其決議方法，違反法令或章程時，股東得自決議之日起三十日內，訴請法院撤銷其決議。

解說

(一) 本條係規定股東會決議之撤銷[甲19]，其原因有二：

1. 股東會之召集程序違反法令或章程
   例如：股東會未經召集通知及公告而開會，召集通知或公告未遵守法定期間，董事長未經董事會決議召集股東會而爲股東會之召集等屬之。
2. 股東會決議之方法違反法令或章程
   例如：既非股東亦非其代理人之人參與表決；准許未提出委託書之代理人參與表決；有特別利害關係之股東參與表決或代理他股東行使表決權等。

(二) 股東會決議之撤銷，須以訴主張之，該訴訟係以股東爲原告，且該起訴之股東，於股東會決議時須已具有股東身分；並應受民法§56 I 之限制，以已出席股東會而對於股東會之召集程序或決議方法當場表示異議者，才得提起撤銷之訴（參見最高法院73年臺上字第595號、75年臺上字第594號判例）。

(三) 股東應自決議之日起，於三十天內提起撤銷決議之訴，逾期不提起，則該決議即屬有效成立。該訴訟應以股東所屬之公司爲被告，應訴時原則上由董事長代表，但若起訴之股東即爲董事長，由監察人代表公司（本法§208 III、213）。

第189條之1（法院駁回撤銷決議）
法院對於前條撤銷決議之訴，認爲其違反之事實非屬重大且於決議無影響者，得駁回其請求。

解說

　　本條是關於撤銷決議之訴之特別規定，由於法院受理前條撤銷決議之訴，如發現股東會召集程序或決議方法違反法令或章程之事實，非屬重大，而且對於決議根本無影響，但是因法無明文規定也不能逕予駁回，導致訴訟延滯之情形發生，爲解決此情形，民國90年修正時特增訂法院得駁回其請求，以兼顧大多數股東之權益。

第190條（登記之撤銷）
決議事項已爲登記者，經法院爲撤銷決議之判決確定後，主管機關經法院之通知或利害關係人之申請時，應撤銷其登記。

解說

　　股東會決議事項經法院判決撤銷者，其決議應自判決確定時起、溯及於決議之時成為無效，若決議事項已為登記者，經法院為撤銷決議之判決確定後，主管機關經法院之通知或利害關係人之申請時，應撤銷其登記，以回復原狀。

第191條（決議之無效）

股東會決議之內容，違反法令或章程者無效。

解說

(一) 本條規定股東會決議無效之原因，乃股東會決議之內容，違反法令或章程，例如股東會為違反股東平等原則、股份轉讓自由原則之決議，或為違反公序良俗或強行法規之決議等[30, 31]。

(二) 股東會決議之無效，係自始、當然、確定不生效力，利害關係人得於

---

[30] (D) 我國公司法賦予監察人有主動召集股東會之權利，倘監察人於「非必要時」召集股東會，請問此次股東會決議之效力依最高法院見解如何？(A)不成立(B)無效(C)有效(D)得撤銷。（100司12.）

【解說】(1)股東會決議之效力，依公司法規定，只有得撤銷及無效二種，惟實務上還有第三種「不成立／不存在」，但僅限於根本無股東會決議存在或成立的情形（如實際上並無股東會召開，但偽造股東會議記錄）。

(2)實務上，如果是無召集權人召集股東會（如董事長未經董事會決議而擅自召開股東會），依最高法院70年上字第2235號判決認為無召集權人召集之股東會所為之決議當然無效。

(3)但在監察人未具備第220條要件時（即監察人於無召集股東會之必要時召集股東會），依最高法院88年台上字第2886號判決認為，其與無召集權人召集股東會之情形有別，僅為股東會之召集程序有無違反法令或章程，由權利人訴請法院撤銷決議之問題，在決議未被撤銷前，該決議仍然有效。

(4)雖然學者有不同見解，但因本題題目問的是最高法院的見解，故應選(D)。

[31] (B) 股東會決議之內容，違反法令或章程之效果為：(A)得撤銷(B)無效(C)效力未定(D)再經股東會決議後有效。（模擬試題）

【解說】依公司法§191規定：「股東會決議之內容，違反法令或章程者無效。」故答案應選(B)。

任何時間提出無效之主張，其主張之方法並無特別之限制，也不必以
訴主張，惟有必要時，得隨時提起確認決議無效之訴。

第四節　董事及董事會

第192條（董事之選任）

①公司董事會，設置董事不得少於三人，由股東會就有行為能力之人選任
　之。

②公開發行股票之公司依前項選任之董事，其全體董事合計持股比例，證
　券管理機關另有規定者，從其規定。

③民法第八十五條之規定，對於前項行為能力不適用之。

④公司與董事間之關係，除本法另有規定外，依民法關於委任之規定。

⑤第三十條之規定，對董事準用之。

解說

(一) 第1項前段是規定董事人數，後段則規定董事之積極資格。為了適應
　　企業所有與經營分離的時代趨勢，本法明文規定股東會與董事會的個
　　別職權，並確立了董事會為公司之法定必備常設的集體業務執行機
　　關，董事會的成員人數不得低於三人，公司董事人數為本法§129⑥
　　規定之章程絕對必要項目，若無此登記，則將導致整部章程的無效。
　　關於董事之積極資格，必須具有完全行為能力，至於是否為股東則在
　　所不問，其原因是以股東充任董事，不能與企業所有與經營分離之世
　　界潮流相符合，因此本條明定僅需自有行為能力之人選任即可[32]。

---

[32] (D) 有關選任股份有限公司董事之敘述，何者為非？(A)董事之選任為股東會之職
權(B)於公司設立之初，尚無所謂之股東會，所以於發起設立之場合，董事應由
發起人選任；於募集設立之場合，董事應由創立會選任(C)股東得選舉自己為董
事，亦得代理其他股東行使選舉權(D)選任方法不硬性採累積投票制。（模擬試
題）

　【解說】(1)A正確：依公司法§192 I 規定：「公司董事會，設置董事不得少於三
人，由股東會就有行為能力之人選任之。」故(A)正確。

(二) 不過公開發行股票之公司選任董事時，其全體董事合計持股比例，應符合證券管理機關之規定，故第2項設有例外規定。

(三) 第3項規定，依民法§85之規定，法定代理人允許限制行為人獨立營業的範圍內，限制行為能力人關於其營業，有行為能力，但本法為了避免家族公司的濫立，或有家族運用限制行為能力人為人頭，以操縱公司之流弊，乃在民國55年修法時規定，限制行為能力人不能擔任股份有限公司董事。

(四)第4項規定，公司與董事間之關係，除本法另有規定外，依民法關於委任之規定，而所謂委任，依民法§528，係指當事人約定，一方委託他方處理事務，他方允為處理之契約。公司股東會以決議形式選出董事，而委託董事處理公司業務，公司與董事間之契約關係，即為委任，公司為委任人，董事為受任人，而董事又受有報酬，故此為有償委任，民法債編第十節委任的規定於董事全部適用。

---

(2)B亦正確：公司設立分為發起設立及募集設立，發起設立時，只有發起人，沒有創立會，依公司法§131Ⅰ規定：「發起人認足第一次應發行之股份時，應即按股繳足股款並選任董事及監察人。」募集設立時，應召開創立會，創立會為股東會的前身，依公司法§146Ⅰ規定：「創立會應選任董事、監察人。」故(B)正確。

(3)(C)亦正確：因依公司法§178規定：「股東對於會議之事項，有自身利害關係致有害於公司利益之虞時，不得加入表決，並不得代理他股東行使其表決權。」此為利益迴避規定，但本條規定，依公司法§198Ⅱ規定：「§178條之規定，對於前項選舉權，不適用之。」因此，股東不但得選舉自己為董事，同時也可以代理他股東行使選舉權。

(4)(D)錯誤：因依修正前公司法§198Ⅰ雖規定：「股東會選任董事時，除公司章程另有規定外，每一股份有與應選出董事人數相同之選舉權，得集中選舉一人，或分配選舉數人，由所得選票代表選舉權較多者，當選為董事。」即依舊法，公司原則上應採累積投票制，但如章程另有規定時，可以採取其他的選舉方式，如連選連記法，實務上因為此一彈性例外規定，屢遭公司派股東濫用，而有回復強制累積投票制的建議，100年修法已刪除「除章程另有規定」之字語，因此，董監選舉已硬性規定應採累積投票制。

第192條之1（董事候選人）

①公開發行股票之公司董事選舉，採候選人提名制度者，應載明於章程，股東應就董事候選人名單中選任之。

②公司應於股東會召開前之停止股票過戶日前，公告受理董事候選人提名之期間、董事應選名額、其受理處所及其他必要事項，受理期間不得少於十日。

③持有已發行股份總數百分之一以上股份之股東，得以書面向公司提出董事候選人名單，提名人數不得超過董事應選名額；董事會提名董事候選人之人數，亦同。

④前項提名股東應檢附被提名人姓名、學歷、經歷、當選後願任董事之承諾書、無第三十條規定情事之聲明書及其他相關證明文件；被提名人為法人股東或其代表人者，並應檢附該法人股東登記基本資料及持有之股份數額證明文件。

⑤董事會或其他召集權人召集股東會者，對董事被提名人應予審查，除有下列情事之一者外，應將其列入董事候選人名單：

一、提名股東於公告受理期間外提出。

二、提名股東於公司依第一百六十五條第二項或第三項停止股票過戶時，持股未達百分之一。

三、提名人數超過董事應選名額。

四、未檢附第四項規定之相關證明文件。

⑥前項審查董事被提名人之作業過程應作成紀錄，其保存期限至少為一年。但經股東對董事選舉提起訴訟者，應保存至訴訟終結為止。

⑦公司應於股東常會開會四十日前或股東臨時會開會二十五日前，將董事候選人名單及其學歷、經歷、持有股份數額與所代表之政府、法人名稱及其他相關資料公告，並將審查結果通知提名股東，對於提名人選未列入董事候選人名單者，並應敘明未列入之理由。

⑧公司負責人違反第二項或前二項規定者，處新臺幣一萬元以上五萬元以下罰鍰。

解說

(一) 本條第1項是關於董事候選人提名之制度，為民國94年修正公司法時

所新增，按公開發行股票公司[33]，股東人數眾多，爲健全公司發展及保障股東權益，推動公司治理，因此特別建立董事候選人提名制度，如公司欲採行此制度，必須載明於章程，使各股東都能知悉，並行使其提名權或就董事候選人名單進行選任。

(二) 本條第2項是關於公司受理董事候選人之提名期間之規定。由於公司受理董事候選人之提名需有一定之作業程序及時間，也必須讓股東有充分的提名時間，因此規定公司應於股東會召開前之停止股票過戶日前，公告受理董事候選人提名之期間、董事應選名額、其受理處所及其他必要事項，受理期間不得少於十日，以符合實際。

(三) 本條第3、4項是關於董事候選人之提名人資格的規定，爲防止提名過於浮濫，且考量董事選任須有一定持股數之支持始得當選，所以特別於第3項針對股東提名董事候選人之資格、提名人數及應檢附之被提名人資料等，於第3項及第4項爲相關規定，換言之，只有持有已發行

---

[33] (A) 爲健全公司發展及保障股東權益，推動公司治理，2005年公司法修訂時新增董事候選人提名制度，以強化董事提名審查作業資訊透明度。關於此制度，下列敘述何者錯誤？(A)此制度適用於公開發行公司及非公開發行公司(B)採行此制度之公司，應載明於公司章程(C)持有已發行股份總數百分之一以上股份之股東，得以書面向公司提出董事候選人名單，提名人數不得超過董事應選名額(D)董事會提名董事候選人之人數，亦不得超過董事應選名額。（100律3.）

【解說】(1)(A)錯誤：因依公司法§192-1 I 規定（公§216-1準用）：「公開發行股票之公司董事選舉，採候選人提名制度者……。」董監候選人提名制度只適用於「公開發行公司」。

(2)(B)正確：因依公司法§192-1 I ：「……採候選人提名制度者，應載明於章程，股東應就董事候選人名單中選任之。」故董監候選人提名屬章程相對必要記載事項。

(3)(C)正確：因依公司法§192-1Ⅲ前段：「持有已發行股份總數百分之一以上股份之股東，得以書面向公司提出董事候選人名單，提名人數不得超過董事應選名額……。」

(4)(D)正確：因依公司法§192-1Ⅲ後段：「……提名人數不得超過董事應選名額；董事會提名董事候選人之人數，亦同。」董事會提名時，也不能超過董事應選名額。

股份總數1%以上股份之股東才有提名董事候選人之資格，而且其所提名人數也不得超過董事應選名額，在提名時股東必須檢附被提名人姓名、學歷、經歷、當選後願任董事之承諾書、無第30條規定情事之聲明書及其他相關證明文件，被提名人為法人股東或其代表人，並應檢附該法人股東登記基本資料及持有之股份數額證明文件，如果違反前述規定時，其所提名之董事候選人將不生效力。

(四) 本條第5、6項是關於公司董事會或其他召集權人召集股東會者，對董事候選人為形式審查之規定，詳言之，除了有違反前述第3、4項規定之情形（例如股東持股未達1%），或是在期限外提出，否則董事會無權拒絕將被提名人列入董事候選人，以避免爭議。

(五) 另外，為強化董事提名審查作業資訊透明度，公司應於股東常會開會四十日前或股東臨時會開會二十五日前將董事候選人名單公告；而審查後，不論被提名人列入或不列入董事候選人名單，均應將審查結果通知提名股東，被提名人未被列入董事候選人名單者，並應敘明未列入之原因，其通知時間與公告時間一致，以防止董事會進行黑箱作業。

第193條（董事會執行業務依據及責任）

①董事會執行業務，應依照法令章程及股東會之決議。

②董事會之決議，違反前項規定，致公司受損害時，參與決議之董事，對於公司負賠償之責；但經表示異議之董事，有紀錄或書面聲明可證者，免其責任。

解說

(一) 第1項規定董事會對公司之責任，執行業務包括意思決定與所決定意思之具體執行，董事會執行業務應依照法令、章程及股東會之決議始可[申20, 申21]。

(二) 第2項規定董事之免責要件，董事會為集體意思決定機關，其集體意思須經董事會會議以決議方式決定，若董事會之決議違反法令、章程及股東會之決議，並且付諸實行而造成損害結果，則參與決議之董事，不論贊成、反對或棄權，均須就該項損害對公司負個別賠償責

任，但若有個別董事就該項違法決議表示異議，且有議事錄或有書面聲明可證者，則可免其責任。

第194條（股東之制止請求權）

董事會決議，為違反法令或章程之行為時，繼續一年以上持有股份之股東，得請求董事會停止其行為。

解說

本條規定繼續一年以上持有股份之股東對於董事會重大違失行為之停止請求權[34, 35, 申22]，屬於單獨股東權，意在保護個別股東之權益，而允

---

[34] (B) A股份有限公司一向營運良好，並與其主要銀行往來密切。今A公司董事會為籌措營運資金，以因應產業景氣復甦，決議以年息16%向A公司大股東甲借貸1,000萬元，惟當時銀行之企業貸款年息約僅4%左右而已。A公司股東乙、監察人丙均不滿此一借貸行為，以公司董事會圖利大股東甲為由，擬行使對董事會違法行為之制止請求權。試問下列有關董事會違法行為之制止請求權之敘述，何者正確？(A)股東乙行使制止權是以監察人怠於行使為前提(B)股東或監察人均得於訴訟外，對決議為違法行為之董事會或欲為違法行為之董事，通知其停止該違法行為(C)公司如有數監察人，則監察人不得單獨行使之，必須共同行使(D)必須繼續一年以上持有已發行股份總數3%以上之股東，始得請求董事會停止其行為。（99預5.）

【解說】(1)(A)及(D)錯誤：因董事會執行業務，應依照法令章程及股東會之決議，公司法§193 I 定有明文，董事會之違法行為，股東依公司法§194有制止請求權：「董事會決議，為違反法令或章程之行為時，繼續一年以上持有股份之股東，得請求董事會停止其行為。」依新法之規定不限持有已發行股份總數3%，又此制止請求權不以監察人怠於行使為前提，故(A)(D)均為錯誤。

(2)(C)亦錯誤：因依§218-2 II 監察人有停止請求權：「董事會或董事執行業務有違反法令、章程或股東會決議之行為者，監察人應即通知董事會或董事停止其行為。」故此項停止請求權，監察人得單獨行使，(C)亦錯誤。

(3)(B)則正確：因股東之制止請求權，並未規定以監察人怠於行使為其前提。

[35] (A) 董事會或董事執行業務違反章程或法令，致公司受損害時，股東有何措施可採取，加以制止或制裁？

甲：繼續一年以上持有股份之股東，得請求董事會停止其行為。

乙：得經股東會決議起訴，由監察人對其提起訴訟，請求損害賠償。

其針對執行董事會決議而尚未完成之行為進行制止，以維護個別股東與公司全體之利益，此一制止行為係屬於一種防患措施，且不必非為訴訟行為不可，故得以任何方法行使之，若對董事會採取法律行動，則可申請假處分及提起消極不作為之訴向法院尋求裁判制止，在執行行為業已完成的情況，則不在本條規定適用之列，應依本法第213、214條之規定，由監察人或股東會選舉之代表或少數股東代表公司對董事提訴。

第195條（董事之任期）

①董事任期不得逾三年。但得連選連任。

②董事任期屆滿而不及改選時，延長其執行職務至改選董事就任時為止。但主管機關得依職權限期令公司改選；屆期仍不改選者，自限期屆滿時，當然解任。

解說

(一) 第1項為董事任期之限制，規定不得逾三年，但得連選連任。董事任

丙：繼續一年以上，持有已發行股份總數百分之三以上之股東，得以書面請求監察人為公司對董事提起訴訟。

丁：股東會未為決議將其解任時，得由持有已發行股份總數百分之三以上股份之股東，於股東會後半年內，訴請法院裁判解任之。

(A)甲、乙、丙(B)乙、丙、丁(C)丙、丁、甲(D)丁、甲、乙。（模擬試題）

【解說】(1)甲正確：因依公司法§194規定：「董事會決議，為違反法令或章程之行為時，繼續一年以上持有股份之股東，得請求董事會停止其行為。」故甲正確。

(2)乙正確：因依公司法§212規定：「股東會決議對於董事提起訴訟時，公司應自決議之日起三十日內提起之。」§213規定：「公司與董事間訴訟，除法律另有規定外，由監察人代表公司，股東會亦得另選代表公司為訴訟之人。」故乙正確。

(3)丙亦正確：因依公司法§214 I 規定：「繼續一年以上，持已發行股份總數百分之三以上之股東，得以書面請求監察人為公司對董事提起訴訟。」故丙正確。

(4)丁不對：因依公司法§200規定：「董事執行業務，有重大損害公司之行為或違反法令或章程之重大事項，股東會未為決議將其解任時，得由持有已發行股份總數百分之三以上股份之股東，於股東會後三十日內，訴請法院裁判之。」故丁不對。

(5)本題為甲乙丙丁之組合，故宜就甲乙丙丁四者，何者為正確，何者為錯誤，一一篩選。

期為本法§129規定公司章程之必要記載事項，如無此記載，將導致整部章程無效。

(二) 第2項規定旨在解決新舊任董事任期的銜接問題，以免交接期間發生責任不明、青黃不接的現象。惟此一規定，不能作為舊任董事任期無限延長的藉口，因公司董事會遲遲不辦理董事改選，藉以延長舊任董事之任期，或因經營權之爭，遲遲未為改選之例，比比皆是，為保障股東之權益，促進公司正常經營，以貫徹本條立法目的，乃特別授權主管機關（即經濟部），可依職權限期令公司改選；如果屆期仍不改選者，自限期屆滿時，使原董事會當然解任，以避免流弊發生。

第196條（董事之報酬）
①董事之報酬，未經章程訂明者，應由股東會議定，不得事後追認。
②第二十九條第二項之規定，對董事準用之。

解說

(一) 本條為98年1月9日修正條文，其中第1項是關於董事報酬的決定機關及方式的規定，按董事為公司業務執行與平常經營決策的中心，為免球員兼裁判之自行決定報酬，導致公司其他股東的損失，因此原則上相關報酬應明定於章程之上以資明確，但是如果章程未規定時，本條第1項即確認其決定機構為股東會，而且為徹底杜絕以往董事會先行決定報酬，事後再提報股東會追認的陋習，本次條文修正時即明定不得以事後追認方式進行，換言之，除已經股東會通過之報酬外，董事會不得以任何名義先行通過支領任何款項，否則皆屬違法。

(二) 第2項是為因應國際金融危機，所產生之公司紓困需求而設，凡是發生營運困難，參與政府之專案紓困時，這些參與紓困的公司為了避免濫用政府之紓困金，因此第2項明定應要求接受紓困的企業提出具體之自救計畫，而且政府依本條規定，可以對於受紓困企業的董事的報酬加以限制，此即肥貓條款的禁止規定。

第197條（董事之當然解任與股份之申報）
①董事經選任後，應向主管機關申報，其選任當時所持有之公司股份數

額；公開發行股票之公司董事在任期中轉讓超過選任當時所持有之公司股份數額二分之一時，其董事當然解任。

②董事在任期中其股份有增減時，應向主管機關申報並公告之。

③董事任期未屆滿提前改選者，當選之董事，於就任前轉讓超過選任當時所持有之公司股份數額二分之一時，或於股東會召開前之停止股票過戶期間內，轉讓持股超過二分之一時，其當選失其效力。

解說

(一) 董事名單為公司設立登記事項之一，故選任後應向主管機關即經濟部申報登記，改選時亦同，董事要對公司經營負責，一旦其持股有二分之一以上轉讓，則顯示董事對於公司之經營缺乏信心，因此第1項規定，董事名單及其各該人持有股份狀況，包括就任之初及任期中間，均應向主管機關經濟部申報並經公告，公開發行公司由於與社會大眾之投資影響較大，因此其董事持股轉讓超過二分之一，則不待股東會決議及法院判決，該董事之資格當然絕對地喪失[36]，至於一般公司由於影響較小，因此不受本條當然解任規定之限制。

(二) 第2項規定係賦予董事向主管機關申報其股份增減之義務，以方便主管機關之監督。

(三) 第3項則是選舉的問題，例如公司於董事任期屆滿前提前改選，則自選任時至就任此一期間之轉讓股份，或於股東會召開前之過戶閉鎖期間轉讓持股之情形發生時，為避免利用漏洞當選然後危害公司之正常運作，公司法乃明定董事任期未屆滿提前改選者，當選之董事，於就任前轉讓超過選任當時所持有之公司股份數額二分之一時，或於股東會召開前之停止股票過戶期間內，轉讓持股超過二分之一時，其當選即失其效力。

---

[36] (A) 公開發行股票公司，董事在任期中轉讓超過選任當時所持有公司股份數額之多少比例時，其董事當然解任？(A)百分之五十(B)百分之四十(C)百分之三十(D)百分之二十。（模擬試題）

【解說】依公司法§197 I規定：「董事經選任後，應向主管機關申報，其選任當時所持有之公司股份數額；公開發行股票之公司董事在任期中轉讓超過選任當時所持有之公司股份數額二分之一時，其董事當然解任。」故應選(A)。

第197條之1（通知義務）

①董事之股份設定或解除質權者，應即通知公司，公司應於質權設定或解除後十五日內，將其質權變動情形，向主管機關申報並公告之。但公開發行股票之公司，證券管理機關另有規定者，不在此限。

②公開發行股票之公司董事以股份設定質權超過選任當時所持有之公司股份數額二分之一時，其超過之股份不得行使表決權，不算入已出席股東之表決權數。

解說

　　董事要對公司經營負責，當董事發生財務困難，或是有鉅額的質權設定，將影響董事對於公司之經營或疏於關心，此必然影響到公司的決策品質，因此本條規定，當董事將其股份設定或解除質權之情形發生時，董事應即通知公司，由公司向主管機關申報並公告之，不過公開發行股票之公司，證券管理機關另有規定時，則依其規定辦理，不適用本條之規定。

第198條（董事選任之方式）

①股東會選任董事時，每一股份有與應選出董事人數相同之選舉權，得集中選舉一人，或分配選舉數人，由所得選票代表選舉權較多者，當選為董事。

②第一百七十八條之規定，對於前項選舉權，不適用之。

解說

(一) 第1項規定董事選舉之計票方式，此一制度稱為累積投票制[37]，為避免全額連記法易造成多數派全面掌控公司的流弊，以使少數派亦有機

---

[37] (A) 股份有限公司董事之選任如每一股份有與應選出董事人數相同之選舉權，得集中選舉一人，或分配選舉數人，稱為：(A)累積投票制(B)限制連記制(C)直選制(D)複數投票制。（模擬試題）

【解說】依公司法§198 I：「股東會選任董事時，每一股份有與應選出董事人數相同之選舉權，得集中選舉一人，或分配選舉數人，由所得選票代表選舉權較多者，當選為董事。」這種方法稱為累積投票制；限制連記法，是連記法之一，但限制連記額度不得超過應選名額的一定比例；複數股票制及直選制一般多用在政治性的選舉，直選制指的是由人民直接選舉，而複數投票制則指的是一個人在不同的選區均有投票權，故本題應選(A)。

會推選代表進入公司的決策核心。此一制度，使每一股份有與應選出董事相同之選舉數，如應選董事三人，則一股便有三投票權，此舉增加了每一股份投票的彈性空間，得集中選舉一人，或分配選舉數人，選舉結果則以獲得相對多數投票權支持者而定[38]。100年12月13日立法院三讀修正通過198條之前，鑑於董事選任方式，係屬公司內部自治事宜，公司法乃特設例外規定，即當公司章程另有規定時，可依公司章程規定辦理，即可採全額連記法，但100年修法刪除「公司章程另有規定」之例外規定，即不可以章程規定採全額連記法，強制改採累積投票制，以保護小股東權益。

(二) 本法第178條係規定股東行使表決權的利益迴避原則，禁止就有自身利害關係並有有害於公司利益之虞的事項，加入或代理他人為表決，不過在表決人事案如選舉董事時則不適用，本條第2項特別明文規定以杜絕爭議。

(三) 全額連記法是每一股份具有與應選出董事人數相同的選舉權，但每一選舉權須選舉不同人，不得集中於同一人，即不能把全部的選舉權票都投給單一候選人，要投不同之人，因此任何一方只要掌握過半數選票，即可取得所有董事會席次。

(四) 累積投票制則是每一股份具有與應選出董事人數相同的選舉權，且得集中選舉一人，或分配給各候選人，由所得選票代表權選舉較多者，當選為董事。

(五) 上述兩種投票法最大的不同在於，累積投票制較能發揮保護小股東的

---

[38] (B) A股份有限公司已發行之股份有300股，採取的選舉制度是累積投票制。多數派股東全體持有199股，少數派股東全體握有101股。設今欲選出董事3人，且在少數派股東之全部選舉權集中於1人之情形下，試問多數派股東至多可當選幾席董事？(A)3席(B)2席(C)1席(D)0席。（模擬試題）
【解說】依公司法§198 I：「股東會選任董事時，每一股份有與應選出董事人數相同之選舉權，得集中選舉一人，或分配選舉數人，由所得選票代表選舉權較多者，當選為董事。」此即累積股票制之規定。本題選舉董事3人，所以每股有3個選舉權，可以集中給1人，也可以分散給數人，依題意A公司總股數為300股，共900權，多數派股東199股，共597個權，少數派股東101股，共303權，少數派股東如將其選舉權集中1人時，一定可以當選1席，所以多數派股東至多只能當選2席。

作用，因為持股較少的股東可透過將選票全數投在單一候選人身上取得當選席次，進而達到為小股東發聲的目的，因此，累積投票制可避免董監改選常上演的經營權之爭，有助於公司治理之實現。

第199條（董事之決議解任）

①董事得由股東會之決議，隨時解任；如於任期中無正當理由將其解任時，董事得向公司請求賠償因此所受之損害。

②股東會為前項解任之決議，應有代表已發行股份總數三分之二以上股東之出席，以出席股東表決權過半數之同意行之。

③公開發行股票之公司，出席股東之股份總數不足前項定額者，得以有代表已發行股份總數過半數股東之出席，出席股東表決權三分之二以上之同意行之。

④前二項出席股東股份總數及表決權數，章程有較高之規定者，從其規定。

解說

(一) 本條第1項規定董事之決議解任，董事任期為公司章程必要記載之事項，此一任期規定實為董事在任期間的最長限制，而非最低期間之保障，因為董事得隨時由股東會決議解任之，股東會解任董事應有正當理由，否則應對被解任之董事負損害賠償責任，所謂正當理由，如使公司為違法行為、不出席董事會會議又不委託其他董事代理等。

(二) 至於股東會為前項解任之決議，為避免少數股東任意決議，導致公司經營困難，因此第2項明定需經特別決議為之，也就是在一般公司應有代表已發行股份總數三分之二以上股東之出席，以出席股東表決權過半數之同意行之；第3項規定，公開發行股票之公司，出席股東之股份總數不足前項定額者，得以有代表已發行股份總數過半數股東之出席，出席股東表決權三分之二以上之同意行之。第4項則規定，前述出席股東股份總數及表決權數，章程有較高之規定者，從其規定，如果違反前述出席權數及表決權數之規定所作成之決議，應屬無效。

(三) 被決議解任之董事，得否以股東身分參與表決？有正反二種見解，基於董事得行使其防禦權之法理，若其參與表決，並無害於公司利益之虞，應無§178表決權行使迴避之適用，故以採用肯定說為宜，否定

　　說則認爲決議解任董事，§199未如§198董事選舉設有排除迴避之
明文，且可避免§199之功能無法發揮之現象[申23]。

第199條之1（提前解任）

①股東會於董事任期未屆滿前，經決議改選全體董事者，如未決議董事於
　任期屆滿始爲解任，視爲提前解任。
②前項改選，應有代表已發行股份總數過半數股東之出席。

解說

　　本條是關於董事提前改選任期處理之問題，按董事任期未屆滿前，經
決議改選全體董事者，如未決議原董事於任期屆滿始爲解任時，則原董事
及新選出董事之任期及就任時點將無法確定，影響公司之正常營運，因此
本條明定，只要經決議改選全體董事，而未決議董事於任期屆滿始爲解任
時，則原董事視爲提前解任。

第200條（董事之裁判解任）

董事執行業務，有重大損害公司之行爲或違反法令或章程之重大事項，股
東會未爲決議將其解任時，得由持有已發行股份總數百分之三以上股份之
股東，於股東會後三十日內，訴請法院裁判之。

解說

(一) 本條規定董事之裁判解任與少數股東之訴請解任董事權，股東會解任
　　董事不需要任何正當理由，何況董事執行業務如有重大損害公司行
　　爲，或違反法令或章程之重大事項，更可構成股東會爲解任決議之正
　　當理由，除股東會決議解任董事外，本法惟恐股東會爲多數派股東所
　　把持，乃規定得由持有已發行股份總數3%以上股份之股東，於股東
　　會後三十日內，訴請法院裁判之，以保護公司及一般股東之利益[39]。

---

[39] (D) A上市公司董事長乙利益輸送，掏空A公司資產10億元，試問下列何者可逕向
　　公司所在地台北地方法院提起解任董事長乙之董事資格之訴？(A)持有A公司股
　　份1%之股東某甲(B)A公司之債權人(C)A公司任何股東不論持股多少均可(D)依
　　證券投資人及期貨交易人保護法設立之保護機構。（99預13.）

(二) 至於少數股東要提起解任董事之訴，本文認為不需要解任董事之議案曾提出於股東會，因本法無此規定，且股東會事務繁多，加以可能為多數派股東控制議程，解任董事之議案要提出於股東會，不如想像中簡單，再者，本文亦認為，曾在股東會反對解任之股東，仍得再提起此項訴訟，按，股東會只要確定股東會未能為解任決議，在股東會後三十日除斥期間內，持有已發行股份總數3%以上之股東，不論其人數為一人或數人，即有資格訴請法院裁判，且本條與本法第194條不同，第194條規定制止董事會重大違失行為之股東，不論其持股比例多少，皆可隨時訴請法院裁判制止之，但本條涉及對董事之解任，為了防止濫訴與慎重起見，本條規定須集合3%以上股份之股東始得為之，又法院裁判解任的性質為形成之訴，和決議解任還需監察人通知董事不同，只要解任判決一經確定，即生解任的效力。

第201條（董事之補選）

董事缺額達三分之一時，董事會應於三十日內召開股東臨時會補選之。但公開發行股票之公司，董事會應於六十日內召開股東臨時會補選之。

解說

　　本條是關於股份有限公司董事出缺達三分之一時的處理規定，按股

【解說】(1)(A)(B)(C)均錯誤：董事若無法取得股東會之信任，原得由股東會決議解任，但公司法恐股東被大股東把持，故於公司法§200規定：「董事執行業務，有重大損害公司之行為或違反法令或章程之重大事項，股東會未為決議將其解任時，得由持有已發行股份總數百分之三以上股份之股東，於股東會後三十日內，訴請法院裁判之。」(A)(B)(C)三選項均不符上述規定。

(2)(D)正確：依98年5月20日修正之證券投資人及期貨交易人保護法則於§10-1 I 規定：「保護機構辦理前條第一項業務，發現上市或上櫃公司之董事或監察人執行業務，有重大損害公司之行為或違反法令或章程之重大事項，得依下列規定辦理：一、請求公司之監察人為公司對董事提起訴訟，或請求公司之董事會為公司對監察人提起訴訟。監察人或董事會自保護機構請求之日起三十日內不提起訴訟時，保護機構得為公司提起訴訟，不受公司法§214及§227準用§214之限制。保護機構之請求，應以書面為之。二、訴請法院裁判解任公司之董事或監察人，不受公司法§200及§227準用§200之限制。」故(D)正確。

份有限公司選出董事後，有時可能會發生董事意外死亡、辭職以及有本
法§197、§199及§200之解任原因致被解任時，即會產生董事缺額的情
形，此時自不能不加以處理，依本條規定，可分為以下兩種處理方式：

(一) 董事缺額達到三分之一時，由於股份有限公司有許多事項均必須有
　　三分之二以上董事的出席始能作成決議，例如：董事長選舉（本法
　　§208）、募集公司債之決議（本法§246）、現金增資發行新股之
　　決議（本法§266），及聲請公司重整之決議（本法§282）等均屬
　　之，因此一旦缺額超過三分之一，即有造成無法進行前述重要議案的
　　決議之可能，因此本條明定，在此情形發生時，公司應於三十日內召
　　開股東臨時會補選之，但公開發行股票之公司，其股務作業時間較
　　長，因此但書特別規定召開股東臨時會之期間增加為六十日內，以維
　　持公司之正常營運。

(二) 在董事缺額未達三分之一時，公司法並未特設限制規定，因此公司可
　　視實際需要來決定是否補選出缺的董事。

第202條（董事會之職權）

公司業務之執行，除本法或章程規定應由股東會決議之事項外，均應由董
事會決議行之。

解說

(一) 本條是關於董事會職權的概括規定，按股份有限公司的董事會，主要
　　即在負責公司的業務執行，以便能迅速處理各種突發狀況，因此，本
　　條即明定，關於公司的業務執行，原則上均由董事會以決議方式加以
　　決定，不過，為避免過度擴張董事會的權利，反而會產生侵害股東會
　　職權的情形，所以本條復規定，依本法或公司章程規定應由股東會
　　決議之事項，即不能由董事會代為決定[申24]，例如公司章程，依本法
　　§277 I規定除經股東會決議外，不得加以變更，此時即不能由董事
　　會任意更改，以維護股東的權益。

(二) 有些事項則為董事會及股東會共享之權限，例如股份有限公司辦理減
　　資，須依§202，由董事會擬具減資方案，然後召集股東會，向股東
　　會提出減資之議案始可[申25]。

第203條（董事會召集之程序）

① 董事會由董事長召集之。但每屆第一次董事會，由所得選票代表選舉權最多之董事召集之。

② 每屆第一次董事會應於改選後十五日內召開之。但董事係於上屆董事任滿前改選，並決議自任期屆滿時解任者，應於上屆董事任滿後十五日內召開之。

③ 董事係於上屆董事任期屆滿前改選，並經決議自任期屆滿時解任者，其董事長、副董事長、常務董事之改選得於任期屆滿前為之，不受前項之限制。

④ 第一次董事會之召集，出席之董事未達選舉常務董事或董事長之最低出席人數時，原召集人應於十五日內繼續召集，並得適用第二百零六條之決議方法選舉之。

⑤ 得選票代表選舉權最多之董事，未在第二項或前項限期內召集董事會時，得由五分之一以上當選之董事報經主管機關許可，自行召集之。

解說

(一) 本條是關於董事會應由何人召集的規定，依第1項規定，董事會原則上係由董事長召集，董事長如因故不能召集時，則可依§208Ⅲ規定，由副董事長等人代為召集。

(二) 比較有問題的是在董事會經改選後，由於此時新任董事尚未集會，因此根本不可能推出一董事長，故究竟應由新任董事的何人召集，遂生疑問，因此本條明定處理方式如下：

　1. **由所得選票最高的董事召集**

　　依本條第1項後段規定，在新改選董事後，第一次召開董事會時，原則上即由所獲得選舉權數最高的董事召集。

　2. **召集期限**

　　依本條第2項規定，第一次董事會應於股東會改選董事後十五天內召集，以防止延宕；不過如果股東會改選時，原董事的任期尚未屆滿，為避免發生衝突，本條復規定此時應在原來董事的任期屆滿後十五天內召集，不過，董事如係於上屆董事任期屆滿前改選者，須於上屆董事任滿後十五日內始得召開第一次董事會，據

此，董事長、副董事長、常務董事無法於任期屆滿前改選，銜接視事，公司運作相當不便，因此本條第3項明定其董事長、副董事長、常務董事之改選得於任期屆滿前為之，不受前述限制，以利新、舊任交接。

3. **少數董事抵制時之特別規定**

按得票最高的董事依法召開第一次董事會時，其主要工作一般即在選舉董事長及常務董事等，不過依本法§208 I 規定，必須有三分之二以上董事出席始能進行選舉，此時即有可能因三分之一董事的抵制，而導致改選董事等程序無法進行，因此，本條第4項即明定，當第一次董事會因出席董事不足致無法改選董事長時，原召集人可於會後十五天內再行召集，並可適用§206的方式，即以過半數董事的出席，並以出席董事過半數的同意即可改選董事長及常務董事。

4. **其他董事自行召集的情形**

雖然本法已明定應由得票數最高的董事召集董事會，惟為避免該董事拒絕召集，而影響公司正常營運，遂規定了前述2、3的召集期限規定，並於本條第5項明定，在超過前述召集期限後仍未召開時，可以由五分之一以上的董事，報經主管機關許可後，自行召集董事會。

第204條（召集之通知）

①董事會之召集，應載明事由，於七日前通知各董事及監察人。但有緊急情事時，得隨時召集之。

②前項召集之通知，經相對人同意者，得以電子方式為之。

解說

(一) 本條是關於董事會召集通知期限之規定，原則上在董事會召集七天前，召集通知即應載明事由寄發各董事及監察人，否則其召集程序即不合法，至於有緊急情事，致使無法在七天前通知時，始可適用本條後段的隨時召集方式，否則依法仍須於開會七天前通知各董事及監察人，始為合法。

(二) 又現在科技通訊發達，爲爭取時效及便利起見，第2項乃規定，如經相對人同意，召集通知得以電子方式爲之。

第205條（董事之代理）

①董事會開會時，董事應親自出席。但公司章程訂定得由其他董事代理者，不在此限。

②董事會開會時，如以視訊會議爲之，其董事以視訊參與會議者，視爲親自出席。

③董事委託其他董事代理出席董事會時，應於每次出具委託書，並列舉召集事由之授權範圍。

④前項代理人，以受一人之委託爲限。

⑤董事居住國外者，得以書面委託居住國內之其他股東，經常代理出席董事會。

⑥前項代理，應向主管機關申請登記，變更時，亦同。

解說

本條是關於董事出席董事會之規定[40, 41]，茲分述如下：

---

[40] (D) 關於董事出席董事會，下列敘述何者正確？(A)董事得出具委託書由非董事代理，公司不得以章程限制或禁止(B)董事委託非董事之股東出席董事會時，應出具委託書，列舉召集事由之授權範圍(C)董事居住國外者，得以書面委託非股東之人，經常代理出席董事會(D)代理其他董事出席之董事，以受一人之委託爲限。（模擬試題）

【解說】(1)(A)錯誤：因依公司法§205Ⅰ規定：「董事會開會時，董事應親自出席。但公司章程訂定得由其他董事代理者，不在此限。」(A)的意思是董事原則上可代理出席，與董事會應親自出席原則不符。(2)(B)錯誤：因依公司法§205Ⅲ規定：「董事委託其他董事代理出席董事會時，應於每次出具委託書，並列舉召集事由之授權範圍。」(B)董事可委託「非董事」出席，與董事只能委託「其他董事」出席有違。(3)(C)錯誤：因依公司法§205Ⅳ規定：「董事居住國外者，得以書面委託居住國內之其他股東，經常代理出席董事會。」如因常居國外而須經常代理，雖不限於董事，但也必須是公司「股東」，故(C)錯誤。

(4)(D)正確：因依公司法§205Ⅲ規定：「前項代理人，以受一人之委託爲限。」

[41] (A) 甲股份有限公司之董事會成員分別有A、B、C、D、E五人，董事長爲A。某次董事會欲決議是否委任F爲甲公司之總經理乙案，該次董事會由A、B二人親自

(一) 親自出席

依本條規定，股份有限公司的董事，原則上應親自出席董事會，不能委由他人代理，違反時，該董事即應被認定爲根本未出席，不過鑑於電傳科技發達，以視訊會議方式從事會談，與親自出席無異，因此本條第2項明定董事會開會時，如以視訊會議爲之，其董事以視訊參與

出席，C因公務出國，但開董事會前C已依公司章程規定出具委託書予B代理出席該次董事會，且授權表示贊成委任F；另外，D則是因爲生病住院，以視訊方式參與該次董事會；E雖接獲通知但未出席該次董事會。B、C、D皆同意F之委任案，A則不同意F之委任案。試問，F之委任案是否經甲公司董事會通過，其正確理由爲何？(A)通過，因合法出席董事四人，同意董事三人，因此達到公司法所設之門檻(B)通過，因合法出席董事三人，同意董事三人，因此達到公司法所設之門檻(C)不通過，因合法出席董事僅有二人，同意董事二人，未達公司法所設之門檻(D)不通過，因合法出席董事四人，同意董事一人，未達公司法所設之門檻。（100司10.）

【解說】(1)(A)正確：因依公司法§29Ⅰ規定：「公司得依章程規定置經理人，其委任、解任及報酬，依下列規定定之。但公司章程有較高規定者，從其規定：……三、股份有限公司應由董事會以董事過半數之出席，及出席董事過半數同意之決議行之。」選任F爲甲股份有限公司總經理乙案，應經董事會「普通決議」通過。A、B親自出席、E接獲通知未出席，都很清楚，問題在C、D是否出席，茲分析如下：

依公司法§205Ⅰ至Ⅳ：「董事會開會時，董事應親自出席。但公司章程訂定得由其他董事代理者，不在此限（第1項）。董事會開會時，如以視訊會議爲之，其董事以視訊參與會議者，視爲親自出席（第2項）。董事委託其他董事代理出席董事會時，應於每次出具委託書，並列舉召集事由之授權範圍（第3項）。前項代理人，以受一人之委託爲限（第4項）。」C因公務出國，但開董事會前C已依公司章程規定出具委託書予B代理出席該次董事會，符合公司法§205Ⅰ、Ⅲ、Ⅳ之規定，B代理C出席合法。而D因生病住院，以視訊方式參與該次董事會，亦符合§205Ⅱ規定，視爲親自出席。甲股份公司董事五人，合法出席董事共爲A、B、C、D四人，出席董事已過半數，出席董事中，C已授權B表示贊成委任F，而B、D同意F委任、僅A不同意，同意董事其三人，亦過出席董事之半數，決議案通過，答案應選(A)。

(2)(B)有部分錯誤：因合法出席董事會爲四人。

(3)(C)有部分錯誤：因合法出席董事會爲四人，且同意之董事爲三人，已過半數。

(4)(D)有部分錯誤：因合法出席董事會爲四人，且同意之董事爲三人，已過半數。

會議者，也視爲親自出席。

(二) 個別委託出席

此種方式必須符合以下要件：

1. 公司章程上須明定董事可以委任其他董事代理
2. 僅能委託董事代理出席
   即被委託出席之人，也必須具有董事資格始可。
3. 代理人僅能受一人之委託
4. 必須每次出具委託書，並列舉召集事由的授權範圍
   詳言之，欲委託他人出席董事會時，僅能在每次開會前出具委託書進行委任，不能長時期連續委託，否則即爲無效。其次，在進行委任時，尚應註明授權範圍，例如授權某議案投票等，在授權外的董事會其他議案，被委託之董事即不能代理行使表決權。

(三) 經常委託出席

此種方式，必須符合以下要件：

1. 公司章程明定可委託其他董事代理出席董事會時。
2. 委託之董事，係常年居住國外者。
3. 須以書面委託居住國內之其他股東。
4. 須向主管機關辦理登記：即必須經登記後，其授權始發生效力，而可由該被委託的股東代理出席董事會；在未辦登記前，被委託之股東仍不能出席董事會。

第206條（董事會之決議）

①董事會之決議，除本法另有規定外，應有過半數董事之出席，出席董事過半數之同意行之。
②董事對於會議之事項，有自身利害關係時，應於當次董事會說明其自身利害關係之重要內容。
③第一百七十八條、第一百八十條第二項之規定，於前項之決議準用之。

解說

(一) 本條第1項是關於董事會決議方法及表決權限制的規定，依本條規定，董事會原則上在決議時，是以董事過半數的出席，並以出席董事過半數的同意即可，不過在下列情形，則需有三分之二以上董事出

席，並以出席董事過半數的同意決之：

1. 決議向股東會提出締結、變更或終止關於出租全部營業，委託經營或與他人經常共同經營之契約，或讓與全部或主要部分之營業或財產，或受讓他人全部營業或財產，而對公司營運有重大影響等議案時（本法§185Ⅰ、Ⅴ）。
2. 選舉董事長、副董事長或常務董事。（本法§208Ⅰ、Ⅱ）。
3. 公開發行股票的公司，其股息及紅利之分派。（本法§240Ⅵ）。
4. 募集公司債（本法§246）。
5. 現金增資發行新股（本法§266Ⅱ）。
6. 聲請公司重整（本法§282Ⅱ）。

(二) 除此之外，依本條第2項準用§178規定，董事關於自身利益並可能會損害公司利益的事項，不能參加表決，也不能代理其他董事行使表決權，以保障全體股東的利益，不過為避免造成決議通過的困難，本條第2項又準用法§180規定，關於前述不能行使表決權的董事，不算入已出席董事之人數中[註26]。

第207條（董事會議事錄之製作）

①董事會之議事，應作成議事錄。
②前項議事錄準用第183條之規定。

解說

　　本條是關於董事會之議事錄的作成及保管之規定，依本條準用公司法§183規定，董事會議事錄應記載下列事項：

(一) 董事會開會之年、月、日、場所，以及主席之姓名。
(二) 董事會之議決事項、議事經過之要領（例如董事的發言紀錄等）、決議方法（即以多少董事的出席，及多少董事的決議），及該議案之結果（即通過或不通過該議案）。
(三) 主席之簽名及蓋章。

　　在作成議事錄後，應在董事會後二十天內，將議事錄分發給各股東；而且前述的議事錄，應該與董事出席的簽名簿及代理出席的委託書一併保存於公司，如果違反前述保存之規定時，代表公司的董事將被處以1萬元以上5萬元以下之罰鍰。

第208條（董事、常務董事）

①董事會未設常務董事者，應由三分之二以上董事之出席，及出席董事過半數之同意，互選一人為董事長，並得依章程規定，以同一方式互選一人為副董事長。

②董事會設有常務董事者，其常務董事依前項選舉方式互選之，名額至少三人，最多不得超過董事人數三分之一。董事長或副董事長由常務董事依前項選舉方式互選之。

③董事長對內為股東會、董事會及常務董事會主席，對外代表公司。董事長請假或因故不能行使職權時，由副董事長代理之；無副董事長或副董事長亦請假或因故不能行使職權時，由董事長指定常務董事一人代理之；其未設常務董事者，指定董事一人代理之；董事長未指定代理人者，由常務董事或董事互推一人代理之。

④常務董事於董事會休會時，依法令、章程、股東會決議及董事會決議，以集會方式經常執行董事會職權，由董事長隨時召集，以半數以上常務董事之出席，及出席過半數之決議行之。

⑤第五十七條及第五十八條對於代表公司之董事準用之。

解說

　　本條是關於股份有限公司之董事長、常務董事的選舉、職權之行使，以及代理等相關規定，茲分述如下：

(一) 常務董事的職權及選舉

　　所謂常務董事，乃指依章程規定而特別設置，以便於董事會休會期間，能以集會方式隨時召集，而決定公司重要經營事項的組織而言，由於是否設置常務董事須視各公司實際情況而定，故公司法遂委由各股份有限公司章程自行決定是否設置，至於章程規定設有常務董事時，為避免人數眾多或過少而失其實益，本條第2項即明定常務董事的名額最少為三人，最多則不可超過董事名額的三分之一，而其選舉方式，則以三分之二以上董事的出席，並以出席董事互選。

(二) 董事長及副董事長之選舉

　　依本條第1項規定，在未設常務董事的公司中，董事長係由三分之二以上董事的出席，並以出席董事過半數的同意選舉產生；至於在有設

常務董事的公司中，董事長則係由三分之二以上常務董事的出席，並以出席常務董事過半數之同意選舉產生；關於副董事長方面，須視公司章程有無此職位的設置，如有設置，則其選舉方式與董事長的選舉方式相同[申27]。

(三) 董事長的職權

一般而言，董事長具有下列之職權：

1. 對外代表公司之權

此係指董事長可對外以公司的代表人資格而簽訂契約、提起訴訟及為其他相關法律行為，並使此等行為直接對公司發生效力而言。（本法§208Ⅴ準用§58）。

2. 對公司的一切營業事項，有辦理之權（本法§208Ⅴ準用§57）

3. 召集並擔任會議主席之權

依本法§171、§203及本條的規定，股份有限公司的股東會、董事會及常務董事會，原則上均由董事長召集並擔任會議主席。

第208條之1（臨時管理人）

①董事會不為或不能行使職權，致公司有受損害之虞時，法院因利害關係人或檢察官之聲請，得選任一人以上之臨時管理人，代行董事長及董事會之職權。但不得為不利於公司之行為。

②前項臨時管理人，法院應囑託主管機關為之登記。

③臨時管理人解任時，法院應囑託主管機關註銷登記。

解說

本條是關於臨時管理人的規定，按公司因董事死亡、辭職或當然解任，致董事會無法召開行使職權，或董事全體或大部分均遭法院假處分不能行使職權等，以致公司業務停頓，此時對於股東權益影響甚大，公司法乃特設本條規定，即在董事會不為或不能行使職權，致公司有受損害之虞時，利害關係人（包含股東或債權人等）或檢察官可以向法院聲請，由法院選任一人以上之臨時管理人，代行董事長及董事會之職權，以維持公司正常營運；由於臨時管理人係為避免公司有受損害而選任，因此依法即不得為不利於公司之行為，否則該行為即為無效；不過臨時管理人選任或

解任後，爲避免除聲請人外，一般大眾無法得知的情形發生，因此本條第2項及第3項明定選任時法院應囑託主管機關爲之登記，臨時管理人解任時，法院應囑託主管機關註銷登記，以保護一般大眾。

第209條（董事競業之禁止與公司歸入權）

①董事爲自己或他人爲屬於公司營業範圍內之行爲，應對股東會說明其行爲之重要內容，並取得其許可。

②股東會爲前項許可之決議，應有代表已發行股份總數三分之二以上股東之出席，以出席股東表決權過半數之同意行之。

③公開發行股票之公司，出席股東之股份總數不足前項定額者，得以有代表已發行股份總數過半數股東之出席，出席股東表決權三分之二以上之同意行之。

④前二項出席股東股份總數及表決權數，章程有較高之規定者，從其規定。

⑤董事違反第一項之規定，爲自己或他人爲該行爲時，股東會得以決議，將該行爲之所得視爲公司之所得。但自所得產生後逾一年者，不在此限。

解說

(一) 本條是關於董事經營與公司相同業務時的限制規定，董事既然職司公司經營大權，並實際參與公司決策，因此如果無限制地使董事可以任意經營與公司有競爭關係的業務，將有爲自己謀利，而損及公司利益的可能產生，故本條特設此競業限制的規定[42]。

---

[42] (B) 上市A公司，係主要從事小筆電（netbook）代工業務之大廠。於本年度股東會時，由該公司董事會提出討論案，案由是：「本公司爲多角化經營之企業，經營範圍甚爲廣泛，爲適應事實需要，凡本公司董事，爲自己或他人爲屬於本公司營業範圍內之行爲，擬請均予同意許可，以符合公司法第209條之規定。本案前經提請3年前股東會決議通過，茲以本屆董事任期屆滿，即將改選，擬再提請本年股東常會公決，是否之處，敬請討論案。」本案嗣經股東會決議：照案承認通過。試問此一決議的法律效力如何？(A)有效(B)無效(C)得撤銷(D)效力未定。（99預14.）

【解說】(1)依公司法之§209Ⅰ規定「董事爲自己或他人爲屬於公司營業範圍內之

(二) 所謂「競業許可」，是指董事在公司外經營與公司相同之業務時，必須向股東會說明其行為的重要內容，並取得股東會的許可。

(三) 本條第2、3、4項規定競業許可之方式，在一般公司必須得到代表已發行股份總數三分之二以上股東的出席，並以出席股東表決權數過半數的同意始可；另外，公開發行公司，因股東人數眾多，故公司法特減少出席股權的要求，即可以代表已發行股份總數過半數股東之出席，並以出席股東表決權數三分之二以上之同意而為許可；不過如果公司章程對前述比例有更高規定時，為保障公司股東權利，本條遂明定須依章程的規定。

(四) 至於董事違反競業限制，即未得股東會許可，卻經營公司營業範圍內的業務時，其行為並非無效，只是股東會可決議將該董事因該行為之所得，視為公司所得，即行使歸入權[註28]。另外，關於此處的決議，由於並未設特別規定，故仍適用本法§174規定，以代表已發行股份總數過半數股東的出席，並以出席股東表決權數過半數的同意即可。

第210條（章程簿冊之備置）

①除證券主管機關另有規定外，董事會應將章程及歷屆股東會議事錄、財務報表備置於本公司，並將股東名簿及公司債存根簿備置於本公司或股務代理機構。

②前項章程及簿冊，股東及公司之債權人得檢具利害關係證明文件，指定範圍，隨時請求查閱或抄錄。

③代表公司之董事，違反第一項規定，不備置章程、簿冊，或違反前項規定無正當理由而拒絕查閱或抄錄者，處新臺幣一萬元以上五萬元以下罰鍰。

行為，應對股東會說明其行為之重要內容並取得其許可。」同條Ⅱ規定「股東會為前項許可之決議，應有代表已發行股份總數三分之二以上股東之出席，以出席股東表決權過半數之同意行之。」

(2)董事之競業禁止，其目的在避免董事於參與公司經營、業務執行時因利害衝突而損及公司利益。股東會之許可，應就「具體」「個別」之方法為之，不得以概括方式得股東會之許可，否則該許可無效。故(B)為正確。

解說

(一) 第1項係明訂有關章程、議事錄及各類表簿冊備置的例示規定。

(二) 第2項係有關公司股東及債權人得指定範圍，請求查閱或抄錄前項文件的規定。申請查閱或抄錄時，應敘明理由，並檢附有關利害關係證明文件（例如債權證明、法院公函），公司之債權人可依此條規定，向主管機關申請抄錄或查閱公司章程、股東名簿及變更事項登記簿。

第211條（虧損之報告及破產之聲請）

①公司虧損達實收資本額二分之一時，董事會應即召集股東會報告。

②公司資產顯有不足抵償其所負債務時，除得依第二百八十二條辦理者外，董事會應即聲請宣告破產。

③代表公司之董事，違反前二項規定者，處新臺幣二萬元以上十萬元以下罰鍰。

解說

(一) 第1項為關於公司虧損報告之規定，公司營運發生困難，導致公司發生嚴重虧損，經累積已達到公司已發行資本額的二分之一時，顯然會對公司營運有重大影響，故要求董事會立即召集股東會報告，以使各股東能了解此項事實。

(二) 第2項則是針對公司資產不足清償負債時，董事會應即聲請法院宣告破產之規定，按公司財產如果已經不足以清償公司債務時，為避免因公司虧損擴大而導致債權人權益受到影響，因此規定董事會有立即向法院聲請宣告破產之義務。此外，如果該股份有限公司係公開發行股票或公司債的公司，而且具有重整價值時，即可依本法§282規定，聲請公司重整，而不用依破產程序處理，故此時董事會也可不用聲請公司破產。

(三) 違反前述報告或聲請公司破產的規定時，依本條第3項規定，代表公司的董事將受到處新臺幣2萬元以上10萬元以下罰鍰之處罰。

第212條（股東會對董事起訴之期限）

股東會決議對於董事提起訴訟時，公司應自決議之日起三十日內提起之。

解說

(一) 本條為股東會決議對董事起訴後，公司應提起訴訟的期限規定，按股東會在作成對董事起訴決議後，自應由執行機關來貫徹執行其決議，為避免執行機關怠於行使，本條遂明訂應於股東會作成決議後三十天內起訴，以防止有延遲的情事產生。

(二) 另外關於股東會的決議方面，由於公司法並未對其表決權比例作特別規定，因此仍然適用本法第174條，即以代表已發行股份總數過半數的股東出席，並以出席股東表決權數過半數的同意即可作成對董事起訴之決議。

第213條（公司與董事間訴訟之代表）

公司與董事間訴訟，除法律另有規定外，由監察人代表公司，股東會亦得另選代表公司為訴訟之人。

解說

　　本條為公司與董事發生訴訟時的規定。雖然依本法§208Ⅲ規定，由董事長代表公司，然而董事長係由董事所選任，關係自然較為密切，為避免有宥於人情而延遲起訴或有損害公司行為的情形發生，本條乃明定，在公司與董事間發生訴訟時，原則上應由監察人代表公司，始為合法。不過如果股東會認為不妥，例如，公司監察人與被控告的董事有密切關係時，為保障全體股東的權益，當然可以另外選任適當的人來代表公司。

　　其次，在監察人應代表公司起訴的情形下，如果監察人違反前條規定，在股東會決議對董事起訴後三十日內仍未起訴時，即屬於怠忽監察職務的行為，如果造成公司損害該監察人即須依本法§224規定，對公司負損害賠償責任。

第214條（少數股東對董事之訴訟）

①繼續一年以上，持有已發行股份總數百分之三以上之股東，得以書面請求監察人為公司對董事提起訴訟。

②監察人自有前項之請求日起，三十日內不提起訴訟時，前項之股東，得為公司提起訴訟；股東提起訴訟時，法院因被告之申請，得命起訴之股

東，提供相當之擔保；如因敗訴，致公司受有損害，起訴之股東，對於公司負賠償之責。

解說

(一) 本條是准許少數股東對董事起訴的規定[43]，如果董事有損害公司的行

---

[43] (D) 繼續一年，持有公開發行A股份有限公司3%股份之股東甲（同時為A公司之監察人），不滿該公司之董事長乙挪用公司公款清償其個人之債務，依公司法規定甲對董事長乙可採取下列何種行動追究其責任？(A)甲得直接以少數股東之身分對董事乙提起訴訟(B)甲得直接以少數股東之身分召集股東會，決議解任董事乙(C)甲得直接以少數股東之身分，向法院請求裁判解任董事乙(D)甲得直接以監察人身分召集股東會，依股東會決議對董事乙提起訴訟。（100司4.）

【解說】(1)(A)錯誤：因依公司法§214：「繼續一年以上，持有已發行股份總數百分之三以上之股東，得以書面請求監察人為公司對董事提起訴訟。監察人自有前項之請求日起，三十日內不提起訴訟時，前項之股東，得為公司提起訴訟。」甲雖符合少數股東的資格，但必須先向監察人請求，只有在監察人自請求日起30日內不提起訴訟時，才能依本條規定提起「代位訴訟」，所以甲無法直接以少數股東之身分對董事乙起訴，即便起訴也是代位公司向董事乙請求，而非以自己名義請求。

(2)(B)錯誤：因少數股東召集臨時股東會的情形有二種：第一種是公司法§193Ⅰ、Ⅱ：「繼續一年以上，持有已發行股份總數百分之三以上股份之股東，得以書面記明提議事項及理由，請求董事會召集股東臨時會。前項請求提出後十五日內，董事會不為召集之通知時，股東得報經主管機關許可，自行召集。」甲雖符合少數股東的資格，但甲必須要先請求董事會召集，只有在董事會不為召集時，才能在主管機關許可後，自行召集，而無法直接以少數股東身分召集股東會，決議解任董事乙；第二種依公司法§173Ⅳ：「董事因股份轉讓或其他理由，致董事會不為召集或不能召集股東會時，得由持有已發行股份總數百分之三以上股份之股東，報經主管機關許可，自行召集。」題示情形是董事長乙挪用公司公款清償其個人之債務，並非董事會有不為或不能召集的情形，甲也無法以此為由直接召集股東會。

(3)(C)錯誤：因依公司法§200：「董事執行業務，有重大損害公司之行為或違反法令或章程之重大事項，股東會未為決議將其解任時，得由持有已發行股份總數百分之三以上股份之股東，於股東會後三十日內，訴請法院裁判之。」甲雖持股達3%，但在A公司並未召開股東會且未決議解任董事長乙的情形下，甲資格不符，無法提起第200條裁判解任董事乙之訴。

(4)(D)正確：因依公司法§220條：「監察人除董事會不為召集或不能召集股東會外，得為公司利益，於必要時，召集股東會。」§212：「股東會決議對於董事提

爲，當然可以依本法§212規定，由股東會作成決議，對董事提起訴訟；然而如該董事能控制過半數股份，將導致股東會無法作成對該董事起訴之決議。因此，本條逐規定，准許少數股東對董事提起訴訟，其條件如下[甲29]：

1. 繼續一年以上，持有公司已發行股份3%以上之股東

   本條並未限制僅能一人持有，因此如果數股東合計持股超過公司已發行股份3%以上，並均已持有超過一年時，仍可行使本條所賦予的權利。

2. 經以書面請求監察人起訴，卻於超過三十日仍未提起

   依前條規定，公司與董事之間起訴，原則上應由監察人代表公司，故自然應使監察人有得行使其權利的機會，故要求前述的少數股東須先以書面要求監察人起訴，然而，如果監察人在超過三十日仍然不提起訴訟時，爲保障股東利益，始例外許可少數股東自行對該董事起訴。

(二) 具備前述二要件時，少數股東即可以自己的名義，爲公司而向該董事起訴，不過，爲避免濫行起訴，第2項規定，被告的董事可以聲請法院命起訴的股東提供相當的擔保，以保障自身的權益。

(三) 此外，爲防止少數股東濫行起訴，致影響公司聲譽等情形發生，第2項規定，如果該案件被判決敗訴，並因而導致公司受損害時，起訴的股東必須對公司負賠償責任。

第215條（代表訴訟之損害賠償）

①提起前條第二項訴訟所依據之事實，顯屬虛構，經終局判決確定時，提起此項訴訟之股東，對於被訴之董事，因此訴訟所受之損害，負賠償責任。

起訴訟時，公司應自決議之日起三十日內提起之。」§213：「公司與董事間訴訟，除法律另有規定外，由監察人代表公司，股東會亦得另選代表公司爲訴訟之人。」董事長乙挪用公司公款清償其個人之債務，對公司不利益，而公司對董事間之訴訟，又須以股東會決議爲前提，故召集股東會有其必要，甲得以監察人之身分，召集股東會，並在股東會決議後，代表公司對乙提起訴訟。

②提起前條第二項訴訟所依據之事實，顯屬實在，經終局判決確定時，被訴之董事，對於起訴之股東，因此訴訟所受之損害，負賠償責任。

解說

　　本條為少數股東對董事提起訴訟時，所造成對個人之損害的賠償規定，可分為以下兩種：

(一) 以虛構事實造成董事受損害時

　　本法之所以賦予少數股東可不經股東會決議，而逕依前條規定對董事起訴，其目的是在保護全體股東的利益，然而若有不法股東，企圖藉此來打擊董事，第1項乃明定，對於以顯屬虛構的事實而對董事起訴之股東，於被判決敗訴確定時，即須對該董事因此所受損害，負賠償責任。

(二) 以實在的事由起訴，而獲勝訴判決確定時

　　少數股東對董事起訴，其結果既足以保障公司各股東的權益，因此自然不宜使其承擔提起訴訟的不利益，例如律師費的支出等，故第2項即明定，只要少數股東起訴所依據的事實，確實係真正，並經判決勝訴確定時，即可向被訴的董事，請求因此訴訟所產生的損害（例如前述的律師費），以期衡平其所受的損失。

第五節　監察人

第216條（監察人之選任）

①公司監察人，由股東會選任之，監察人中至少須有一人在國內有住所。

②公開發行股票之公司依前項選任之監察人須有二人以上，其全體監察人合計持股比例，證券管理機關另有規定者，從其規定。

③公司與監察人間之關係，從民法關於委任之規定。

④第三十條之規定及第一百九十二條第一項、第三項關於行為能力之規定，對監察人準用之。

解說

(一) 本條為關於股份有限公司監察人之選任及資格的規定[申30]，依第1項規定，監察人係由股份有限公司股東會選舉產生，至於人數，依本條

規定,至少在一人以上,但是實際有多少人,則可由公司股東會自
行決定,並於章程上明訂(此爲絕對必要記載事項,本法§129),
其次,欲擔任股份有限公司的監察人,本身即有資格上之限制,首
先,監察人中至少須有一人在國內有住所,所以如不符合即均不得擔
任監察人,監察人的第2項資格要件,即必須要具有行爲能力,蓋監
察人既然職司查核業務,自然必須要有行爲能力,故本條第4項準用
§30⑥規定「無行爲能力或限制行爲能力人」不能擔任監察人,除此
之外,依同條第4項準用§192Ⅰ,Ⅲ規定,監察人須就「有行爲能
力」之人中選任,而且不適用民法§85(即允許限制行爲能力人獨立
營業時,限制行爲能力人關於其營業,有行爲能力之規定)之規定,
監察人的第3項資格要件,就是當該公司屬於公開發行公司時,除監
察人須有二人以上外,其全體監察人合計持股比例尚須符合證券管理
機關之規定始可。

(二) 除以上之資格要件外,依本條第4項準用§30規定,有以下情形之一
    著,不得擔任股份有限公司之監察人,即使違法選任,亦當然解任:
    1. 曾犯組織犯罪防制條例規定罪,經有罪判決確定,服刑期滿尚未
       逾五年者。
    2. 曾犯詐欺、背信、侵占罪經受有期徒刑一年以上宣告,服刑期滿
       尚未逾二年者。
    3. 曾服公務虧空公款,經判決確定,服刑期滿尚未逾二年者。
    4. 受破產之宣告,尚未復權著。
    5. 使用票據經拒絕往來尚未期滿者。
    6. 無行爲能力或限制行爲能力者。

(三) 第3項則是規範監察人與公司之關係,依本項規定,股份有限公司與
    監察人之間,依民法關於委任之規定辦理。

第216條之1（監察人候選人）

公開發行股票之公司監察人選舉,依章程規定採候選人提名制度者,準用
第一百九十二條之一規定。

解說

　　本條是關於監察人候選人之制度，為民國94年修正公司法時所新增，按公開發行公司，股東人數眾多，當全體股東均列入統計範圍時，容易造成開票統計上之繁雜，為健全公司發展及保障股東權益，推動公司治理，因此民國94年修正公司法時特別建立董事候選人提名制度，而監察人為公司執行監督之法定、必備機關，亦有建立監察人候選人提名制度之必要，爰增訂本條準用§192-1董事候選人提名制度之規定。

第217條（監察人之任期）

①監察人任期不得逾三年。但得連選連任。
②監察人任期屆滿而不及改選時，延長其執行職務至改選監察人就任時為止。但主管機關得依職權，限期令公司改選；屆期仍不改選者，自限期屆滿時，當然解任。

解說

(一) 第1項是關於股份有限公司監察人任期的規定，監察人的一個任期不能長於三年，所謂「一個任期」，即自本次召集股東會選舉監察人，至下次召集股東會選舉監察人及至就任時之期間而言，本項規定限制「一個任期」的期間，其目的是在避免因監察人透過一次選舉即久居其位，導致流弊產生，而損及公司其他股東之權益，因此如果其他股東均同意該監察人得連選連任，法律上實無加以禁止的必要，所以第1項後段即規定監察人得連選連任。

(二) 第2項規定有特殊情形發生，致使雖然任期屆滿仍然來不及改選監察人時，可延長其職務至改選監察人就任時，不過為避免公司濫用，而遲遲不召開股東會改選監察人，所以本條復規定主管機關可以限定期限命令公司改選，屆期仍不改選者，自限期屆滿時，原監察人即當然解任，以避免因公司經營權之爭，致遲遲未為改選之事發生，並保障股東之權益，促進公司業務之正常經營。

第217條之1（監察人全體解任）

監察人全體均解任時，董事會應於三十日內召開股東臨時會選任之。但公

開發行股票之公司，董事會應於六十日內召開股東臨時會選任之。

解說

　　本條是關於股份有限公司監察人全體均解任時之處理規定，如果監察人全體均解任時，將無人行使財務報表查核、業務及財務調查等情形，公司將陷於無監察人監督狀態，對於股東權益影響甚大，因此本條明定監察人全體均解任時，董事會應於三十日內召開股東臨時會選任之，不過公開發行股票之公司，由於股務事項較爲繁雜，因此特設例外規定，即董事會應於六十日內召開股東臨時會選任之。

第218條（監察人之檢查業務權）

①監察人應監督公司業務之執行，並得隨時調查公司業務及財務狀況，查核簿冊文件，並得請求董事會或經理人提出報告。

②監察人辦理前項事務，得代表公司委託律師、會計師審核之。

③違反第一項規定，妨礙、拒絕或規避監察人檢查行爲者，各處新臺幣二萬元以上十萬元以下罰鍰。

解說

(一) 第1項爲股份有限公司監察人所擁有的監察權利之一，因爲在股份有限公司中，業務執行權是操於董事會，而監察人無從得知各項資訊，爲避免造成這種結果，第1項遂規定監察人可以隨時調查公司業務及財務狀況，並查核簿冊文件，以便能切實掌握公司狀況；如果發現有不當或有疑問的事項時，並且可以要求董事會或經理人報告，以求調查詳情。

(二) 雖然監察人有前述權利，但因部分事項涉及專業，導致監察權行使上的困難，爲此，本條第2項乃規定，在辦理前述事務時，可以代表公司委託律師、會計師審核。

(三) 監察權的行使當然不能受到妨礙，否則功能上必大打折扣，因此，第3項規定，違反第1項規定而妨礙、拒絕或規避監察人檢查行爲者，會被各處新臺幣2萬元以上10萬元以下罰鍰。

第218條之1（董事向監察人報告之義務）

董事發現公司有受重大損害之虞時，應立即向監察人報告。

解說

本條為加強股份有限公司監察人監察權行使之規定，蓋監察人必須要切實掌握公司狀況，始能正確行使監察權以保障股東權利，但是如果均須待監察人查核始能得知，一方面緩不濟急，而如果要求監察人天天查核，又可能妨礙公司正常營運，所以本條規定，在董事發現公司有受到重大損害可能時，即必須立刻向監察人報告，使監察人能充分掌握公司動態，並行使公司法所賦予的監察權。

第218條之2（監察人之停止請求權）

①監察人得列席董事會陳述意見。
②董事會或董事執行業務有違反法令、章程或股東會決議之行為者，監察人應即通知董事會或董事停止其行為。

解說

(一) 本條是關於監察人對於董事會違法行為之制止請求權的規定，此為股份有限公司監察人監察權的一部分，股份有限公司董事會負責公司事務經營，如有違法行為，將造成公司損害，雖然依據本法§193 I 有關規定，董事會執行業務，應依照執行法令章程及股東會決議，如有違反，該董事會全體董事須對公司負賠償責任，可是與其事後追償，倒不如事先制止，因此本條乃規定，董事會執行業務有違反法令、章程或股東會決議之行為時，監察人即可要求董事會停止該行為。

(二) 此外，監察人既為公司業務之監督機關，其妥善行使職權之前提，乃須明瞭公司之業務經營，若使監察人得出席董事會，則監察人往往能較早發覺董事等之違法行為，因此第1項明定監察人得列席董事會陳述意見，不過本條除為監察人的權利外，亦為監察人的義務，此可由本條規定：「監察人應即通知董事會停止其行為」中得知，所以如果監察人在得知董事會有違反法令、章程之行為時，卻不作處理，即屬於怠忽監察職務，如因此導致公司損害，該監察人即須對公司負損害賠償責任。

第219條（監察人之查核表冊權）

①監察人對於董事會編造提出股東會之各種表冊，應予查核，並報告意見於股東會。

②監察人辦理前項事務，得委託會計師審核之。

③監察人違反第一項規定而爲虛偽之報告者，各科新臺幣6萬元以下罰金。

解說

(一) 第1項爲關於股份有限公司監察人審核決算表冊的權利義務，此爲監察權範圍之一，依本法§228規定，董事會須於股東常會開會三十日前造具營業報告書、資產負債表及損益表等表冊，然而這些表冊提出於股東會時，股東根本無從查核是否眞實，如此恐有流弊產生，爲此，第1項明文賦予監察人查核權，並將結果向股東會提出報告。

(二) 其次，由於監察人並非均爲會計專才，故本條第2項規定，授權監察人可以委任會計師進行審核。

(三) 第3項爲對於監察人爲不實報告的制裁規定。

第220條（監察人之召集股東會權）

監察人除董事會不爲召集或不能召集股東會外，得爲公司利益，於必要時，召集股東會。

解說

本條是股份有限公司監察人召集股東會的規定[申31]，按依本法§171規定，股東會原則上係由董事會召集，但可能發生董事均喪失資格，致無人可召集，或董事會拒絕召集股東會等困擾，因此，本條遂明文規定，監察人在「董事會不爲召集或不能召集股東會」時，可以召集股東會，以避免前述弊端的發生。不過，此處雖然以往實務上的見解，應指「不能召開股東會」，或「應召集而不爲召集股東會」時，監察人始能召集股東會，因爲依實務見解，如果沒有「不能召開股東會」或「應召集而不爲召集股東會」之情形存在，卻容許監察人以個人意思任意召集股東會，恐將影響公司正常營運，實非妥當（參見最高法院77年臺上字第2160號判例），不過在民國90年修正時，爲積極發揮監察人功能，因此復規定除「董事會不爲

召集或不能召集股東會」的情形外，監察人尚得爲公司利益，於必要時，召集股東會，因此監察人召集股東會即不再受前述之限制，只要「爲公司利益」且係「必要」的情形下，監察人即可召集股東會，例如發現董事會違法，即可召集股東會，解任違法之董事，以維護全體股東之利益。

第221條（監察權之行使）

監察人各得單獨行使監察權。

解說

　　本條是關於股份有限公司監察人得單獨行使監察權的規定，由於監察人係職司監督及查核董事會行爲的工作，以期在弊端發生前能有效加以防止，因此爲使監察人的職權能發揮最大之功效，並避免相互之間的干擾，所以本法特明定本條規定，使各監察人均得個別行使職權，以期使各監察人均能充分發揮其監督權責，由於本條係強制規定，因此董事會應充分配合。

第222條（監察人兼職之禁止）

監察人不得兼任公司董事、經理人或其他職員。

解說

　　本條是關於股份有限公司之監察人兼任公司其他職務的禁止規定，本條的立法意旨是在於監察人係職司公司的監督、查核工作，並藉由其職權的行使以保障公司權益，如果容許其兼任公司其他職務，例如董事、經理人或其他職員，則由於本身兼具監督者及被監督者之角色，恐將難以超然地位行使其職權。不過須注意者，即本條僅限制監察人擔任自己公司的董事、經理人及職員，並不妨礙其擔任其他公司的董事、經理人或職員。

第223條（監察人代表公司）

董事爲自己或他人與公司爲買賣、借貸或其他法律行爲時，由監察人爲公司之代表。

解說

　　本條是關於股份有限公司監察人代表公司與董事為買賣、借貸或其他法律行為之規定，董事與公司之間有任何法律行為時，不論是為自己或他人，均可能因此而犧牲公司利益，為避免此種流弊，本條乃規定須由監察人為公司的代表，以保障公司免受不當之損害[44]。

第224條（監察人對公司之責任）

監察人執行職務違反法令、章程或怠忽職務，致公司受有損害者，對公司負賠償責任。

解說

　　本條為關於股份有限公司監察人對公司賠償責任之規定，因為股份有限公司股東權益的保障，有賴公司監察人善盡其監督及查核工作，如果監察人執行職務違反法令、章程或怠忽職務，則股東權利恐無法確保，所以對其執行職務違反法令、章程或怠忽職務而造成公司損害時，本條規定須由監察人負賠償責任。

---

[44] (D) A股份有限公司實收資本新台幣200億，擬向其董事長甲購買位於A公司旁之土地一塊，供興建公司員工宿舍之用，土地價格為新台幣500萬元。試問有關此筆交易之敘述，依公司法何者錯誤？(A)出售系爭土地之交易，依法應由監察人為A公司之代表(B)監察人代表A公司，係此交易對公司生效之要件(C)董事長甲於董事會決議此筆交易時，應迴避不得加入表決(D)董事與公司間之交易，依法均應經股東會決議始生效力。（99預8.）

【解說】(1)(A)(B)正確：董事與公司間為法律行為時，為避免利害衝突，依公司法§223規定：「董事為自己或他人與公司買賣，借貸或其他法律行為時，由監察人為公司之代表。」故由監察人代表公司係對公司生效之要件。

(2)(C)亦正確：董事會之決議，依公司法§206Ⅱ準用§178，故董事對於會議之事項，在自身利害關係致有害於公司利益之虞時，不得加入表決，並不得代理他董事行使其表決權。甲為交易相對人，有利害關係致有害於公司利益之虞，故應迴避不得加入表決，(C)正確。

(3)(D)錯誤：因依公司法§202規定：「公司業務之執行，除本法或章程規定應由股東會決議之事項外，均應由董事會決議行之。」董事與公司間之交易，如章程未特別規定，由董事會決議行之即可，故(D)為錯誤。

第225條（股東會對監察人之起訴）

①股東會決議，對於監察人提起訴訟時，公司應自決議之日起三十日內提起之。

②前項起訴之代表，股東會得於董事外另行選任。

解說

(一) 第1項是關於股份有限公司股東會決議對監察人起訴的規定，由於監察人職司監察事務，有可能因執行職務違反法令、章程或怠忽職守，造成公司損害，而應負賠償責任，本條係向監察人追究責任之方式，即由股東會決議對監察人起訴，此種股東會決議的表決比例，由於公司法並未另設規定，因此只要普通決議即可（本法§174）；另外，由於起訴對象之監察人，對於該決議具有自身利害關係，依本法§178規定，即不得加入表決或代理其他股東行使其表決權。至於經股東會決議對監察人起訴後，依第1項後段規定，公司須於決議之日起三十日內對監察人起訴，此處所謂「公司」原則上係指「董事長」，因為依本法§208Ⅲ規定，股份有限公司董事長對外代表公司，因此對監察人起訴，當然亦應由公司董事長為之。

(二) 不過，由於監察人與公司董事之間有共事關係，如果僅得由董事長起訴，恐礙於情面，而造成流弊；其次，本條規定之追究責任方面，亦有可能是董事與監察人共同違犯之情形，此時欲求董事長對監察人起訴，亦有緣木求魚之情形，為此，第2項乃規定，對於起訴的代表，可以由股東會於董事外另行選任。

第226條（董監之連帶責任）

監察人對公司或第三人負損害賠償責任，而董事亦負其責任時，該監察人及董事為連帶債務人。

解說

本條是關於董事及監察人法定連帶責任之規定，由於公司監察人在對公司或第三人負損害賠償責任時，常常會有董事亦牽涉其中，此時即會產生公司究應先向董事會求償？亦或先向監察人求償的問題發生。為避免產生此困擾，本條乃規定在此種情形下，董事及監察人係負連帶賠償責任。

第227條（董事規定之準用）

第一百九十六條至第二百條、第二百零八條之一、第二百十四條及第二百十五條之規定，於監察人準用之。但第二百十四條對監察人之請求，應向董事會為之。

解說

本條是關於監察人選任、解任、報酬及代表訴訟之準用規定，茲分述如下：

(一) 監察人之選任

依本條準用§198規定，除公司章程另有規定外，股東會選任監察人時，每一股份有與應選出監察人相同的選舉權，得集中選舉一人，或分配選舉數人，並以所得選舉權數較多的人，當選為監察人。

(二) 監察人的解任

1. 當然解任

依本條準用§197規定，監察人在被選任後，應立刻向主管機關申報其持有股數，如果公開發行股票公司之監察人在任期中轉讓超過二分之一時，即當然喪失其監察人的資格，此稱為當然解任。

2. 決議解任

依本條準用§199規定，監察人可以由股東會以決議的方式隨時將其解任，至於決議的方式，依§199規定，應有代表已發行股份總數三分之二以上股東之出席，以出席股東表決權過半數之同意行之；公開發行股票之公司，出席股東之股份總數不足前項定額者，得以有代表已發行股份總數過半數股東之出席，出席股東表決權三分之二以上之同意行之；前述出席股東股份總數及表決權數，如果章程有較高之規定者，則依其規定辦理。此外該被解任之監察人因對該議案本身有利害關係，故不得加入表決，亦不得代理他股東行使表決權（本法§178）。不過須注意者，即依第199條第1項後段規定，對於訂有任期之監察人，如果沒有正當理由（例如監察人有違法失職的事由）而在任期屆滿前將其解任時，監察人可向公司請求賠償因此所受的損害（例如尚未屆滿之任期的薪資等）。

3. 裁判解任

此係對於前述「決議解任」的補充規定，由於監察人在執行職務時，有時會有重大損害公司的行為，或有違反法令或章程之重大事項發生，可是卻因公司被大股東所控制，致使股東會未為決議將其解任之可能發生，為解決此問題，本條特準用§200規定，得由持有已發行股份總數3%以上股份的股東，在股東會後三十日內，向法院起訴請求法院以判決將該監察人解任，以保護公司及其他股東的權利。

(三) 對監察人的少數股東訴訟權

1. 請求對監察人起訴的權利

此係為保護公司及少數股東權利所特設的規定，因為在公司被少數股東所把持，致使監察人雖有應負賠償責任的事實存在，卻未由股東會決議對其起訴；另外有時因為股東會每年開會次數有限，如均須經股東會通過始可起訴，亦有緩不濟急之虞，因此，本條特準用§214 I規定，繼續一年以上持有公司已發行股份總數3%以上的股東，可以書面請求董事會對監察人起訴，以維護公司及股東權益。

2. 對監察人提起代表訴訟的權利

此係針對前述請求起訴權的補充規定，雖然股東向董事會請求，但董事亦可延遲不管，而不提起訴訟，因此本條又準用§214 II規定，只要董事會有前述請求之日起三十日內不提起訴訟時，則該請求的股東，可以自行代表公司起訴。但為避免濫訴，法院可依被告聲請，命起訴股東提供擔保，以作為該股東敗訴時對於公司的損害賠償；此外，如果股東係以虛構的事由起訴，在敗訴確定後，該股東尚應對被訴監察人因此訴訟所受的損害，負賠償責任（準用本法§215）；不過，如果起訴事實確屬存在，並經判決勝訴確定時，則被訴之監察人，應賠償該股東因訴訟所受的損害（準用本法§215）。

第六節　會　計

第228條（會計表冊之編造）

①每會計年度終了，董事會應編造下列表冊，於股東常會開會三十日前交監察人查核：

一、營業報告書。

二、財務報表。

三、盈餘分派或虧損撥補之議案。

②前項表冊，應依中央主管機關規定之規章編造。

③第一項表冊，監察人得請求董事會提前交付查核。

解說

(一) 第1項為股份有限公司會計表冊編列的規定，因為股份有限公司股東係負有限責任，故公司財產即成公司債權人的唯一擔保，為使債權人權益能獲得保障，自必須使公司之會計制度更加明確，以避免流弊的產生。為此，本條特明定公司在每會計年度終了，董事會須編列下列表冊，並於股東常會開會三十日前交監察人查核：

1. 營業報告書。

2. 財務報表。

3. 盈餘分派及虧損撥補之議案。

(二) 以上表冊，有時在股東常會開會三十日前，監察人仍恐有無法及時完成查核的可能，因此第3項規定，監察人可要求董事會提前交付前述表冊，以利查核。

第229條（表冊之備置與查閱）

董事會所造具之各項表冊與監察人之報告書，應於股東常會開會十日前，備置於本公司，股東得隨時查閱，並得偕同其所委託之律師或會計師查閱。

解說

　　本條是關於股東對會計表冊查閱權的規定，由於前條所述董事會所編造的會計表冊，依本法§230規定，須提請股東會承認，而經股東會承

認後，依§231並視爲解除董監事的責任，然而如果此會計表冊僅得於股東常會當日發放與股東，則股東將甚難查對是否有不當情事，對於股東權益的保護殊非適當；而監察人之報告書，則係記載監察人對會計表冊的意見，對於股東決定是否承認會計表冊，亦有一定程度的影響，本條特明定在股東常會開會十天前，須將前條第1項所規定的會計表冊，及監察人針對該會計表冊查核後所提出的報告書，放置在總公司，以方便各股東查閱；而股東有權自行或偕同律師、會計師查閱。

第230條（會計表冊之承認與分發）

①董事會應將其所造具之各項表冊，提出於股東常會請求承認，經股東常會承認後，董事會應將財務報表及盈餘分派或虧損撥補之決議，分發各股東。

②前項財務報表及盈餘分派或虧損撥補決議之分發，公開發行股票之公司，得以公告方式爲之。

③第一項表冊及決議，公司債權人得要求給予或抄錄。

④代表公司之董事，違反第一項規定不爲分發者，處新臺幣一萬元以上五萬元以下罰鍰。

解說

(一) 本條是關於董事會所編造會計表冊之承認及公開的規定，因本法雖然規定董事會須依§228編造該條第1項所規定之會計表冊，並應經監察人查核，然而僅如此仍不足以保護股東權益，因此，第1項前段規定，董事會應將所造具之各項表冊，提出於股東常會請求承認，此處之承認，由於未設特別規定，故乃應適用§174規定，以已發行股份總數過半股東之出席，並以出席表決權數過半數的同意，始能認爲已經股東會承認。不過該會計表冊雖經股東會表決承認，爲使股東得有查證依據，第1項後段遂規定，在股東會承認會計表冊後，董事會即應將財務報表分發各股東，使各股東知悉，至於公開發行股票公司，因人數衆多，上開資料之分發，得以公告方式爲之，以省成本，此爲第2項規定之理由。如果董事會違反本規定，未將資產負債表等表冊分發給所有股東時，代表公司的董事依第4項規定，須被處新臺幣1萬

元以上5萬元以下罰鍰。

(二) 此外，由於公司財務及業務狀況，對公司債權人具有重大影響，爲使
債權人有得知公司營運狀況的機會，第3項規定，對於公司營業報告
書、財務報表及盈餘分派或虧損撥補等表冊及決議等文件，可要求公
司給予或抄錄。

第231條（會計表冊承認之效力）

各項表冊經股東會決議承認後，視爲公司已解除董事及監察人之責任。但
董事或監察人有不法行爲者，不在此限。

解說

本條是關於董事會造具之表冊經股東會承認後的效力規定，依本法
§184 I 規定，股東在爲決議之前，可以先行查核董事會所造具的各項表
冊及監察人的報告書，以明白其內容爲眞僞而作爲決議的依據，而且依同
條第2項規定，股東復可請具專業知識的檢查人來進行查核工作，對於股
東的監督權已甚有保障；另一方面，董事所負的責任較重，爲使董事能勇
於處理事務，所以在政策考量之下，遂設本條規定，在各項表冊經股東會
決議承認後，即視爲公司已解除董事及監察人之責任。但是此處的解除責
任，其前提須該董事或監察人沒有不法行爲始可成立，如果該董事或監察
人另有非法行爲，如僞造單據、文件，或侵吞公款時，此種顯然應受刑事
制裁的行爲，當然不能以有承認決議之存在，即可解除責任。

第232條（股利之分派）

①公司非彌補虧損及依本法規定提出法定盈餘公積後，不得分派股息及紅
利。

②公司無盈餘時，不得分派股息及紅利。但法定盈餘公積已超過實收資本
額百分之五十時，得以其超過部分派充股息及紅利。

③公司負責人違反第一項或前項規定分派股息及紅利時，各處一年以下有
期徒刑、拘役或科或併科新臺幣六萬元以下罰金。

解說

(一) 本條是關於股份有限公司分派股息及紅利的限制規定，所謂股息及

紅利，是指將公司的盈餘，分配與股東而言，在公司為此分派行為後，公司的現實財產即有可能因而減少，如不加以限制，則在不斷分派後，公司可能根本無財產賸餘，如此將使債權人毫無保障，殊非妥當，因此第1項規定，公司在有盈餘產生的年度時，如欲分派盈餘，首先必須先供歷年來累積且尚未彌補的虧損彌補之用，其次，如果當年度盈餘在彌補虧損後，仍有賸餘，則再依本法§237提列此賸餘部分10%為法定盈餘公積，其後始能分派股息及紅利。

(二) 第二種情形，即是當年度根本無盈餘，且無累計未分配盈餘存在之情況，由於此種情形，如果允許公司仍分派股息及紅利，則將變成將資產返還給股東，對於公司債權人保護即有不週。因此第2項規定，公司在無盈餘時，原則上即不能分派股息及紅利，不過，公司如有其他財源可資分派，則似無限制之必要，故本項後段又規定，在法定盈餘公積已超過資本總額50%時，可以其超過部分分派股息及紅利。

(三) 此外，由於本條第1、2項的規定，均著重於維護公司資本的健全及保障公司債權人，故雖然分派股息及紅利似有利於股東，但仍不因此而削弱其違法性，所以本條第3項規定，在有違反本條第1、2項規定分派股息及紅利時，公司負責人需被處一年以下有期徒刑、拘役或科或併科新臺幣6萬元以下罰金。

第233條（違法分派之效果）

公司違反前條規定分派股息及紅利時，公司之債權人，得請求退還，並得請求賠償因此所受之損害。

解說

本條是關於公司違法分派盈餘時債權人權利之規定，按公司如果違法分派股息及紅利時，等於變相將公司資產返還股東，使供作債權擔保之公司財產因而減少，對於公司債權人當然會產生影響，為此，本條規定，公司如果違反§232規定而分派股息及紅利時，債權人即可要求受分配的股東退還其溢領的部分，換言之，即對於超過各股東所應獲得分配的部分，應重新退還予公司，以防止公司資產的不當減少；其次，如果公司債權人因此而受有損害，例如因無法及時受清償而遭受損失時，並可請求公司賠

償因此所受之損害。不過，由於此種違法分配乃是由於董事會違反法令的決議，所造成之結果，因此公司在因賠償債權人等行為上所遭受的損失，可以依本法§193規定，請求董事會成員負賠償責任[申32]。

第234條（股息之預付）

①公司依其業務之性質，自設立登記後，如需二年以上之準備，始能開始營業者，經主管機關之許可，得依章程之規定，於開始營業前分派股息。

②前項分派股息之金額，應以預付股息列入資產負債表之股東權益項下，公司開始營業後，每屆分派股息及紅利超過實收資本額百分之六，應以其超過之金額扣抵沖銷之。

解說

(一) 第1項為關於建業股息之規定[45, 46, 申33]，屬於本法§232的特別規定，

---

[45] (D) 下列有關建設股息之敘述，何者為正確？(A)為有限公司在開始營業前，於一定條件下，分派於股東之股息(B)獎勵一般大眾投資於需短時間準備而具有建設性之事業(D)自設立後，需一年以上之準備，始能開始營業(D)須事先以章程規定，於開始營業前分派股息。

【解說】(1)(A)錯誤：因依公司法§234 I 規定：「公司依其業務之性質，自設立登記後，如需二年以上之準備，始能開始營業者，經主管機關之許可，得依章程之規定，於開始營業前分派股息。」建設股息只適用於股份有限公司，而不適用於有限公司。

(2)(B)錯誤：因建設股息是為獎勵投資於需長時間準備而具有建設性事業而設的例外分派股息方式。

(3)(C)錯誤：(C)不正確的原因是須設立後經二年以上的準備才能開業。

(4)(D)正確：建設股息，除符合建設性事業、二年以上準備以外，還需要主管機關之許可及於章程中規定，故(D)正確。

[46] (D) 快捷股份有限公司係為經營輕軌鐵路而設立之公司，需進行舖設鐵道等開業準備工程，始能開始營業。因工資及建材價格上揚等因素，設立後第三年，A公司原始資金及其他融資手段皆已用盡，但尚須繼續投注資金，進行二年之工程建設，始能開始營業，預估開始營業後三年可開始獲利產生盈餘。為解決當前面臨之資金短缺困境，A公司擬變更章程，增列發行固定股息年率6%，連續發

按依該條為使公司資產能維持至少與公司資本相當的情形，遂要求公司在無盈餘時，不得分派股息及紅利。然而部分高科技及高投資的事業，其事業之籌備，往往需要極長的時間，工廠才能開始運作，而使公司能正式對外營業，而在公司未營業前，根本不可能有盈餘的產生，可是此類事業一方面需要大量投資，所以，公司法乃特設此於盈餘產生前可分派股息的例外規定。所謂建業股息即指為吸引投資，以期建立事業，對於那些須經二年以上準備時間，始能開始營業的事業，在獲得主管機關同意的情形下，可以在公司章程上訂明於開始營業前，分派股息給股東而言。依本條規定欲分派建業股息須具備以下之要件：

1. 必須該公司所經營事業之性質，自設立登記起，需二年以上的準備，始能開始營業。
2. 必須經主管機關之許可。
3. 須章程上明定可於營業前分派股息與股東。
4. 須在開始營業前，始得分派此建業股息，一旦開始營業，即必須嚴格遵守本法§232之規定。

放5年之建設股息特別股規定。但此特別股之發行將無法獲得主管機關許可，其理由為何？(A)發行建設股息特別股違反不得連續發放三年之規定(B)此種特別股之發行對持有普通股之股東不公平，違反股東平等原則(C)公司尚得以發行公司債等方式籌措資金，違反建設股息特別股應為最後手段之原則(D)違反建設股息僅得於開始營業前分派之要件。（100司1.）

【解說】(1)(A)錯誤：因為建設股息的規定沒有年限，不可能是主管機關駁回的理由。

(2)(B)錯誤：因為特別股只要依公司法§157規定，於章程中規定後（等於股東會已經特別決議同意特別股的發行），即為合法，主管機關不會以違反股東平等原則來駁回。

(3)(C)錯誤：因公司法並未規定籌措資金的順序，公司債或建設股息特別股可由公司自由選擇，也不可能是主管機關駁回的理由。

(4)(D)正確：因公司法§234規定建設股息是在營業前分派的股息，而A公司提議的建設股息特別股，前2年是在營業前，為合法；但後3年已開始營業，不符合建設股息規定。

(二) 第2項是關於此建業股息的會計處理規定，按建業股息係在公司無盈
餘存在的情形下，在公司營業前所預先支付的股息，自然應該在未來
有盈餘產生之年度，將盈餘彌補此部分之支出，可是，爲避免因沖抵
此部分支出而造成某一營業年度盈餘的大幅縮水，所以本條規定公司
開始營業後，於分派股息及紅利超過資本總額6%時，應以其超過部
分來沖銷，換言之，即僅超過6%的部分始用來沖抵此預付股息，其
餘尚未沖銷的部分，則留待以後各年度逐年沖銷。

第235條（股利之分派比例）

①股息及紅利之分派，除章程另有規定外，以各股東持有股份之比例爲
準。
②章程應訂明員工分配紅利之成數。但經目的事業中央主管機關專案核定
者，不在此限。
③公營事業除經該公營事業之主管機關專案核定，並於章程訂明員工分配
紅利之成數外，不適用前項本文之規定。
④章程得訂明員工分配股票紅利之對象，包括符合一定條件之從屬公司員
工。

解說

(一) 本條是關於股份有限公司股息、紅利之分派比例及員工分紅的規
定[申34]。股份有限公司係採取股東平等原則，因此一般情形下，對於
每股的權利應爲均等，在公司分派股息及紅利時亦屬相同，原則上應
以各股東持股比例做爲分派標準，但是如果公司章程有特別規定時，
則依其規定，例如，股份有限公司發行特別股，並於章程中規定特別
股股東可優先獲得盈餘的分派是。
(二) 第2項爲對公司分派員工紅利的規定，按現代企業爲增加員工向心
力，多提供員工紅利做爲獎勵，因此本項乃規定一般私有股份有限公
司，均應在章程上訂明員工分配紅利的成數，以維護員工之權益。不
過，由於部分產業性質特殊，故本條復有設兩種例外規定：
　　1. 私有企業，經目的事業主管機關專案核定後，可免分派員工紅
　　　利。

2. 公營事業（一般指公股超過50%之事業），除非得到該公營事業主管機關專案核定要分派員工紅利，並且在章程上訂明員工分配紅利的成數，否則即無須適用前述規定而分派員工紅利。

(三) 此外，企業基於經營管理需要，常設立各種從屬公司，但從屬公司員工往往無法與控制公司員工享有相同的股票分紅權益，導致經營上之困擾，因此第4項明定，公司章程得訂明員工分配股票紅利之對象，包括符合一定條件之從屬公司員工，以符合實際，便利公司運作。

第236條（刪除）

第237條（法定與特別盈餘公積之提出）

①公司於完納一切稅捐後，分派盈餘時，應先提出百分之十為法定盈餘公積。但法定盈餘公積，已達資本總額時，不在此限。

②除前項法定盈餘公積外，公司得以章程訂定或股東會議決，另提特別盈餘公積。

③公司負責人違反第一項規定，不提法定盈餘公積時，各科新臺幣六萬元以下罰金。

解說

(一) 本條是關於股份有限公司盈餘公積提列的規定，所謂盈餘公積，是指自盈餘中提列一定金額保留於公司，而不分派與股東，以備不時之需，並保障債權人的權益。此種盈餘公積分為兩種：第一種是法定盈餘公積，係指依公司法規定股份有限公司必須提列的金額而言，依第1項規定，公司於完納一切稅捐後，分派盈餘時，必須先提出10%為法定盈餘公積；又參酌本法§232規定，公司盈餘應先用於彌補虧損，可知公司在有盈餘產生之年度，須先繳納稅捐，並彌補歷年累積之現存虧損後，再就賸餘盈餘中提列10%為法定盈餘公積。不過本項有一例外規定，即當所提列的法定盈餘公積，已經達到與資本總額相當的程度時，由於已足資保障債權人，故本項後段即規定可以不再提列。另外，由於法定盈餘公積為強制規定必須提列者，因此對於違反者自不能不加以制裁，故本條第3項規定，公司負責人違反前述規定

而不提列法定盈餘公積時，將被各科以新臺幣6萬元以下之罰金。

(二) 第二種是特別盈餘公積，此種盈餘公積並非法律規定必須要提列的盈餘公積，而是由公司股東會自行以章程或股東會決議，將公司盈餘中除提列法定盈餘公積外，另行提列一定之比例作爲盈餘公積，而保留於公司之金額，按提列特別盈餘公積，其目的乃在保留公司的資產，以期作爲公司未來營運上的保障，不過由於提列特別盈餘公積時，將導致股東可分配盈餘減少，對於股東權益影響甚大，故第2項遂規定必須在章程上有規定，或經股東會決議，始可提列特別盈餘公積。

第238條（刪除）

第239條（公積之使用原則─填補虧損）

①法定盈餘公積及資本公積，除填補公司虧損外，不得使用之。但第二百四十一條規定之情形，或法律另有規定者，不在此限。

②公司非於盈餘公積填補資本虧損，仍有不足時，不得以資本公積補充之。

解說

(一) 本條是關於公積用途的規定，法律規定提撥公積的目的，是在保障公司債權人的權益，使公司資產能至少維持在與公司資本額相當或一定比例的程度，爲達成此目的，自然必須於公司有虧損存在時，以這些積存於公司的法定公積加以彌補，來維持公司資本的確實性，因此，第1項前段規定，法定盈餘公積及資本公積，原則上均僅得用以彌補公司的虧損，至於其彌補的順序，依第2項規定，應先以盈餘公積彌補虧損，如有不足時，始能使用資本公積填補。

(二) 公積的第二種用途是撥充資本。依第1項後段及§241規定，公積撥充資本（即以公積發行新股時）有兩種情形：

　　1. 法定盈餘公積撥充資本、發行新股時，須已達到實收資本額的50%，並且僅能撥充其半數（本法§241Ⅲ），此外尚須得股東會特別決議通過（即由已發行股份總數三分之二以上股東出席，並以出席表決權過半數的決議同意；如爲公開發行股票的公司，則

可以已發行股份總數過半數股東出席，並以出席表決權三分之二以上的決議同意）。

2. 至於資本公積撥充資本、發行新股時，僅限於以超過票面金額發行股票所得之溢額及受領贈與之所得所產生之資本公積，其餘部分則不允許。至於其數額上並無限制，只要如前述經股東會特別決議通過時，即可將資本公積的全部或一部用以撥充資本、發行新股（本法§241Ⅰ）。

(三) 第三種用途，是法定盈餘公積特殊用途，即依本法§232Ⅱ規定，公司在無盈餘產生的年度時，為維持股票的價格，可以在法定盈餘公積已超過資本總額的50%時，以其超過部分派充股息及紅利，由於此為法定盈餘公積才有的特別規定，故資本公積不能用來分派股息及紅利。

第240條（以發行新股分派股利）

①公司得由有代表已發行股份總數三分之二以上股東出席之股東會，以出席股東表決權過半數之決議，將應分派股息及紅利之全部或一部，以發行新股方式為之；不滿一股之金額，以現金分派之。

②公開發行股票之公司，出席股東之股份總數不足前項定額者，得以有代表已發行股份總數過半數股東之出席，出席股東表決權三分之二以上之同意行之。

③前二項出席股東股份總數及表決權數，章程有較高規定者，從其規定。

④依前三項決議以紅利轉作資本時，依章程員工應分配之紅利，得發給新股或以現金支付之。

⑤依本條發行新股，除公開發行股票之公司，應依證券管理機關之規定辦理者外，於決議之股東會終結時，即生效力，董事會應即分別通知各股東，或記載於股東名簿之質權人；其發行無記名股票者，並應公告之。

⑥公開發行股票之公司，其股息及紅利之分派，章程訂明定額或比率並授權董事會決議辦理者，得以董事會三分之二以上董事之出席，及出席董事過半數之決議，依第一項及第四項規定，將應分派股息及紅利之全部或一部，以發行新股之方式為之，並報告股東會。

解說

(一) 本條是關於股份有限公司以盈餘轉增資發行新股的規定，依本法§232規定，公司原則上在有盈餘產生的年度時，可以將彌補虧損及提列法定盈餘公積後之賸餘金額，以現金分派股息及紅利給股東；然而如此一來，公司資本即無法增加，對於公司未來擴大營運規模上有所不利，而且資本過低時，在對外借款上亦較難獲得，因此本法乃特設規定，允許公司在一定條件下，可以將原本欲分派的現金保留於公司，轉為公司之資本，並以股票分派給各股東，以充實公司營運資金、增加公司信用，並對公司債權人更有保障。

(二) 要以盈餘轉增資的方式發行新股時，一般公司須有代表已發行股份總數三分之二以上股東出席股東會，並以出席表決權過半數的決議通過，始能將盈餘的全部或一部以發行新股的方式分派[47]。

(三) 至於公開發行公司，由於股東人數眾多、召集不易，為避免造成無法辦理增資的情形，本條遂特設第2項規定，可以有代表已發行股份總數過半數的股東出席，並以出席表決權數三分之二以上的同意即可進行股份分派。

(四) 除前述規定外，由於此種以股份分派的方式仍係限制股東獲得現金分派的機會，對其仍有所不利，故本條第3項即規定可以章程規定提高其出席及表決權數。

---

[47] (B) 甲將手上所持有A公司股份5,000萬股依法律規定程序質押於B銀行，借得2億元。A公司分派股利時，假設本件質權契約無特別規定，A公司應如何處理？(A)分派股利給出質人甲(B)分派股利給質權人B銀行(C)不得分派股利，保留至質權契約終止(D)分派股利給出質人甲或質權人B銀行均可，A公司可選擇。（99預2.）

【解說】(1)股份（股東權）得為質權之標的，性質上為權利質權，質權人有收取質物孳息之權，以股份設質，其孳息即指公司之盈餘分派。公司法§240Ⅴ規定：「依本條發行新股，除公開發行股票之公司，應依證券管理機關之規定辦理者外，於決議之股東會終結時，即生效力，董事會應即分別通知各股東，或記載於股東名簿之質權人，其發行無記名股票者，並應公告之。」

(2)本題，B銀行為股票之質權人，質權契約並無特別規定者。應分派股利給質權人B銀行，故(B)為正確選項。

(五) 另一種是由章程授權董事會辦理的情形，依第6項規定，欲適用本規定須具備以下之要件：1.該公司須為公開發行公司；2.須公司章程上訂明股息及紅利分派之定額或比率，並且授權由董事會以決議方式辦理；3.須經全體董事三分之二以上的出席，並以出席董事會董事過半數的決議決定進行股份分派；4.須將此結果向股東會提出報告。只要符合以上四個要件，該公司即可不用經股東會決議的方式，直接以董事會的決議進行股份分派。

(六) 在通過決議以紅利轉作資本時，對於公司章程上所規定之員工應受分配的紅利部分，亦可以相同的決議方式決定股份分派，或仍然以現金支付，此即所謂員工分紅入股，目的在增加員工對公司的向心力。

(七) 另外，對於股份分派的方式，其生效的的時點有所不同，在一般股份有限公司方面，由於僅牽涉股東及員工等，影響較小，故第5項明定從股東會結束時發生效力，此時董事會即應分別通知公司各股東、有登記的股票質權人，以使其均能得知此結論[47]；如果公司有發行無記名股票時，為使持有者能得知其權利，本條遂明定尚須加以公告；至於公開發行公司，由於對外公開發行，牽涉社會大眾權益，故本項規定尚須經證券管理機關核准後，始能發生效力[48]。

---

[48] (B)(D) X公司為一家公開發行股票公司，於某次股東會中以特別決議方式變更章程，而變更章程之內容均涉及到公司機關間之權限劃分問題。試問：以下選項中那一個章程內容係違反公司法規定而無效？(A)X公司每年度之盈餘分派，授權董事會在盈餘分派可能範圍內，於年利率1.5%至3%之間決定其金額(B)X公司董事之報酬由董事會逕行決定之(C)X公司所擬從事之交易行為中，金額超過新台幣1億元者，須事先取得股東會普通決議之同意後始得為之(D)X公司董監事選舉方式採用全額連記法。（100律9.）

這題是股東會、董事會權限劃分問題，首先要注意X公司是「公開發行公司」，另外題目問的那一個章程規定「違反」公司法。

(A)不違反公司法，因依公司法§240Ⅵ：「公開發行股票之公司，其股息及紅利之分派，章程訂明定額或比率並授權董事會決議辦理者，得以董事會三分之二以上董事之出席，及出席董事過半數之決議，依第一項及第四項規定，將應分派股息及紅利之全部或一部，以發行新股之方式為之，並報告股東會。」公司是公開發行公司，就分派股息及紅利事項，可以在章程中訂明1.5%至3%的比率，而授權董事會

第241條（公積使用之例外—撥充資本）

①公司無虧損者，得依前條規定股東會決議之方法，將法定盈餘公積及下列資本公積之全部或一部撥充資本，按股東原有股份之比例發給新股：

一、超過票面金額發行股票所得之溢額。

二、受領贈與之所得。

②前條第五項、第六項之規定，於前項準用之。

③以法定盈餘公積撥充資本者，以該項公積已達實收資本百分之五十，並以撥充其半數為限。

解說

(一) 本條是關於股份有限公司以公積撥充資本的規定，法定盈餘公積乃法律明文規定必須自盈餘中提列10%者，在不斷的累積下，往往會數額龐大；而資本公積則更為依法（商業會計法）在受領贈與等收入存在時即須提列，且無數額上限之限制，因此在不斷增加後，往往會產生與資本失衡的情形，為使公積能保持其確實性，本條乃明定公積可轉作資本，以保二者間的衡平。

(二) 本條規定公積轉增資，亦可分為三種方式：

決議辦理。

(B)違反公司法：因董事會自己決定自己的報酬，會產生利益衝突，所以公司法§196Ⅰ規定：「董事之報酬，未經章程訂明者，應由股東會議定，不得事後追認。」

(C)不違反公司法，因依公司法§202條：「公司業務之執行，除本法或章程規定應由股東會決議之事項外，均應由董事會決議行之。」因公司法並未規定超過一定金額之交易應經股東會或董事會決議，屬公司自治事項，股東會修改章程，將金額超過1億元的交易，改由股東會普通決議行之，故(C)不違反公司法。

(D)依100年12月修正之公司法§198Ⅰ：「股東會選任董事時，每一股份有與應選出董事人數相同之選舉權，得集中選舉一人，或分配選舉數人，由所得選票代表選舉權較多者，當選為董事。」依新法已硬性採累積投票制，故若依新法作答，(B)(D)均違反公司法，但100年律師第一試。在8月底舉行，當時§198Ⅰ尚未修正，依當時法律規定，尚可以章程規定，採全額連記法，故當時標準答案只有(B)，特此說明。

1. 一般股份有限公司

   依第1項準用前條第1項規定，必須經代表已發行股份總數三分之二以上股東出席，並以出席表決權數過半數的決議為之[49]。

2. 公開發行公司

   依第1項準用前條第2項規定，可以代表已發行股份總數過半數股東的出席，並以出席表決權數三分之二以上的決議之[49]。

3. 公開發行公司授權董事會決議

   若章程定明授權董事會決議辦理公積轉增資時，即可以董事會全體董事三分之二以上的出席，並以出席董事會過半數的決議方式，將公積轉為發行新股，並且向股東會報告其結論。

(三) 凡是符合上述決議要件時，依法即可辦理法定盈餘公積或資本公積轉增資發行新股，惟如果是決議以法定盈餘公積轉增資發行新股時，則本條特設限制規定，即必須該法定盈餘公積已經達到實收資本額的半數，且僅能以其半數以內作為增資；至於資本公積，因為應以已實現者始得轉作資本，因此本條明定僅超過票面金額發行股票所得之溢額及受領贈與之所得而產生之資本公積，始可依本條規定辦理轉增資，其餘部分則為法所不許。

第242條（刪除）

---

[49] (D) 依公司法及證券交易法規定，下列何者非為股東會特別決議事項？(A)以發行新股方式分派股息紅利(B)以法定盈餘公積或資本公積撥充資本發行新股(C)普通公司債以外有價證券之私募(D)改選董事長。（模擬試題）

【解說】(1)(A)正確：股息及紅利分派得以發行新股的方式進行，規定在公司法§240Ⅰ，應以特別決議為之。

(2)(B)正確：公積撥充資本，規定在公司法§241，亦應以特別決議為之。

(3)(C)正確：有價證券之私募，規定在證交法§43-6，應以特別決議為之，除普通公司債可以董事會特別決議為之以外，其他的有價證券之私募，須經股東會特別決議。

(4)(D)錯誤：改選董事長是董事會的權限，不是股東會的權限，所以(D)錯誤。

第243條（刪除）

第244條（刪除）

第245條（檢查人之選派及權限）

①繼續一年以上，持有已發行股份總數百分之三以上之股東，得聲請法院選派檢查人，檢查公司業務帳目及財產情形。

②法院對於檢查人之報告認為必要時，得命監察人召集股東會。

③對於檢查人之檢查有妨礙、拒絕或規避行為者，或監察人不遵法院命令召集股東會者，處新臺幣二萬元以上十萬元以下罰鍰。

解說

(一) 本條為關於股份有限公司少數股東聲請選派檢查人的規定，按股份有限公司由於股東人數較多，為了避免造成公司經營上的困擾，故無法類似有限公司，賦予董事以外的股東均有監察權（本法§109準用§48），以免造成公司正常經營上之干擾，不過，如果不使股東能有了解公司營運之機會，亦非妥當，因此本法乃規定，使少數股東能有檢查公司業務、帳目及財產等機會，以防杜不法情事發生。

(二) 依本條規定，少數股東欲選派檢查人，須具備以下要件：

　　1. 須為繼續一年以上，持有已發行股份總數3%以上的股東。

　　2. 須聲請法院選派檢查人。

　　3. 檢查權行使之內容，以檢查聲請人加入公司後公司之業務、帳目及財產情形為限。

　　依第1項規定，僅限制檢查人可檢查的範圍為公司的業務、帳目及財產情形，以了解公司董事會是否有違法情事；不過實務上則認為股東願意加入某一公司，必已對公司營運狀況有相當之了解，更何況公司法特別對聲請人持有股權進行設限，即在限制股東動輒查帳，影響公司營運，故判例上即限制該聲請股東所聲請選派之檢查人，僅能對加入公司以後的帳目，始有檢查之權（參見最高法院80年臺抗字第276號判例）。

第七節　公司債

第246條（公司債之募集）
①公司經董事會決議後，得募集公司債。但須將募集公司債之原因及有關事項報告股東會。
②前項決議，應由三分之二以上董事之出席，及出席董事過半數之同意行之。

解說
　　本條是關於股份有限公司發行公司債的程序規定[申35]，所謂公司債，是指股份有限公司為募集資金，以發行債券方式，向公眾借款之行為，由於發行公司債屬於公司對外借款行為，故屬於公司業務執行範圍，因此第1項即規定，股份有限公司如要發行公司債，只要經董事會（即業務執行機關）通過即可，詳言之，依第2項規定，應由三分之二以上董事之出席，及出席董事過半數之同意發行公司債作為決議即可發行[50]。

第246條之1（公司債受償順序）
公司於發行公司債時，得約定其受償順序次於公司其他債權。

解說
　　這是關於公司得發行次順位公司債的規定，按以契約方式約定次順位債務，本來就是屬於私權行為，基於契約自由原則，自無加以禁止之理。

第247條（公司債總額之限制）
①公司債之總額，不得逾公司現有全部資產減去全部負債及無形資產後之餘額。

---

[50] (B) 公司募集普通公司債應經下列何種決議？(A)董事會普通決議(B)董事會特別決議(C)股東會普通決議(D)股東會特別決議。（模擬試題）
　　【解說】依公司法§246規定：「公司經董事會決議後，得募集公司債……前項決議，應由三分之二以上董事之出席，及出席董事過半數之同意行之。」公司法所規定的公司債，均屬普通公司債，所以只需經董事會特別決議即可。

②無擔保公司債之總額，不得逾前項餘額二分之一。

解說

　　本條是關於股份有限公司發行公司債之總額的限制[甲36]，由於公司債雖然是公司對外借款行為，屬於公司營業範圍，但公司債券係對社會大眾發行，為避免公司過度擴張信用致損害善良買受人之利益，故公司法乃對其發行總額加以限制，第一種是有擔保公司債，所謂有擔保公司債，是指公司以自己所擁有的不動產或動產為公司債的債權人設定擔保，以作為公司債債權人保障之公司債而言，由於此種公司債，公司債債權人已取得優先於其他債權人之保障存在，所以其發行總額較寬，依本條第1項規定，其總額只要不超過公司全部資產減去全部負債及無形資產後之餘額即可。第二種是無擔保公司債，由於此種公司債一般均未由公司設定任何擔保，使得債權人之權益較無所保障，因此其發行總額即較有擔保公司債為少，依第2項規定，其發行總額不得超過全部資產減去全部負債及無形資產後餘額的二分之一。

第248條（公司債募集之審核事項）

①公司發行公司債時，應載明下列事項，向證券管理機關辦理之：

　一、公司名稱。

　二、公司債總額及債券每張之金額。

　三、公司債之利率。

　四、公司債償還方法及期限。

　五、償還公司債款之籌集計畫及保管方法。

　六、公司債募得價款之用途及運用計畫。

　七、前已募集公司債者，其未償還之數額。

　八、公司債發行價格或最低價格。

　九、公司股份總數與已發行股份總數及其金額。

　十、公司現有全部資產，減去全部負債及無形資產後之餘額。

　十一、證券管理機關規定之財務報表。

　十二、公司債權人之受託人名稱及其約定事項。

　十三、代收款項之銀行或郵局名稱及地址。

十四、有承銷或代銷機構者，其名稱及約定事項。

十五、有發行擔保者，其種類、名稱及證明文件。

十六、有發行保證人者，其名稱及證明文件。

十七、對於前已發行之公司債或其他債務，曾有違約或遲延支付本息之事實或現況。

十八、可轉換股份者，其轉換辦法。

十九、附認股權者，其認購辦法。

二十、董事會之議事錄。

二十一、公司債其他發行事項，或證券管理機關規定之其他事項。

②公司債之私募不受第二百四十九條第二款及第二百五十條第二款之限制，並於發行後十五日內檢附發行相關資料，向證券管理機關報備；私募之發行公司不以上市、上櫃、公開發行股票之公司爲限。

③前項私募人數不得超過三十五人。但金融機構應募者，不在此限。

④公司就第一項各款事項有變更時，應即向證券管理機關申請更正；公司負責人不爲申請更正時，由證券管理機關各處新臺幣一萬元以上五萬元以下罰鍰。

⑤第一項第七款、第九款至第十一款、第十七款，應由會計師查核簽證；第十二款至第十六款，應由律師查核簽證。

⑥第一項第十二款之受託人，以金融或信託事業爲限，由公司於申請發行時約定之，並負擔其報酬。

⑦第一項第十八款之可轉換股份數額或第十九款之可認購股份數額加計已發行股份總數、已發行轉換公司債可轉換股份總數、已發行附認股權公司債可認購股份總數、已發行附認股權特別股可認購股份總數及已發行認股權憑證可認購股份總數，如超過公司章程所定股份總數時，應先完成變更章程增加資本額後，始得爲之。

解說

(一) 本條是關於股份有限公司募集公司債時申請審核事項的規定，由於股份有限公司發行公司債係對一般社會大眾發行，爲避免侵害購買公司債之人之利益，並確實保障股東權益，故本條乃規定募集公司債前，須先詳列下列有關事項，申請證券管理機關審核後，始得發行。

(二) 由於本條規定之一切事項，涉及公司債是否可發行及公司債持有之債權人的權利等，因此第4項即明定，在前述各款事項有變更時，即須向證券管理機關申請更正，如果不為此申請更正之行為時，由證券管理機關各處新臺幣1萬元以上5萬元以下罰鍰。

(三) 此外，立法者認為有價證券之私募由於應募者只限於少數之特定人，不若公開承銷涉及層面之廣大，應在規範上予以鬆綁，又配合§156修正，將公司股票是否公開發行歸屬於企業自治事項，故私募之發行不必受限於上市、上櫃或公開發行公司。發行前之平均淨利不能保證公司未來之獲利，應依各應募人主觀之認定由其自行承擔投資風險，不需硬性規定平均淨利百分比，亦不必於發行前向主管機關申請或交由其事前審查，只需於發行後備查，使公司在資金募集的管道上更多元化，因此於本條第2、3項明定，只要私募發行對象人數不超過三十五人或僅金融機構應募時，公司債之私募即可以不受§249②及§250②之限制，可直接發行公司債，並且在發行後十五日內檢附發行相關資料，向證券管理機關報備即可；且依第2項規定私募之發行公司不以上市、上櫃、公開發行股票之公司為限，以利公司籌資。

第249條（無擔保公司債發行之禁止）

公司有下列情形之一者，不得發行無擔保公司債：

一、對於前已發行之公司債或其他債務，曾有違約或遲延支付本息之事實已了結者。

二、最近三年或開業不及三年之開業年度課稅後之平均淨利，未達原定發行之公司債，應負擔年息總額之百分之一百五十者。

解說

本條是關於無擔保公司債發行之禁止規定[申36]，按股份有限公司所發行的公司債，既然係向公眾招募，並有一定的持續性，為維護一般善意投資人的權益，本條特規定在下列情形下，公司不得發行無擔保公司債：

(一) 對於前已發行之公司債或其他債務，曾有違約或遲延支付本息之事實已了結者。

(二) 最近三年或開業不及三年之開業年度課稅後之平均淨利，未達原定發

行之公司債，應負擔年息總額之150%者。

第250條（公司債發行之禁止）

公司有下列情形之一者，不得發行公司債：

一、對於前已發行之公司債或其他債務有違約或遲延支付本息之事實，尚
　　在繼續中者。

二、最近三年或開業不及三年之開業年度課稅後之平均淨利，未達原定發
　　行之公司債應負擔年息總額之百分之百者。但經銀行保證發行之公司
　　債不受限制。

解說

　　本條是股份有限公司發行有擔保公司債的限制規定，股份有限公司發
行之有擔保公司債，由於已設定了相當程度的保障，因此其得發行的要件
亦較為寬鬆，茲就禁止發行的情形分述如下[51]：

(一) 對於前已發行之公司債或其他債務有違約或遲延支付本息之事實，尚
　　 在繼續中者。

(二) 最近三年或開業不及三年之開業年度課稅後之平均淨利，未達原定發
　　 行之公司債，應負擔年息總額之100%者。但依本款後段規定，如果
　　 該有擔保公司債係經銀行保證時，則縱使欲發行公司債的股份有限公
　　 司平均稅後淨利未達前述標準，亦可發行有擔保公司債，因債券持有
　　 人的權益既已得資本雄厚之銀行的保障，當不致有受害情事發生，故
　　 本款即解除其限制規定。

第251條（撤銷核准）

①公司發行公司債經核准後，如發現其申請事項，有違反法令或虛偽情形

---

[51] (D) 發行人對於前已發行之公司債或其他債務有違約或遲延支付本息之事實，尚在
　　 繼續中者，不得發行下列何種有價證券？(A)特別股(B)無擔保特別股(C)普通股
　　 (D)公司債。（模擬試題）

　　【解說】依公司法§250規定：「公司有左列情形之一者，不得發行公司債：一、
　　對於前已發行之公司債或其他債務有違約或遲延支付本息之事實，尚在繼續中
　　者。……」答案應選(D)。

時，證券管理機關得撤銷核准。

②為前項撤銷核准時，未發行者，停止募集；已發行者，即時清償。其因此所發生之損害，公司負責人對公司及應募人負連帶賠償責任。

③第一百三十五條第二項規定，於本條第一項準用之。

解說

(一) 本條為關於公司債申請事項有違反法令或虛偽情形之撤銷核准的規定，因為證券管理機關係依據本法§248規定所提出之申請文件進行書面審核，並依據其內容判定是否有違反法令或不得發行之情形，然後為核准與否之決定，而如果該申請文件有偽造或有其他違反法令之情事存在，為保障善意大眾的權益，自不能不對之加以處理，因此第1項乃規定，對於已經核准發行之公司債，如果經發現其申請事項有違反法令或虛偽情形時，證券管理機關可依法撤銷核准。

(二) 第2項則是針對撤銷核准後，對於公司債應募人及公司其他股東權益之保障，因為公司債一經核准，一般公司均會開始展開募集工作，因此在撤銷核准前，可能已有不知情之人繳款認購該公司債，此時自然不能不保障其權益；另外，對於未發行的部分，當然不能再許其繼續發行，故本條第2項即明定，對於未發行的部分，即應停止募集工作，對於已經發行的部分，則應立刻清償，以維護應募人權利，其次，由於此撤銷核准後的清償行為，可能有造成公司或應募人之損害，所以第2項後段即規定，對於因撤銷核准所產生的損害，均應由公司負責人負連帶賠償責任。

(三) 第3項則是針對公司負責人的刑事制裁，依本項準用§135Ⅱ規定，對於虛偽部分，例如偽造相關文件，或在申請書上為不實記載時，應依刑法及特別刑法有關規定處罰外，若有其他情形，而違反本條第1項規定致遭撤銷核准時，公司負責人仍須各被處以2萬元以上10萬元以下之罰鍰。

第252條（應募書之備置與公告）

①公司發行公司債之申請經核准後，董事會應於核准通知到達之日起三十日內，備就公司債應募書，附載第二百四十八條第一項各款事項，加記

核准之證券管理機關與年、月、日、文號,並同時將其公告,開始募集。但第二百四十八條第一項第十一款之財務報表,第十二款及第十四款之約定事項,第十五款及第十六款之證明文件,第二十款之議事錄等事項,得免予公告。

②超過前項期限未開始募集而仍須募集者,應重行申請。

③代表公司之董事,違反第一項規定,不備應募書者,由證券管理機關處新臺幣一萬元以上五萬元以下罰鍰。

解說

(一) 本條是關於公司債募集之開始規定。依本條第1項規定,股份有限公司在發行公司債的申請經核准後,應在核准通知書到達之日起三十日內,準備公司債應募書,並於其上記載§248 I 各款事項並加以公告、開始募集:

(二) 對於前述的備置應募書、公告及開始募集等行為,依第1項規定,須在核准通知到達開始起三十日內完成,以免公司藉故拖延,而在公司財務狀況惡化時始為此行為,影響公司債應募人之權益。

(三) 因此如果超過前述三十日之期限仍未開始募集時,依第2項規定,須重新向證期局申請核准後始能募集。

(四) 由於應募書是公司債應募人了解公司情況,以作為是否投資的重要依據,故第1項賦予代表公司的董事有備置的義務,如果不準備此應募書時,由證券管理機關處新臺幣1萬元以上5萬元以下罰鍰。

第253條(應募之手續)

①應募人應在應募書上填寫所認金額及其住所或居所,簽名或蓋章,並照所填應募書負繳款之義務。

②應募人以現金當場購買無記名公司債券者,免填前項應募書。

解說

(一) 本條為關於公司債應募人應募的手續規定,所謂應募人,指參與認購公司債之人而言,第1項規定,應募人如欲認購公司債,須在應募書上填寫所欲認購之金額,並註明自己之住所或居所,然後簽名或蓋章,如此始完成認購公司債之程序,凡是在應募書上為前述之記載

時，即有依照其所塡寫金額繳款之義務。
(二) 另外一種是在發行無記名公司債的場合，由於此種無記名公司債，既
毋庸實際記載公司債債權人之姓名等資料，因此爲方便應募人的認
購，第2項遂規定，如應募人以現金當場購買無記名公司債時，因既
無再繳款的問題，又無登記認購人姓名之必要，故可免塡前項所定之
認購書，以方便投資。

第254條（應募金額之繳足）

公司債經應募人認定後，董事會應向未交款之各應募人請求繳足其所認金
額。

解說

本條是關於董事會催繳公司債款之義務規定，雖然依前條第1項規
定，公司債應募人負有繳款的義務，然而如果該應募人拖延未繳，爲維護
全體股東及其他已繳款之債權人的權益，本條特賦予公司董事會有向尚未
繳款之各應募人，催告其繳足所認金額的義務。

第255條（受託人之查核與監督權）

①董事會在實行前條請求前，應將全體記名債券應募人之姓名、住所或居
所暨其所認金額，及已發行之無記名債券張數、號碼暨金額，開列清
冊，連同第二百四十八條第一項各款所定之文件，送交公司債債權人之
受託人。
②前項受託人，爲應募人之利益，有查核及監督公司履行公司債發行事項
之權。

解說

(一) 本條是關於公司債債權人之受託人之查核及監督權的規定，所謂公司
債債權人之受託人，是指基於契約而受公司債發行公司之委託，爲應
募之公司債債權人的利益，而代爲實行一定權利之金融或信託事業而
言，此爲公司債所設立之制度，以期藉由受託人的介入，而保證公司
債債權人的權益。爲了使受託人（即公司債債權人之受託人，以下簡
稱受託人）能確實掌握公司債發行之情形，第1項規定，董事會在實

行前條之向應募人催款的行為前，應將全部記名公司債之應募人的姓名、住所或居所及所認金額，以及所發行之無記名債券張數、號碼暨金額，詳細開列清冊，並且連同依§248Ⅰ向證券管理機關申請審核之各項文件，送交受託人，使其能確實了解公司債的發行情形。

(二) 第2項規定，受託人為應募人之利益，對於公司履行公司債發行事項，有進一步的查核及監督之權。

第256條（受託人之特定權責）

①公司為發行公司債所設定之抵押權或質權，得由受託人為債權人取得，並得於公司債發行前先行設定。

②受託人對於前項之抵押權或質權或其擔保品，應負責實行或保管之。

解說

(一) 本條為關於公司債擔保品之設定及處理之規定，在股份有限公司實際募集公司債完成之前，公司債的債權人尚不確定，自無法對此尚不確定的各個債權人設定物上擔保；其次，如為各個債權人分別設定亦顯有困難；再者，如允許在發行募集完成後再設定，亦恐公司到時藉故拖延，甚或根本不予辦理，致損害公司債債權人之權利，因此，第1項乃規定，對於公司發行有擔保公司債，而設定之抵押權或質權，可以由受託人為債權人取得（例如取得出質動產的占有），也可以在公司債發行前先行設定，以受託人為抵押權人，以防止公司不履行提供擔保物之義務。

(二) 其次，受託人在取得質物的占有或抵押權設定後，自有使其負一定之義務，以保障債權人的權利，故第2項規定，受託人負有實行或保管之責任。

第257條（公司債債券之製作與發行）

①公司債之債券應編號載明發行之年、月、日及第二百四十八條第一項第一款至第四款、第十八款及第十九款之事項，有擔保、轉換或可認購股份者，載明擔保、轉換或可認購字樣，由董事三人以上簽名或蓋章，並經證券管理機關或其核定之發行登記機構簽證後發行之。

②有擔保之公司債除前項應記載事項外，應於公司債正面列示保證人名稱，並由其簽名或蓋章。

解說

(一) 本條為關於公司債券上記載事項的規定，依第1項規定，公司債債券上須記載下列事項：

1. 編號並載明發行之年、月、日。
2. 公司名稱。
3. 公司債發行總額及債券每張之金額。
4. 公司債之利率。
5. 公司債償還方法及期限。
6. 能轉換股份者，其轉換辦法。
7. 附認股權者，其認購辦法。
8. 有擔保公司債須載明擔保字樣；可轉換公司債須載明轉換字樣；附認股權公司債須載明可認購字樣。
9. 董事三人以上簽名或蓋章。
10. 經證券管理機關或由其核定之發行登記機構簽證。

(二) 鑑於公司發行擔保公司債，所委任保證人之信用，亦為發行條件之主要內容，為促使該保證達到公示效果，因此，第2項規定有擔保之公司債除前項應記載事項外，應於公司債正面列示保證人名稱，並由其簽名或蓋章。

第257條之1（合併印製及集中保管）

①公司發行公司債時，其債券就該次發行總額得合併印製。

②依前項規定發行之公司債，應洽證券集中保管事業機構保管。

③依第一項規定發行公司債時，不適用第二百四十八條第一項第二款、第二百五十七條、第二百五十八條及第二百六十條有關債券每張金額、編號及背書轉讓之規定。

解說

(一) 本條是關於公司債無實體交易制度之規定，第1項及第2項係為發揮有價證券集中保管功能，簡化公司債發行成本及交付作業，因此引入無

實體交易制度，即公司發行公司債時，其債券就該次發行總額得合併印製一張，然後洽證券集中保管事業機構保管，並以集中保管存摺之記載來代替公司債債券之交付，由於公司債以帳簿劃撥方式進行無實體交易時，表彰該公司債之債券即已簡化成單張大面額債券，故於第3項規定不適用有關債券每張金額及編號以及背書轉讓之規定。

第257條之2（免印製債券）

公司發行之公司債，得免印製債券，並應洽證券集中保管事業機構登錄。

解說

　　本條是關於公司債無實體發行的規定，本條與前條之不同點在於前條之「無實體交易」，仍須將債券就該次發行總額得合併印製一張，而本條之無實體發行，則根本免印製債券，僅須洽證券集中保管事業機構登錄即可，並以集中保管存摺之記載來代替公司債債券之交付，其目的亦係簡化公司債之發行成本，以便利公司債之募集。

第258條（公司債存根簿之內容）

①公司債存根簿，應將所有債券依次編號，並載明下列事項：
　一、公司債債權人之姓名或名稱及住所或居所。
　二、第二百四十八條第一項第二款至第四款之事項，第十二款受託人之名稱，第十五款、第十六款之發行擔保及保證、第十八款之轉換及第十九款之可認購事項。
　三、公司債發行之年、月、日。
　四、各債券持有人取得債券之年、月、日。
②無記名債券，應以載明無記名字樣，替代前項第一款之記載。

解說

(一) 本條是關於公司債存根簿的記載規定，所謂公司債存根簿，是指記載公司債債權人及債券等相關事項，並放置於公司之簿冊而言，由於一般記名公司債，其移轉行為除須經背書轉讓外，尚須記載於公司債存根簿上，始足以對抗公司（參見本法§260之解說），故對記名公司債而言，公司債存根簿之記載甚為重要，依第1及第2項規定，公司債

存根簿應記載下列事項：

1. 公司債債權人姓名或名稱及住所或居所，不過如為無記名公司債時，應以無記名字樣，替代前述的記載。

2. 公司債總額及每張債券之金額、公司債的利率、公司債償還方法及期限、公司債債權人受託人之名稱、有發行擔保者，其種類、名稱，有發行保證人時，其名稱，能轉換為股份者，其轉換事項，附認股權者，其認購辦法。

3. 公司債發行之年、月、日。

4. 各債券持有人取得債券之年、月、日。

5. 所有債券應依次編號。

(二) 以上各事項，由於事涉及公司債債權人的權益，因此公司債債權人，如欲了解公司債存根簿記載時，可以檢具利害關係證明文件（例如公司債債券），指定範圍，隨時請求查閱或抄錄公司債存根簿（本法§210Ⅱ）。

第259條（公司債款變更用途之處罰）

公司募集公司債款後，未經申請核准變更，而用於規定事項以外者，處公司負責人一年以下有期徒刑、拘役或科或併科新臺幣六萬元以下罰金，如公司因此受有損害時，對於公司並負賠償責任。

解說

　　本條是關於公司債款項變更用途的制裁規定，股份有限公司之所以募集公司債，定有其需使用資金的必要性存在，而募得價款之用途及運用計畫亦為股份有限公司申請證券管理機關審核之事項之一（本法§248），以期透過證券管理機關之審核，而避免公司將募集所得資金用於不當用途，而防止債權人受損，因此，如果公司募集公司債之後，欲變更使用的用途時，自然應再申請核准，以免有損公司債債權人的權益。如果負責人未經核准而任意變更用途，使用於運用計畫以外之事項時，負責人即將受一年以下有期徒刑、拘役或科或併科新台幣6萬元以下罰金之刑事制裁。此外，如果公司因此而受有損害，公司負責人尚應負賠償責任。

第260條（記名式公司債之轉讓）

記名式之公司債券，得由持有人以背書轉讓之。但非將受讓人之姓名或名稱，記載於債券，並將受讓人之姓名或名稱及住所或居所記載於公司債存根簿，不得以其轉讓對抗公司。

解說

　　本條是關於記名公司債轉讓的效力規定，記名式之公司債券，可由持有人以背書方式轉讓。不過，此種背書轉讓行為，由於並未使公司得知，如果使此背書轉讓行為當然對公司產生效力，則將使公司產生不可預測之損害，殊非適當，因此，本條後段又規定，縱使當事人之間因背書轉讓行為而產生權利移轉的效力，仍然不能因此當然認定對公司生效，必須將受讓人之姓名或名稱及住所或居所記載於公司債存根簿，否則不能對抗公司。

第261條（無記名債券之轉換）

債券為無記名式者，債權人得隨時請求改為記名式。

解說

　　本條是關於無記名公司債，可請求變更為記名式之規定，所謂無記名公司債，即指在公司債券及公司債存根簿上並不載明債權人之名義，而以實際持有人為該無記名公司債的債權人而言，由於此種無記名公司債，可以交付方式即生轉讓的效力，對持有人似甚方便，然而相對地，如果債券遺失，則該原所有人即無任何證據足資證明其權利，又無法以掛失的方式尋求保障，對該債權人亦有所不利之處，因此，本條乃規定，對於無記名公司債，其持有人可以隨時向公司請求改為記名式，以保障自身的權益。

第262條（股份之轉換）

①公司債約定得轉換股份者，公司有依其轉換辦法核給股份之義務。但公司債債權人有選擇權。

②公司債附認股權者，公司有依其認購辦法核給股份之義務。但認股權憑證持有人有選擇權。

解說

(一) 第1項爲可轉換公司債轉換股份之規定，所謂可轉換公司債，即指在募集發行公司債時，訂定轉換辦法，規定公司債的持有人可依轉換辦法申請轉換爲公司股票的公司債而言，依本條規定，公司債規定可轉換股份時，發行公司即有依其訂定之轉換辦法核給股份之義務[註37]。此外，本條爲保障公司債債權人的權利，特別規定僅公司債債權人有選擇權，換言之，即僅持有可轉換公司債之債權人有選擇是否行使其轉換股份的權利，因此如果可轉換公司債之債權人並不想行使其轉換權時，公司不能自行決定將公司債轉換爲股份，以避免公司在經營不善時，任意將公司債轉換爲股份，致侵害債券持有人所得受之利息及還本權利，甚至導致投資損失的情形產生。

(二) 第2項爲附認股權公司債行使權利之規定，所謂附認股權公司債，即指公司在募集發行公司債時，訂定認購辦法，規定公司債的持有人可依認購辦法之規定認購公司股票的公司債而言，本條即賦予附認股權公司債法律效力，依本條規定，公司債規定可認購股份時，發行公司即有依其訂定之認購辦法核給股份之義務，又爲保障公司債債權人的權利，本條亦規定僅公司債債權人有選擇權，換言之，即僅持有附認股權公司債之債權人有選擇是否行使其認購股份的權利。

第263條（公司債債權人會議召集及決議）

①發行公司債之公司，公司債債權人之受託人，或有同次公司債總數百分之五以上之公司債債權人，得爲公司債債權人之共同利害關係事項，召集同次公司債債權人會議。

②前項會議之決議，應有代表公司債債權總額四分之三以上債權人之出席，以出席債權人表決權三分之二以上之同意行之，並按每一公司債券最低票面金額有一表決權。

③無記名公司債債權人，出席第一項會議者，準用股份有限公司無記名股票之股東出席股東會之規定。

解說

(一) 本條是關於公司債債權人會議之召集及決議的規定，所謂公司債債權

人會議，是指由同次公司債的債權人所組成，並就與公司債債權人之共同利害事項而爲決議的法定組織，公司法爲加強債權人的保障，乃特設此公司債債權人會議，以期透過債權人團體的自治管理，而增強對共同利害關係事項的自我保障能力，第1項是關於召集權人的規定，依本項規定，發行公司債之公司、公司債債權人之受託人，或擁有同次公司債總數5%以上之公司債債權人，始有權召集公司債債權人會議，其次，前述有召集權之人，亦僅得爲公司債債權人之共同利害事項而召集公司債債權人會議，所謂共同利害事項，例如發行公司怠於給付利息，或者公司有意提前還本等，與全體公司債債權人有共同利害關係的情事存在，始能召集公司債債權人會議。

(二) 第2項是關於決議方式之規定，所謂公司債債權人會議，是指爲同次發行之全體公司債債權人之共同利害事項而召開，而其決議亦對同次發行之全體公司債債權人發生效力，因此其表決比例亦較爲嚴格，依本項規定，公司債債權人會議，應有代表公司債債權總額四分之三以上債權人出席，並以出席債權人表決權三分之二以上的同意始得通過。

(三) 第3項是針對無記名公司債債權人出席公司債債權人會議之規定，所謂無記名公司債，既然在公司債債券及存根簿上均未記載債權人姓名，即無可確定持有人，因此本項乃準用§176規定，即持有無記名公司債的債權人，必須在公司債債權人會議開會五日前，將其公司債債券交存公司，否則即不能出席公司債債權人會議，以杜絕爭議。

第264條（議事錄之作成與效力）

前條債權人會議之決議，應製成議事錄，由主席簽名，經申報公司所在地之法院認可並公告後，對全體公司債債權人發生效力，由公司債債權人之受託人執行之。但債權人會議另有指定者，從其指定。

解說

本條爲關於公司債債權人會議決定生效之程序規定，依前條規定，公司債債權人會議經有召集權人之召集，並經代表公司債債權總額四分之三以上債權人出席，以及出席債權人表決權三分之二以上同意，即可就同

次發行之公司債債權人的共同利害相關事項作成決議。然而此項決議是否均符合全體債權人之利益，則恐有疑問，蓋如果公司債的多數債權人受到公司委託，亦可能作出與全體債權人利益相反之決議，例如，因公司債欠利息未給付而召集之公司債債權人會議，此時如果多數公司債的持有人亦在公司請託下，作出免除此部分利息債務或允許延期清償的決議，如此即有造成其他公司債債權人損害之可能，因此本條乃特設認可制度，即依本條的規定，在債權人會議作成決議後，須先製成議事錄，並由主席簽名，然後申報公司所在地的法院認可，經法院認可後，尚須經公告程序（即公示讓全體債權人得知），始能對全體債權人發生效力，此外，在決議生效後，即發生執行的問題，依本條後段規定，原則上該決議應由公司債債權人之受託人負責執行，然而公司債債權人會議如認為不妥而另行指定時，即由該受指定之人負責執行。

第265條（不予認可之決議）

公司債債權人會議之決議，有下列情事之一者，法院不予認可：

一、召集公司債債權人會議之手續或其決議方法，違反法令或應募書之記載者。
二、決議不依正當方法達成者。
三、決議顯失公正者。
四、決議違反債權人一般利益者。

解說

本條為關於法院應不認可公司債債權人會議決議的事由，為保障一般債權人權益，對於公司債債權人會議決議，本法乃特設應申報法院認可的規定，以期透過法院的介入，而防制不當事情。本條更進一步規定，有下列情事存在時，法院應不予認可該公司債債權人會議之決議：

(一) 召集公司債債權人會議之手續或其決議方法，違反法令或應募書之記載者。
(二) 決議不依正當方法達成者。
(三) 決議顯失公正者。
(四) 決議違反債權人一般利益者。

第八節 發行新股

第266條（發行新股之依據及決議之方法）

①公司依第一百五十六條第二項分次發行新股，或依第二百七十八條第二項發行增資後之新股，均依本節之規定。

②公司發行新股時，應由董事會以董事三分之二以上之出席，及出席董事過半數同意之決議行之。

③第一百四十一條、第一百四十二條之規定，於發行新股準用之。

解說

(一) 所謂發行新股，是指公司成立後，將公司章程中所訂立而尚未發行的股份，或變更公司章程後所增加的股份，以新股的方式發行予股東、員工或其他不特定人之情形而言，依本法§156Ⅱ規定，公司於設立時章程所定之資本額得分次發行；又依§278規定，如果公司已將章程所定資本額發行完畢，即可依變更章程之程序，增加資本，增加資本後之股份總數得分次發行，凡前述章訂資本之分次發行，或增加資本後新發行之股份，均屬於發行新股，故第1項即規定須適用本節的規定。不過，公司發行新股的方式主要可分為現金增資及盈餘或公積轉增資二種，所謂現金增資，係指以籌集資金為目的，而由公司股東、員工或社會大眾以現金繳交予公司而換取新股的方式，本節的規定亦係針對此種認股方式；至於盈餘或公積轉增資，則係指公司將盈餘或資本公積、法定盈餘公積轉作資本而發行新股的情形，對於盈餘或公積轉增資，由於在本法§240及§241有特別規定，故不適用本節規定。

(二) 由於現金增資發行新股，可以順利籌募資金，改善公司營運，且不致損及股東分派股息及紅利之權益，故其決議要件較為簡單，依據第2項規定，只要經董事會全體董事三分之二以上出席，並須經出席董事過半數之同意即可決議辦理。

(三) 此外，第3項準用§141規定，即當此次辦理之現金增資所發行的股數被認股完成時，董事會即應向各認股人催告使其繳納股款，而其所繳納之金額則包括股票之票面金額加上溢價發行之金額而言，至於如

何催告,依第3項準用§142規定,即對於拖延繳款的認股人,公司董事會可定一個月以上期限,催告該認股人在期限內繳納,並在催告書中聲明逾期不繳即失其權利;如果期限到達後,該認股人仍不照繳時,公司董事會即可將其所認股份另行募集,如因而產生損失,則仍可向認股人請求損害賠償。

第267條(發行新股與認股之程序)

①公司發行新股時,除經目的事業中央主管機關專案核定者外,應保留發行新股總數百分之十至百分之十五之股份由公司員工承購。

②公營事業經該公營事業之主管機關專案核定者,得保留發行新股由員工承購;其保留股份,不得超過發行新股總數百分之十。

③公司發行新股時,除依前二項保留者外,應公告及通知原有股東,按照原有股份比例儘先分認,並聲明逾期不認購者,喪失其權利;原有股東持有股份按比例不足分認一新股者,得合併共同認購或歸併一人認購;原有股東未認購者,得公開發行或洽由特定人認購。

④前三項新股認購權利,除保留由員工承購者外,得與原有股份分離而獨立轉讓。

⑤第一項、第二項所定保留員工承購股份之規定,於以公積抵充,核發新股予原有股東者,不適用之。

⑥公司對員工依第一項、第二項承購之股份,得限制在一定期間內不得轉讓。但其期間最長不得超過二年。

⑦本條規定,對因合併他公司、分割、公司重整或依第一百六十七條之二、第二百六十二條、第二百六十八條之一第一項而增發新股者,不適用之。

⑧公開發行股票之公司發行限制員工權利新股者,不適用第一項至第六項之規定,應有代表已發行股份總數三分之二以上股東出席之股東會,以出席股東表決權過半數之同意行之。

⑨出席股東之股份總數不足前項定額者,得以有代表已發行股份總數過半數股東之出席,出席股東表決權三分之二以上之同意之。

⑩公開發行股票之公司依前二項規定發行新股者,其發行數量、發行價

格、發行條件及其他應遵行事項，由證券主管機關定之。

⑪公司負責人違反第一項規定者，各處新臺幣二萬元以上十萬元以下罰鍰。

解說

(一) 本條是關於股份有限公司發行新股時股份分配之規定，可分為三種情形：

1. 保留給員工承購部分

依第1項規定，一般民營公司在現金增資發行新股時，除非經目的事業中央主管機關專案核定可免保留外，均應將所預定發行新股中之10%至15%保留給員工認購[52]，以增加員工的向心力，並分享經營果實，不過在以下幾種情形，員工即無認股權或僅有極少之認股權：

(1)如果該公司為公營事業，原則上不用保留股份給員工認購，即使該公營事業欲保留新股給員工承購，並經公營事業之主管機關專案核准時，亦不能超過預定發行新股數額的10%。

(2)公司如果是以公積（如法定盈餘公積、資本公積等）而發行新股時，由於係基於原股東之資格而取得，故不適用保留員工認購之規定。

(3)對於因合併他公司，公司分割，公司重整或因§167-2公司員工認股權憑證之行使，§262可轉換公司債之債權人行使轉換權，附認股權公司債或特別股之債權人或股東行使認購權時，由於並非一般性發行新股事由，故亦不適用保留員工認購之規定。

又雖然公司法賦予員工認購的權利，但此項權利與員工身分有關，因此這項新股認購的權利，依第4項規定，即不能與員工身分

---

[52] (B) 股份有限公司發行新股時，原則上應保留發行新股總額多少百分比由公司員工優先認購？(A)10%～20%(B)10%～15% (C)10%～30%(D)3%～15%。（模擬試題）

【解說】依公司法§267 I規定：「公司發行新股時，除經目的事業中央主管機關專案核定者外，應保留發行新股總數百分之十至十五之股份由公司員工承購。」故答案10%～15%正確。

分離，而單獨轉讓；其次，為維護公司原股東之權利，並避免因員工取得股票後即行賣出，致影響股票價格，第6項特規定，限制員工在兩年內不能轉讓。

2. 由原公司股東認購部分

按第3項規定，在扣除保留予員工認購之部分外，其他股份應由股東取得認購權利，至於各股東所可分配之數額，則係依所持有之股份比例而作分配，以上之認購股數，如果有不足一股時，可以由數股東合併由一人認購或共同認購，以解決事實上之問題，由於以上之股東新股認購權，在公司決定發行新股時，即有請求依原有股份比例儘先分認之權，故第4項明定，可與原股份分離而獨立轉讓。

另外，尚須注意者，即股東依持股比例認購之部分，係股東的權利，而非義務，若股東不認購，依第3項規定，此時公司僅可依公告及通知等方式通知各原有股東，並聲明如逾期不認購者，即喪失其認購權利，並在期限屆至後，發生該股東不能再請求認購之效果而已。

3. 公開發行或洽特定人認購

依本法規定，此種情形是發生在原有股東或員工未認購足額時，在此種情形，如不允許公司循求管道找尋他人認購，恐將使現金增資發行新股失敗，殊非妥適。因此，第3項後段規定，在原股東或員工放棄認購，而導致有部分新股無人買受時，公司可改以公開發行（即對社會大眾發行）或洽特定人認購（即找尋特定個人認購）等方式，將該部分未認足之新股由他人認購。

(二) 民國100年修法新增第8至第10項規定，即公開發行股票之公司，經股東會特別決議通過，可以發行限制員工權利之新股，讓企業獎酬員工的工具可與國際接軌，便利企業吸引優秀人才，提升企業之競爭力，由於此種新股發行，是為獎酬特定員工而設，與一般之現金增資發行新股有別，故不適用第1項至第6項員工保留認購比例及股東依持股比例儘先分認規定之限制；至於其發行數量、價格、條件及其他應遵行事項，由主管機關定之。

第268條（公開發行新股之申請核准）

①公司發行新股時，除由原有股東及員工全部認足或由特定人協議認購而不公開發行者外，應將下列事項，申請證券管理機關核准，公開發行：

一、公司名稱。

二、原定股份總數、已發行數額及金額。

三、發行新股總數、每股金額及其他發行條件。

四、證券管理機關規定之財務報表。

五、增資計畫。

六、發行特別股者，其種類、股數、每股金額及第一百五十七條各款事項。

七、發行認股權憑證或附認股權特別股者，其可認購股份數額及其認股辦法。

八、代收股款之銀行或郵局名稱及地址。

九、有承銷或代銷機構者，其名稱及約定事項。

十、發行新股決議之議事錄。

十一、證券管理機關規定之其他事項。

②公司就前項各款事項有變更時，應即向證券管理機關申請更正；公司負責人不為申請更正者，由證券管理機關各處新臺幣一萬元以上五萬元以下罰鍰。

③第一項第二款至第四款及第六款，由會計師查核簽證；第八款、第九款，由律師查核簽證。

④第一項、第二項規定，對於第二百六十七條第五項之發行新股，不適用之。

⑤前項發行新股之股數、認股權憑證或附認股權特別股可認購股份數額加計已發行股份總數、已發行轉換公司債可轉換股份總數、已發行附認股權公司債可認購股份總數、已發行附認股權特別股可認購股份總數及已發行認股權憑證可認購股份總數，如超過公司章程所定股份總數時，應先完成變更章程增加資本額後，始得為之。

解說

(一) 本條是關於股份有限公司公開發行新股申請審核的規定，股份有限公

司如果對外招募股份時，由於牽涉大眾利益，因此本法遂予以較嚴格
之要求，規定必須詳列條文所示之11款事項，並由證券管理機關核准
後，始能對外公開發行。

(二) 以上各事項，涉及是否應准許公開發行，以及應募之社會大眾的權
益，因此如果有變更時，即應立刻向證券主管機關申請更正，公司負
責人如果不申請時，可對負責人各處新臺幣1萬元以上5萬元以下罰
鍰。

第268條之1（認股權憑證）

①公司發行認股權憑證或附認股權特別股者，有依其認股辦法核給股份之
義務，不受第二百六十九條及第二百七十條規定之限制。但認股權憑證
持有人有選擇權。

②第二百六十六條第二項、第二百七十一條第一項、第二項、第
二百七十二條及第二百七十三條第二項、第三項之規定，於公司發行認
股權憑證時，準用之。

解說

(一) 本條是關於公司發行認股權憑證或附認股權特別股之規定，依第1項
規定公司發行認股權憑證或附認股權特別股者，有依其認股辦法核給
股份之義務，因此公司應將股份交付予該權利人，不過，以附認股權
方式發行新股，尚非屬一般現金發行新股，因此第1項明定可不受第
269條、第270條之條件限制，而可直接發行。

(二) 第2項是公司發行認股權憑證之程序規定，換言之，公司欲發行認股
權憑證時，需經董事會三分之二以上董事出席，並經董事過半數同意
（準用本法§266），其後須申請證券管理機關核准，核准後如發現
申請事項有違反法令或虛偽情形時，證券管理機關可撤銷其核准（準
用本法§271），公開發行新股時，應以現金為股款繳交（準用本法
§272）始符合法律之規定。

第269條（禁發優先權之特別股）

公司有下列情形之一者，不得公開發行具有優先權利之特別股：

一、最近三年或開業不及三年之開業年度課稅後之平均淨利，不足支付已發行及擬發行之特別股股息者。

二、對於已發行之特別股約定股息，未能按期支付者。

解說

　　本條爲禁止公開發行有優先權特別股之規定[甲36]，所謂有優先權特別股，係指關於盈餘分配等事項，具有優先於普通股之權利而言，例如，股份有限公司發行特別股，並規定特別股股東每年可優先分配股息每股2元即是，由於此種特別股具有較普通股權利爲優之特質，因此較易吸引大眾參與認購，爲保障社會大眾的權益，本條乃特設較爲嚴格之規定（與禁止公開發行新股比較而言，參見本法§270），即有下列情形存在時，即不能發行有優先權之特別股[53]：

(一) 最近三年或開業不及三年之開業年度課稅後之平均淨利，不足支付已發行及擬發行之特別股股息者。

(二) 對於已發行之特別股約定股息，未能按期支付者。

第270條（公開發行新股之禁止）

公司有下列情形之一者，不得公開發行新股：

---

[53] (D) 公司於何種情形，得公開發行具有優先權利之特別股？(A)對於已發行之特別股約定股息，未能按期支付者(B)連續兩年有虧損者(C)資產不足抵償債務者(D)最近三年或開業不及三年之開業年度課稅後之平均淨利，足以支付已發行及擬發行之特別股者。（模擬試題）

　　【解說】(1)依公司法§269規定：「公司有下列情形之一者，不得公開發行具有優先權利之特別股：一、最近三年或開業不及三年之開業年度課稅後之平均淨利，不足支付已發行及擬發行之特別股股息者。二、對於已發行之特別股約定股息，未能按期支付者。」因此，(D)的情形，可以發行優先權利的特別股，而(A)爲不能發行的情形。

　　(2)依公司法§270規定：「公司有下列情形之一者，不得公開發行新股：一、最近連續二年有虧損者。二、資產不足抵償債務者。」既然不能公開發行新股，也就不能公開發行優先權利的特別股，(B)及(C)均屬公司法§270不能公開發行新股的情形。

一、最近連續二年有虧損者。但依其事業性質，須有較長準備期間或具有
健全之營業計畫，確能改善營利能力者，不在此限。

二、資產不足抵償債務者。

解說

　　本條爲禁止公開發行新股的規定[申36]，按公司法原則上係鼓勵資本大
眾化，因此並不禁止公開發行新股，但是如果公司經營不善或已無法經營
時，爲避免損及社會大眾，自不宜使其得公開發行新股，故本條規定，在
有下列情形之下，即不能公開發行新股（包括普通股及特別股）：

(一) 最近連續二年有虧損者

　　此係指該公司在最近經營年度內，曾經連續二年發生虧損之狀況而
言，由於有此種情形存在時，足可見該公司之獲利能力至爲薄弱，自不宜
准其公開發行。不過對於某些特殊事業，往往需要長時間準備始能開始營
業，自不能因其成立之初的虧損即強令其不得公開發行；又如果該公司雖
曾連續二年產生虧損，但確實已有健全之營業計畫，而可改善獲利能力
時，亦實無必須以過去短期的狀況來否定未來營運之必要，因此本款特例
外規定，在有前述兩種情況存在的情形下，即不必禁止該公司公開發行新
股。

(二) 資產不足抵償債務者

　　此係指變賣公司所有資產後，仍有不足以清償公司現存債務的情形而
言。

第271條（核准之撤銷）

①公司公開發行新股經核准後，如發現其申請事項，有違反法令或虛偽情
形時，證券管理機關得撤銷其核准。

②爲前項撤銷核准時：未發行者，停止發行；已發行者，股份持有人，得
於撤銷時起，向公司依股票原定發行金額加算法定利息，請求返還；因
此所發生之損害，並得請求賠償。

③第一百三十五條第二項之規定，於本條準用之。

解說

(一) 本條是關於公開發行新股之核准的撤銷規定，按股份有限公司公開發

行新股，所影響者是社會大眾的權益，而公司申請證券管理機關核准時，一般均採書面審理，因此如果有偽造證明文件及各項表冊時，即可順利獲取發行的核准，然而此種因虛偽情事而公開發行後，往往會造成認股人的受損，因此，第1項即規定，對於公司的申請事項，如果發現有違反法令（例如本法§269或§270禁止發行的情事存在）或虛偽情形（例如偽造公司之資產負債表、損益表等）時，證券管理機關即可撤銷其核准，並依第2項的程序處理，以期保障善意認購人的權利。

(二) 其次，依第2項規定，在證券管理機關撤銷核准後，對於未發行的部分（指尚未有人認購的部分），應立刻停止發行，以免再損及其他社會大眾；至於已發行的部分（指已經有人認購的部分），持有該公開發行之新股的人，可以自撤銷之日起，要求公司依照股票發行之價格，加上自繳款之日起至返還日止依法定利率計算之利息，一併要求返還，如果持有人因此受有其他損害時，尚可另行請求損害賠償。

第272條（出資之種類）

公司公開發行新股時，應以現金爲股款。但由原有股東認購或由特定人協議認購，而不公開發行者，得以公司事業所需之財產爲出資。

解說

　　本條爲關於股份有限公司公開發行新股時出資認股的限制規定，由於公開發行新股，是對不特定社會大眾發行，而現金以外的財產因有換算上的問題，容易產生紛爭，爲避免此換算價值上之滋擾，本條遂規定，如果係公開發行新股時，僅能以現金作爲繳納股款的標的，如以其他財產用以繳款時，則均屬無效，以避免有圖利個別認購人的紛爭產生，但是，如果係不公開發行，而由原有股東或特定人認購時，由於並未牽涉社會大眾利益，故特別例外規定可准許以公司所需的財產作爲出資的標的。

第273條（公開發行認股書之備置）

①公司公開發行新股時，董事會應備置認股書，載明下列事項，由認股人填寫所認股數、種類、金額及其住所或居所，簽名或蓋章：

一、第一百二十九條第一項第一款至第六款及第一百三十條之事項。

二、原定股份總數，或增加資本後股份總數中已發行之數額及其金額。

三、第二百六十八條第一項第三款至第十一款之事項。

四、股款繳納日期。

②公司公開發行新股時，除在前項認股書加記證券管理機關核准文號及年、月、日外，並應將前項各款事項，於證券管理機關核准通知到達後三十日內，加記核准文號及年、月、日，公告並發行之。但營業報告、財產目錄、議事錄、承銷或代銷機構約定事項，得免予公告。

③超過前項期限仍須公開發行時，應重行申請。

④認股人以現金當場購買無記名股票者，免填第一項之認股書。

⑤代表公司之董事，違反第一項規定，不備置認股書者，由證券管理機關處新臺幣一萬元以上五萬元以下罰鍰。

解說

(一) 本條是關於股份有限公司公開發行新股時之認股書的規定，所謂「認股書」，即指記載下列事項之文書：

1. 發行新股之公司的名稱（本法§129 I ①）。

2. 發行公司所經營的事業（本法§129 I ②）。

3. 股份總數及每股金額，以及其中已發行數額及其金額（本條§ I ②、本法§129 I ③）。

4. 總公司所在地，如設有分公司時，並應記載分公司所在地（本法§129 I ④、130 I ①）。

5. 董事及監察人之人數及任期（本法§129 I ⑤）。

6. 公司解散之事由（本法§130 I ③）。

7. 特別股種類、股數及其權利義務：即例如該特別股分配股息、紅利、賸餘財產之順序，以及表決權之行使是否受有限制等。惟如無發行特別股，自無須記載（本法§130 I ④、268 I ⑥）。

8. 發行新股之總額、每股金額及其他發行條件（例如溢價發行等，本法§268 I ③）。

9. 證券管理機關規定之財務報表（本法§268 I ④）。

10. 增資計畫（本法§268 I ⑤）。

11. 發行認股權憑證或附認股權特別股者，其可認購股份數額及其認股辦法（本法§268Ⅰ⑦）。
12. 有承銷或代銷機構者，其名稱及約定事項（本法§268Ⅰ⑨）。
13. 代收股款之銀行或郵局的名稱及地址（本法§268Ⅰ⑧）。
14. 決議發行新股之董事會會議的議事錄（本法§268Ⅰ⑩）。
15. 證券管理機關規定之其他事項（本法§268Ⅰ⑪）。
16. 股款繳納日期。
17. 證券管理機關核准文號及年、月、日。
(二) 按公司法規定認股書必須記載以上事項，其目的即在使認股人能得知該公司實際狀況，以作為是否參與投資之參考依據。因此第1項即規定，如認股人欲認股，必須在認股書上載明所認股數、種類、金額及其住所或居所，並簽名或蓋章於其上，始完成認股程序。不過公司要招募他人認股前，依第2項規定，必須將前述各款事項，除營業報告、財產目錄、議事錄、承銷或代銷機構約定事項外，於證券管理機關核准通知到達後三十日內，加記核准文號及年、月、日，公告並發行之，而且如果在證期局核准通知到達之日起三十日內仍未公告發行，則須重行申請核准，否則即不能公開發行新股。
(三) 但是，如果所發行之新股中有無記名股票時，由於既不須在股票上載明姓名、亦無登載股東名簿之必要，因此第4項設例外規定，只要認股人以現金當場購買無記名股票時，可免填前述之認股書而當場生效。
(四) 至於代表公司的董事，如果不準備認股書，依法證券管理機關可處以新臺幣1萬元以上5萬元以下罰鍰。

第274條（不公開發行認股書之備置）

①公司發行新股，而依第二百七十二條但書不公開發行時，仍應依前條第一項之規定，備置認股書；如以現金以外之財產抵繳股款者，並於認股書加載其姓名或名稱及其財產之種類、數量、價格或估價之標準及公司核給之股數。
②前項財產出資實行後，董事會應送請監察人查核加具意見，報請主管機關核定之。

解說

(一) 本條是關於不公開發行新股之程序規定，所謂不公開發行新股，係指所發行之新股均由公司股東、員工認足，或雖未認足，而其未認足部分洽商由特定人認購之情形而言（本法§267、272），由於在不公開發行情形下，公司所發行之新股，並未涉及對大眾發行的問題，因此依法並不須申請證券管理機關之先行核准（本法§268）即可發行，但是雖然不公開發行，仍有員工、股東及其他特定人參與認股之行為牽涉在內，為便利這些參與認購新股的人員能確實了解公司營運及財務狀況，故第1項乃規定公司仍應準備認股書，並記載前條第1項所規定之內容，以作為這些認股人認購時之參考。此外由於依本法§272規定，由原有股東認購或特定人認購而不公開發行時，可以公司事業所需的財產為出資，因此本條遂規定，以現金以外的財產出資抵作股款時，須在認股書上載明其認股人之姓名或名稱，及其財產之種類、數量、價格或估價標準及公司核給之股數等事項，以使其他認股人均能了解此項事實之存在，並作為投資與否之參考。

(二) 其次，關於以現金以外的財產出資時，董事會在接受後應立刻送請公司監察人查核前述財產出資之實際狀況，並加具意見後，報請主管機關核定之。

第275條（刪除）

第276條（催告與撤回認股）

①發行新股超過股款繳納期限，而仍有未經認購或已認購而撤回或未繳股款者，其已認購繳款之股東，得定一個月以上之期限，催告公司使認購足額並繳足股款；逾期不能完成時，得撤回認股，由公司返回其股款，並加給法定利息。

②有行為之董事，對於因前項情事所致公司之損害，應負連帶賠償責任。

解說

　　本條是關於股份有限公司發行新股，而有未經認購或繳款時之處理規定，依本法§273Ⅰ及§274Ⅰ規定，公司無論公開或不公開發行新股，

均須於認股書上記載股款繳納日期，其目的即在避免此發行新股之繳款，有拖延情事，致影響已認股人之權益，因此，第1項即規定，在發行新股超過股款繳納期限後，仍有無人認購的新股存在，或是已認購之人撤回認購，致該部分成為未經認購的情形，或是有雖然全部新股均有人認購，卻有尚未繳款等情事時，已經認購並已繳交股款的認股人，為維護自身的權益，可以定一個月以上的期限，催告公司要求其於期限內使這些未經認購或尚未繳款之部分均完成認購及繳款程序，如果超過所定期限仍不能完成時，該認股人可以依第1項規定，合法撤回其認股，在認股人撤回認股時，公司即必須將其已繳之股款，加上依法定利率計算的利息，一併返還之。

第九節　變更章程

第277條（變更章程之程序）
①公司非經股東會決議，不得變更章程。
②前項股東會之決議，應有代表已發行股份總數三分之二以上之股東出席，以出席股東表決權過半數之同意行之。
③公開發行股票之公司，出席股東之股份總數不足前項定額者，得以有代表已發行股份總數過半數股東之出席，出席股東表決權三分之二以上之同意行之。
④前二項出席股東股份總數及表決權數，章程有較高之規定者，從其規定。

解說
(一) 本條是關於股份有限公司變更章程之規定，在公司成立後，往往因為公司的發展或業務需要，而有將公司章程加以修改之必要。由於章程是規範公司組織及活動的基本準則，對股東權益當然會產生一定程度影響，因此第1項即規定，公司如欲變更章程，必須經股東會決議，否則即不能變更之[54]。

---

[54] (A) 下列何者，不屬於股東會之「特別決議事項」？(A)董事的選任(B)變更章程(C)

(二) 至於股東會作成決議所需之表決權數，可區分為三種情形：

　　1. 非公開發行公司，而且章程未有較高之規定時，必須有代表已發行股份總數三分之二以上之股東出席，並以出席股東表決權過半數之同意作成決議。

　　2. 公開發行公司，而且章程上未有較高之規定時，雖然原則上亦可依前述方式通過決議，但是如果出席的股東所代表之股份未達三分之二，而有超過二分之一出席時，仍可以此出席表決權數三分之二以上的同意通過此變更章程的決議。

　　3. 如果公司章程上對於變更章程的出席股東股份總數及表決權數有比前述之法律上的規定為高時，即須依此章程上的規定始能作出變更章程之決議。

第278條（增資之限制）

①公司非將已規定之股份總數，全數發行後，不得增加資本。

②增加資本後之股份總數，得分次發行。

解說

(一) 本條是關於股份有限公司辦理增資的相關規定，所謂增資，即指依本法§240將公司的盈餘轉作資本，依§241之以公司法定盈餘公積或資本公積轉作資本，及依據§266至§276之規定，辦理發行新股等情形而言，由於在以上的情事發生時，公司均須增加公司的實際發行股份總數，故稱為增資，我國在民國94年修正公司法前原來採取折衷式之授權資本制，也就是發行股數雖不必全部實際發行完畢，而僅須先行發行四分之一以上，但是民國94年修正公司法時鑒於授權資本制

　　簽署委託經營契約(D)讓與主要部分之財產。（模擬試題）

【解說】(1)特別決議指的是應以定足數三分之二以上及表決權數過半數決議之事項。變更章程（公§277）、簽署委託經營契約（公§185Ⅰ①）、讓與主要部分之財產（公§185Ⅰ②），均是公司法明文應以特別決議方式為之者，故(B)(C)(D)均不對。另依公司法§198規定：「股東會選任董事時，每一股份有與應選出董事人數相同之選舉權，得集中選舉一人，或分配選舉數人，由所得選票代表選舉權較多者，當選為董事。」董事之選任方式，並未規定應經特別決議，故(A)正確。

之最大優點，在於使公司易迅速成立，其資金之籌措趨於方便，公司亦無須閒置超過其營運所需之巨額資金，如果仍採折衷式之授權資本制，將影響公司資金運作上之便利性，因此將原折衷式之授權資本制改採授權資本制，所謂授權資本制，詳言之，即公司於公司章程上規定欲發行的股份總數即可，不必與實際已發行的股份相同，因此往往會發生公司章程所定的資本額（又稱「章定資本額」），以及公司實際發行的資本額（又稱「實收資本額」）並不相同的情形，此時如欲辦理增資，僅在章定資本額的範圍內發行即可，實無增加資本額的必要；另一方面，公司法亦須避免因公司不斷提高章定資本額，卻不實際發行，導致該章定資本額顯然失真的情況存在，故第1項即規定，公司非將公司章程上已規定的股份總數（即章定資本額）全數發行完畢後，不能再修改章程增加公司之資本額，以符合實際狀況。

(二) 第2項是對公司變更章程增加資本得分次發行之規定，由於公司原章定資本額已全數發行完畢要增加，此時是否必須全部一次發行？容易滋生疑問，因此第2項明定，增加資本後之股份總數，得分次發行，換言之，公司增加資本後之股份，仍得分數次發行。

第279條（減資之程序）

①因減少資本換發新股票時，公司應於減資登記後，定六個月以上之期限，通知各股東換取，並聲明逾期不換取者，喪失其股東之權利；發行無記名股票者，並應公告之。

②股東於前項期限內不換取者，即喪失其股東之權利，公司得將其股份拍賣，以賣得之金額，給付該股東。

③公司負責人違反本條通知或公告期限之規定時，各處新臺幣三千元以上一萬五千元以下罰鍰。

解說

(一) 本條為股份有限公司辦理減少資本之程序規定，所謂減少資本，是指股份有限公司將其已發行的股份銷除，而還原成未發行資本之情形而言，公司在經營後，有時會發生資本過多的情事，而有銷除多餘資本的需要；或者公司在營運上產生鉅額虧損，導致公司資本與現實

財產顯然差距過大，而有將該實際上已不存在的資本銷除，使其與公司的實際財產能較爲一致的情形，例如，股份有限公司資本額新臺幣2,000萬元，惟因歷年虧損致公司財產僅賸新臺幣1,000萬元，爲使資本與財產趨於一致，此時即有銷除該新臺幣1,000萬元股份的需要，因此，本法乃特設減資的程序，使公司資本的減少能有一定的依循標準，並避免損及股東及其他債權人的權益。

(二) 第1項是針對公司辦理減資後換發股票的規定，在公司經股東會決議並履行本法§281保障債權人的程序後，即可辦理減資登記，之後即產生換發新股票的問題，爲了使各股東均能得知此事實，本項即明文規定，對於記名股票的股東，公司應對其發通知，並在通知上載明如於期限內（六個月以上）不來換取時，即喪失其股東的權利；至於無記名股票，因公司根本不知持有人是誰，自無個別通知的可能，因此本項乃規定應以公告方式代之。

(三) 如果股東不在前述期限內換發股票，依第2項規定，公司可將其股份拍賣，並以賣得價金，給付該股東，而使該股東退出公司股東地位。

第280條（股份之合併）

因減少資本而合併股份時，其不適於合併之股份之處理，準用前條第二項之規定。

解說

　　本條爲關於股份合併之規定，所謂股份合併，是指將數股份合併成爲一股或少數股份，而換發新股票的情形而言，例如，將原來面額爲每股5元的股票兩股，換成每股面額爲10元的股票一股即屬股份合併之一種，不過，本條的規定，則僅是適用於因減少資本而合併股份的情形，例如因將公司資本減少，而將原公司股份以二股換一股之方式加以合併，以達到減少資本的目的之方式而言，由於此種因減少資本而合併股份的情形，原則上均與前條情形並無二致，因此當然仍可適用前條的規定。不過，在部分情形下，可能會產生股東的股份有不適於合併的情形，例如，股份有限公司辦理減資若合併三股換一股，甲持有股份有限公司股票二千股，則甲除可取得合併後新股666股外，尚有賸餘部分，此即所謂無法合併的部分，

爲此，本條特別規定，對於此種無法合併的情形，可準用本法§279II規定，即將該部分股份加以拍賣，而以賣得金額給付該股東。

第281條（準用）

第七十三條及第七十四條之規定，於減少資本準用之。

解說

　　本條是關於股份有限公司減少資本時之保護債權人的程序規定，按股份有限公司減少資本時，可能會導致公司債權人擔保財產減少之情形，例如，在公司因資本過多而辦理減資並將財產發還股東時，即可能導致公司財產減少，因此，本條乃特設保護公司債權人的規定，詳言之，公司在決議減資時，應爲以下的行爲：

(一) 在決議辦理減資時，應即編造公司之資產負債表及財產目錄（準用本法§73 I），以確定公司減資時的財務狀況。

(二) 公司在減資決議後，應立刻向各債權人分別通知（指公司已知的債權人而言）及公告，並指定三十日以上期限，聲明債權人可以在期限內提出異議（準用本法§73 I），如果公司不爲此通知及公告時，不得以此減資對抗公司債權人（準用本法§74 I）。

(三) 公司爲前述的通知及公告後，對於在該指定期限內提出異議的債權人，應即時爲清償或提供擔保，如果該公司拒絕爲任何清償或提供擔保時，不能以其減資對抗該公司債權人（準用本法§74 I）。

第十節　公司重整

第282條（重整聲請）

①公開發行股票或公司債之公司，因財務困難，暫停營業或有停業之虞，而有重建更生之可能者，得由公司或下列利害關係人之一向法院聲請重整：

　一、繼續六個月以上持有已發行股份總數百分之十以上股份之股東。

　二、相當於公司已發行股份總數金額百分之十以上之公司債權人。

②公司爲前項聲請，應經董事會以董事三分之二以上之出席及出席董事過

半數同意之決議行之。

解說

(一) 本條是關於股份有限公司聲請重整的原因及聲請人之規定，所謂重整，乃股份有限公司特有的制度，即對於公開發行股票或公司債的股份有限公司，因爲經營不善而導致財務困難，已經瀕臨暫停營業或有停業之可能時，爲維護該公司股東及債權人的利益，特准其在公司尚有整頓重建更生可能的情形下，經由法院之監督，使公司債權人、股東等利害關係人之利益互相調整，以期獲得一致的共識，而使公司能獲得更生的程序而言。

(二) 由於公司重整事涉及多數股東及債權人的利益，爲免濫行聲請的情況產生，本條乃限制僅有下列三種人始可聲請公司重整[55]：

1. 公司：依規定須以全體董事三分之二以上的出席，並以出席董事過半數的同意，始能作成聲請公司重整的決議。
2. 繼續六個月以上持有已發行股份總數10%以上股份之股東。
3. 相當於公司已發行股份總數金額10%以上之公司債權人。

---

[55] (C) A股份有限公司爲一上市公司，因不當之轉投資致其資金週轉不靈，有停業之虞，下列敘述何者正確？(A)公司之任一股東得向法院聲請重整(B)購買A公司所發行公司債之任一投資人得向法院聲請重整(C)經A公司之董事會之特別決議得向法院聲請重整(D)經A公司之股東會之特別決議得向法院聲請重整。（100律11.)

【解說】(1)依公司法§282：「公開發行股票或公司債之公司，因財務困難，暫停營業或有停業之虞，而有重建更生之可能者，得由公司或左列利害關係人之一向法院聲請重整：一、繼續六個月以上持有已發行股份總數百分之十以上股份之股東。二、相當於公司已發行股份總數金額百分之十以上之公司債權人（第1項）。公司爲前項聲請，應經董事會以董事三分之二以上之出席及出席董事過半數同意之決議行之（第2項）。」

(2)選項(A)不對：因爲不是任一股東均可聲請。

(3)選項(B)不對：因爲不是公司債的任一投資人均可聲請。

(4)選項(D)不對：因由A公司聲請時，應由董事會特別決議爲之。

第283條（聲請書狀）

①公司重整之聲請，應由聲請人以書狀連同副本五份，載明下列事項，向法院為之：

一、聲請人之姓名及住所或居所；聲請人為法人、其他團體或機關者，其名稱及公務所、事務所或營業所。

二、有法定代理人、代理人者，其姓名、住所或居所，及法定代理人與聲請人之關係。

三、公司名稱、所在地、事務所或營業所及代表公司之負責人姓名、住所或居所。

四、聲請之原因及事實。

五、公司所營事業及業務狀況。

六、公司最近一年度依第二百二十八條規定所編造之表冊；聲請日期已逾年度開始六個月者，應另送上半年之資產負債表。

七、對於公司重整之具體意見。

②前項第五款至第七款之事項，得以附件補充之。

③公司為聲請時，應提出重整之具體方案。

④股東或債權人為聲請時，應檢同釋明其資格之文件，對第一項第五款及第六款之事項，得免予記載。

解說

(一) 本條為關於聲請公司重整之程序規定，依前條規定，雖然公司重整的聲請權人有三種，惟其提出聲請時，均須依本條規定，即應由提出聲請之人，以書狀記載下列事項，並連同副本五份向法院為公司重整之聲請：

1. 聲請人之姓名及住所或居所；聲請人為法人、其他團體或機關者，其名稱及公務所、事務所或營業所。

2. 有法定代理人、代理人者，其姓名、住所或居所，及法定代理人與聲請人之關係。

3. 公司名稱、所在地、事務所或營業所及代表公司之負責人的姓名、住所或居所。

4. 聲請之原因及事實：指該公司有何應重整之事實存在，例如公司

已瀕臨破產或資金調度困難而有無法繼續營業等事實存在而言。

5. 公司所營事業及業務狀況：指公司所經營的事業及目前的進貨、銷貨等狀況而言。不過，由於以上資料僅公司內部人士始能取得，為避免造成股東及債權人聲請時之困難，第4項遂明定股東或債權人聲請時，不用記載此資料。

6. 公司最近一年度依§228規定所編造之表冊（公司之資產負債、損益及現金流量表等）；聲請日期已逾年度開始六個月者，應另送上半年之資產負債表，由於以上表冊亦僅公司內部人員始較易取得，故第4項亦規定在以股東或債權人的資格聲請時，不用記載此資料。

7. 對於公司重整之意見：即表明公司是否有重整的可能性，及是否有重整價值之意見等。

(二) 公司為聲請時，除應由代表公司之董事提出聲請外，並應提出重整之具體方案（例如應如何進行償還債務，以及如何營業始能使公司重生等）。

(三) 股東或債權人為聲請時，尚應檢同釋明其資格之文件，例如股東可以其股票影印本，債權人可以其借款證明等文件來表明其符合本法§282之資格。

第283條之1（重整聲請裁定駁回）

重整之聲請，有下列情形之一者，法院應裁定駁回：

一、聲請程序不合者。但可以補正者，應限期命其補正。

二、公司未依本法公開發行股票或公司債者。

三、公司經宣告破產已確定者。

四、公司依破產法所為之和解決議已確定者。

五、公司已解散者。

六、公司被勒令停業限期清理者。

解說

本條是法院應駁回重整聲請之規定[56]，其情形如下：

(一) 聲請程序不合者

例如無聲請權之人提出聲請，聲請書狀不合§283所規定之程式時，均屬於聲請程序不合法的情形，不過，如果該情形係可以補正者，例如僅漏未檢具董事會議事錄，法院應先定期命其補正。

(二) 公司未依本法公開發行股票或公司債者

依§282規定，依法公開發行股票或公司債的股份有限公司，始具有聲請重整的資格。

(三) 公司經宣告破產已確定者

此係指宣告公司破產的裁定已經確定的情形而言，因在此情形下，公司即應依破產法的規定，依據破產程序處理公司的財務及債務，自不容許另行准許公司重整。

(四) 公司依破產法所為之和解決議已確定者

所謂和解決議已確定者，例如在法院和解程序時，係指和解方案已經債權人會議同意，並經法院為認可裁定確定之時而言（破§27、32），在上述情形，和解決議既已確定，依法即應依該條已經決議的和解方案履行（破§36、49），實不應再另行進行重整程序而造成困擾。

---

[56] (B) 股份有限公司為重整之聲請時，下列何者非屬法院裁定駁回重整聲請之法定原因？(A)聲請程序不合者。但可以補正者，應限期命其補正(B)公司董事違反法令或章程之規定情節重大者(C)公司未依公司法公開發行股票或公司債者(D)公司依破產法所為之和解決議已確定者。（模擬試題）

【解說】法院應裁定駁回重整聲請的情形共有八大事由，分別規定在公司法§283-1：「一、聲請程序不合者。但可以補正者，應限期命其補正。二、公司未依本法公開發行股票或公司債者。三、公司經宣告破產已確定者。四、公司依破產法所為之和解決議已確定者。五、公司已解散者。六、公司被勒令停業限期清理者。」以及公司法§285-1Ⅲ：「一、聲請書狀所記載事項有虛偽不實者。二、依公司業務及財務狀況無重建更生之可能者。」只有「公司董事違反法令或章程之規定情節重大者」，不屬於這八大裁定駁回的法定事由，應選答案(B)。

(五) 公司已解散者

公司重整程序，係為維持公司的繼續經營而特別設立，如果公司已經解散，根本無重整可能。

(六) 公司被勒令停業限期清理者

公司被勒令停業限期清理者，重整程序應予以停止，此時既已使公司進入結束之狀態，已無維持公司生存之可能時，即為無經營價值，此時自不應准予重整。

第284條（裁定前之徵詢意見與通知）

①法院對於重整之聲請，除依前條之規定裁定駁回者外，應即將聲請書狀副本，檢送主管機關、目的事業中央主管機關、中央金融主管機關及證券管理機關，並徵詢其關於應否重整之具體意見。

②法院對於重整之聲請，並得徵詢本公司所在地之稅捐稽徵機關及其他有關機關、團體之意見。

③前二項被徵詢意見之機關，應於三十日內提出意見。

④聲請人為股東或債權人時，法院應檢同聲請書狀副本，通知該公司。

解說

(一) 本條是關於法院為裁定前之徵詢意見的規定，公司是否准予重整以及是否具有重整價值，單由聲請書狀並無法完整得知，為使法院能更進一步了解此情況，第1項乃特別規定應將聲請書狀副本，檢送主管機關、目的事業中央主管機關、中央金融主管機關及證券管理機關，並徵詢其關於應否重整之具體意見，以供法院裁定時之參考；此外，公司繳納稅捐之情形，有助於了解其營運情形，因此第2項乃規定可徵詢本公司所在地之稅捐稽徵機關及其他有關機關、團體之意見，以做為法院裁定准駁重整之重要參考因素；不過為避免因前述機關提出意見時間過長，致妨害重整時效，故第3項規定，被徵詢意見之機關，應於三十日內提出意見，以加速重整程序之進行。

(二) 此外，在聲請人為股東或公司之債權人時，由於此時公司尚不知其被聲請重整之事實存在，第4項乃規定法院在此情形下，應以該聲請狀副本通知，以使公司知悉此項事實，並能進行準備及提出答辯，而維

護自身權益。

第285條（檢查人之選任與調查）

①法院除為前條徵詢外，並得就對公司業務具有專門學識、經營經驗而非
利害關係人者，選任為檢查人，就下列事項於選任後三十日內調查完畢
報告法院：

一、公司業務、財務狀況及資產估價。

二、依公司業務、財務、資產及生產設備之分析，是否尚有重建更生之
可能。

三、公司以往業務經營之得失及公司負責人執行業務有無怠忽或不當情
形。

四、聲請書狀所記載事項有無虛偽不實情形。

五、聲請人為公司者，其所提重整方案之可行性。

六、其他有關重整之方案。

②檢查人對於公司業務或財務有關之一切簿冊、文件及財產，得加以檢
查。公司之董事、監察人、經理人或其他職員，對於檢查人關於業務財
務之詢問，有答覆之義務。

③公司之董事、監察人、經理人或其他職員，拒絕前項檢查，或對前項詢
問無正當理由不為答覆，或為虛偽陳述者，處新臺幣二萬元以上十萬元
以下罰鍰。

解說

(一) 本條為關於法院選任檢查人進行調查公司狀況的規定，為使法院能切
實了解公司狀況，第1項乃規定，法院可選任具有專門學識（例如律
師、會計師等）、經營經驗（例如擔任過相類似營業項目公司的經理
人等），並且非利害關係人（指必須不是該公司的股東、債權人等與
公司有利害關係之人而言）為檢查人[57]，以便調查下列事項，供法院

---

[57] (D) 公開發行股票或公司債之公司，因財務困難，暫停營業或有停業之虞者，法院
於受理重整之聲請時，並得選任下列何機關作調查報告？(A)債權人(B)公司(C)
監察人(D)檢查人。

裁定的考量依據：

1. 公司業務、財務狀況與資產估價。
2. 依公司業務、財務、資產及生產設備之分析，是否尚有重建更生之可能。
3. 公司以往業務經營之得失及公司負責人執行業務有無怠忽或不當情形。
4. 聲請書狀所記載事項有無虛偽不實情形。
5. 聲請人為公司者，其所提重整方案之可行性。
6. 其他有關重整之方案。

(二) 以上調查，依第1項規定，須在選任後三十天內調查完畢並報告法院，為便於檢查人進行調查，第2項更賦予調查人兩項權利，第一是檢查權，即檢查人可調閱公司一切與業務或財物相關的簿冊、文件及財產之權利而言；第二種是詢問權，即對於業務或財務狀況有所疑問時，可以要求公司之董事、監察人、經理人或其他職員答覆。

(三) 第3項則規定，對於檢查人之檢查為拒絕之行為，或者對其詢問在無正當理由下卻不予答覆或為虛偽陳述時，有關董事、監察人、經理人、職員等，可處新臺幣2萬元以上10萬元以下罰鍰。

第285條之1（裁定之執行）

①法院依檢查人之報告，並參考目的事業中央主管機關、證券管理機關、中央金融主管機關及其他有關機關、團體之意見，應於收受重整聲請後一百二十日內，為准許或駁回重整之裁定，並通知各有關機關。

②前項一百二十日之期間，法院得以裁定延長之，每次延長不得超過三十日。但以二次為限。

③有下列情形之一者，法院應裁定駁回重整之聲請：
一、聲請書狀所記載事項有虛偽不實者。
二、依公司業務及財務狀況無重建更生之可能者。

【解說】依公司法§285 I 規定：「法院除為前條徵詢外，並得就對公司業務具有專門學識、經營經驗而利害關係人者，選任為檢查人，就左列事項於選任後三十日內調查完畢報告法院……。」因此，答案應選(D)。

④法院依前項第二款於裁定駁回時，其合於破產規定者，法院得依職權宣告破產。

解說

(一) 本條是法院裁定准許或駁回重整聲請之規定，在駁回條件方面，本條與§283-1不同者，係在§283-1所規定的是程序問題，凡有此事項存在即應立即駁回；而本條則是由法院在綜合考量所有情況下而對重整案為准駁之規定，屬於實體上應否准許的問題，依本條規定，有下列情形之一者，法院應裁定駁回重整之聲請：

1. 聲請書狀所記載事項有虛偽不實者
   此係指聲請重整書狀上的記載有顯然虛偽不實之情形而言，例如公司根本無財務困難之狀況卻偽稱有此事由存在，此種情形下公司既無重整之必要，自應駁回其聲請。

2. 依公司業務及財務狀況無重建更生之可能者
   此係指將公司的生產、銷售等狀況，扣除合理的管理及銷售等費用後，不足以維持公司營運及其經營價值而言。

(二) 為加速重整程序之進行，第1項明定，法院於取得§285之檢查人報告及§284之目的事業中央主管機關、證券管理機關、中央金融主管機關及其他有關機關、團體之意見後，為爭取時效，法院於收受重整聲請後一百二十日內依檢查人報告並參考有關機關、團體等之意見，為准駁重整之裁定，以避免重整程序之延遲，不過為避免因相關程序的拖延，例如主管機關回函過慢或檢查人花費較久時間，導致法院無法立即裁定，第2項復規定法院得以裁定延長之，每次延長不得超過三十日，但以二次為限，以符實際，並便利重整事項之迅速進行。

第286條（公司造報名冊之命令）

法院於裁定重整前，得命公司負責人，於七日內就公司債權人及股東，依其權利之性質，分別造報名冊，並註明住所或居所及債權或股份總金額。

解說

本條是法院可要求公司造報股東及債權人名冊的規定，其目的乃在使法院能更了解公司的狀況，並且可供法院選派重整人時的參考（本法

§290Ⅰ），依本條規定，法院在裁定重整前，可以命公司負責人在七天內造具股東名冊及債權人名冊。

第287條（裁定前法院之處分）

①法院為公司重整之裁定前，得因公司或利害關係人之聲請或依職權，以裁定為下列各款處分：
一、公司財產之保全處分。
二、公司業務之限制。
三、公司履行債務及對公司行使債權之限制。
四、公司破產、和解或強制執行等程序之停止。
五、公司記名式股票轉讓之禁止。
六、公司負責人，對於公司損害賠償責任之查定及其財產之保全處分。
②前項處分，除法院准予重整外，其期間不得超過九十日；必要時，法院得由公司或利害關係人之聲請或依職權以裁定延長之；其延長期間不得超過九十日。
③前項期間屆滿前，重整之聲請駁回確定者，第一項之裁定失其效力。
④法院為第一項之裁定時，應將裁定通知證券管理機關及相關之目的事業中央主管機關。

解說

(一) 本條是關於法院為重整裁定前，為避免未來重整時之困難，所得為之預先處分的規定，法院為重整之裁定後，依法即須進入重整程序，然而一旦進入重整，不但股東權利或債權之行使上將受到限制，為避免此不利結果產生，利害關係人即可能在裁定前為自己利益，而作出不利公司重整的行為，例如，股東可能大量拋售股票，債權人亦可能個別聲請強制執行，造成公司財產更形減少等情形產生，因此，為維護重整程序進行順利，並維持公司財產價值，第1項遂明定，法院在為公司重整的裁定前，可以依職權或依據公司或利害關係人的聲請，以裁定先行為下列的處分：
1. 公司財產之保全處分
指禁止將公司財產為任何移轉或設定擔保的行為。

2. 公司業務之限制

指將現行公司實際經營的業務加以限制，以避免損害繼續擴大。

3. 公司履行債務及對公司行使債權之限制

但在公司重整程序時，如果無限制准許上述行為，則公司儘可先對自己親友的債務先行償還，而損害其他債權人之利益；而公司債權人個別向公司行使債權後，亦可能導致公司財產所賸無幾，為保障未來公司重整工作的進行，自應適當限制公司之清償債務及債權人的行使權利。

4. 公司破產、和解或強制執行等程序之停止

指在聲請公司重整前，已有他人為公司破產之聲請，或聲請為破產法上之和解，或聲請強制執行公司財產之情形而言，為避免造成未來重整工作之無法進行，故本款特准許法院可先以裁定停止前述程序。

5. 公司記名式股票轉讓之禁止

為防止因公司重整而導致公司股票價格滑落，以及為避免不知情的社會大眾購入而導致損失，故法律特賦予法院可以裁定禁止公司記名式股票之轉讓，至於無記名式股票，由於僅依交付即可轉讓，並以持有人即為股東，根本無禁止轉讓的可能，故本款遂無對之為禁止轉讓的限制規定。

6. 公司負責人，對於公司損害賠償責任之查定及其財產之保全處分

此係指調查公司的財務困難是否因公司負責人的違法或不當行為所導致，並且如果確定該公司負責人須負賠償責任時，對該人之名下財產為假扣押、假處分等保全處分之裁定而言。

(二) 以上處分，由於對各關係人的權利均有所限制，因此自不宜延宕不決，故原則上此裁定處分的期間不得超過九十天；但是，在特殊情況下，法院可以依職權或依公司或利害關係人的聲請，裁定延長之，惟其延長的期間不能超過九十天。

(三) 此外，為使證券管理機關及目的事業中央主管機關立即獲悉法院所為之處分情形，俾便停止該公司股票交易及各種處理，因此本條第4項明定法院為第1項之裁定時，應將裁定通知證券管理機關及相關之目的事業中央主管機關，以避免產生流弊。

第288條（刪除）

第289條（重整監督人之選任）

①法院爲重整裁定時，應就對公司業務，具有專門學識及經營經驗者或金融機構，選任爲重整監督人，並決定下列事項：
一、債權及股東權之申報期日及場所，其期間應在裁定之日起十日以上，三十日以下。
二、所申報之債權及股東權之審查期日及場所，其期間應在前款申報期間屆滿後十日以內。
三、第一次關係人會議期日及場所，其期日應在第1款申報期間屆滿後三十日以內。
②前項重整監督人，應受法院監督，並得由法院隨時改選。
③重整監督人有數人時，關於重整事務之監督執行，以其過半數之同意行之。

解說

(一) 本條是關於法院爲重整裁定時選任重整監督人及決定申報權利、關係人會議的日期之規定，按法院如果決定准許公司重整後，公司即依法進入公司重整程序，然而法院卻不可能完全監督到每一個重整公司的事務，爲了解決此問題，公司法乃特設重整監督人的制度，即由法院從對公司業務，具有專門學識、經營經驗之人，或金融機構等適當人選中，選任一人或數人擔任此項重整監督人的工作，以期透過他們的行使監督權及同意權（本法§290Ⅵ）等權利，而防止發生弊端，並確保重整程序的正常進行，由於重整監督人在確保重整事務上具有其重要性，自不能使其權利漫無限制，因此第2項規定，重整監督人應受法院的監督，並得由法院隨時改選，以防止其濫用權力，而損及重整關係人的利益。

(二) 此外，由於准許重整之裁定開始後，重整程序應即進行，爲避免造成程序上的延滯，故第1項即明定，除選任前述的重整監督人外，法院在重整裁定上尚須決定下列事項：
1. 債權及股東權之申報期日及場所。

2. 所申報債權及股東權之審查期日及場所。

3. 第一次關係人會議期日及場所：所謂關係人會議，是指由重整債權人及股東所組成，以審議及表決重整計畫的議事機關而言，爲避免重整程序的延遲，故重整裁定上亦須決定第一次關係人會議的時間及地點。

(三) 如果重整監督人不止一人時，關於重整事務之監督執行，以其過半數之同意行之，以杜絕爭議。

第290條（重整人）

①公司重整人由法院就債權人、股東、董事、目的事業中央主管機關或證券管理機關推薦之專家中選派之。

②第三十條之規定，於前項公司重整人準用之。

③關係人會議，依第三百零二條分組行使表決權之結果，有二組以上主張另行選定重整人時，得提出候選人名單，聲請法院選派之。

④重整人有數人時，關於重整事務之執行，以其過半數之同意行之。

⑤重整人執行職務應受重整監督人之監督，其有違法或不當情事者，重整監督人得聲請法院解除其職務，另行選派之。

⑥重整人爲下列行爲時，應於事前徵得重整監督人之許可：

一、營業行爲以外之公司財產之處分。

二、公司業務或經營方法之變更。

三、借款。

四、重要或長期性契約之訂立或解除，其範圍由重整監督人定之。

五、訴訟或仲裁之進行。

六、公司權利之拋棄或讓與。

七、他人行使取回權、解除權或抵銷權事件之處理。

八、公司重要人事之任免。

九、其他經法院限制之行爲。

解說

(一) 本條爲關於重整人的選派及其權限的規定，所謂重整人，是指在重整程序中，對外代表公司，並負責公司業務的執行及擬定，執行重整計

畫之人而言，依第1項規定，重整人原則上係由重整公司的債權人、股東、董事、目的事業中央主管機關或證券管理機關推薦之專家中選派擔任，這是為顧及債權人、股東或董事，對公司原有之業務或債權情形較為熟悉，不宜將之硬性排除在外，且是否有偏頗之虞，法院亦會適當斟酌，故亦保留債權人、股東或董事亦得擔任公司重整人之規定，不過為避免前述人員均有不適任或不願擔任之情形，此時如再由原董事會成員擔任重整人，即顯屬不適當的情形，但其他債權人、股東亦均不願擔任時，第1項遂規定法院亦可由目的事業中央主管機關或證券管理機關推薦之專家中選派擔任，以利重整程序之順利進行。

(二) 重整人由於負責公司重整事務之進行，自然應由適當之人選任，不過如果被選任之人事後發現本即有詐欺等前科，或是根本為無行為能力人，則其是否仍得繼續擔任？以及此項選任之效力為何？易生爭論，因此民國95年1月13日修正公司法時明定重整人之資格準用經理人資格之規定（本法§30），使不符合資格者完全不得任職，以杜絕流弊發生。

(三) 其次，由於重整人負責擬定重整計畫及執行，為避免偏袒一方而損及其他人權利，因此第3項特設關係人會議可另行聲請法院改派重整人的規定，詳言之，即當關係人會議中優先重整債權組、無擔保重整債權組及股東組依§302分組行使表決權（即以各組表決權總額二分之一以上的同意為決議）之結果，有二組以上主張另行選定重整人時，可由這些組提出候選人名單，聲請法院選派，以解除原重整人之職務。

(四) 由於重整事務應如何執行，其方式及效果均甚為重要，為避免發生爭論，第4項即明定在重整人有數人時，關於重整事務之執行，以其過半數的同意而決定始能執行。

(五) 如果重整監督人發現重整人執行職務有違法或不當情事，第5項明定重整監督人可聲請法院解除該重整人的職務，並另行選派，以維護全體債權人及股東權利。

(六) 另外，在部分重要事務時，為防止重整人為圖利他人或作出損害重整債權人及股東之行為，第6項遂明定，在有下列行為之時，必須事前先得重整監督人的事先許可：

1. 營業行為以外之公司財產之處分。
2. 公司業務或經營方法之變更。
3. 借款。
4. 重要或長期性契約之訂立或解除，其範圍由重整監督人定之。
5. 訴訟或仲裁之進行。
6. 公司權利之拋棄或讓與。
7. 他人行使取回權、解除權或抵銷權事件之處理。
8. 公司重要人事之任免。
9. 其他經法院限制之行為。

第291條（重整裁定之公告送達與帳簿之截止）

①法院為重整裁定後，應即公告下列事項：

一、重整裁定之主文及其年、月、日。

二、重整監督人、重整人之姓名或名稱、住址或處所。

三、第二百八十九條第一項所定期間、期日及場所。

四、公司債權人及持有無記名股票之股東怠於申報權利時，其法律效果。

②法院對於重整監督人、重整人、公司、已知之公司債權人及股東，仍應將前項裁定及所列各事項，以書面送達之。

③法院於前項裁定送達公司時，應派書記官於公司帳簿，記明截止意旨，簽名或蓋章，並作成節略，載明帳簿狀況。

解說

(一) 第1項為關於公司重整裁定之公告規定，法院為重整之裁定時，為使所有與公司有利害關係之人，能了解公司重整程序的內容，本法逐規定在法院為重整之裁定後，應即公告下列事項：

1. 重整裁定之主文及其年、月、日。
2. 重整監督人、重整人之姓名或名稱、住址或處所。
3. 債權及股東權的申報期日及場所。
4. 公司債權人及持有無記名股票之股東怠於申報之權利，其法律效果。

(二) 除了前述之公告外,依第2項規定,法院尚應將前述各事項以書面通知重整監督人、重整人、公司、已知的公司債權人及股東,使這些利害關係人皆能了解公司重整的事實。

(三) 另外爲確實掌握公司現行狀況,第3項規定,法院送達重整裁定至公司時,應派書記官在公司帳簿上記明截止意旨,簽名或蓋章,並作成節略,載明帳簿狀況。

第292條(重整開始之登記)

法院爲重整裁定後,應檢同裁定書,通知主管機關,爲重整開始之登記,並由公司將裁定書影本黏貼於該公司所在地公告處。

解說

本條爲重整開始之登記的規定,雖然依前條規定,法院應公告重整裁定,並通知已知的各債權人及股東,然而並無法因此就使主管機關知悉此事實;其次,其他社會大眾在與公司爲法律行爲時,如果不使其有可得知公司已開始重整的情形,也可能因此而受到無法預期的損害,所以,本條乃明文規定,法院在爲重整裁定後,須連同裁定書通知主管機關爲重整開始的登記,並由公司將裁定書影本黏貼於該公司所在地公告處。

第293條(重整裁定之效力)

①重整裁定送達公司後,公司業務之經營及財產之管理處分權移屬於重整人,由重整監督人監督交接,並聲報法院,公司股東會、董事及監察人之職權,應予停止。

②前項交接時,公司董事及經理人,應將有關公司業務及財務之一切帳冊、文件與公司之一切財產,移交重整人。

③公司之董事、監察人、經理人或其他職員,對於重整監督人或重整人所爲關於業務或財務狀況之詢問,有答覆之義務。

④公司之董事、監察人、經理人或其他職員,有下列行爲之一者,各處一年以下有期徒刑、拘役或科或併科新臺幣六萬元以下罰金:

一、拒絕移交。

二、隱匿或毀損有關公司業務或財務狀況之帳冊文件。

三、隱匿或毀棄公司財產或爲其他不利於債權人之處分。

四、無故對前項詢問不爲答覆。

五、捏造債務或承認不眞實之債務。

解說

(一) 本條爲關於重整裁定後，業務及財產的處理規定，由於公司在重整前，一切業務及財產均由董事會處理，爲貫徹重整程序的精神，第1項即明文規定，在重整裁定送達公司後，公司之業務經營及財產的管理處分權即應交予重整人，使重整人能接手進行，並且停止公司股東會、董事及監察人的一切職權。

(二) 其次，爲完成移交手續及掌握公司狀況，第2項即明定公司董事及經理人，應將有關公司業務及財務的一切帳冊、文件及公司的一切財產，均移交重整人，使其能順利接手公司營運工作。

(三) 又第3項明定，公司之董事、監察人、經理人或其他職員，對於重整監督人或重整人所爲之業務或財務狀況的詢問，有答覆的義務，以便使重整人及重整監督人能更清楚公司的狀況，如果前述人員無正當理由而拒絕答覆時，依第4項將被處一年以下有期徒刑、拘役或科或併科新臺幣6萬元以下罰金。

(四) 除了前述拒絕答覆的情形外，有下列事由之一時，董事等人亦將被處一年以下有期徒刑、拘役或科或併科新臺幣6萬元以下罰金之刑事制裁：

1. 拒絕移交。

2. 將公司業務或財務狀況之帳冊文件加以隱匿。

3. 將公司財產予以隱匿、毀損棄置，或爲其他不利於債權人的處分。

4. 捏造債務或承認不眞實之債務。

第294條（各項程序之中止）

裁定重整後，公司之破產、和解、強制執行及因財產關係所生之訴訟等程序，當然停止。

解說

　　本條為關於裁定重整後，其他程序停止的規定，公司被裁定開始重整後，所有的公司債權均依法成為重整債權，必須依重整程序，始能行使其權利（本法§296），為貫徹該條文的規定，並且避免因其他程序的進行，導致重整程序的進行困難，故本條明文規定，一旦法院裁定開始重整後，其他的破產、和解、強制執行，及因財產關係所生之訴訟等程序即當然停止。

第295條（裁定後法院之處分）

法院依第二百八十七條第一項第一、二、五及六款各款所為之處分，不因裁定重整失其效力，其未為各該款處分者，於裁定重整後，仍得依利害關係人或重整監督人之聲請，或依職權裁定之。

解說

(一) 本條為關於裁定重整後，法院所為之保全處分的效力，可分為兩部分。第一部分是法院在決定是否准予重整前，曾先依第287條為保全處分之情形，如前所述，為避免將來裁定重整後發生執行上的困難，所以法院可以經利害關係人之聲請或依職權為下列的處分：

　　1. 公司財產之保全處分。

　　2. 公司業務之限制。

　　3. 公司履行債務及對公司行使債權之限制。

　　4. 公司破產、和解或強制執行等程序之中止。

　　5. 公司記名式股票轉讓之禁止。

　　6. 查定公司負責人對於公司是否應負損害賠償責任，以及對應負責任之人的財產進行保全處分。

以上六款情形，均為裁定重整前，為維繫重整程序順利進行而為的保全處分，因此自應對其於重整裁定後的效力加以規定，惟其中第4款的程序停止之情形，在§294已另設明文規定；而第3款的行使債權方面，在§296設有特別規定，所以本條僅就第1、2、5、6款加以規定，簡言之，即此四款的處分，均不因重整裁定而失其效力，因此，如果有以上的保全處分存在，該處分在裁定重整後仍繼續維持其效

力。

(二) 本條的第二部分，是關於法院在重整裁定前未爲前述四款之處分，或有部分漏未予以保全處分時，依本條後段規定，縱使在裁定重整後，亦可依利害關係人、重整監督人之聲請，或者由法院依職權，爲該四款所許可之保全處分的裁定。

第296條（重整債權之種類與範圍）

①對公司之債權，在重整裁定前成立者，爲重整債權；其依法享有優先受償權者，爲優先重整債權；其有抵押權、質權或留置權爲擔保者，爲有擔保重整債權；無此項擔保者，爲無擔保重整債權；各該債權，非依重整程序，均不得行使權利。

②破產法破產債權節之規定，於前項債權準用之。但其中有關別除權及優先權之規定，不在此限。

③取回權、解除權或抵銷權之行使，應向重整人爲之。

解說

(一) 第1項爲重整債權之構成及其權利之行使規定，所謂重整債權，是在法院爲重整裁定之前已經成立，並可對重整公司爲財產上請求的債權而言。重整債權又可分爲三種類型，第一種是優先重整債權，係指依法具有優先受償權利的重整債權而言，例如依職工福利金條例第9條規定：「職工福利金有優先受清償之權。」故「職工福利金」即屬於優先重整債權之列；第二種是有擔保重整債權，指該債權有抵押權、質權或留置權加以擔保，並且在擔保物之擔保價值範圍內者而言；第三種即爲無擔保重整債權；此又可稱爲普通重整債權，即所有不具有優先受清償之權利，亦無擔保物可資擔保的債權均屬於此種重整債權的範圍之內，雖然有以上三種分類，但是仍應依本法所規定的程序（即本法§297之下之程序），否則不能行使其權利。

(二) 第2項爲準用破產法債權節之規定，主要有以下幾種：

　　1. 附期限之債權

　　　　指債權在重整裁定前已經成立，但是履行期尚未屆至之債權而言，爲使各債權均有平等受清償的權利，故本條特準用破產法

§100規定，對於此種債權，於重整裁定時，即視為已到期，所以可因此而加入重整程序並受清償。

2. 附條件之債權

依本條準用破產法§102規定，縱使條件尚未成就，亦可以其全額加入重整債權，以期能平等受償。

3. 不得為重整債權之債權（準用破§103）

(1)重整裁定後之利息：指各個債權在重整裁定後始發生的利息而言，為避免造成債權範圍之無限擴大，故明定此利息部分不能列入重整債權之範圍。

(2)參加重整程序所支出的費用：例如各別債權人為申報債權所支出的費用等。

(3)因重整裁定後之不履行所生的損害賠償及違約金。

(4)罰金、罰鍰及追徵金：指對公司違反法令所科之罰金、行政罰鍰及追徵金等，由於此種財產上的處罰係為制裁公司，如許其加入重整程序，反將造成其他債權人可受分配額的減少，造成其不利益，同時也不能達到制裁公司的目的，故法律明定將其排除於重整債權之外。

(四) 取回權之行使

指重整公司在重整裁定前，因為契約關係（例如租賃、寄託等）而占有不屬於自己之財產時，為避免造成財產之實際所有人受到損害，而特別規定准許其不依重整程序而向重整人取回自己所有的財產之權利而言（準用破§110），依第3項規定，重整人處理取回權之請求時，應先得重整監督人之許可（本法§290Ⅵ）。

(五) 解除及取回權之行使

此是指在買賣契約成立時，出賣人已將買賣物品交付運送，在買受人尚未收到及付清全部價款時，該買受人即已經法院裁定重整者，此時出賣人可以解除該契約，並取回標的物之權利而言（準用破§110），依第3項規定，此解除及取回權之行使，依法應向重整人為之，而重整人處理此項解除權之事件，應得重整監督人之同意（本法§290Ⅵ）。

(六) 抵銷權之行使

指重整債權人除對公司擁有債權外，並且對公司負有債務，不論其給付種類是否相同，即是否有附條件或期限，均可不依重整程序而互相抵銷，使其歸於消滅之權利而言（準用破§113），依第3項規定，此項抵銷權之行使，依法應向重整人為意思表示，而重整人關於抵銷權事件之處理，亦應得重整監督人之事先許可（本法§290Ⅵ）。

第297條（重整債權之申報及其效力）

①重整債權人，應提出足資證明其權利存在之文件，向重整監督人申報。經申報者，其時效中斷；未經申報者，不得依重整程序受清償。
②公司記名股東之權利，依股東名簿之記載；無記名股東之權利，應準用前項規定申報，未經申報者，不得依重整程序，行使其權利。
③前二項應為申報之人，因不可歸責於自己之事由，致未依限申報者，得於事由終止後十五日內補報之。但重整計畫已經關係人會議可決時，不得補報。

解說

(一) 本條為關於重整債權及股東權之申報及其效力的規定，為使重整人能切實掌握重整公司的實際負債，並便利重整程序之進行，故第1項乃明定，重整債權人須提出足資證明其權利存在的文件，向重整監督人申報其債權，以便利其他人能對其債權之存在與否進行審查（本法§299），由於此為法定必備的程序，故本條後段規定，如果未依限申報，即不能依重整程序而受清償，換言之，即不能在重整程序中與其他重整債權人同受平等之清償。其次，關於公司的股東權方面，可分為兩種，第一種是記名式股東，其在股東名簿上已記載清楚，故不用再進行申報之手續，而僅依股東名簿上之記載即可行使其股東權即可；至於無記名股東，由於持有股票之人即為股東，因此究竟目前該股票的持有人究為何人，裁定根本無從得知，所以第2項後段即規定，持有無記名股票的股東，須提出該無記名股票，並向重整監督人申報，否則即不能依重整程序行使其權利。

(二) 不過，有時債權人或無記名股東，確有不能歸責的事由，而無法依重

整裁定之期限申報的情形，因此，第3項即規定，如果有不可歸責於債權人或無記名股東的事由，致未依限申報者，可以在事由終止後十五日內補辦申報之手續，以便能回復而繼續行使其權利；但如果重整計畫已經關係人會議表決同意通過時，為避免造成重整程序的拖延，故本項後段規定，即不能再行補辦申報程序。

第298條（重整監督人之任務）

①重整監督人，於權利申報期間屆滿後，應依其初步審查之結果，分別製作優先重整債權人、有擔保重整債權人、無擔保重整債權人及股東清冊，載明權利之性質、金額及表決權數額，於第二百八十九條第一項第二款期日之三日前，聲報法院及備置於適當處所，並公告其開始備置日期及處所，以供重整債權人、股東及其他利害關係人查閱。

②重整債權人之表決權，以其債權之金額比例定之；股東表決權，依公司章程之規定。

解說

(一) 第1項為關於重整監督人製作清冊及備置供查閱的規定，因為雖然重整債權人及無記名股東依前條規定須提出足資證明其資格的文件，並向重整監督人申報，但並不表示提出申報之人即必為權利人，以及其數額確屬正確，因此重整監督人在申報期間屆滿後，首先即應進行初步審查，詳言之，即判定其是否確屬重整債權、其數額是否正確，以及是否有足資證明其權利存在的文件提出，等進行初步審查後，重整監督人即應將所有的關係人區分為優先重整債權、有擔保重整債權、無擔保重整債權，以及股東四組，分別造具清冊，載明個別權利的性質、金額及表決權數額，並且最遲在重整裁定所定之審查債權及股東權之日前三天，將前述清冊向法院提出聲報，並放置在適當處所，以便供其他債權人、股東及利害關係人進行查閱，而使這些人可在審查期日對不實債權提出異議（參見本法§299），而保障全體重整關係人之利益。

(二) 第2項，則是對於各組所可行使表決權數的規定，可分為兩種，第一種是債權人的表決權，應以其在各組之債權金額比例定之；第二種是

股東的表決權，依本項後段規定，應依公司章程之規定而作決定，換言之，即如果公司章程上已明文規定某些股份無表決權（例如特別股）或限制其表決權時，即應將無表決權等部分扣除，再換算其表決權數。

第299條（重整債權及股東權之審查）

①法院審查重整債權及股東權之期日，重整監督人、重整人及公司負責人，應到場備詢，重整債權人、股東及其他利害關係人，得到場陳述意見。

②有異議之債權或股東權，由法院裁定之。

③就債權或股東權有實體上之爭執者，應由爭執之利害關係人，於前項裁定送達後二十日內提起確認之訴，並應向法院為起訴之證明；經起訴後在判決確定前，仍依前項裁定之內容及數額行使其權利。但依重整計劃受清償時，應予提存。

④重整債權或股東權，在法院宣告審查終結前，未經異議者，視為確定；對公司及全體股東、債權人有確定判決同一之效力。

解說

(一) 本條是關於法院審查重整債權及股東權的程序，如前條所述，重整監督人在權利申報期間屆滿後，即須先進行初步審查，再將其結果造具清冊呈報法院，因此原則上法院即僅就重整監督人的初步審查結果，再進行形式上之審查，以確定其分類及是否應列入之正確性。為明瞭實際狀況，第1項規定，重整監督人、重整人及公司負責人應在法院審查期日到場備詢，以便使法院能更易為查核之工作。

不過，法院所為之審查，原則上亦僅為形式上之審查而已，至於該債權及股東權利實際上是否存在，則須經利害關係人之異議始加以審查。因此，為便利利害關係人的參與，本條第1項後段遂規定，重整債權人、股東及其他利害關係人均可在法院審查期日到場陳述意見，以便其能及時提出異議，而保障自身權益，至於如果有債權或股東權被提出表示異議時，法院即應對此異議之正當與否加以裁定，但是由於此裁定並無確定私權的效力，故對債權或股東權有實體上爭執之利

害關係人，應在收到該裁定後二十天內提起確認之訴，對於已經起訴的事實，該起訴之利害關係人並應向裁定重整之法院提出已起訴之證明，由此時開始至判決確定之前，雖然該債權仍可依法院原裁定之內容及數額在重整程序行使其權利，但是如果重整計畫已經決議通過並開始清償個別債權時，則應將有爭議之債權數額先行提存，等判決確定後再作處理。

最後，是關於未經異議之重整債權及股東權的效力規定，依第4項規定，在法院審查終結前，如果未經異議者，該重整債權或股東權即因而確定，並對公司、全體股東及債權人與確定判決有同一之效力。

第300條（關係人會議）

①重整債權人及股東，為公司重整之關係人，出席關係人會議，因故不能出席時，得委託他人代理出席。

②關係人會議由重整監督人為主席，並召集除第一次以外之關係人會議。

③重整監督人，依前項規定召集會議時，於五日前訂明會議事由，以通知及公告為之。一次集會未能結束，經重整監督人當場宣告連續或展期舉行者，得免為通知及公告。

④關係人會議開會時，重整人及公司負責人應列席備詢。

⑤公司負責人無正當理由對前項詢問不為答覆或為虛偽之答覆者，各處一年以下有期徒刑、拘役或科或併科新臺幣六萬元以下罰金。

解說

(一) 本條是關於關係人會議之組成及召集程序之規定。所謂關係人會議，是指由優先重整債權人、有擔保重整債權人、無擔保重整債權人及股東等與公司重整有利害關係人共同組成，以在重整程序中審議及表決重整計畫及重整相關事項之意思決定機關，因為重整程序，既是為求使重整公司繼續維持下去而謀求解決方法之程序，自不宜使重整公司個別面對各個利害關係人，而且由其分別表示意見，亦顯有困難，因此本法乃特設此關係人會議的組織，以期透過多數決方式來審議重整方案，避免個別意見的繁瑣情況發生，而使重整工作得以順利地進行。

(二) 如前所述,關係人會議既是由優先重整債權人、有擔保重整債權人、無擔保重整債權人及股東共同組成,因此原則上自應由這些利害關係人親自出席,不過為避免困擾,本條第1項後段規定,如果利害關係人因故不能出席時,可以委託其他人代理其出席,至於會議主席方面,為避免造成推選時的紛擾,第2項遂明定由重整監督人擔任主席,以杜絕爭議。

(三) 至於關係人會議有關召集權人及召集方法的規定,依§289規定,法院在裁定重整時,並須定出第一次關係人會議期日及場所,並且須將此事項公告(本法§291)以代召集通知,因此第一次關係人會議在重整監督人產生前即已由法院決定,故第2項後段乃規定,除已由法院決定之第一次關係人會議外,餘均由重整監督人負責召集,以解決何人有召集權之疑問,至於重整監督人應如何召集,則規定在第3項,可分為兩種情形,第一種是一般的召集方法,即在通常情形下,重整監督人須在五天前訂明會議事由,以對外公告及個別寄發通知的方式而為召集,第二種是當次開會,尚未就開會事由討論完畢,而經重整監督人當場宣告繼續開會或延至另一日期再開會時,由於此既為同一次會議的繼續,而且有使到場關係人了解之機會,因此為避免造成程序上的拖延,所以第3項後段即規定,此種情形下即不必再為前述的通知及公告。

(四) 第4項是關於列席備詢的問題,由於重整債權人及股東一般均與重整公司的經營並無牽涉,為了解決這些重整關係人的疑問,故第4項即明文規定重整人有到場列席備詢的義務。

(五) 第5項規定,公司負責人無正當理由,卻對前述詢問不為答覆或作不實的答覆時,即應受一年以下有期徒刑、拘役或科或併科新臺幣6萬元以下罰金之刑事制裁。

第301條(關係人會議之任務)

關係人會議之任務如下:

一、聽取關於公司業務與財務狀況之報告及對於公司重整之意見。

二、審議及表決重整計畫。

三、決議其他有關重整之事項。

解說

　　本條爲關於關係人會議的任務之規定，主要有下列事項：
(一) 聽取關於公司業務與財務狀況之報告及對於公司重整之意見。
(二) 審議及表決重整計畫。
(三) 決議其他有關重整之事項。

第302條（關係人會議之決議）

①關係人會議，應分別按第二百八十九條第一項規定之權利人，分組行使其表決權，其決議以經各組表決權總額二分之一以上之同意行之。
②公司無資本淨值時，股東組不得行使表決權。

解說

(一) 本條是關於關係人會議決議的規定，不過由於優先重整債權人、有擔保重整債權人、無擔保重整債權人及股東四種關係人的利益均屬不同，爲避免造成不必要之困擾，所以第1項前段即規定應依§298 I規定，分爲優先重整債權、有擔保重整債權、無擔保重整債權及股東權四組，分組行使其表決權，以避免因利益不同卻合併投票而導致某一方損害之情事發生；另外，股東組的表決權基礎是在公司尚有資本淨值時，如此才有股東權存在，股東組的表決始有意義，故本條第2項乃規定，公司無資本淨值（即負債大於資產）時，股東組即不能行使表決權。
(二) 其次，各組應以何種比例始視爲決議通過，依 95年1月13日修正公司法規定，重整計畫只要分別得到各組表決權總額二分之一以上的同意即可通過，使重整程序得以順利進行。

第303條（重整計畫之擬定）

①重整人應擬訂重整計畫，連同公司業務及財務報表，提請第一次關係人會議審查。
②重整人經依第二百九十條之規定另選者，重整計畫，應由新任重整人於一個月內提出之。

解說

(一) 本條是關於重整人提出重整計畫的時限規定，依第1項規定，一般由法院在重整開始時所選之重整人，不論是由董事轉任，或由法院就債權人或股東中另行選派的重整人，依法均須在第一次關係人會議時，提出公司業務及財務報表，以及重整計畫，以供關係人會議審查。

(二) 不過，由於重整人可能於就任後有被另行選派的情形，例如關係人會議有二組以上主張另行選派重整人時，可提出候選人名單，聲請法院另行選派（本法§290Ⅲ）；又重整人有違法或不當之處，重整監督人亦可聲請法院解除重整人職務並另行選派（本法§290Ⅴ），如果確有以上情形發生，新就任的重整人自應使其有充裕的準備時間，故第2項特例外規定，准許此新被選派的重整人，在就任後一個月內提出重整計畫。

第304條（重整計畫之內容）

①公司重整如有下列事項，應訂明於重整計畫：

一、全部或一部重整債權人或股東權利之變更。

二、全部或一部營業之變更。

三、財產之處分。

四、債務清償方法及其資金來源。

五、公司資產之估價標準及方法。

六、章程之變更。

七、員工之調整或裁減。

八、新股或公司債之發行。

九、其他必要事項。

②前項重整計畫之執行，除債務清償期限外，自法院裁定認可確定之日起算不得超過一年；其有正當理由，不能於一年內完成時，得經重整監督人許可，聲請法院裁定延展期限；期限屆滿仍未完成者，法院得依職權或依關係人之聲請裁定終止重整。

解說

(一) 第1項爲關於重整計畫內容的規定，重整計畫，既是爲重整債權人及股東尋求一雙方均可接受之方案，並藉此減少公司資金流失、改善公司營運體質，籌集相關營運及償債資金，以期經由這些計畫的實施，使公司獲得重生之機會，因此，計畫內容必須詳實，已期能達到一般可行的方案，故第1項特明定有9款事項存在時，應訂明於重整計畫，以使所有利害關係人均可了解，審議並作爲同意與否的參考依據。

(二) 以上的重整計畫，均應定明其執行期限，以便編訂進度，但爲避免延遲過久，致造成重整程序無法完成，故第2項規定此執行期限，除債務清償期限外，自法院裁定認可確定之日起算最長不得超過一年；不過重整計畫之執行，程序上繁簡不一，若未能於一年內完成而有正當理由者，自宜許其延展，因此本條特別規定有正當理由，不能於一年內完成時，得經重整監督人許可，聲請法院裁定延展期限；屆期仍未完成者，即可認定公司已無重建更生之可能，因此本項後段明定法院得依職權或聲請裁定終止重整，以終結重整程序之進行。

第305條（重整計畫之認可及其效力）

①重整計畫經關係人會議可決者，重整人應聲請法院裁定認可後執行之，並報主管機關備查。

②前項法院認可之重整計畫，對於公司及關係人均有拘束力，其所載之給付義務，適於爲強制執行之標的者，並得逕予強制執行。

解說

(一) 第1項是關於重整計畫發生效力的程序規定，依法重整計畫雖係由重整人擬定（本法§303），但此時仍僅屬建議案的性質，必須在經兩道程序始發生其拘束力，首先，即必須先經關係人會議可決，即必須經優先重整債權、有擔保重整債權、無擔保重整債權及股東四組表決權總額各二分之一以上的同意始爲通過（本法§302），因此只要有一組以上未獲表決權總額二分之一以上的同意，該次重整計畫即屬被否決；其次，縱使已獲關係人會議各組的表決通過，依法仍須再聲請法院認可，法院裁定認可後，應報請主管機關備查，惟自法院裁定認

可時，其效力即行發生，重整人依法即可加以執行。

(二) 第2項則是關於重整計畫生效後的效力規定，依本項規定，重整計畫經關係人會議通過，並經法院裁定認可後，該重整計畫對公司及所有關係人均發生拘束力，換言之，無論關係人是否曾出席該關係人會議，均需受該重整計畫所拘束，而不能再爲與重整計畫不同的主張，公司亦須依照重整計畫而爲履行，若重整計畫中記載的給付義務，可以之作爲強制執行的標的。

第306條（重整計畫之變更與終止）

①重整計畫未得關係人會議有表決權各組之可決時，重整監督人應即報告法院，法院得依公正合理之原則，指示變更方針，命關係人會議在一個月內再予審查。

②前項重整計畫，經指示變更再予審查，仍未獲關係人會議可決時，應裁定終止重整。但公司確有重整之價值者，法院就其不同意之組，得以下列方法之一，修正重整計畫裁定認可之：

一、有擔保重整債權人之擔保財產，隨同債權移轉於重整後之公司，其權利仍存續不變。

二、有擔保重整債權人，對於擔保之財產；無擔保重整債權人，對於可充清償其債權之財產；股東對於可充分派之賸餘財產；均得分別依公正交易價額，各按應得之份，處分清償或分派承受或提存之。

三、其他有利於公司業務維持及債權人權利保障之公正合理方法。

③前條第一項或前項重整計畫，因情事變遷或有正當理由致不能或無須執行時，法院得因重整監督人、重整人或關係人之聲請，以裁定命關係人會議重行審查，其顯無重整之可能或必要者，得裁定終止重整。

④前項重行審查可決之重整計畫，仍應聲請法院裁定認可。

⑤關係人會議，未能於重整裁定送達公司後一年內可決重整計畫者，法院得依聲請或依職權裁定終止重整；其經法院依第三項裁定命重行審查，而未能於裁定送達後一年內可決重整計畫者，亦同。

解說

(一) 本條爲關於重整計畫之再審查、修正及終止重整等程序的規定，因爲

重整計畫乃是為公司及重整債權人、股東間尋求一折衷方案，以期能維持公司的繼續存在及正常營運，因此重整人自然也必須朝此一方向而擬訂該計畫的內容，為此，第1項乃規定，在重整計畫未獲關係人會議表決通過後，重整監督人即報告法院，而法院可依實際狀況，指定公平合理的變更方針，並依此變更後的計畫，命關係人會議在一個月內再予審查，使重整計畫不致因小疏漏即完全被否定。

(二) 不過，關係人會議再行審查時，如果仍有一組或數組未予通過時，依第2項前段規定，原則上即應由法院裁定終止重整；但是，如果重整公司確實有重整之價值，法院可以下列方式，修正重整計畫後，直接裁定認可之：

1. 如有擔保重整債權組反對時，法院可採以下兩種方式之一：
   (1)將有擔保重整債權人的擔保物，連同該債權移轉於重整後的公司，其權利仍存續不變：詳言之，即在不減少有擔保重整債權人權利的情形下，將其債權及擔保物，一併交由重整完成後的公司承受。此方式的好處，即在有擔保重整債權人的權利並不致因重整程序而受影響，因此法院縱裁定予以認可其他部分的重整計畫，亦不致損害其權利。
   (2)將有擔保重整債權的擔保財產，依公正交易價格加以變賣，並就各債權人的應受分配額分別交付給各債權人，或加以分派，或予以提存。

2. 如無擔保重整債權人組反對時，法院可將可充清償其債權之財產加以變賣，而將賣得價金依各無擔保重整債權人之債權額比例予以分配，或加以提存。

3. 如股東組反對時，法院將可充分派之賸餘財產，依照公司交易價格加以變賣，而分派與各反對股東之方式。

4. 其他有利於公司業務維持及債權人權利保障之公正合理方法：例如僅優先重整債權組反對時，法院亦可決定先行清償其債權，而使重整計畫不致胎死腹中。

(三) 依前述方式而由法院直接裁定認可的重整計畫，或經關係人會議通過，並經法院裁定認可的重整計畫，依法本即應立刻加以執行。但是，有時可能會因情事變遷，或有正當理由導致不能執行或無須執行

時，法院可作以下兩種處理：第一種是在該重整公司仍有重整的可能或必要時，法院可以依重整監督人、債權人或其他關係人之聲請，以裁定命關係人會議重行審查，而由關係人會議重新依本法§302的程序，就重整計畫爲如何程序之變更再爲審查及決議；第二種方式，是該重整公司依照現在情況，根本已無重整的可能性，或已無重整之必要時，法院可以裁定終止重整。

(四) 如果依前述規定由關係人會議重行審查重整計畫時，由於仍有會產生重行審查後的重整計畫是否公平、有無違反法律規定等事由存在，爲維護主體關係人之利益，第4項特別明文規定對於經可決的重整計畫，仍應聲請法院裁定認可，以求愼重。

(五) 由於以往實務上關係人會議往往需開會甚久，而法院並無期限限制，致使重整程序之不當延遲，並非妥適，因此公司法明定關係人會議可決重整計畫之期限爲自重整裁定送達公司後一年內，期滿法院得依聲請或依職權裁定終止重整，以避免有藉故拖延之不當情形之發生。

第307條（徵詢意見及終止重整後之處置）

①法院爲前二條處理時，應徵詢主管機關、目的事業中央主管機關及證券管理機關之意見。

②法院爲終止重整之裁定，應檢同裁定書通知主管機關；裁定確定時，主管機關應即爲終止重整之登記；其合於破產規定者，法院得依職權宣告其破產。

解說

(一) 第1項爲關於法院徵詢主管機關意見之規定，不論法院爲重整計畫之裁定認可、修正重整計畫、命關係人會議再行審查，或終止重整等方面，均對於公司及各關係人的利益影響甚大，因此，第1項規定，法院在前述各種裁定前，應先徵詢主管機關、目的事業中央主管機關以及證券管理機關之意見。

(二) 第2項則是法院爲終止重整之裁定後所應爲之程序，依本項規定，法院爲終止重整之裁定後，應立刻檢同裁定書通知主管機關，以使主管機關知悉此項事實之存在，裁定確定時，主管機關即可依法爲終止重

整之登記，其次，如果該重整公司之資產已不足清償債務，甚或對於債權人已不能清償債務（破§57）時，爲保障債權人權益，本項後段規定，法院得依職權宣告破產。

第308條（終止重整之效力）

法院裁定終止重整，除依職權宣告公司破產者，依破產法之規定外，有下列效力：

一、依第二百八十七條、第二百九十四條、第二百九十五條或第二百九十六條所爲之處分或所生之效力，均失效力。

二、因怠於申報權利，而不能行使權利者，恢復其權利。

三、因裁定重整而停止之股東會、董事及監察人之職權，應即恢復。

解說

本條是關於終止重整之效力規定，法院如依法爲終止重整之裁定後，除因該重整公司有對於債務人已不能清償債務的事實，而被法院依本法§307 II 規定裁定破產者，可以有破產程序接續進行，不致有應如何處理的困難外；其他情況下，自不能不對被終止重整之公司在終止重整後應如何回復其權利等事項上加以處理，故本條即針對此部分，特別規定裁定終止重整後，除被宣告破產者外，應依下列規定處理：

(一) 法院在爲重整裁定之前或重整裁定後，對公司財產所爲的保全處分、對公司業務上所作的限制、禁止公司記名或股票的轉讓、查定、公司負責人對公司損害賠償責任及對該負責人財產之保全處分（本法§287、295），以及原先因裁定重整而停止之破產、和解、強制執行及因財產關係而生之訴訟等程序（本法§294），均因終止重整而失其效力。

(二) 各債權人不再受本法§296之非依重整程序不得行使其權利之限制，因此各別債權人可以分別重新對公司起訴或聲請強制執行，而原先因未及時申報債權而不能依重整程序受償之債權亦可回復其權利，而能再個別對公司行使。

(三) 因裁定重整，爲便於處理重整程序，故由重整人及重整監督人取代原公司的組織，而使原公司的股東會及董事、監察人的職權均因而停

止，不過在法院裁定終止重整後，既不再繼續重整程序，則重整人及重整監督人即無存在的必要，故本條第3款規定，原公司的股東會及董事、監察人的權利，即當然恢復。

第309條（重整中之變通處理）

公司重整中，下列各款規定，如與事實確有扞格時，經重整人聲請法院，得裁定另作適當之處理：

一、第二百七十七條變更章程之規定。

二、第二百七十八條增資之規定。

三、第二百七十九條及第二百八十一條減資之通知公告期間及限制之規定。

四、第二百六十八條至第二百七十條及第二百七十六條發行新股之規定。

五、第二百四十八條至第二百五十條，發行公司債之規定。

六、第一百二十八條、第一百三十三條、第一百四十八條至第一百五十條及第一百五十五條設立公司之規定。

七、第二百七十二條出資種類之規定。

解說

本條是關於公司重整中變通處理之規定，雖然在重整程序中有重整人、重整監督人及關係人會議負責公司事務的執行、監督及重整計畫的審核，然而有時仍難免有疏漏或有受法律規定限制的情形產生，爲解決此事實上的問題，本條遂明定，有本條新述7款情事存在時，重整人可聲請法院另作適當的處理。

第310條（重整之完成）

①公司重整人，應於重整計畫所定期限內完成重整工作；重整完成時，應聲請法院爲重整完成之裁定，並於裁定確定後，召集重整後之股東會選任董事、監察人。

②前項董事、監察人於就任後，應會同重整人向主管機關申請登記或變更登記。

解說

(一) 本條是關於公司重整完成之規定，所謂重整完成，是指重整計畫經關係人會議可決，經由法院為認可之裁定，並由重整人於重整計畫所定期限內，依次完成各項工作，而使重整相關事務歸於了結之情形，為使重整人有可依循的準則，第1項前段乃明文規定，公司重整人，須於重整計畫所定期限內，完成各項重整工作，而使公司恢復常態；不過重整事務是否完成，並非重整人所可自行決定，因此第1項規定，重整人在重整完成時，須聲請法院為重整完成之裁定，以便法院審核重整是否完成之事實；至於重整工作完成後，重整人即無再存在必要，為使原公司儘速回復正常營運，本條第1項後段更規定，重整完成裁定確定後，重整人應於此時召集重整後之股東會，重新選舉董事及監察人，以便能接替重整人及重整監督人的工作。

(二) 其次，在董事及監察人就任後，為使社會大眾得知公司已重整完成的事實，第2項遂規定公司董事及監察人須會同重整人向主管機關申請登記或變更登記，以終結全部重整程序。

第311條（重整完成之效力）

①公司重整完成後，有下列效力：

一、已申報之債權未受清償部分，除依重整計畫處理，移轉重整後之公司承受者外，其請求權消滅；未申報之債權亦同。

二、股東股權經重整而變更或減除之部分，其權利消滅；未申報之無記名股票之權利亦同。

三、重整裁定前，公司之破產、和解、強制執行及因財產關係所生之訴訟等程序，即行失其效力。

②公司債權人對公司債務之保證人及其他共同債務人之權利，不因公司重整而受影響。

解說

(一) 本條為關於公司重整完成後所生效力之規定，依本條規定，重整完成後，在公司重整前已進行之程序或所存在之權利，應依下列方式處理：

1. 已申報之債權未受清償的部分，除依重整計畫中規定可移轉於重整後之公司承受者外，其請求權均歸於消滅；如有未申請之債權亦同。

2. 股東股權經重整而變更或減除的部分，其權利消滅；未申報之無記名股票之權利亦同。

3. 重整裁定前，公司之破產、破產法上之和解、強制執行及因財產關係所生的訴訟等程序，在重整完成後，均失其效力，換言之，上述有關破產、強制執行等程序即應不再進行，而回復無這些程序存在之狀態。

(二) 至於對公司債務為保證行為之人，以及共同負連帶債務之人方面，因為公司重整程序僅為使公司獲得新生，而重行回復正常營業，故為使關係人會議易於通過重整計畫，第2項乃明定前述保證人及連帶債務人之責任，均不因重整程序而受影響，因此縱使關係人會議中，重整債權人對於重整計畫中之延期清償部分予以可決，保證人也不能引用民法§755之規定主張不用再負保證責任，公司債權人仍可就未受清償部分向保證人請求清償，以維護自身權益。

第312條（重整債務之種類）

①下列各款，為公司之重整債務，優先於重整債權而為清償：

一、維持公司業務繼續營運所發生之債務。

二、進行重整程序所發生之費用。

②前項優先受償權之效力，不因裁定終止重整而受影響。

解說

(一) 本條為關於重整債務之意義及效力的規定，重整債權是指在為重整裁定前已成立的債權，然而在重整程序中，為繼續公司的營運，當然會產生部分債務即為重整債務，依第1項規定，乃指下列債務而言：

1. 維持公司業務繼續營運所發生之債務。

2. 進行重整程序所發生的費用。

以上債務，不論是為維持公司營運或進行重整程序而產生，皆是為完成公司重整所必需的支出，因此自應有其特殊地位，故第1項明定，

這些重整債務，優先於重整債權而受清償。

(二) 又依第2項規定，此優先受償權的效力，並不因裁定終止重整而受影響，所以縱使終止重整，重整債務仍具有優先受清償的權利。

第313條（重整人員之報酬與責任）

①檢查人、重整監督人或重整人，應以善良管理人之注意，執行其職務，其報酬由法院依其職務之繁簡定之。

②檢查人、重整監督人或重整人，執行職務違反法令，致公司受有損害時，對於公司應負賠償責任。

③檢查人、重整監督人或重整人，對於職務上之行為，有虛偽陳述時，各處一年以下有期徒刑、拘役或科或併科新臺幣六萬元以下罰金。

解說

(一) 本條為關於重整相關人員責任及報酬之規定，所謂重整相關人員，包括檢查人、重整監督人及重整人而言，檢查人是指法院在為重整裁定前，為調查公司業務、財務狀況、是否尚有經營價值、公司負責人是否有不實等情事，而就有專門學識、經營經驗，且非利害關係人之中選任之人；重整人，則是負責擬定重整計畫，並為重整事務執行之人；重整監督人，則主要係負監督重整事務的進行，並具有關係人會議召集權之人。由於以上三種人，對於公司重整事務均具有一定程度的影響，因此，為保障重整公司利害關係人之利益，第1項前段乃明文規定，檢查人、重整人、重整監督人均應以善良管理人的注意，來執行其職務。

(二) 如果檢查人、重整人、重整監督人有違反法令情事，致造成公司損害時，該為行為之人，應對公司負損害賠償責任；其次，如果檢查人、重整監督人或重整人，對於職務上行為有虛偽陳述時，第3項明定，行為人須被處一年以下有期徒刑、拘役、或科或併科新臺幣6萬元以下罰金。

(三) 此外，檢查人、重整人、重整監督人之工作均極繁重，自應給予報酬始較允當[甲38]，其數額多寡，則由法院依其事務的繁簡而作決定。

第314條（民事訴訟法規定之準用）

關於本節之管轄及聲請通知送達公告裁定或抗告等，應履行之程序，準用民事訴訟法之規定。

解說

　　本條爲關於部分事項準用民事訴訟法之規定，例如應向何法院聲請重整、法院的通知應如何送達、法院裁定的格式及方法，以及當事人應如何對裁定聲明不服（即抗告等）等事項，於民事訴訟法已有詳盡規定，本條乃明定前述事項，準用民事訴訟法的相關規定。

第十一節　解散、合併及分割

第315條（解散之法定原因）

①股份有限公司，有下列情事之一者，應予解散：
　一、章程所定解散事由。
　二、公司所營事業已成就或不能成就。
　三、股東會爲解散之決議。
　四、有記名股票之股東不滿二人。但政府或法人股東一人者，不在此限。
　五、與他公司合併。
　六、分割。
　七、破產。
　八、解散之命令或裁判。
②前項第一款得經股東會議變更章程後，繼續經營；第四款本文得增加有記名股東繼續經營。

解說

(一) 本條爲有關於股份有限公司解散事由之規定，所謂解散，是指將公司現務加以了結，並使股份有限公司的人格嗣後歸於消滅之程序而言，股份有限公司成立後，依第1項規定，有本條所列8款事由，應予解散。
(二) 第2項則是爲使公司繼續經營所爲之補充規定，因爲正常情形下，公

司有前述八種事由存在時，即有加以解散的必要，但是如強制不能有任何例外存在時，則可能會有不合理結果產生，例如股東認爲章程規定雖有解散事由，但如經股東會議變更章程後，認有繼續經營實益時，則無解散必要；其次，公司股東如果僅係一時減少，致不足兩人時，如強令該公司解散，亦不通情理，妨害企業之持續；故第2項後段規定，此時可增加記名股東，使其人數達到兩人以上，而繼續經營。

第316條（解散或合併之決議及通告）

①股東會對於公司解散、合併或分割之決議，應有代表已發行股份總數三分之二以上股東之出席，以出席股東表決權過半數之同意行之。

②公開發行股票之公司，出席股東之股份總數不足前項定額者，得以有代表已發行股份總數過半數股東之出席，出席股東表決權三分之二以上之同意行之。

③前二項出席股東股份總數及表決權數，章程有較高之規定者，從其規定。

④公司解散時，除破產外，董事會應即將解散之要旨，通知各股東，其有發行無記名股票者，並應公告之。

解說

(一) 本條爲關於公司解散、合併或分割之決議及通告事項的規定，由於以上事由，均對股東權利影響甚大，故本條乃作較爲嚴格的規定，即必須要有代表已發行股份總數三分之二以上股東之出席，並以出席股東表決權數過半數之同意，始可通過此解散、合併或分割的議案[58, 申39]。

---

[58] (A) A股份有限公司經營電子書之生產製造業務，B股份有限公司則爲電子書上游零組件供應廠商。A公司爲發揮垂直整合功效，與B公司談妥，先購進B公司90%股權，兩家公司伺機再合併。今A公司如原先計劃取得B公司股權後，決定與B公司進一步合併，試問依法應經何種程序？(A)A公司與B公司皆經董事會特別決議即可(B)A公司經股東會特別決議，B公司經董事會特別決議即可(C)A公司經董事會特別決議，B公司經股東會特別決議即可(D)A公司與B公司皆經股東會特別決議方可。（99預6.）

(二) 在公開發行股票的公司方面，由於發行股數及股東人數通常極多，如果強制要求要三分之二以上股數出席，恐造成會議無法順利開成，因此，第2項乃另外規定，即公開發行股票之公司，如因出席股數不足前述標準時，可以代表已發行股份總數過半數股東出席，並以出席股東表決權三分之二以上的同意來通過此解散、合併或分割的議案。

(三) 由於公司解散、合併或分割的事宜涉及股東權利甚鉅，為期慎重，第3項乃明訂，公司章程可以提高出席股份總數及表決權數。

(四) 此外，為使股東均能得知公司解散的事實，因此第4項逐明定，公司除了因為破產而解散，必須改依破產程序處理者外，董事會應即將解散之要旨通知各股東，使各股東均能知悉有此項事實的存在；至於公司如有發行無記名股票時，因為並不知實際持有人為誰，因此本項後段逐規定，應將解散之要旨加以公告。

第316條之1（合併及新設公司限制）
①股份有限公司相互間合併，或股份有限公司與有限公司合併者，其存續或新設公司以股份有限公司為限。
②股份有限公司分割者，其存續公司或新設公司以股份有限公司為限。

解說
　　本條為關於股份有限公司合併或分割後存續或新設公司之規定，為加強公司資本大眾化以及財務之健全化，因此本條特別規定，不論有限公司與股份有限公司合併、股份有限公司相互間合併、或是股份有限公司分割

【解說】(1)依公司法§316Ⅰ規定：「股東會對於公司解散、合併或分割之決議，應有代表已發行股份總數三分之二以上股東之出席，以出席股東表決權過半數之同意行之。公開發行股票之公司，出席股東之股份總數不足前項定額者，得以有代表已發行股份總數過半數股東之出席，出席股東表決權三分之二以上之同意行之。」(2)惟公司法為便利控制從屬公司之合併，於§316-2Ⅰ規定：「控制公司持有從屬公司百分之九十以上已發行股份者，得經控制公司及從屬公司之董事會以董事三分之二以上出席，及出席董事過半數之決議，與其從屬公司合併。其合併之決議，不適用§316Ⅰ至Ⅲ有關股東會決議之規定。」故(A)正確。

時，其存續公司或新設公司均以股份有限公司為限[59, 60]，以資明確，如有

---

[59] (D) A股份有限公司欲將其組織變更為有限公司之型態，請問可以依下列何一方式
進行之？(A)公司可與另一家有限公司合併(B)A公司可採分割之方式(C)A公司
可採組織變更之方式，變更為有限公司(D)A公司必須先解散、清算後，再設立
另一家新的有限公司。（100司3.）
【解說】(1)(A)錯誤：依公司法§316-1 I：「股份有限公司相互間合併，或股份有
限公司與有限公司合併者，其存續或新設公司以股份有限公司為限。」所以A公司
無法利用合併使其成為有限公司。
(2)(B)錯誤：依公司法§316-1 II：「股份有限公司分割者，其存續公司或新設公司
以股份有限公司為限。」所以A公司無法利用分割使其變為有限公司。
(3)(C)錯誤：目前關於公司組織變更的規定，只有無限變兩合（公§76）、兩合變
無限（公§126）及有限變股份有限（公§106），並無股份有限變成有限的規定，
所以A公司無法利用組織變更的方式，使其變為有限公司
(4)(D)正確：既然(A)(B)(C)均不可行，則唯有將A公司解散、清算後，再成立一個
新的有限公司。

[60] (C) A電腦股份有限公司為一專業筆記型電腦製造及行銷商，為落實客戶導向，避
免代工與自有品牌業務衝突，遂於2年前由A公司出資新台幣（下同）70萬元
整，A公司大股東甲出資30萬元整，共同設立B有限公司，並將代工部門移至B
公司經營。為因應景氣變遷，A公司近期擬使B公司與同業代工廠商C股份有限
公司合併，以強化整體市場競爭力。下列敘述何者正確？(A)如擬以吸收合併方
式進行本案，A公司應採C（消滅）公司併入B（存續）公司之方式為之(B)B公
司之股東會僅需出資超過資本總額2/3之同意，即可通過本合併案(C)B公司就本
案為合併之決議後，應即向各債權人分別通知及公告，並指定30日以上期限，
聲明債權人得於期限內提出異議(D)A公司之股東乙不認同本合併案，可行使股
份收買請求權，請求A公司以公平價格買回乙之持股。（100律13.）
【解說】(1)(A)錯誤：依公司法§316-1 I：「股份有限公司相互間合併，或股份有
限公司與有限公司合併者，其存續或新設公司以股份有限公司為限。」吸收合併是
一公司存續，另一公司消滅，B是有限公司、C是股份有限公司，在這條規定下，
只能採取B（消滅公司）併入C（存續公司）的反向合併方式為之。
(B)錯誤：依公司法§113準用§72：「公司得以全體股東之同意，與他公司合
併。」B公司是有限公司，沒有股東會，而且準用無限公司規定的結果，須全體股
東A及甲都同意才能合併。
(C)正確：依公司法§113準用§73 III：「公司為合併之決議後，應即向各債權人分

違反本條規定時，其合併或分割之決議即屬無效。

第316條之2（簡易合併）

①控制公司持有從屬公司百分之九十以上已發行股份者，得經控制公司及
　從屬公司之董事會以董事三分之二以上出席，及出席董事過半數之決
　議，與其從屬公司合併。其合併之決議，不適用第三百十六條第一項至
　第三項有關股東會決議之規定。

②從屬公司董事會為前項決議後，應即通知其股東，並指定三十日以上期
　限，聲明其股東得於期限內提出書面異議，請求從屬公司按當時公平價
　格，收買其持有之股份。

③從屬公司股東與從屬公司間依前項規定協議決定股份價格者，公司應自
　董事會決議日起九十日內支付價款；其自董事會決議日起六十日內未達
　協議者，股東應於此期間經過後三十日內，聲請法院為價格之裁定。

④第二項從屬公司股東收買股份之請求，於公司取銷合併之決議時，失其
　效力。股東於第二項及第三項規定期間內不為請求或聲請時，亦同。

⑤第三百十七條有關收買異議股東所持股份之規定，於控制公司不適用
　之。

⑥控制公司因合併而修正其公司章程者，仍應依第二百七十七條規定辦
　理。

別通知及公告，並指定三十日以上期限，聲明債權人得於期限內提出異議。」B公
司是有限公司，合併後保護債權人之程序，要準用無限公司之規定，故(C)之敘述
正確。

(D)錯誤：依公司法§317 I：「公司分割或與他公司合併時，董事會應就分割、合
併有關事項，作成分割計畫、合併契約，提出於股東會；股東在集會前或集會中，
以書面表示異議，或以口頭表示異議經紀錄者，得放棄表決權，而請求公司按當時
公平價格，收買其持有之股份。」此股份收買請求權，並未規定那一家公司的股東
才有此一權利，須依企業併購法§12 I②解決，在一般合併時，只有存續公司或消
滅公司之股東才有異議股東股份收買請求權。乙是A公司的股東，不是合併的B公
司或C公司之股東，故乙不能行使股份收買請求權。

解說

(一) 本條爲關於簡易合併之規範，由於控制公司要合併其持有90%以上股份之從屬公司時，對股東權益較不生影響，爲便利企業經營策略之運用，第1項特設簡易合併之規定，即控制公司及從屬公司得不召開股東會，而以經控制公司及從屬公司之董事會以董事三分之二以上出席，及出席董事過半數之決議，即可與其從屬公司進行合併，以節省勞費。不過雖然可以董事會的決議取代股東會決議，但爲顧及從屬公司少數股東的權益，因此第2項參酌公司法§317Ⅲ準用§187及§188之規定制定股份收買請求權之規定，即從屬公司董事會在做出前述合併決議後，應立即通知其股東，並指定三十日以上期限，聲明股東得於期限內提出書面異議，請求從屬公司按當時公平價格，收買其持有之股份，以免少數股東因此受害。

(二) 前述股份收買請求權之規定，由於係針對合併決議而來，於公司取銷合併之決議時，由於反對之事實已不存在，因此第4項前段明定該請求權即失其效力；至於股東在從屬公司做出合併決議後所訂之三十日以上期限不爲請求，或是自董事會決議日起六十日內未能就價格達成協議時，也未在此期間經過後三十日內聲請法院裁定時，由於可認爲該股東已自願放棄其權利，因此第4項後段明定該請求權即失其效力。

(三) 此外，股份收買請求權，係爲避免控制公司濫用優勢地位，以其持有90%以上股份之優勢，強行通過對從屬公司不利之合併案而設，至於控制公司則並不發生此種狀況，因此第5項規定有關收買異議股東所持股份之規定，於控制公司不適用。

(四) 另者，控制公司如因合併而導致須修正章程之部分，由於涉及公司基本規範之修正，所以第6項明定，仍須依第277條變更章程之規定辦理，也就是必須依法召開股東會辦理變更章程之決議後，始能使合併案生效，此爲簡易合併中唯一須召開股東會之部分，須特別注意。

第317條（合併之程序及股東之股份收買請求權）

①公司分割或與他公司合併時，董事會應就分割、合併有關事項，作成分

割計畫、合併契約，提出於股東會；股東在集會前或集會中，以書面表示異議，或以口頭表示異議經紀錄者，得放棄表決權，而請求公司按當時公平價格，收買其持有之股份。

②他公司爲新設公司者，被分割公司之股東會視爲他公司之發起人會議，得同時選舉新設公司之董事及監察人。

③第一百八十七條及第一百八十八條之規定，於前項準用之。

解說

(一) 本條爲關於公司分割或合併與股份收買請求權的規定，按公司進行分割或與他公司合併，並不可能由公司股東會一起來討論細節，而必須由各公司董事會先討論有關事項，故第1項前段遂規定，董事會應就合併有關事項，作成分割計畫、合併契約，提出於股東會，而使各股東均能了解其內容，而作爲決定同意與否的參考依據。

(二) 本條第二部分則是關於股份收買請求權之規定[甲40]，按公司分割或合時，雖然須經股東會決議，但是仍屬多數決，無法使每一股東權益均獲保障，因此乃設此股份收買請求權的規定，茲將其條件分述如下：

　1. 該股東必須在股東會開會前或開會中對於分割計畫或公司與其他公司合併的議案，曾經以書面表示異義，或以口頭表示異議，並且經記錄者。

　2. 其次，該股東在股東會爲分割計畫或合併進行決議時，必須放棄表決權。

　在符合以上兩個條件的情形下，該名股東即可行使股份收買請求權，要求依當時公平價格，收買其股份。

第317條之1（合併契約之內容）

①前條第一項所指之合併契約，應以書面爲之，並記載下列事項：

　一、合併之公司名稱，合併後存續公司之名稱或新設公司之名稱。

　二、存續公司或新設公司因合併發行股份之總數、種類及數量。

　三、存續公司或新設公司因合併對於消滅公司股東配發新股之總數、種類及數量與配發之方法及其他有關事項。

　四、對於合併後消滅之公司，其股東配發之股份不滿一股應付現金者，

其有關規定。

五、存續公司之章程需變更者或新設公司依第一百二十九條應訂立之章程。

②前項之合併契約書,應於發送合併承認決議股東會之召集通知時,一併發送於股東。

解說

(一) 本條為關於合併契約之記載內容,及分送股東的規定[甲40],因合併契約在合併程序上占有極重要地位,為了確實保障股東權利,第1項乃規定,合併契約應記載之事項如下:

1. 合併之公司名稱,合併之存續公司之名稱或新設公司之名稱。

2. 存續公司或新設公司因合併發行股份之總數、種類及數量。

3. 存續公司或新設公司因合併對於消滅公司股東配發新股之總數、種類及數量,以及配發方法及其他有關事項。

4. 對於合併後消滅之公司,其股東配發的股份不滿一股應支付現金者,其有關規定。

5. 存續公司之章程須變更者,或新設公司依第129條應訂立之章程。

(二) 第2項則是分送前述之合併契約給各股東之規定,公司合併的相關事宜,既然是由各公司董事會先行商議,並未有全體股東參與,因此第2項遂規定,在議決合併案當次之股東會,於發送開會通知時,應附上合併契約,以使各股東均能及早明瞭合併的內容。

第317條之2(分割計畫應載事項)

①第三百十七條第一項之分割計畫,應以書面為之,並記載下列事項:

一、承受營業之既存公司章程需變更事項或新設公司章程。

二、被分割公司讓與既存公司或新設公司之營業價值、資產、負債、換股比例及計算依據。

三、承受營業之既存公司發行新股或新設公司發行股份之總數、種類及數量。

四、被分割公司或其股東所取得股份之總數、種類及數量。

五、對被分割公司或其股東配發之股份不滿一股應支付現金者,其有關

　　規定。

六、既存公司或新設公司承受被分割公司權利義務及其相關事項。

七、被分割公司之資本減少時，其資本減少有關事項。

八、被分割公司之股份銷除所需辦理事項。

九、與他公司共同爲公司分割者，分割決議應記載其共同爲公司分割有
　　關事項。

②前項分割計畫書，應於發送分割承認決議股東會之召集通知時，一併發
　　送於股東。

解說

　　本條是關於分割計畫之相關規定，由於分割計畫係由董事會擬定，一
般股東並無法完全得知其內容，爲使股東於行使表決權時能確實明瞭其計
畫內容及相關權益，本條乃明定分割計畫所應記載之內容，以及需於發送
分割承認決議股東會之召集通知時，一併發送於股東。

第317條之3（刪除）

第318條（合併後之程序）

①公司合併後，存續公司之董事會，或新設公司之發起人，於完成催告債
　　權人程序後，其因合併而有股份合併者，應於股份合併生效後；其不適
　　於合併者，應於該股份爲處分後，分別循下列程序行之：

一、存續公司，應即召集合併後之股東會，爲合併事項之報告，其有變
　　更章程必要者，並爲變更章程。

二、新設公司，應即召開發起人會議，訂立章程。

②前項章程，不得違反合併契約之規定。

解說

(一) 本條是關於公司合併完成後的程序規定，按公司合併方案既依本法
　　　§316之規定，經各公司股東會通過後，一般即應依合併契約之內容
　　　進行其工作，惟爲保障債權人權利，§319特規定準用無限公司合併
　　　之保障債權人的規定，以避免債權人因而遭受損失（參見本法§319
　　　之解說），在以上工作均完成後，即應依合併契約進行股份合併，並

進行資產負債的移轉，不過爲使未來之合併工作能更有明確的依循準據，第1項即規定，於股份合併時，應在股份合併生效後（即將消滅公司之股份全部換發成新公司的股份後）；若有不適於合併之部分（例如因股東行使股份收買請求權而由公司取得自己股份之時），則於該股份爲處分（即賣給他人）之後，存續公司的董事會或新設公司之發起人即應進行下列工作：

1. 存續公司，應由董事會召集合併後的股東會，以便進行合併事項的報告，如果有修改章程之必要者，並應依變更章程之程序加以變更。
2. 新設公司，應由發起人召開發起人會議，並訂立公司章程，以完成公司設立之工作。

(二) 又爲避免公司合併後，存續公司股東會或新設公司召開發起人會議時，爲違反合併契約的行爲，以致損及消滅公司股東的權利，故第2項乃規定，前述之變更章程或新訂之章程，其內容不能違反合併契約之規定。

第319條（無限公司合併規定之準用）

第七十三條至第七十五條之規定，於股份有限公司之合併或分割準用之。

解說

本條是關於保護債權人程序之準用規定，在公司合併或分割程序中，僅由股東會作成決議，即可達成公司合併或分割的結果，然而在合併或分割行爲中，亦有可能會產生侵害債權人權益之結果，自不能不爲債權人尋求保護之道，因此本條乃特別準用無限公司§73至§75之相關規定，以保障債權人之權益[甲40]。

第319條之1（債務清償責任）

分割後受讓營業之既存公司或新設公司，應就分割前公司所負債務於其受讓營業之出資範圍負連帶清償責任。但債權人之連帶清償責任請求權，自分割基準日起二年內不行使而消滅。

解說

　　本條是關於分割後受讓營業之公司的特別規定，本條明定分割後受讓營業之既存公司或新設公司，就分割前公司所負債務，僅限於其受讓營業之出資範圍內負連帶清償責任，以免過度擴大受讓營業之既存公司或新設公司之債務責任。但為免請求權長期不行使，造成公司經營不安定，因此本條但書規定，債權人之連帶清償責任請求權，自分割基準日起二年內不行使而消滅。

第320條（刪除）

第321條（刪除）

第十二節　清　算

第一目　普通清算

第322條（清算人之產生）

①公司之清算，以董事為清算人。但本法或章程另有規定或股東會另選清算人時，不在此限。

②不能依前項之規定定清算人時，法院得因利害關係人之聲請，選派清算人。

解說

(一) 本條是關於清算人產生之規定，所謂清算，是指結束已解散公司的一切事務，而進行之一連串的了結現務、處分公司財產、清償公司債務，以及分配賸餘財產給股東之程序，依本法§24規定，公司除因合併、分割或破產而解散外，於其他解散原因發生時，即應進入清算程序，以便了結公司的一切相關事務。

(二) 但是，要執行清算程序須由清算人來負責處理相關事務，其產生方式依本條規定，主要有以下幾種：

1. 一般清算人

公司在進入清算程序後，原則上由原公司的董事來負責擔任，因為董事原來即負責公司事務的執行，自然對公司的財產及負債狀況較為清楚，故由其擔任清算人實較為妥當，故本條規定原則上即由原公司的董事擔任清算人。

2. 章定清算人

所謂章定清算人，是指在公司章程上已指明由何人擔任清算人，清算程序，主要在了結公司事務，故公司股東既已在章程上表明選任何人擔任清算人，自應尊重其意思，故本條即明定此時應由章程所規定之清算人，來負責進行清算工作。

3. 選任清算人

此是指由股東會以決議另行選任他人擔任公司清算人之情形而言。

4. 選派清算人

依第2項規定，所謂選派清算人，是指在董事均無法擔任清算人，而公司章程及股東會亦未另行選定他人為清算人時，由法院依據利害關係人（例如股東或債權人）之聲請，選派其他人士為清算人而言。

第323條（清算人之解任）

①清算人除由法院選派者外，得由股東會決議解任。

②法院因監察人或繼續一年以上持有已發行股份總數百分之三以上股份股東之聲請，得將清算人解任。

解說

本條是關於清算人解任之規定，依本條規定，欲解任清算人，有下列兩種方式：

(一) 決議解任

所謂決議解任，是指由股東會以決議方式，將清算人加以解職的情形。

(二) 裁判解任

所謂裁判解任，是指聲請法院以裁定解除清算人職務的情形，依第2項裁判解任之規定，准許監察人或繼續一年以上持有已發行股份總數

3%以上股份之股東，向本公司所在地之法院聲請以裁定將清算人解任。

第324條（清算人之權利義務）
清算人於執行清算事務之範圍內，除本節有規定外，其權利義務與董事同。

解說
　　本條為關於清算人權利義務準用董事之規定，在清算程序中清算人所執行的事務，包括暫時繼續營業、清償債務、變賣公司財產等，均與公司未解散時董事所可執行的工作相似，因此本條逐明定清算人關於執行清算事務方面，其權利義務，除本節另有規定（例如報酬及催告申報債權等義務方面，須依本法§325以下之規定處理）外，均準用董事的規定。

第325條（清算人之報酬）
①清算人之報酬，非由法院選派者，由股東會議定；其由法院選派者，由法院決定之。
②清算費用及清算人之報酬，由公司現存財產中儘先給付。

解說
(一) 本條為關於清算人之報酬及清算費用之相關規定，因為在清算程序中，實際上既係由清算人負責執行，清算工作又甚為繁重，為使清算人全心投入，並符合公平性，故本條乃明定清算人應給予報酬，不過，由於各清算公司情形不同，工作繁簡不一，第1項乃明定，在非由法院選派的清算人方面，由清算公司股東會視實際狀況議定；由法院選派的清算人方面，則由法院視實際狀況加以裁定。
(二) 第2項則是關於清算人之報酬及清算費用的負擔規定，所謂清算費用，是指因執行清算事務所支出的費用，由於清算費用及清算人之報酬均屬於執行清算工作的必要支出，當然應具有特殊之效力，故第2項逐規定前述支出，均應由公司現存財產中儘先給付。

第326條（清算人檢查財產之處置）

①清算人就任後，應即檢查公司財產情形，造具財務報表及財產目錄，送經監察人審查，提請股東會承認後，並即報法院。

②前項表冊送交監察人審查，應於股東會集會十日前為之。

③對於第一項之檢查有妨礙、拒絕或規避之行為者，各處新臺幣二萬元以上十萬元以下罰鍰。

解說

(一) 本條為關於清算人檢查公司財產及造具表冊之規定，依本條規定，清算人在就任後應立即檢查公司的財產情形，例如公司現存之財產及負債有多少，公司所簽訂的契約中有哪些義務尚未履行等，以便使清算人在未來清算工作的處理上能更加得心應手，由於清算人的檢查工作對於清算事務具有重大影響，自不能容許有妨礙、拒絕或規避檢查工作之行為存在，因此第3項規定，任何人如有妨礙、拒絕或規避清算人的檢查工作者，須被各處新臺幣2萬元以上10萬元以下罰鍰。

(二) 其次，清算人在檢查公司財產情形後，應立刻造具清算公司之財務報表及財產目錄，以做為確定清算公司財務狀況的基準，在造具完成後，須先於股東會開會的十天前送請監察人審查，以便進行初步審核是否有不實的情況存在；然後再將前述表冊送請股東會討論，俟股東會以決議承認表冊後，再將該表冊向法院提出呈報，始完成此清算人的第一步工作。

第327條（催報債權）

清算人於就任後，應即以三次以上之公告，催告債權人於三個月內申報其債權，並應聲明逾期不申報者，不列入清算之內。但為清算人所明知者，不在此限。其債權人為清算人所明知者，並應分別通知之。

解說

(一) 本條是關於清算人催告債權人申報債權的規定，即清算人在就任後，應依公司章程所定的公告程式刊登三次以上的公告，其中載明除清算人已明知的債權人外，其餘債權人均須於三個月內向清算人申報債權，如逾期仍不申報者，即不列入清算債權的範圍之內（惟仍可依本

法§329之規定主張其權利，參見§329之解說），以便使清算人所尚不知的公司債權人能有機會主張其權利。

(二) 除前述的公告之外，清算人對其已明知的債權人尚應分別寄通知，其目的乃是使這些債權人能知道公司已進行清算的事實，並有機會針對清算人所不知的債權進行申報手續，以保障權益。

第328條（清償債務之限制）

①清算人不得於前條所定之申報期限內，對債權人為清償。但對於有擔保之債權，經法院許可者，不在此限。

②公司對前項未為清償之債權，仍應負遲延給付之損害賠償責任。

③公司之資產顯足抵償其負債者，對於足致前項損害賠償責任之債權，得經法院許可後先行清償。

解說

(一) 本條為清算人清償公司債務的限制規定，依前條規定，法律要求清算人以公告或通知方式，使清算人尚不知的公司債權人能申報其債權，以保障權益，如果許可清算人在前述申報期限內，先行清償已知的公司債務，則對公司為申報債權之人，在申報後，變成僅能就申報後之賸餘財產受償，反而不公平，因此第1項前段乃規定，清算人在前條所定申報期限內，不能對公司債權人為清償，應在期限屆至後再依債權額比例平等受償，以符公平；不過在有擔保債權，因為其就擔保物有優先受償的效力，對於其他債權不致產生影響，故只要經法院許可，即可先行變賣擔保物而清償該債權。

(二) 其次，雖然在申報期限內，禁止清償是為維持各債權人受償的公平性，然而在此期間內，仍會使已屆清償期債權人之利息受到損失，惟此情況並非因該債權人之過失形成，因此第2項遂規定，對於前述未為清償的債權，仍須由公司負擔遲延給付的損害賠償責任。

(三) 依照前述方式，由公司負損害賠償責任時，對債權人雖足以保護其權益，但仍然會對公司股東造成損害（因可供分配之賸餘財產，會因負賠償責任而減少），故第3項另設例外規定，在公司財產顯然足以清償其負債時，准許公司在法院許可下，先行清償已屆清償期的公司債

務，而使公司財產不致因遲延給付應負賠償責任而減少，以保護公司股東。

第329條（未列入清算內之債權之清償）

不列入清算內之債權人，就公司未分派之賸餘財產，有清償請求權。但賸餘財產已依第三百三十條分派，且其中全部或一部已經領取者，不在此限。

解說

本條是關於不列入清算內之債權的清償規定，所謂「不列入清算內之債權」，是指依本法§327規定，未於公告所定的三個月期限內申報債權，而其債權亦為清算人所不知，致不能依§328的清償程序而獲清償的債權，對於此種債權，雖然不能依前條所規定程序而受清償，但是對該債權人的債權亦不能不加以處理，故本條規定，此種未申報且為清算人所不知的債權，僅能就公司所未分派的賸餘財產請求清償；而即使清償§328的債權後尚有賸餘財產，然而此債權人在提出清償請求前，公司的賸餘財產如已全數被依§330規定分派與股東領取時，該債權人即無法獲得任何清償，僅此不列入清算內之債權人在請求清償時，公司尚有賸餘財產，且屬尚未分派，或僅一部已分派與股東領取時，始可就其尚未分派的部分受清償。

第330條（賸餘財產之分派）

清償債務後，賸餘之財產應按各股東股份比例分派。但公司發行特別股，而章程中另有訂定者，從其訂定。

解說

本條為關於公司賸餘財產分派之規定，按公司既已解散，公司財產在清償債務後如有賸餘，當然應按比例返還予各股東；但如果公司有發行特別股，且在章程上另有訂定不同的分派賸餘財產比例時，則須依章程的規定，而將普通股及特別股分別處理。

第331條（清算之完結）

①清算完結時，清算人應於十五日內，造具清算期內收支表、損益表、連同各項簿冊，送經監察人審查，並提請股東會承認。

②股東會得另選檢查人，檢查前項簿冊是否確當。

③簿冊經股東會承認後，視爲公司已解除清算人之責任。但清算人有不法行爲者，不在此限。

④第一項清算期內之收支表及損益表，應於股東會承認後十五日內，向法院聲報。

⑤清算人違反前項聲報期限之規定時，各處新臺幣一萬元以上五萬元以下罰鍰。

⑥對於第二項之檢查有妨礙、拒絕或規避行爲者，各處新臺幣二萬元以上十萬元以下罰鍰。

解說

(一) 本條是關於清算完結之審查、檢查及承認的規定，所謂清算完結，是指清算人將所有的清算事務，包括結束公司的營業事務、收取債權、清償債務以及分派賸餘財產給股東等事務，均已全部執行完畢的情形，第1項即明定，在清算完結時，清算人即應造具清算期內之收支表、損益表、並連同簿冊送請監察人先進行初步審查，以明其內容是否有違失之處；其次，在經監察人審核通過後，即應送請股東會進行審查，按清算程序，主要即係爲將公司財產分配返還股東的目的而進行，因此股東即爲清算程序重要之利害關係人，故第1項後段乃規定，由股東會進行第二步審核，以保障各股東權益。

(二) 惟股東會審查時，如僅許書面審查，則只要清算人在文件上掩飾，即可能使股東會無法明瞭眞相，而產生流弊，因此第2項遂明定，股東會可以另外以決議選派檢查人，對前述的帳簿、表冊等進行實質檢查，以了解其內容是否有虛僞情事。

(三) 在完成前述各項行爲後，股東會即應以決議方式來決定是否對清算人的簿冊加以承認，如果簿冊經股東會承認後，依法即視爲公司已解除清算人責任，但是如果清算人有不法行爲時，則不在此限。

(四) 在股東會以決議承認清算人的簿冊後，清算人尙應於股東會後十五天

內，將清算期內之收支表及損益表向法院呈報，以使法院了解清算程序已完成之事實。

第332條（簿冊文件之保存）
公司應自清算完結聲報法院之日起，將各項簿冊及文件，保存十年。其保存人，由清算人及其利害關係人聲請法院指定之。

解說
　　本條爲關於清算完結後簿冊及文件之保存規定，清算公司雖然已經完成清算程序中所應進行的行爲，但是並不代表全部清算工作均已完成，依本條規定，除應聲報清算完結外，清算的各項簿冊及文件，均應自清算完結聲報法院之日起至少保存十年，以保全各項證據資料。至於由何人保存，因對於資料的完整性頗爲重要故本條不作明文指定，而係依清算人或利害關係人（例如公司股東）向法院提出聲請之方式，而由法院視實際狀況指定之。

第333條（財產之重行分派）
清算完結後，如有可以分派之財產，法院因利害關係人之聲請，得選派清算人重行分派。

解說
　　本條爲關於財產再行分派的規定，按清算完結後，原則上清算程序即已告終結，但可能有例外狀況存在，例如，在清算完結後，始發現公司另有清算人所不知的財產存在，自應加以處理，始能保障公司各股東及債權尚未獲完全清償的債權人之權益，因此，本條即明文規定，清算完結後，如發現尚有可以分派的財產，利害關係人即可向法院聲請，由法院選派清算人重行分派。

第334條（無限公司清算規定之準用）
第八十三條至第八十六條、第八十七條第三項、第四項、第八十九條及第九十條之規定，於股份有限公司之清算準用之。

解說

本條爲準用無限公司部分清算程序之規定，所謂清算程序，既係以結算公司所有之資產及負債，並將賸餘財產分派予股東之程序，因此不論在何種公司，其所適用的程序大體上均屬相同，本條爲避免重複，乃規定股份有限公司準用無限公司清算程序相關規定。

第二目　特別清算

第335條（特別清算之要件）

①清算之實行發生顯著障礙時，法院依債權人或清算人或股東之聲請或依職權，得命令公司開始特別清算；公司負債超過資產有不實之嫌疑者亦同。但其聲請，以清算人爲限。

②第二百九十四條關於破產、和解及強制執行程序當然停止之規定，於特別清算準用之。

解說

(一) 本條爲特別清算程序之規定，其目的在使已解散清算中的公司，當其清算的實行發生顯著障礙時，由法院直接介入監督，運用公權力予以干涉，並加入債權人參與協定，有效完結清算，並保障債權人的權益。

(二) 而此特別清算可分別從實體與程序上加以分析：

    1. 實體上

      爲清算之實行發生顯著障礙時，或公司負債超過資產，有不實之嫌疑者。

    2. 程序上

      須由法院依職權，或依債權人、清算人或股東之聲請而發動。

(三) 至於特別清算的效果，因特別清算程序的開始，係由於普通清算程序發生顯著障礙，故此時將有可能產生強制執行或破產、和解程序的存在，故爲使特別清算程序順利進行，本法特別明定準用§294的規定，以資運用。

第336條（保全處分之提前）

法院依前條聲請人之聲請，或依職權於命令開始特別清算前，得提前為第三百三十九條之處分。

解說

　　法院依職權，或依債權人、股東、普通清算人聲請命令特別清算程序前，為了保全公司權益，特別規定，得由法院提前為公司財產的保全處分、記名式股份轉讓的禁止處分，以及基於發起人、董事、監察人、經理人或清算人所應負責任之損害賠償請求等，以避免脫產。

第337條（清算人之解任與選派）

①有重要事由時，法院得解任清算人。
②清算人缺額或有增加人數之必要時，由法院選派之。

解說

(一) 第1項規定有重要事由時，法院得解任特別清算人，例如清算實施發生顯著障礙，係可歸責於特別清算人，或由董事充任特別清算人，而公司負債超過資產的不實原因，係因該董事有涉嫌所產生時。

(二) 第2項規定，特別清算人如有出缺或需增加時，得由法院選派。

第338條（法院之監督）

法院得隨時命令清算人，為清算事務及財產狀況之報告，並得為其他清算監督上必要之調查。

解說

　　本條規定法院得隨時本於其監督地位，命令特別清算人為清算事務及財產狀況之報告，並接受調查。

第339條（監督上之保全處分）

法院認為對清算監督上有必要時，得為第三百五十四條第一項第一款、第二款或第六款處分。

解說

　　本條之設計，乃著眼於特別清算程序與普通程序之不同，亦即普通

清算的實行，如發生顯著障礙時，如不予變更清算程序，加強對公司的干涉，勢必影響債權人權益及社會公益，因此特別清算程序中，必須加強監督，同時爲防止公司財產遭到不當侵害，特別規定此一處分行爲，請參閱§354之解說。

第340條（債務之清償）

公司對於其債務之清償，應依其債權額比例爲之。但依法得行使優先受償權或別除權之債權，不在此限。

解說

　　本條規定債務清償的方法，原則上公司債權人應比例受償，但是如果有優先受償權（例如海商法§24規定海事優先權）及別除權（例如抵押權）的債權，則依本條規定可優先受償，而非按比例清償。

第341條（債權人會議之召集）

①清算人於清算中，認爲有必要時，得召集債權人會議。
②占有公司明知之債權總額百分之十以上之債權人，得以書面載明事由，請求清算人召集債權人會議。
③第一百七十三條第二項於前項準用之。
④前條但書所定之債權，不列入第二項之債權總額。

解說

　　本條爲特別清算程序中，債權人會議召集方式之規定，有以下三種：

(一) 必要召集

　　由特別清算人憑藉客觀情勢及具體資料判斷，而爲主觀上的認定，原則上雖毋庸聲報，但仍建議聲報爲宜，以杜爭議。

(二) 請求召集

　　即依本條第2、4項之規定，扣除依法得行使優先受償權或別除權後之債權總額計算後，占有公司現行明知之債權總額10%以上之債權人，得以書面請求特別清算人召集之。

(三) 自行召集

　　依本條第3項準用§173 II，當債權人請求特別清算人召集之請求提

出後十五日內，特別清算人不為召集時，債權人得報經法院許可，而自行召集之。

第342條（優先或別除債權人之列席）

債權人會議之召集人，對前條第四項債權之債權人，得通知其列席債權人會議徵詢意見，無表決權。

解說

　　特別清算程序之債權人會議，究竟應由哪些人組成？法無明文，不過一般應包括：召集人（清算人或自行召集之少數債權人）、出席人（應為普通債權人）、主席（法無明文，特別清算之召集由其擔任外，一般應以債權人會議選任之人充任之）、列席人（則為本條之規定，專指優先受償權及別除權之債權人，僅有參加會議徵詢意見，但無表決之權利），同時原公司之董監事在此時亦應通知其列席，以杜爭端。

第343條（有關規定之準用）

第一百七十二條第二項、第三項、第六項、第一百七十六條、第一百八十三條、第二百九十八條第二項及破產法第一百二十三條之規定，於特別清算準用之。

解說

(一) 本條前段為特別清算中債權人會議程序，準用一般股東會召集程序之規定，茲分述如下：
　　1. 應於十日前通知（準用本法§172Ⅱ）。
　　2. 對無記名證券及票據持有之債權人，應於十五日前公告（準用§本法172Ⅱ）。
　　3. 前開無記名之債權人，非於債權人會議召開前五日，將該項證券或票據交存特別清算人，則不得出席會議（準用本法§176）。
(二) 中段及後段為特別清算程序中，債權人會議決議之表決權計算及方法，分別準用以下規定：
　　1. 表決權計算：按其債權之金額比例定之（準用本法§298Ⅱ），但有別除權則不在計算範圍內。

2. 決議方法：一般事項，以出席債權人過半數，且其所代表之債權額超過總債權額半數決之（準用破§123）。
(三) 至於決議之記錄方式，則準用§183，如下：
  1. 議決事項，應作成議事錄，由主席簽名、蓋章；並於會後三十日內分送各債權人，同時亦應併送公司、特別清算人及呈報法院，法雖未明文規定，但為免爭議，仍按此法較為妥適。
  2. 議事錄上應確實記載會議之時日、場所、主席姓名及決議方法、議事經過及要領。
  3. 議事錄應併債權人簽名簿及代表出席委託書，交特別清算人統一保管。
  4. 特別清算人違反前項規定，將處1萬元以上5萬元以下罰鍰，如有虛偽記載，並應依刑法或特別刑法有關規定處罰。

第344條（清算人之職務）

清算人應造具公司業務及財產狀況之調查書、資產負債表及財產目錄，提交債權人會議，並就清算實行之方針與預定事項，陳述其意見。

解說

　　此條是關於債權人會議應有之權限，與特別清算人職務上應盡義務之相關規定。

第345條（監理人之任免）

①債權人會議，得經決議選任監理人，並得隨時解任之。
②前項決議應得法院之認可。

解說

(一) 第1項為特別清算程序中，監理人選任與解任之規定，法雖未明文規定其資格，但為求慎重，宜以具有專門學識、經驗之專才為之。
(二) 第2項明定前開監理人之選、解任決議應報請法院認可，以完成並符合法制，至於其報酬法未明文，原則上得由債權人會議自行議決。

第346條（清算人之權限）

①清算人為下列各款行為之一者，應得監理人之同意，不同意時，應召集
債權人會議決議之。但其標的在資產總值千分之一以下者，不在此限：

一、公司財產之處分。

二、借款。

三、訴之提起。

四、成立和解或仲裁契約。

五、權利之拋棄。

②應由債權人會議決議之事項，如迫不及待時，清算人經法院之許可，得
為前項所列之行為。

③清算人違反前兩項規定時，應與公司對於善意第三人連帶負其責任。

④第八十四條第二項但書之規定，於特別清算不適用之。

解說

(一) 第1、2項規定，特別清算人為以下行為：公司財產之處分、借款、訴
之提起、成立和解或仲裁契約及權利之拋棄時，其標的金額在資產總
額的千分之一以下者，毋庸得監理人之同意，但超越上開範圍，應得
監理人之同意，如不同意時，應召集債權人會議決議，但如果等待召
集將致延誤時機時，例外得經法院認可而直接為該等行為。

(二) 第3項規定，倘特別清算人違反前二項之規定，應與公司連帶對善意
第三人負責。

(三) 第4項規定特別清算人得將公司營業包括資產負債轉讓他人，而毋庸
經全體債權人同意。

第347條（協定之提出）

清算人得徵詢監理人之意見，對於債權人會議提出協定之建議。

解說

　　本條為特別清算人提出有關協定事項，在送請債權人會議審議、變更
及表決該協定之建議前，得提出該項建議，接受監理人徵詢，並提供意見
之規定，而所謂協定，是指由特別清算人提出，經其彙整公司財產清冊及債
權人應如何讓步之解決建議協約，以便促成終結特別清算程序的一種方案。

第348條（協定之條件）

協定之條件，在各債權人間應屬平等。但第三百四十條但書所定之債權，不在此限。

解說

本條規定特別清算人所提之協定條件，必須在各債權人間，採取平等比例分配清償，方符合公平性，但是對擁有優先受償權或別除權的債權人來說，應採優先全額分配，所餘之款項方得由其他一般債權人分配。

第349條（特定債權人之參加協定）

清算人認為作成協定有必要時，得請求第三百四十條但書所定之債權人參加。

解說

本條規定特別清算人，如果認為作成協定，必須要通知優先債權人、別除權人列席參加時，得請求上開債權人參加。

第350條（協定之可決）

①協定之可決，應有得行使表決權之債權人過半數之出席，及得行使表決權之債權總額四分之三以上之同意行之。
②前項決議，應得法院之認可。
③破產法第一百三十六條之規定，於第一項協定準用之。

解說

本條規定協定之可決，應採取重度特別決議方式，即必須由得行使表決權之債權人過半數出席，同時以得行使表決權之債權總額四分之三以上的同意方可通過；而此項可決協定僅生清算和解成立之效用，故必須法院認可始生效力；且為避免不同意債權人不受決議拘束，而使清算無法終結，故特別準用破產法強制和解之同一法理，使發生絕對清償的效力。

第351條（協定條件之變更）

協定在實行上遇有必要時，得變更其條件，其變更準用前四條之規定。

解說

　　協定的實行過程中，可能突發如土地價值減少或財產的得喪等，債權人會議自得變更特別清算人所提協定的建議，並得依法準用協定提出、條件均等、特定債權人參加及有關可決規定等規定。

第352條（公司業務及財產之檢查）

①依公司財產之狀況有必要時，法院得據清算人或監理人，或繼續六個月以上持有已發行股份總數百分之三以上之股東，或曾爲特別清算聲請之債權人，或占有公司明知之債權總額百分之十以上債權人之聲請，或依職權命令檢查公司之業務及財產。
②第二百八十五條之規定，於前項準用之。

解說

　　本條爲特別清算程序中，有關業務及財產檢查機關之規定，茲分述如下：

(一) 選任

　　法院依職權或有聲請權人，在公司特別清算程序中，就公司財產狀況有檢查必要時，得依本法§285之規定，選任就公司業務具有專門學識、經營經驗而非利害關係之人擔任檢查人，以檢查公司業務及財產狀況。

(二) 聲請權人

1. 特別清算人或監理人。
2. 曾爲特別清算聲請的債權人。
3. 占有公司明知債權總額十分之一以上的債權人。
4. 繼續六個月以上，持有已發行股份總數3%以上的股東。

(三) 職權

　　檢查人擁有檢查權、詢問權，倘拒絕前開事項者，其處罰準用§285之規定。

(四) 地位

　　檢查人雖非特別清算程序的常設或必設機關，但在執行範圍內，亦屬公司負責人；其報酬及責任，原則上可類推§313之規定。

第353條（檢查人之報告）

檢查人應將下列檢查結果之事項，報告於法院：

一、發起人、董事、監察人、經理人或清算人依第三十四條、第一百四十八條、第一百五十五條、第一百九十三條及第二百二十四條應負責任與否之事實。

二、有無為公司財產保全處分之必要。

三、為行使公司之損害賠償請求權，對於發起人、董事、監察人、經理人或清算人之財產，有無為保全處分之必要。

解說

檢查人應將下列事項依法報告於法院：

(一) 公司負責人應負責與否之事實：

    1. 發起人對於公司設立事實，有無怠忽任務致公司受損害而應負連帶賠償之責任事實；及設立登記前所負債務之連帶責任事實。

    2. 有無未認足第一次發行股份，及已認而未繳或撤回後，應該由發起人連帶認繳者，確未盡連帶認繳責任之事實。

    3. 董事會執行業務，有無違反法令章程及股東會之決議，致公司受有損害，參與決議之董事應否負賠償責任之事實。

    4. 監察人因怠忽監察職務致公司受有損害，應否負賠償之事實。

    5. 公司經理人有無違反法令、章程或股東會、董事會之決議或逾越規定權限，致公司受有損害，應否負其責任之事實。

(二)有無為公司財產保全處分之必要。

(三)為行使公司之損害賠償請求權，對於發起人、董事、監察人、經理人或清算人之財產，有無為保全處分之必要。

第354條（法院之必要處分）

法院據前條之報告，認為必要時，得為下列之處分：

一、公司財產之保全處分。

二、記名式股份轉讓之禁止。

三、發起人、董事、監察人、經理人或清算人責任解除之禁止。

四、發起人、董事、監察人、經理人或清算人責任解除之撤銷；但於特別

清算開始起一年前已爲解除，而非出於不法之目的者，不在此限。

五、基於發起人、董事、監察人、經理人、或清算人責任所生之損害賠償
　　請求權之查定。

六、因前款之損害賠償請求權，對於發起人、董事、監察人、經理人或清
　　算人之財產爲保全處分。

解說

　　本條規定，法院依據前條特別清算之檢查人所爲的報告，得分別爲以
下的處分：

(一) 公司財產之保全處分。

(二) 限制本公司基於§163及§164之記名式股份轉讓。

(三) 發起人、董事、監察人、經理人或清算人有關本法§231及§331相
　　關責任之解除。

(四) 有關前項各關係人責任解除之撤銷，但於特別清算開始起一年前已爲
　　解除，而非出於不法目的者，例如經理人違反競業禁止之規定者，不
　　在此限。

(五) 基於發起人、董事、監察人、經理人或清算人責任所生之損害賠償請
　　求權之查定。

(六) 基對於前款請求權，可對發起人、董事、監察人、經理人或清算人之
　　財產爲保全處分。

第355條（破產之宣告）

法院於命令特別清算開始後，而協定不可能時，應依職權依破產法爲破產
之宣告，協定實行上不可能時亦同。

解說

　　本條爲有關依§347以後所爲之協定，倘認該協定不可能成立，或協
定在實行上不可能時，法院得逕依職權宣告破產，此與公司重整時，不得
依職權宣告破產者不同。

第356條（普通清算規定之準用）

特別清算事項，本目未規定者，準用普通清算之規定。

解說

本條係特別清算中未規定的事項，可準用普通清算之規定。

申論題

申1 一人股份有限公司，如何解任董事及監察人？（模擬試題）

答：(一) 因為一人股份有限公司的股東，只可能是政府或法人，所以這個
問題會同時涉及公司法§128-1與公司法§27適用的問題，茲先
看一下這二個條文：

　　1.§27

　　　(1)政府或法人為股東時，得「當選」為董事或監察人。但須指
定自然人代表行使職務（公§27Ⅰ）。

　　　(2)政府或法人為股東時，亦得由其代表人「當選」為董事或監
察人，代表人有數人時，得分別當選（公§27Ⅱ）。

　　　(3)第一項及第二項之代表人，得依其職務關係隨時改派補足原
任期（公§27Ⅲ）。

　　2.§128-1

　　　前項公司之董事、監察人，由政府或法人股東「指派」（公
§128之1Ⅱ）。

(二) 雖然兩者都沒有規範到解任部分，但是在公司法第27條部分，既
然是當選，則自然應由股東會選任，其解任自應適用公司法有關
解任的規定，可是第128條之1是用「指派」，應如何解任，不無
疑義。

　　1.經濟部見解：

　　　不適用§27Ⅲ隨時改派之規定，而可隨時「改指派」，其見解
如下：

　　　按公司之股東有數人者，其法人股東得依公司法§27Ⅱ規定指
派代表人當選為董事或監察人，並依同條第3項規定，得依其
職務關係，隨時改派補足原任期。至於公司之股東如僅為一法
人股東時，自依同法§128-1規定，由法人股東逕行指派之，尚
不發生股東會選任情形。是以，兩者之法律適用依據不同，自

依其股東人數不同而為不同適用法律規定（經濟部91.8.16經商09102157780函）。

2.王文宇教授之見解：

王教授認為應改由股東會選任及解任：雖然經濟部認為不適用§27Ⅲ，但經濟部卻又認為：「按本法§192Ⅰ規定公司之董事不得少於3人，是以，政府、法人股東一人所組織之股份有限公司之董事、監察人，係指派自然人為其代表人分別擔任。」（經濟部91.1.23經商09002283840函）。

言下之意似亦得隨時加以改派，則與本法§27Ⅲ之情形又有何不同？甚者，若依上述解釋，可隨時改派，則該一人公司之董事可否依本法§199Ⅰ後段，以任期中無正當理由而遭解任為由，請求損害賠償？不無疑義。既然一人股份有限公司之股東會仍有存在之必要，而董監事之任免亦應由股東會選任，故即便是一人公司，其董事的任免亦應由股東會選任較為合理，而非一再擴張適用本法§27之不當規定。

申2 政府或法人股東組織之一人股份有限公司，有無存在股東會之必要？（模擬試題）

答：(一)經濟部採否定說：

1.公司法§128-1規定：「政府或法人股東一人所組織之股份有限公司……該公司之股東會職權由董事會行使……」準此，於政府或法人股東一人所組織之股份有限公司，原屬於股東會決議事項之公司法§185（出租全部營業等重要事項）及§277（變更章程），均改由董事會決議。又其決議方法除章程規定外，應有過半數董事之出席，出席董事過半數之同意行之（經濟部91.5.17經商09102091680函）。

2.公司法§172-1Ⅱ雖規定：「公司應於股東常會召開前之停止股票過戶日前，公告受理股東之提案、受理處所及受理期間……」，惟依同法§128-1Ⅰ規定略以：「政府或法人股東一人所組織之股份有限公司……該公司之股東會職權由董事會行使，不適用本法有關股東會之規定。」準此，法人股東一人所組織之股份有限公司，因不適用公司法有關股東會之規

定，自無公告受理股東常會議案之問題（經濟部95.4.28經商09502057920函）。

(二)林國全、王文宇教授則採肯定說：

　　1.實務見解顯係陷於一般會議須有複數之人出席之迷思。股份有限公司之股東並非以複數之人出席為必要，而是以代表複數股權之股東出席為必要，其重點在於是否有代表公司之一定股權之股份支持議案而非一定人數之出席。因此，就算是一人公司，只要該股東代表足夠之股權數，其仍有召開並為決議之可能。

　　2.質言之，股東會乃股份有限公司之最高意思決定機關，若股東一人握有全數之股份，則由該一人股東決定即可，沒有必要由董事會代勞。是故，於一人股份有限公司，仍有股東會存在之必要。惟因其股東僅有一人，且基於行事效率，似可簡化現行股東會之相關程序，例如職權之行使改以書面為之。

申3 試述一人公司有何缺失？（模擬試題）

答：(一)公司治理上的缺失：

　　1.因係一人組成一個公司，無法像多數股東組成之公司，可發揮集思廣益，監督公司的公司治理效果。

　　2.一人股東資格限制之不當：自然人雖不能成立一人股份有限公司，但可以成立一人有限公司，可能造成原本負無限責任的商號出資人為減輕責任，轉成立一人有限公司，以享有限責任之利，國內商號如轉成立一人有限公司，將超過主管機關作業能力，監控制度無法落實，易使債權人權益受損。

(二)對債權人保障不週：

　　1.單獨股東責任追究不明：單獨股東如一方面恣意運用一人公司資產，另一方面卻又可享有限責任，對公司債權人甚為不利。公司法除於關係企業專章之揭穿公司面紗的規定外，似無其他規範可追究該單獨股東的責任，有必要獨立就一人公司單獨股東責任予以明文化。

　　2.未明確規範一人公司與該公司「唯一股東」間之交易：為避免進行利益輸送而損及債權人之受償利益，有必要就一人公司與其股東間之交易予以公示，建議規定一人公司與其股東間之契

約應以書面爲之，並記載於該公司公開於大眾之登記簿內。

3.未建立公示制度：依現行公司法第393條第3項，雖可透過網路查詢公司資料，但並不包括股東資料；而一般大眾因爲屬未來之債權人，所以可能也不符合公司法第393條第2項的利害關係人的條件，所以應加強公司的公示制度，使大眾得藉此評估與一人公司交易的風險。

申4 A、B、C、D四人共同設立甲股份有限公司，但A未於章程上簽名。當初在設立過程中，A、B、C、D四人曾向乙訂購機器2台。後來因營運不順，一直處於虧損之狀態，對於乙有關機器之貨款一直拖延未給。現在乙起訴主張甲股份有限公司及A、B、C、D應對其就機器之貨款負連帶清償之責，請附理由說明下列問題：

(一)甲股份有限公司應否負責？

(二)A可否以其並未在章程上簽名，並非發起人爲由，而主張不負責任？（99會）

答：(一) 甲股份有限公司應否負責？

　　　1.ABCD共同發起設立甲股份有限公司，其在籌設過程中，對外購買機器，未支付貨款，甲股份有限公司應否負責，視其爲設立必要行爲或開業準備行爲而異：

　　　　(1)如爲設立必要行爲（如簽訂辦公室租約、聘僱人員辦理設立事宜等），依同一體說，對公司有效，由設立後之公司負責，發起人毋須負責。

　　　　(2)如爲開業準備行爲（如購買廠房土地、購買機器設備原料），不當然對公司發生效力，如經公司承認，類推適用無權代理規定，對公司發生效力。

　　　2.本例屬開業準備行爲，依上所述，分析如下：

　　　　(1)甲公司若不承認，不必負責，因爲對公司不生效力。

　　　　(2)甲公司若承認，仍應負責，因爲類推適用無權代理，即應負責。

　　　(二) A可否以其未在章程上簽名，亦非發起人爲由，而主張不負責任？

　　　　1.本例屬開業準備行爲，如甲公司不承認，即應由發起人自行負責。

2.如何認定發起人？
　　(1)形式認定說：在章程中簽名或蓋章之人（因公司法§129規定發起人應於章程簽名或蓋章）。
　　(2)實質認定說：實際參與公司設立之人（因應由保護與公司交易之人的角度出發）。
3.A為甲公司發起人，但未於章程上簽名，得否以此主張其無須就積欠之機器貨款對乙負連帶清償責任？
　　(1)如採形式認定說：A不須負責。
　　(2)如採實質認定說：A須負責。

申5 股份有限公司發行新股是否均須先行變更章程？原有股東對於此項新股是否均有優先認購權？他國立法例對新股認購權有何相同及不同之規定？一併論之。【71年律師】

答：(一)股份有限公司發行新股，於章程所載股份總數已全數發行者，始須變更章程：
　　1.大陸法系有所謂的資本三原則，即資本確定、資本維持及資本不變原則，依資本確定原則，在股份有限公司，於設立之初，資本總額必須在章程中確定，且應認足或募足，其後若欲發行新股，須先行變更章程，我國公司法於55年修正之前，即採此原則。
　　2.在英美授權資本制下，所謂發行新股，係指公司成立後，發行公司章程所載股份中未於設立時發行之股份（即未發行股份）或於章程所載股份總數悉數發行後，經變更章程增加股份總數後（即增資後）發行所增加之股份而言，而公司法修正後改採授權資本制，於公司法§156Ⅱ規定「前項股份總數，得分次發行」。發行新股有二種情形：
　　　(1)發行公司章程所載股份總數中未發行之股份：
　　　　此情形僅增加公司實收資本，不影響章程所定股份總數，故無須變更章程，只須董事會特別決議即可（公司法§266）。
　　　(2)於章程所載股份總數全數發行後之另發行新股：
　　　　此情形則因影響章程所載股份總數，故須經股東會特別決議

變更章程，增加股份總數後方得爲之（公司法§277）。

3.本題，依我國公司法規定，如係發行章程所載股份總數中，尚未發行之股份，無須先行變更章程；惟若於章程所載股份全數發行完畢後，另再發行新股，則須先行變更章程。

(二) 並非原有股東對於所有公司發行新股之情形，均有優先認購權：依公司法§267Ⅲ規定，公司發行新股時，除依法應保留由員工優先承購之部分外，其餘於向外公開發行或洽出特定人認購之前，應公告及通知原有股東，按照原有股份比例儘先分認，是爲股東之優先認購權，爲股東之固有權。惟若公司因合併他公司，分割或依§267-2發行員工認股權憑證，依§262發行公司債得轉換股份及附認股權公司債，以及依§268-1Ⅰ可轉換公司債轉換爲股份而增發新股時，股東則無優先認購權。

(三) 他國立法例之規定：

1.大陸法系之德國法爲保護原股東之利益，原則上肯定原有股東之優先認股權。

2.英美法因實行授權資本制，原則上不承認股東有優先認股權。

申6 A股份有限公司係依我國公司法設立，但未辦理公開發行之中小企業，如A公司辦理發行新股增資，試依公司法規定與法理，扼要回答下列問題：（20分）

(一)甲甫獲得國外著名大學電機博士，欲以所具有之高科技知識出資，乃提議以赴A公司工作三年為對價，換取增資新股。問此舉是否合法？

(二)乙欲以其所持有對B公司之債權出資，是否合法？

(三)A公司欲採投資入股方式與C公司建立策略聯盟，C公司之大股東丙願意促成此事。依公司法規定A公司與丙間應依循何種程序，以達到目的？（94律）

答：(一) 甲之出資不合法

1.在知識經濟時代，各種無形資產對於企業發展極其重要，爲此，公司法（以下同）於民國九十年修正§156第8項規定股份有限公司之股東得以技術入股。

2.惟本例中，甲係以赴A公司工作三年爲對價，應屬提供勞力換

　　　　取酬勞之勞力出資，雖甲具有高科技知識，但並非提供技術供A公司使用，仍非技術出資。

　　3.又股份有限公司基於資本維持原則，特別要求出資之充實性，非如無限公司特別允許股東得以勞務出資（參§43），故甲之出資不合法。

(二) 乙之出資不合法

　　1.民國九十年明文規定得以技術出資外，亦明文規定得以對公司所有之貨幣債權出資，立法者認為，允許公司以債作股，得改善公司財務狀況，降低負債比例。

　　2.就此立法理由可知，該抵作股款之債權，應僅限於被出資公司之債權，若以對他公司之貨幣債權出資，可能使被出資公司面臨債權不能實現之困境，而有害其資本之充實，本例中，乙並非以對A公司之貨幣債權出資，並不合法。

(三) A與丙可循股份交換之規定，達成目的

　　1.A既欲入股C公司而與其建立策略聯盟，則應使A取得C之股份，此時自可由C公司發行新股由A認購，A並得依§156Ⅴ，Ⅵ或§272條之規定出資，取得C公司之股份。惟若C公司並無發行新股之意願，此方式即不可行。

　　2.C公司之大股東丙既然願意協助，則可使丙將其股份移轉與A，由A發行新股予丙，作為受讓C公司股份之對價（參156Ⅴ，Ⅵ），達成投資入股C公司之目的。

　　3.進行股份交換時，A公司內部應經董事會特別決議，並受轉投資規範之限制（參§13）。

申7 A股份有限公司為電信業者，已發行股數總數為三十億股。為與已發行股數為三億股之手機零售通路商B股份有限公司進行業務合作，A公司董事會以特別決議方式通過發行新股三千萬股，換取B公司所發行之新股三千萬股。試附法律依據及理由回答下列問題（25分）

(一)假設B公司甲不同意上述交易，問甲可否依「股份轉換」規定，行使不同意股東股份收買請求權？

(二)假設前述案例中，A公司所換取之股份並非B公司發行之新股，而係B公司大股東乙持有之三千萬股。乙又適為A公司董事，並參與

該次A公司董事會決議。丙為A公司股東，質疑乙應迴避不得加入該次董事會表決。試問就此迴避爭議，丙之主張有無道理？（95司）

答：(一) 甲無法依「股份轉換」之規定，行使不同意股東之收買請求權：

1. A股份有限公司以董事會特別決議發行新股三千萬股，以換取B公司所發行之新股三千萬股，但並非收購B公司百分之百之股份，故係依公司法§156第9項所為之「股份交換」，其目的係於公司與他公司間有資源分享，或策略聯盟等營運需求時，得由董事會以特別決議方式，發行新股作為受讓他公司股份之對價，而無須經股東會決議為之。此種「股份交換」之制度，與金融控股公司§26或企業併購法§4第5款之「股份轉換」並不相當，蓋後者係屬企業為取得他企業經營權所採取之特殊方法，由於須讓與公司百分之百之股份，對公司全體股東有強制性，故除須經股東會特別決議外，反對股東尚有股份收買請求權，二者論適用對象與立法目的均屬不同。

2. 綜上所述，本題僅為「股份交換」，而非「股份轉換」，故某甲依「股份轉換」之規定，行使不同意股東收買請求權，自無理由。

(二) 丙主張乙針對該股份交換之議案有利害關係，應迴避不得加入A公司董事會決議，應屬有理：

1. A公司該次董事會決議事項係A公司與B公司股東自然人乙間之股份交換，乙為A公司之董事，故某乙對其所持有B公司股份，交換A公司股份之交易，有利害關係，可能有害A公司之利益。

2. 依公司法§206Ⅱ準用§178之規定，董事會之決議，若董事有自身利害關係，致有害於公司利益之虞時，不得加入表決，並不得代理其他董事行使其表決權。

3. 綜上所述，乙應不得加入A公司董事會針對該股份交換議案之決議，丙之主張為有理由。

申8 試對公司法中有關股份有限公司「發行股票」發行之「原則」，以及其「例外」有「如何明文」之「規定」，予以申論之。【81年律師】

答：股票係為表彰股東權之要式的有價證券，而發行股票係指公司製作並

交付股票之行為，對於股票之發行，公司法有如下之規定：

(一) 發行義務和時期：

　　1.公司資本額達中央主管機關所定一定數額以上者，應於設立
　　　登記或發行新股變更登記後，三個月內發行股票；其未達中
　　　央主管機關所定一定數額者，除章程另有規定者外，得不發行
　　　股票。公司負責人違反前項規定，不發行股票者，除由主管機
　　　關責令限期發行外，各處新台幣一萬元以上五萬元以下之罰
　　　鍰，期滿仍未發行者，得繼續責令限期發行，並按次連續各處
　　　新台幣二萬元以上十萬元以下罰鍰，至發行股票為止（公司
　　　§161-1）。

　　2.公司非經設立登記或發行新股變更登記後，原則上不得發行股
　　　票，但公開發行股票之公司，證券主管機關另有規定者，不在
　　　此限。違反前項規定發行股票者，其股票無效，但持有人得向
　　　發行投票人請求損害賠償（公司§161）。

(二) 股票之發行應經簽證（要式行為）：

　　股票應編號，並載明必要記載事項（公司名稱、設立登記或發行
　　新股變更登記之年月日、發行股份總數及每股金額、本次發行
　　股數、發起人股票應標明發起人股票之字樣、特別股股票應標明
　　其特別種類之字樣、股票發行之年月日），必須有董事三人以上
　　之簽名或蓋章，且經主管機關或其核定之發行登記機構簽證後發
　　行（公司§162），未經簽證而發行之股票，其效力學說上有爭
　　議，但以無效說為通說。

(三) 股票得公開發行：

　　依公司法§156Ⅲ規定，公司得依董事會之決議，向證券管理機
　　關申請辦理公開發行程序，但公營事業之公開發行，應由該公營
　　事業之主管機關專案核定之。

(四) 特別股：

　　股份有限公司之資本，應分為股份，每股金額應歸一律，一部
　　分得為特別股，其種類由章程定之（公司§156Ⅰ、§157），
　　同次發行之股份其發行條件相同者，價格應歸一律（公司§156
　　Ⅷ）。

(五) 無記名股票之發行：

公司得以章程規定發行無記名股票，但其股數不得超過已發行股份總數二分之一，公司得因股東之請求，發給無記名股票或將無記名式改為記名式（公司§166）。

(六) 發行新股：

1.公司法§270規定，公司有下列情形之一者，不得公開發行新股：

(1)最近連續二年有虧損者，但依其事業性質，須有較長準備期間或具有健全之營業計畫，確能改善營利能力者，不在此限。

(2)資產不足抵償債務者。

2.另依公司法§267規定，公司發行新股時，原則上員工及原有股東有優先認購權；惟例外特殊發行新股時，例如以公積或資產增值抵充，核發新股予原來股東者，則不適用員工優先承購規定，另因合併他公司，分割發行員工認股權、附認股權公司債、轉換公司債、或認股權憑證或附認股權特別股轉換為股份而增發新股時，亦不適用該§267之規定。

申9 股份有限公司是否有發行股票之義務？如須發行股票，應如何發行？如公司未發行股票於股東時，如何轉讓其股份？（二十五分）（91）

答：(一) 股份有限公司發行股票之義務，及未發行股票時之股份轉讓方法：

1.90年修法前：依公司法§161-1，股份有限公司應於公司設立登記或發行新股變更登記後，三個月內發行股票，屬強制發行之規定，故在公司法修正前，公司有發行股票之義務。

強制發行股票雖有便利流通之優點，惟就中小型之公司而言，通常無經常流通之需要，同時，股票之印製費、簽證費亦造成公司之負擔。

2.90年修法後：基於上述理由，同時考量不發行股票並不代表股份不能移轉，蓋股份為股東對公司所得主張之債權，若無股票存在時，其轉讓之方式仍得依一般債權讓與之方式為之，因此，不發行股票可能造成之影響為公司籌資之不便，惟公司欲如何籌資應係其本身之考量。若考慮股份有限公司之大眾化，

可規定資本額達一定數額以上者，始強制發行。

因此，90年公司法修正時，修正§161-1規定，使公司資本額達中央主管機關所訂一定數額以上者，始應於設立登記或發行新股變更登記後三個月內發行股票；其未達中央主管機關所訂一定數額者，除章程另有訂定者外，得不發行股票，即公開發行公司始有強制發行股票之義務。

(二) 股票之發行方法：

股票之發行得區分為公開發行與否，而有不同之發行方法。分別說明如下：

1. 公開發行與否：

(1)90年修法前：§156Ⅳ規定，公司資本額達中央主管機關所定一定數額以上者，除經目的事業中央主管機關專案核定者外，其股票應公開發行，為強制公開發行之規定，即大資本額之公司，強制公開發行，以促進資本大眾化。

(2)90年修法後：股票公開發行雖有集資容易之優點，惟股票公開發行可能帶來股權分散，不易控制之後遺症，同時將面對適用證交法後所需負擔之資訊公開成本，因此，股票是否公開發行，實屬公司自治事項，宜由公司自行決定是否公開發行。故修法時，將上述規定修正為公司得依董事會之決議，向證券管理機關申請辦理公開發行程序，即公開發行與否，採自由申請制。

2. 公開發行股票時之發行方法：公開發行股票之公司，得適用有價證券集中保管制度，以避免所謂之「證券洪流危機」，因此，其股票之印製方法得以較簡便之方式為之，說明如下：

(1)合併印製：90年修法時，新增§162-1，使公司發行股票之公司發行新股時，其股票得就該發行總數合併印製，將之簡化成單張大面額股票，存放於集中保管事業機構，而透過集中保管事業，發給有價證券存摺之方式，解決股票實體交易所帶來之手續繁複及流通過程風險。

(2)無實體發行：除上述合併印製之方式外，依§162-2，公開發行股票之公司，其發行之股份得免印製股票，而洽證券集

中保管事業機構登錄，以控制其股份總數，並透過集中保管
事業，發給有價證券存摺之方式處理。

申10 甲乙丙丁戊己庚辛八人為發起人，各自出資一百萬元設立A股份有
限公司，並於民國八十八年七月十五日辦妥設立登記。其後於同年
十月十五日辦理增資八百萬元，甲乙丙丁戊己庚辛八人依比例各
出資一百萬元。至此，甲乙丙丁戊己庚辛八人各擁有二十萬股。又
其後甲因病死亡，其繼承人為壬。乙並於民國八十九年二月一日出
示兩張甲於生前所立經甲乙雙方同意之股份讓渡書，一張於八十八
年七月十日所立甲願將設立登記時所認之股份讓與給乙；一張於
八十八年十月十日所立甲願將辦理增資時所認之股份讓與給乙。兩
張皆言明所有股款皆由甲向乙借得，故同意於公司設立登記滿一年
後，將其股份轉讓於乙。惟壬則援引公司法第一百六十三條之規
定，質疑甲乙所立股份讓渡書之合法性，試問應如何處斷？【89年
司法官(二)】

答：(一) 甲讓與以發起人身分所認股份部分為有效：

　　1.公司股份之轉讓，不得以章程禁止或限制之，但非於公司設立
　　　登記後不得轉讓。發起人之股份非於公司設立登記一年後，不
　　　得轉讓。公司法§163 I，II本文分別訂有明文。

　　2.公司法§163所指之轉讓，應以實施轉讓行為之日為準，即記
　　　名股票應以背書方式為之，無記名股票則以讓與合意與交付為
　　　之。準此，股份讓渡書之簽訂，僅為雙方讓與之合意，若未符
　　　合前述讓與之要件，尚難認已生讓與之效力，其應回歸民法
　　　§297之規定。

　　3.本題甲雖於民國88年7月10日簽署讓渡書予乙，惟依上揭推
　　　論，讓渡書本身既非構成讓與之行為，況約定中，亦以設立登
　　　記滿一年為停止條件，自無違反公司法§163之規定，其效力
　　　回歸民法§297之規定，乙於公司設立登記滿一年之停止條件
　　　成就後，主張債權讓與契約之權利，應有理由。

　　(二) 甲讓與設立一年內因增資所認之股份部分亦然有效：

　　1.股份有限公司設立未滿一年，因發行新股或增資而發行新股，
　　　發起人所增認之股份，其轉讓不致發生弊害，與公司法§163

Ⅱ之立法精神無違，自可轉讓，此有72年5月司法院司法業務研究會第三期研究結果可資參照。

2.本題甲所爲之讓渡書，如前揭所論，本非轉讓之性質，況所讓渡之股份亦不受讓與之限制，是其約定自屬有效，甲乙間所爲讓渡書，既無違反公司法規定，其效力應回歸民法§297之規定，即乙於公司登記滿一年之停止條件成就後，主張債權讓與契約之權利應屬有理由。

申11 試回答下列問題：

(一)我國公司法有關股份轉讓或取得有無限制規定？（13分）

(二)於公司設立前或新股發行前將股權轉讓者其法律上效力如何？（12分）（92年律）

答：(一)股份轉讓或取得之限制

公司法（以下同）§163Ⅰ本文規定：「公司股份之轉讓，不得以章程禁止或限制之。」雖採股份自由轉讓原則，惟仍有諸多限制。說明如下：

1.一般股東

§163Ⅰ但書規定：「非於公司設立登記後，不得轉讓」股份，其立法目的在求公司設立之穩定。

2.發起人

§163Ⅱ規定：「發起人之股份非於公司設立登記一年後，不得轉讓。」不過，因考量公司合併或分割新設公司，與一般發起設立性質有別，則其新設立公司發起人股份之轉讓自無須限制，故於九十所修法時，新增但書規定：「公司因合併或分割後，新設公司發起人之股份得轉讓」。

3.公開發行公司之董事、監察人

§197Ⅰ後段規定：「公開發行股票之公司董事在任期中轉讓超過選任時所持有之公司股份數額二分之一時，其董事當然解任。」惟嚴格而言，此規範僅爲董、監事轉讓持股將發生不利益之效果，尚非不得轉讓。

4.公司員工

§267規定，當公司發行新股時，應保留其中百分之十至十五

由員工優先認購。爲貫徹勞資融合之立法目的，同條第6項「公司對員工依第一項、第二項承購之股份，得限制在一定期限內不得轉讓。但其期間最長不得超過二年。」

5.股份回籠之禁止

(1)§167規定：公司除依§158、§167-1、§186、§317規定外，不得自將股份收回、收買或收爲質物。

(2)爲落實股份回籠禁止之立法意旨，九十年修法時增訂同條第三項及第四項，規定「被持有已發行有表決權之股份總數或資本總額過半數之從屬公司，不得將控制公司之股份收買或收爲質物。」「控制公司及其從屬公司直接或間接持有他公司已發行有表決權之股份或資本總額合計超過半數者，他公司亦不得將控制公司及其從屬公司之股份收買或收爲質物。」

(二) 1.公司設立登記前轉讓股份之效力

公司股份，非於公司設立登記後，不得轉讓，公司法§163 I但書定有明文，其立法目的在於公司既尚未完成設立登記，爲維護交易安全並防杜投機，及期待公司設立之穩定進行，遂禁止其轉讓股份，至於違反時，其效力如何？有不同見解：

(1)無效說：

實務見解與學說多數說認爲，公司法§163 I但書爲禁止規定，此一股份轉讓之行爲，依民法§71規定，自屬無效。（最高法院七十五年度台上字第四三一號判決）

(2)有效說：

學說上亦有主張，無效說之見解於當事人而言過於苛刻，蓋公司未完成登記前，認股人轉讓股份實事所常有，何妨令股份轉讓之效力僅及於當事人間，不即於公司。換言之，公司設立登記前之股份轉讓，於當事人間仍爲有效，僅對公司不生效力而已，如此一來，對公司並無妨害，對於當事人間之信賴及契約自由之維護，則甚有助益。

上述二說，管見以爲，就法條之解釋而言，無效說之見解符合禁止規定之規範，並無不妥，惟有效說之見解於立法論上甚爲

可採，蓋於股份有限公司中，既不重視股東之人格特質，又以
股份轉讓之便利性吸引投資，提高公司之集資能力，故有股份
自由轉讓原則，而有效說之見解更能落實此原則，同時能顧及
公司設立之穩固。

2.新股發行前股權轉讓之效力

　至於公司設立後，新股發行前之股份轉讓，公司法中並無限
制。此時尚未取得股票，仍得以讓與合意之方式轉讓股權。

**申12 公司不得將股份收買、收回或收為質物，其立法理由安在？有無例
外規定？股東之股份收買請求權於何種情形失其效力？【82年司法
官】**

答：(一)公司不得自將股份收回、收買或收為質物，公司法§167有明文
規定，其立法理由如下：

　1.違反公司不得為自己構成員之理論：公司既為社團法人，故不
能同時成為自己之構成員，即公司不能依認股或繼受取得自己
股份而成為股東。

　2.防止公司炒作股票而助長投機。

　3.違反資本維持原則：公司取得自己股份，將威脅公司資本之充
實，有悖資本維持原則。

　4.貫徹股東平等原則：因大股東可能利用收買或收回股份機會，
優先收買自己持股，違害其他小股東之利益。

(二)例外情形：

　1.依公司§158規定收回特別股：

　特別股係股東平等原則之例外，若長久存在，必影響普通股權
益，故允許公司以盈餘或發行新股所得之股款收回之。

　2.於股東清算或受破產之宣告時，得按市價收回其股份，抵償其
於清算或破產宣告前結欠公司之債務（公司§167但書）：

　其立法旨趣在於防止公司無從取償，況公司因此取得自己股
份，應於六個月內按市價將其出售，對公司有利無弊。

　3.依公司法§167-1Ⅰ實施員工庫藏股規定，收買公司股份：即準
許公司除法律另有規定外，得經董事會特別決議，於不超過該
公司已發行股份總數百分之五範圍內，收買其股份，作為獎勵

員工之用，且收買股份之總金額，不得逾保留盈餘加已實現資本公積之金額。

4.依公司法§186，應反對股東股份收買請求權之行使，而收買其股份：

當股東會依§185以輕度特別決議，通過對公司營業政策有重大變更的行為時，除了同時決議解散外，若股東於此決議前，已有書面通知公司反對該項行為之意思表示，並於股東會已為反對者，得請求公司以當時公平價格，收買其所有之股份。

5.依公司法§317規定，應反對合併之股東股份收買請求權之行使，而收買其股份：

即股東會以特別決議通過與他公司合併時，股東在集會前或集會中，以書面表示異議，或以書面口頭表示異議經紀錄者，得放棄表決權，而請求公司按當時公平價格收買其股份。

(三) 股東之股份收買請求權失其效力之情形：

1.依公司法§185規定，公司為營運之重大變更時，如締結、變更或終止關於出租全部營業，委託經營或與他人經常共同經營之契約；讓與全部或主要部分之營業或財產；受讓他人全部營業或財產，對公司營運有重大影響者，須有股東會特別決議之同意行之；而反對之股東，須於股東會前，以書面通知公司反對之意思表示，並於股東會反對者，方能依§186請求公司以當時公平價格收買其股份；又在公司欲與他公司合併時，需經股東會特別決議，而股東在集會前或集會中，以書面表示異議，或以口頭表示異議經紀錄者，得放棄表決權，而請求公司按當時公平價格，收買其持有之股份。其意旨在於反對之股東及時，並且明示其反對意旨，以杜爭義，俾便保護小股東，並使公司營運得以順逐。

2.故須踐行上述要件之股東，方能對公司行使股份收買請求權，惟若公司取消公司法§185所列之行為或取消與他公司合併時，此際，反對股東已無反對之對象，故其股份收買請求權已失其附麗，故失其效力；又若股東於股東會決議日起二十日內，不為股份收買之請求，或自決議之日起六十日，與公司未

　　　就收買股份之價款達成協議，而未於此期間經過後三十日內，
　　　聲請法院為價格之裁定時，股份收買請求權亦失其效力。

申13　甲公司及乙公司皆為高科技公司。其中，甲公司之實收資本額為新
　　　台幣2億元，共發行普通股2000萬股，每股金額為新台幣10元，其
　　　公司章程並規定董事會由七位董事組成。至於乙公司之實收資本
　　　額則為新台幣10億元，共發行普通股1億股，每股金額為新台幣10
　　　元。若乙公司持有甲公司已發行普通股之總數為1000萬股，並指派
　　　四位法人代表當選甲公司之四席董事，足以控制甲公司之人事任免
　　　及業務經營，試附理由回答下列問題：（25分）
　　　(一)甲公司得否收買乙公司之股份？
　　　(二)乙公司於分派員工紅利時，得否將甲公司之員工納入分派之範
　　　　　圍？

答：(一) 甲公司得收買乙公司之股份。

　　　1.乙公司為甲公司之實質控制公司，但並非公司法第167條第3項所
　　　　限制之形式控制從屬關係，故甲公司仍得收買乙公司股份。
　　　　(1)乙公司實質控制甲公司：
　　　　　　依公司法§369-2 I 規定，公司持有他公司有表決權之股份
　　　　　　或出資額，超過他公司已發行有表決權之股份總數或資本總
　　　　　　額半數者為控制公司，該他公司為從屬公司。今乙公司僅持
　　　　　　有甲公司已發行股份總數1000萬股，剛好持股半數，但並未
　　　　　　超過甲公司已發行有表決權之股份總數半數，故乙公司和甲
　　　　　　公司並不具形式控制從屬關係。惟依題意，乙公司指派四位
　　　　　　法人代表當選甲公司之四席董事，足以控制甲公司之人事任
　　　　　　免及業務經營，依公司法§369-2規定，除前項外，公司直
　　　　　　接或間接控制他公司之人事、財務或業務經營者亦為控制公
　　　　　　司，該他公司為從屬公司，故乙公司和甲公司具有實質控制
　　　　　　從屬關係，乙公司為控制公司，甲公司為從屬公司。
　　　　(2)實質控制從屬關係未在公司法§167Ⅲ禁止之列：
　　　　　　依公司法§167Ⅲ規定，被持有已發行有表決權之股份總數
　　　　　　或資額超過半數之從屬公司，不得將控制公司之股份收買
　　　　　　或收為質物，今乙公司和甲公司為實質控制從屬關係，不在

公司法§167Ⅲ禁止股份回籠之列。

(3)立法論探討：

公司法§167Ⅲ的增訂理由是爲避免控制公司濫用其對從屬公司之控制力，乃參考日本立法例，禁止從屬公司將控制公司股份收買或收爲質物，惟就本例觀之，具有實質控制從屬關係之控制公司，仍有可能會濫用其控制力，使從屬公司將控制公司股份收買或收爲質物，故在立法論上，似仍有討論空間。

(二) 乙公司於分派員工紅利時，得將甲公司之員工納入分派之範圍：

依公司法§235Ⅳ規定，章程得明訂員工分配股票紅利之對象，包括符合一定條件之從屬公司員工，蓋因企業基於經營管理之需要，常設立研發、生產或行銷等各種功能的從屬公司，爲使從屬公司員工，亦能與控制公司員工，享有相同的股票分紅權益，遂有本項之設，且本項之適用不區分形式從屬或實質從屬，故而乙公司於分派員工紅利時，得將甲公司員工納入分派之範圍。

申14 股份有限公司未經董事會決議，逕以董事長之名義召集股東會，並經股東會爲決議，股東得否訴請法院撤銷其決議或宣告其無效？又股東會爲決議之事項是否以本法或章程規定者爲限，試說明之。
【72年司法官】

答：(一) 股份有限公司未經董事會決議，逕以董事長名義召集股東會，並經決議，股東得訴請撤銷該決議：

1.股份有限公司之股東會，乃公司最高意思決定機關，除依法律規定得由少數股東自行召集（公司法§173Ⅰ）或由監察人召集（公司法§220）及清算人召集（公司法§324）外，應由「董事會」召集之（公司法§171）；若係無召集權人召集之股東會，即非合法成立之股份有限公司之意思機關，自不能爲有效之決議，即該決議當然無效（70台上2235判決）。

2.而董事會係由全體董事組成之會議體機關，負責公司業務執行之意思決定（公司法§202），其職權之行使應以會議形式爲之，董事長僅董事會之主席，不得以一己之意代表董事會之意思決定，故公司欲召開股東會，應先經董事會決議，作成意思

決定，再交由董事長或其他董事以董事會名義執行，始符合法定召集程序。

3.本題股份有限公司董事長未經董事會決議，逕以董事長之名義召集股東會，其召集程序自屬違背法令，縱經股東會作成決議，依公司法§189之規定，股東得自決議之日起三十日內訴請法院撤銷其決議。

(二) 股東會決議之事項是否以公司法或章程規定者為限，分90年修正前與修正後§202規定分述如下：

1.依90年修正前有下列二種不同之見解：

(1)概括規定說：

①依90年修正前公司法§202規定，公司業務之執行，由董事會決定，除本法或章程規定，應由股東會決議之事項外，均得由董事會決議行之，然本條係用「得」而非「應」字，故非縮小股東會權限之規定。

②按90年修正前之公司法§202規定，係55年修正所增訂，旨在劃分股東會與董事會職權，原擬修正草案曾增設「股東會得為決議之事項，依本法或章程所規定者為限」，立法院認為股東會為最高權力的意思機關，無予以限制的必要，而予以刪除。足見股東會決議之事項不以公司法或章程所規定者為限，立法原意無縮小股東會權限之意思。

(2)縮小股東會權限說：

①縮小股東會權限，使董事會成獨立機關，以任經營之權責，乃公司法之立法趨勢。

②我國公司法§202規定係對舊制以股東會為最高意思機關之修正，故其決議權應限於法令或章程有規定之事項，即未明文列舉之事項應劃歸董事會決定之。

2.依90年修正之公司法§202規定：公司業務之執行，除本法或章程規定應由股東會決議之事項外，均應由董事會決議行之，已明白劃分股東會與董事會之權限，故基於公司法新修正之規定及其修正理由，應以縮小股東會權限說為妥。

申15 **某股份有限公司，其發行之股份有優先股與普通股之分。優先股股東無表決權。某次召開股東會時，有股東提出臨時動議，要求股東會決議變更章程：㈠降低優先股分派股息之定率；㈡恢復優先股股東之表決權，使優先股股東一股有一表決權。其提案經股東會依公司法所規定之特別決議通過。問股東會決議之效力若何？變更章程之效力又若何？【78年司法官㈠】**

答：㈠ 股東會之召集程序及決議方法皆違反法令：

依公司法§172Ⅳ，Ⅴ之規定，股東會之通知公告應載明召集事由，又關於變更章程等事項，應在召集事由中列舉，不得以臨時動議提出。本題係對不得臨時動議之事項，未在召集事由中載明，係屬股東會之召集程序違背法令；又對召集事由未記載，且不得以臨時動議提出之議案為表決，亦屬股東會決議方法違背法令。依公司法§189之規定，股東會之召集程序或其決議方法違反法令或章程時，股東得自決議之日起三十日內訴請法院撤銷其決議。

㈡ 變更章程就「降低優先股分派股息之定率」部分是否生效應視該決議是否符合公司法§159Ⅰ之規定而定；而「恢復優先股股東之表決權」部分，應視該決議是否被撤銷而定：

1. 公司法§159Ⅰ規定，公司已發行特別股者，其章程之變更如有損害特別股股東之權利時，除應有代表已發行股份總數三分之二以上股東出席，以出席股東表決權過半數之決議為之者外，並應經特別股股東會之決議。本題降低優先股分派股息之定率，實係有損特別股股東之權利，故此部分變更章程是否生效，應視該變更章程之決議，是否經特別股股東會之同意而定。

2. 就恢復優先股股東之表決權部分，並不損害特別股股東之權利，自無庸經特別股股東會之決議，僅普通股股東會決議即可。惟本題其召集程序及決議方法存有瑕疵，因此其效力應視該決議是否被撤銷而定，於撤銷前，仍屬有效。

申16 **未辦理公開發行程序且採曆年制會計年度之A股份有限公司（以下稱「A公司」）於民國97年5月27日委由B快遞公司（以下稱「B公**

司」將開會日期定為同年6月15日之該年度股東常會召集通知書送交各記名股東（A公司未發行無記名股票）。該股東常會召集通知書載明召集事由為「一、上年度營業報告書及財務報表承認案；二、虧損撥補議案；三、補選二席董事議案；四、變更章程議案。」A公司於同年6月10日以發現該次股東會召集程序有瑕疵，若如期開會有遭股東訴請法院撤銷決議之虞為由，向公司法之主管機關經濟部申請核准延至同年7月20日召開該年度股東常會。請說明以上敘述中A公司所稱股東會召集程序瑕疵為何（僅有一項）？並說明主管機關是否應予核准？（20分）

答：(一)1.依公司法§172 I規定，股東常會之召集，應於二十日前通知各股東，對於持有無記名股票者，應於三十日前公告之。且依司法實務見解，該二十日期間之計算應依民法規定，始日不計入，是以開會日為始日不算入，以其前一日為起算日，逆算至期末日午前零時為期間之終止，同時股東會之召集通知係採發信主義。

本例A公司為未公開發行公司，欲於民國97年6月15日召開股東會，該日不算入，往前逆算二十日，應最遲於民國97年5月26日通知各記名股東，有關股東常會召集事由，但27日才寄交，A公司違反公司法§172 I規定，股東會召集程序有瑕疵，依公司法§189規定，A公司股東會之召集程序，違反法令時，A公司股東得自決議之日起三十日內，訴請法院撤銷其決議。

2.股東會通知書載明之召集事由，股東會得決議之

依公司法§230規定，股東會可決議承認上年度營業報告書、財務報表承認案及虧損撥補議案，另依公司法§198規定，股東會可選任董事，再依§277規定，變更章程案股東會得決議之，是以A公司股東常會召集通知書所載明之召集事由，A公司股東會均有權決議之，並無逾越股東會權限。

(二)主管機關不應予核准

1.公司法§172 I既已明定非公開發行公司股東常會之召集通知期間，A公司召開股東常會時，當遵守前述規定，今A公司之所以陷入股東會決議之困境，乃可能因A公司股東依公司法

§189規定訴請法院撤銷之危險，此係因其未遵守§172 I 規定之期前通知義務所致，此為可歸責於A公司，主管機關不應認定其屬正當事由，而核准其展延股東常會之召開，若主管機關不採取此一態度，則凡遇公司經營權爭奪之情事時，或不會及早面對股東監督時，公司即可能製造召集程序瑕疵，再利用報請主管機關核准展延開會，取得對己有利之戰術空間，使公司法規定之股東常會召開期限的立法原意破壞殆盡。

2.惟若A公司未得主管機關核准，仍執意展延至法定召開期限後開會，主管機關僅得依公司法§170Ⅲ規定，對代表公司之董事違反前項召開期限之規定者，處新臺幣一萬元以上五萬元以下罰鍰，實屬過輕，蓋因現任經營者可能取得龐大經濟上利益，以及造成證券交易所因A公司未能於法定期限前召開股東會，變更交易方法為全額交割，導致股東權益受損，再者可能使得原已徵求之委託書作廢，需重新徵求，亦將導致融券戶需作二次回補，故公司法應針對違反股東常會召集期限之罰則，加以檢討，以發揮嚇阻效果。

申17 依我國公司法之規定，何種事項須經股東會之特別決議？未達最低法定出席額之股東會所作的特別決議，其效力如何？對此我國最高法院之判決，迭有不同，究以何者為妥？試附理由以對。【82年律師，85年司法官(二)】

答：(一)須經股東會特別決議之事項，係指依公司法§174規定之事項，亦即本法對於應經股東會特別決議之事項，係採列舉規定，凡決議事項關係重大者，法律要求定足數及可決數占已發行股份總數比例較高之決議，而股東會對於本法所列之法定重要事項，均依法應以特別決議為之，所謂特別決議係指股東會之決議，應有代表已發行股份總數三分之二以上股東出席，以出席股東表決權過半數之同意行之。依公司法計有下列事項需股東會特別決議：

1.公司轉投資總額之不受限制（公司法§13 I ③）。——投

2.公司營業或財產之重大變更（公司法§185 I ）。——營

3.競業許可（公司法§209Ⅱ）。——競

4.股份股息之分派（公司法§240 I ）。——息

5.以公積撥充資本（公司法§241Ⅰ）。——公

6.變更章程（公司法§277Ⅱ、§159Ⅰ）。——章

7.公司解散（公司法§316）。——解

8.公司合併（公司法§316）。——合

9.公司分割（公司法§316）。——割

應經股東會特別決議事項常考，故宜簡化，以一個字代表一個項目，總共九個字，簡化如下：投營競息公，章解合割。本題只是例示，類似記憶題，讀者宜自行簡化整理備用。

(二) 未達法定最低出席定額之決議，其所作成之決議，應屬得撤銷之決議，抑或無效、不存在之決議？茲分析如下：

1.學者見解：

(1)得撤銷說：

對於未達法定最低出席定額之決議，不問其爲普通決議所要求之過半數，或特別決議所要求之特別多數，均屬程序之違法，即決議方法之違法，而非決議內容之違法，因此，屬得撤銷之原因，並非當然無效，故僅得於決議三十日內，由股東訴請法院撤銷之。

(2)決議不成立說：

應經特別決議之事項而以普通決議或假決議通過，或出席定額未達法定要求，即行開會，並爲決議者，應屬決議不成立，從而該決議自不生效。

2.我國最高法院判決，可分爲三說：

(1)得撤銷說：

認爲出席股東所代表之股份數未達法定最低出席數額所爲之決議，乃是股東會決議方法之違法（公司法§189），而非決議內容之違法，故股東得於決議日起三十日內，訴請法院撤銷之（63台上965判例、70台上594判決）。

(2)決議不成立（或不存在）說：

凡未經一定股份數之股東出席而作成之決議，乃爲決議不成立，自始即不生效力，無須再訴請法院撤銷（65台上1374判決、69台上2188判決）。蓋其認爲股東會之決議，如法律規

定必須有一定數額以上股份之股東出席時，此一定數額以上
股份之股東出席，即為法律行為成立之要件，缺此項要件，
尚非單純決議方法違法，而係決議不成立，自始不發生效
力。

(3)不得決議說：

認為股東會出席之股東股數不足時，不得決議（69台上1415
判決）。

3.結論：

綜合學界暨實務見解，應以決議不成立說較為可採，此亦學
者之多數說，蓋公司法對決議定足數係採法定主義，而非章
程主義，故定足數為強行規定，乃決議之成立要件，如採得撤
銷說，可能造成少數股東集會作成決議，而影響多數股東之利
益；且為避免召集權人舞弊，維護誠信原則，應認不分普通決
議、特別決議，出席人數未達法定標準者，均無決議能力，縱
為決議，亦屬不成立。

**申18 甲股份有限公司未經董事會決議，逕由其董事長乙召開股東臨時
會，是否違反召集程序？同時其董事長乙，估計公司盈餘，先行發
給各股東股息，擬俟營業年度終了，再行結帳，是否合法？試分別
依法論斷之。【77年律師】**

答：(一)本題董事長未經董事會決議所召開之股東臨時會，其召集程序違
法：

1.股東會乃由全體股東所組成之會議體，為股份有限公司法定必
備最高機關，包括股東常會與股東臨時會（公司法§170），
其除依法律規定得由少數股東自行召集或由監察人、重整人、
清算人召集外，應由「董事會」召集之（公司法§171）。而
董事行使職權乃以合議方式為之（公司法§202），董事長僅
董事會之主席，不得以一己之意代表董事會之意思決定，故公
司欲召開臨時股東會，應先經董事會決議作成意思決定，然後
以董事會名義召集，或得由董事長代表董事會行之（57台上
871判決）。

2.故董事長未經董事會決議，逕以自己名義召集股東臨時會者，

其召集程序即屬違反法令，股東自得依公司法§189規定，於決議之日起三十日內訴請法院撤銷其決議。

(二) 甲股份有限公司之董事長乙，估計盈餘先行分配股息，並非合法：

1.公司董事會應於每會計年度終了編製會計表冊（公司法§228），俾供結算盈虧之依據，且於結算後，須先完納稅捐、彌補歷年虧損並提列年度盈餘百分之十之法定盈餘公積（及特別盈餘公積）後，始得分派盈餘（公司法§232 I、§237），而且此項盈餘分派，應由董事會於年度終了向股東會提出議案（公司法§228 I ③），並以股東會決議行之（公司法§184 I）。除公開發行股票之公司，其股息、紅利之分派業經章程訂明定額或比率並授權董事會決議辦理，得經董事會之特別決議以發行新股方式分派（公司法§240IV）外，不得由董事會越俎代庖，侵犯股東會之專屬決議權。

2.本題甲公司董事長乙未俟會計年度終了結算造具會計表冊未彌補虧損，復未提列法定盈餘公積，更未經股東會之決議，即率先行發給股東股息，違反公司法§184 I 及§232 I 之規定，此項違法分派，公司之債權人得請求受領人退還，並得請求公司暨董事長乙連帶賠償其因此所受之損害（公司法§233、§23），此外董事長並應負公司法§231Ⅲ之刑責，若公司因此受損害者，並得追究該董事長之責任。

申19 甲有限公司因經營不善財務困難，乃將公司之營業設備及經營權賣給乙股份有限公司，以便結束其公司之業務。丙有限公司見此情狀，大為驚慌乃擬與丁股份有限公司合併，以資增強競爭能力。丙有限公司經全體股東之決議同意合併，丁股份有限公司經代表股份總數五分之四之股東出席，出席股東表決權三分之二之決議同意合併。丁股份有限公司之股東戊於股東會議中曾以書面反對合併且未參加合併案之表決。試附理由說明下列各題：

(一)甲有限公司將公司之營業設備及經營權賣給乙股份有限公司，是否屬於公司法上之合併？

(二)丙有限公司與丁股份有限公司之合併，是否有效？

(三)戊是否能要求丁股份有限公司,以公平價格,購買持有之股份?【83年司法官】

答:(一)甲公司之行為非屬公司法上之合併:

1.公司法上之合併,係指兩個以上之公司,在不辦理清算程序下,訂立契約,依公司法規定之程序相合或併入而形成一個公司之法律行為,合併之方式有吸收合併和新設合併兩種。

2.又因合併而消滅之公司,其股東當然加入新設或存續之公司,同時,其權利義務亦由合併存續或新設之公司概括承受,公司法§75訂有明文。

3.本題係甲有限公司將公司之營業設備及經營權賣給乙股份有限公司,雖生事實上合併之效果,但並非公司法上所稱之合併,僅屬公司法§185之公司營業財產重大行為變更,換言之,本題之情形僅屬民法上一般買賣契約,甲有限公司之法人人格並未消滅,其權利義務更不當然由乙公司概括承受。

(二)丙公司與丁公司之合併有效:

1.就公司合併之種類應否限制而言,我國公司法並無明文限制,學說見解亦有不同,惟依現行公司法之精神,在加強公司大眾化,並限制有限公司之成立,故有限公司與股份有限公司相互間之合併,其存續或新設公司,解釋上應以股份有限公司為限。

2.就公司合併之表決權數規定而言,有限公司部分,依公司法§113準用§72規定,有限公司得以全體股東之同意,與他公司合併。

申20 甲股份有限公司投資於乙有限公司,超過其實收股本百分之四十,問:

(一)甲公司之董事、監察人有何責任?

(二)甲公司得否以股東會之決議,解除其限制?【80年律師】

答:(一)依公司法§13規定,公司轉投資於他資合公司時,其投資總額,除以投資為專業或公司章程另有規定或經股東會決議者外,不得超過本公司實收股本百分之四十。因此本題甲股份有限公司轉投資額已超過實收資本額百分之四十,若甲股份有限公司非以投資

為專業，章程亦未訂定，或未經代表已發行股份總數三分之二以上股東出席，以出席股東表決權過半數同意之股東會決議同意，此項決定即屬違反法令之行為，依同條第5項，負責人應賠償公司因此所受之損害，茲就董事、監察人應負之責任分述如下：

1.董事之責任：

  (1)此時違反公司法§13Ⅰ之限制，依同條第5項公司之負責人，即甲公司之董事應賠償公司因此所受之損害。

  (2)另依同法§193，董事會執行業務，應依照法令章程及股東會決議，董事會之決議，違反前項規定，致公司受損害，參與決議之董事，對於公司負賠償之責，若因此對第三人造成損害時，應依公司法§23Ⅱ規定，與公司連帶負賠償之責。

2.監察人之責任：

  監察人為股份有限公司之監督機關，本題董事會之違法決議，監察人負有制止之義務，若監察人怠忽監察職務，致公司受有損害時，應依公司法§224規定對公司負賠償責任，若因而亦致第三人受有損害，因監察人於執行監察職務，亦為公司負責人，因此亦應依公司法§23Ⅱ與公司連帶負責。

(二) 甲公司股東會得以股東會之決議解除該限制：

  1.章程無較高規定時：

  依90年修正之公司法§13Ⅰ③規定，股份有限公司經代表已發行股份總數三分之二以上股東出席，以出席股東表決權過半數同意之決議，得不受投資總額不得逾實收股本百分之四十之限制；而公開發行股票之公司，並得以代表已發行股份總數過半數股東之出席，出席股東表決權三分之二以上之同意行之。

  2.章程有較高規定時：

  對於公司法§13Ⅰ③及Ⅱ出席股東股份總數及表決權數，章程有較高之規定者，從其規定（公司法§13Ⅲ）。

申21 最近發生多件疑似公司董事長私下挪用公司資產，致公司財務週轉發生困難情事，試列舉股份有限公司董事長依法應負民事賠償責任之情形。又公司董事長對他債務人所簽發之支票於支票背面載明「連帶保證人」，並由該董事長蓋公司印章，簽自己之名，則公司

董事長應否負責？試附理由論述之。【87年司法官】

答：(一) 董事長為公司董事，其與公司之關係為有償委任，茲就公司法之規定論述如下：

1.對公司之責任：

  (1)董事會因執行業務致公司受損害而須對公司負賠償責任，因董事會有無決議而有不同，分述如下：

  ①董事會有決議時：

    (A)董事長若依照董事會之決議具體執行業務，而董事會之決議卻違反法令章程及股東會之決議，致公司受損害時，董事長依公司法§193之規定，須對公司負有賠償責任。

    (B)董事長若不依照董事會之決議執行業務，致公司受有損害，即屬有抽象輕過失，並違反其對公司應踐行之忠實義務及注意義務，而應依公司法§23Ⅰ及民法§544之規定，對公司負賠償之責。

  ②董事會無決議時：

    董事長就董事會未為決議之事項，為業務之執行時，董事長自應以善良管理人之注意，依法令、章程及股東會之決議執行之，否則，亦屬有抽象之輕過失，應對公司所受損害負賠償責任（公司法§23Ⅰ、民法§544）。

  (2)逾越權限而為執行之情形：

    董事長就關於公司營業上一切業務，有辦理之權（公司法§208Ⅱ準用公司法§57），換言之，若非屬公司營業上之業務事項，董事長即無代表之權，否則即屬逾越權限之行為，若致公司受有損害，應依公司法§23Ⅰ及民法§544規定，對公司負賠償之責。

  (3)公司法明定應對公司負賠償責任之情形：

    ①為他公司之無限責任股東或合夥事業之合夥人者，公司負責人應對公司負賠償責任（公司法§13）。

    ②公司為他公司有限責任股東時，未經股東會特別決議，通過轉投資超過公司實收股本百分之四十者，公司負責人對

公司負賠償責任（公司法§13）。

③公司經營登記範圍以外之業務或將公司資金貸與股東或其他個人者，公司負責人應對公司負賠償責任（公司法§15）。

④公司違法為保證人者，公司負責人應自負保證責任，如公司受有損害時，亦應負賠償責任（公司法§16）。

⑤公司申請發行公司債經核准，發現申請事項有違法或虛偽情形者，主管機關得撤銷核准，公司負責人應對公司負連帶賠償責任（公司法§251）。

2.對第三人之賠償責任：

公司法§23Ⅱ規定：「公司負責人對於公司業務之執行，如有違反法令致他人受有損害時，對他人應與公司負連帶賠償之責。」故董事長執行業務致第三人受有損害時，應對其負賠償責任。

(二) 1.股份有限公司董事長對他債務人所簽發之支票，於背面載明「連帶保證人」，並由該董事長蓋公司印章，簽自己之名，應係以公司名義為支票之連帶保證人，惟支票並無保證制度，又公司除依其他法律或公司章程規定得為保證外，不得為任何保證人，公司法§16定有明文，本題，董事長是否應負責，學理有不同見解：

(1)甲說：

依公司法§16規定，公司原則上不得為任何保證人，否則應自負保證責任，故本題，除非該公司之章程別有規定，否則該公司董事長應自負保證責任；惟支票並無保證，於支票上加寫「連帶保證」之背書，僅生背書效力（票據法§12），故該公司董事長應自負票據背書之責。

(2)乙說：

於支票上背書，不涉及保證問題，以公司名義在支票上背書，自屬合法，而支票既無保證之規定，則於支票上加寫「連帶保證人」之背書，僅生背書之效力，即應由公司負背書責任，董事長無須負責。

2.結論：

本題所問依甲說，公司董事長應自負背書責任，惟學者及實務見解則採乙說，換言之，公司董事長以公司名義爲支票之連帶保證人，僅生支票背書之效力，而支票背書不涉及保證問題，故公司應負背書責任，公司董事長則無須負責。

申22 股份有限公司之董事會決議經營公司登記範圍以外之業務，其決議是否無效？董事會執行該決議致公司受損害時應負何責任？何人有停止董事會執行行爲之權？六十九年公司法修正時，對此有何新增規定？此種行爲停止請求權之立法例創始於何國？【71年司法官】

答：(一)董事會決議經營公司登記範圍外業務之效力：

1.公司法§193Ⅰ規定，董事會執行業務，應依照法令、章程及股東會之決議。而公司法§15規定，公司不得經營登記範圍以外之業務，即爲決議內容違反法令，然董事會決議有瑕疵，未如股東會決議瑕疵設有明文規定（公司法§189、§191），故董事會之決議，無論係程序上之瑕疵或內容之瑕疵，依少數說認爲，均屬無效。

2.惟另依經濟部80年6月12日商字第214490號函：「查撤銷董事會決議之訴，係形成之訴，以法律有明文規定者爲限。公司法對董事會之召集程序或其決議方法違反法令或章程時，並無規定準用§189規定得訴請法院撤銷，自難作同一解釋。」故依學者通說及實務認董事會召集程序或決議方法違反法令或章程時，其決議應不生效力。

(二)董事會執行該決議之責任：

董事會決議違反法令時，依公司法§193Ⅱ之規定，若因此致公司受有損害時，除表示異議之董事，有紀錄或書面聲明可證者外，參與決議之董事均須對公司負損害賠償責任。而此處參與決議之董事，學者有謂其屬公司之負責人，因此依公司法§15Ⅲ之規定，公司負責人違反「經營登記範圍以外之業務」時，各科新台幣十五萬元以下罰金，並賠償公司因此所受之損害。

(三)董事會違法行爲之制止請求權：

1.股東之制止請求權：

公司法§194規定，董事會決議為公司登記業務範圍外之行為時，繼續一年以上持有股份之股東得請求董事會停止其行為。我國公司法於民國55年修正時，為強化個別股東權，防範於先，以保障公司之利益，乃仿日本商法立法例，增設股東之停止請求權。

2.監察人之制止請求權：

公司法§218-2規定，係民國69年修正公司法時新增條文，立法原意，旨在強化監察人權限，加強其職責，而減輕公司損失。

3.此種制止請求權，係公司法仿日商法，採用美國法阻卻命令制度而新設之制度。按依美國法，公司業務之執行歸諸董事及高級職員，不許股東加以干涉，而停止請求權乃對公司業務執行之一種干涉。美國法之所以認許股東得請求頒付阻卻命令狀，實源於其認為公司與股東間係一契約關係，因此，公司之能力及資產自不得移用於其他目的，由於股東與公司間有此項默示契約存在，故當公司之能力及資產移用於其他目的時，即違反信託，而股東即得行使此項制止請求權。

申23 A股份有限公司（以下簡稱「A公司」）之股東會作成決議，要求全體董事應於公司向銀行貸款時擔任連帶保證人。其後，A公司向銀行貸款，董事甲卻拒絕擔任連帶保證人。A公司乃召開股東臨時會，以甲董事不服從股東會決議為由，提出解任甲董事之議案。試問：

(一)甲就該解任議案得否以股東身份參與表決？（十分）

(二)若該解任案經股東會決議通過，甲可否主張其被解任後未能領取之董事車馬費及年終可分派盈餘下提撥之董事酬勞之損害，請求A公司賠償？（十五分）（90司）

答：(一)公司法§178規定：「股東對於會議之事項，有自身利害關係致有害於公司利益之虞時，不得加入表決，並不得代理他股東行使其表決權。」惟於此種情形下，甲就該解任議案，得否以股東身份參與表決，學說上有不同見解，說明如下：

1.否定說：此說認甲不得以股東身份參與表決：

(1)§199未如§198有排除之明文：

解任董事既為股東會得表決之事項，此事項對被解任之董事而言，自屬有自身利害關係，惟§199並未如§198Ⅱ訂有排除之明文，因此甲仍須迴避，不得以股東身份參與表決。

(2)避免§199之功能無法發揮：

因甲為董事，通常情況下，甲自身即擁有多數股權，若甲無須迴避，則其自得於股東會上為反對之表示，解任之決議將無法達成，§199之功能即無法發揮。

2.肯定說：此說認甲得以股東身份參與表決：

(1)若甲應迴避，則可能造成持股比例越大之股東，對其職位之防禦能力相對薄弱之不合理現象。

(2)現行法可解釋為：雖「有自身利害關係」，但無「有害於公司利益之虞」，而無§178之適用。

(二) 甲可否主張其被解任後，未能領取之董事車馬費，及在年終可分派盈餘下提撥之董事酬勞之損害，請求A公司賠償，說明如下：

1.甲所得請求損害賠償之前提，為股東會無正當理由，於任期屆滿前將其解任，而所謂「正當理由」是以董事是否違反其委任義務及是否顯不適任而定，就本題而言，要求董事於向銀行貸款時擔任連帶保證人，尚難謂董事基於委任契約應負之義務，故股東會以此為由而解任甲，屬無正當理由，因此甲得向A主張損害賠償。

2.其所得請求損害賠償之範圍：分別就車馬費及在年終可分派盈餘下提撥之董事酬勞說明之：

(1)車馬費：應依實質認定，若是按月給付，相當於固定薪資之性質，則屬報酬之一部分，得主張公司賠償，若為實報實銷之交通費性質，則不在賠償之列。

(2)董事酬勞：此部分因有盈餘可供分派下，公司才給付，故於性質上屬「成功報酬」，與一般之勞務報酬有別，不在得請求之列。

申24 試依公司法規定、實務見解及法理，扼要回答下列問題：（25分）

(一)股份有限公司股東會及董事會之權限如何劃分？

(二)A股份有限公司董事會決議通過委任X為總經理，但董事長甲堅

持抵制，使X無法順利到任，問公司及股東會得如何追究甲之責任？股東又得如何主張其權利？

(三)又A公司依法設置常務董事會，其章程載明得設立分公司，該常務董事會決議新設分公司，並將該案送董事會核備，但董事會卻決議不予備查，問該常務董事會決議之效力為何？（93律）

答：(一)股份有限公司股東會及董事會之權限應如何劃分：

1.九十年修正前

§202原規定：「公司業務之執行，除本法或章程規定應由股東會決議之事項外，均『得』由董事會決議行之。」故學說通說及實務見解認為，依修法前之規定，股東會為萬能機關，得議決所有之議案。

2.九十年修正後

為落實「企業經營與企業所有分離原則」，修正§202之規定為：「公司業務之執行，除本法或章程規定應由股東會決議之事項外，均『應』由董事會決議行之。」，以擴大董事會之職權，並明確劃分董事會及股東會之權限，故除依法或章程應由股東會決議之事項外，其餘均屬董事會之專屬職權（參經濟部91.9.18經商字第09102206950號函），若股東會對此而為決議，並無拘束董事會之效力，董事會議無遵循之義務。

(二)如何追究甲之責任：

1.股東會得決議向董事長提訴，請求損害賠償

(1)董事會是股份有限公司執行業務之必備、常設之議事機關，其設置目的在藉由集會之方式以集思廣益，為公司追求最大利益。因此，董事會之職權行使須以會議之方式為之，任何單一董事本身並無決策權。惟董事會既有決策權，自得於法令限制範圍內，經決策後交由特定董事執行，而執行董事亦應依董事會之決議行事。

(2)本例中，董事會既已決議委任X為總經理，董事長甲自應遵循該決議，若董事長違反該決議而致公司受有損害，公司得經股東會決議對該董事長請求損害賠償（§23Ⅰ，§212）。

2.股東得代公司對董事長請求損害賠償，並得制止董事長之行為。

(1)若股東會未決議對董事起訴，依§214之規定，繼續一年以上持有公司已發行股份百分之三以上之股東，得以書面請求監察人為公司對董事提起訴訟，若監察人於受請求之日起三十日內不提起訴訟，該股東得為公司提起訴訟。

(2)另依§194規定，董事會為違反法令或章程之行為時，繼續一年以上持有股份之股東，得請求董事會停止其行為。此為學說上所稱之「制止請求權」。該條雖所規範之對象雖為董事會及董事會之決議，惟學說通說及實務見解（參最高法院80年台上字第1127號判決）認為，縱董事自為違反法令或章程之行為時，股東亦得制止其行為。

(三) 常務董事會決議之效力：

1.常務董事會之職權

(1)常務董事會為股份有限公司之任意、常設之業務執行機關，依§208Ⅳ規定，常務董事會於董事會休會時，依法令、章程、股東會決議及董事會決議，以集會方式經常行使董事會之職權。

(2)惟若單純依集會期間劃分董事會與常務董事會之權限，顯然有架空董事會權能之疑慮，故實務見解認為，公司法明定專屬「董事會」決議之事項，不論係普通決議或特別決議，均不得由常務董事會決議（參經濟部86.12.26商86224536號）。

2.常務董事會之決議，若董事會決議不予備查，應不生效力。

(1)有關分公司之設立，依§130Ⅰ①之規定，為章程之相對必要記載事項，又A公司章程既已載明得設分公司，依§202之規定，該分公司之設立應由董事會決議行之。

(2)惟若認§202亦屬董事會之專屬職權，依上述實務見解而不得由常務董事會決議行之，將使得常務董事會完全喪失業務決定權之可能性，故應認為§202之概括權限規定，仍得由常務董事會決議行之。

(3)又公司設置常務董事會，並不表示董事會將所有決策權限完全移轉予常務董事會，若涉及重大事項時，依學說及實務見解認為，常務董事會之決議應不具終局效力，基於授權行使之本質，必須取得董事會之追認，始具完全之正當性。故本題若董事會對於常務董事會之決議不予備查者，該決議不生效力。

申25　股份有限公司之減資是否須於公司章程所定股份總數全數發行完畢後始得為之？股份有限公司之減資，依照公司法之規定，應踐行如何之程序？又違反公司法規定之程序所為減資，應生如何之法律效果？試按實質上之減資與形式上之減資之不同，分別申述之。【78年司法官(二)】

答：(一)股份有限公司減資，不限於章程所定股份總數全數發行完畢始得為之：

1.我國現行公司法採授權資本制，公司章程所定股份總數可分次發行，故除章程所定股份總數已全數發行完畢者之減資外，尚可依法定程序減資。

2.因減資係指減少已發行的資本數額（即已發行股份乘每股金額），只要公司有調整財務結構之必要，即得為之，不以股份總數全數發行完畢為必要；此與增資須於規定之股份總數全數發行後始得為之者不同。

3.減資原因如下：

(1)實質上減資：
即公司將過剩資本返還予股東，而減少資本，其結果，公司積極財產將隨之減少。

(2)形式上減資：
即公司虧損過鉅，致股東無法獲得盈餘分派，或可能遭致不利處分，乃減少資本，使公司資本總額與現有資產淨額相一致之謂，此僅為計算上的減資，而無實際資金的返還。

(二)減資應踐行之程序：

1.先由董事會擬具減資方案，然後召集股東會向股東會提出減資之議案（公司法§202）。

2. 須經股東會普通決議通過（公司法§168Ⅰ、§174），如有變更章程之必要，並應經股東會特別決議通過（公司法§277）。

3. 需履踐保護公司債權人之手續（公司法§281、§73）。

   (1)決議減資時，應即編造資產負債表及財產目錄。

   (2)應即向各債權人分別通知及公告，並指定三十日以上之期限，聲明債權人得於期限內提出異議。

4. 減資之實行（公司法§168Ⅰ）。

   (1)減少股份金額：

     ①形式上減資，即註銷：僅通知或公告股東為已足。

     ②實質上減資，即發還：應通知或公告股東，並為現實之支付。

   (2)減少股份總數：

     ①銷除（公司法§168）：

       (A)任意銷除：

         基於股東與公司間之契約，由公司取得股份後銷除。

       (B)強制銷除：

         即指定期限，通知或公告各股東，於期限內提出股票，由公司銷除。期限屆滿未提出者，亦生股份銷除之效力。

     ②股份合併（公司法§280、§279Ⅱ）。

5. 申請為減資之登記章程因而變更。

6. 換發新股票（公司法§279、§280）。

(三) 違法減資之法律效果：

  1.未經股東會決議：

   因其為減資之效力要件，違反之減資不生效力。

  2.未踐行保護債權人之程序者：

   (1)公司及股東之責任：

     公司若未通知、公告債權人，或對於指定期限內提出異議之債權人不為清償，則不得以其減資對抗債權人（公司法§74Ⅰ）。

依情形債權人得主張之權利如下：

①實質減資之情形：

可以不當得利爲由，請求股東將退還之資本返還予公司，而後據以聲請強制執行。

②形式減資之情形：

公司有盈餘時，不能即爲分派，必先彌補所減少之資本後，始能爲股息紅利之分派；否則該債權人得按違法分派盈餘之規定主張權利（公司法§232、§233），即得請求股東返還受分派盈餘，並得請求公司賠償所受之損害。

(2)公司負責人之責任：

應依公司法§23Ⅱ規定，對債權人與公司負侵權行爲之連帶損害賠償責任。

3.未爲減資登記：

依公司法§12，減資仍有效，僅不得以其減資對抗第三人。

申26 A股份有限公司（以下簡稱A公司）為經營金融業務之機構，B投資公司持有A公司23.1%之股份，A公司章程明訂設有5席董事，其中B公司指派甲、乙、丙為代表人當選A公司董事，並以甲當選董事長；另丁與戊為各自持有A公司股份4%之自然人股東，亦分別當選為A公司董事，依金融法規及A公司章程皆明定，A公司與關係人為不動產交易應經三分之二以上董事之出席及出席董四分之三以上同意，A公司董事會決議B投資公司購買辦公室一筆價值新臺幣5,000萬元。試請說明下列問題：

(一)董事會決議時5位董事皆出席，但丁反對並以書面載明紀錄外，其餘皆同意，該項董事會決議是否有效？（10分）

(二)甲董事長僅通知乙、丙，未通知丁與戊，經3位董事同意決議後，甲董事長代表公司逕行辦理購買辦公室之事宜與過戶，該過戶之法律效力如何，A公司應如何主張權利？（10分）（99律）

答：(一)甲、乙、丙三人具有利害關係，不得參與董事會表決

本案中A公司董事會決議是否有效，須視決議時定足數及多數決是否符合金融法規及A公司章程規定，合先敘明。

1.定足數

  (1)依金融法規及A公司章程規定，A公司與關係人為不動產交易，應經三分之二以上董事之出席，出席董事四分之三以上同意。

  (2)本案中，A公司董事會決議向B公司購買辦公室，應經三分之二以上董事之出席，A公司董事會為決議時，5位董事皆已出席，符合定足數門檻。

2.多數決

  (1)按公司法§206Ⅱ準用§178規定，董事在特定議案，有自身利害關係，致有害於公司利益之虞時，不得加入表決，亦不得代理他股東行使表決權。

  (2)本案中，甲、乙、丙三人為B公司所指派之法人董事，而A公司欲向B公司購買辦公室，是否具有自身利害關係，而須迴避表決，容有爭議。早期實務見解認為法人股東之代表人當選為董事時，該代表人即有知悉公司營業秘密之機會，又因其與法人股東間有委任關係，依民法§540規定，受任人應將委任事務進行之狀況報告委任人（法人股東），則法人股東亦有知悉公司營業秘密之機會，是以，法人股東之代表於董事會行使董事職權時，就其代表人之法人股東與公司締結買賣契約等相關議案，應以「有自身利害關係致有害於公司利益之虞」，依公司法§206Ⅱ準用§178規定，不得加入表決。

  (3)然最新實務認為，法人股東與法人董事間委任關係存否，與判斷是否有公司法§178「有自身利害關係致有害於公司利益之虞」，係屬二事，是否存有利害衝突，仍應依事實個案認定，如有爭議，允屬司法機關認事用法範疇。

  (4)綜上所述，本案中，甲、乙、丙三人雖與B公司具有委任關係，但是否有自身利害關係致有害於公司利益之虞，仍應依事實個案認定。管見以為本案中交易金額已達5000萬元，且B公司持有A公司23.1%之股份又掌握三席董事，可能犧牲A公司本身之利益而成全B公司利益，故甲、乙、丙三人在行

使表決權時，應予迴避不得加入表決，不算入多數決。因此，本案中，僅丁、戊兩人可參與表決，然丁又已反對並經書面記錄，故未達出席董事四分之三以上之同意，其董事會決議無效。

(二) 1.按公司法§204規定，董事會之召集，應載明事由，於七日前通知各董事及監察人，但有緊急情事時，得隨時召集之，若未依法通知效力為何，實務上容有爭議：

(1)實務上有認為公司法§204乃屬訓示規定，而非強制或禁止規定，故雖未通知其他董事，董事會決議仍有效。

(2)但最高法院認為，董事會召集之相關程序及決議方法之規定，其目的即在使公司全體董事能經由參與會議集思廣益，以正確議決公司業務執行之事項，董事會除有緊急情事時，得隨時召集以外，董事會之召集，應載明事由，於七日前通知各董事及監察人，董事會如未依公司法§204規定於開會前七日通知各董事，所為決議無效。

2.甲董事長未經董事會合法決議，逕行代表A公司向B公司購買辦公室，其效力為何，容有爭議。

(1)實務見解有認為公司目前商場交易習慣，鮮有於交易時，先索閱相對人公司章程者，且董事長代表公司為買賣行為時，相對人恆信賴其有代表權，如相對人於受讓時係屬善意，公司尚不得以其無效對抗該善意之相對人，以策交易安全。

(2)然通說見解認為，董事長雖有代表公司之權，惟董事長對非屬公司營業上之事項無代表之權，其因此對外所為法律行為屬無權代理，不論第三人是否善意，非經公司承認，不能對公司發生效力。

(3)然管見以為，本案中涉及交易金額龐大，為避免損及A公司利益，保護股東之權益，A公司可主張甲董事長未經合法董事會決議，對外所為之交易行為屬無權代理，非經A公司承認，不能對A公司發生效力。

申27 A為股份有限公司，甲為擁有過半數股權之大股東。A公司董事會共有9席董事，由甲擔任董事長，乙擔任副董事長，並由乙督導日常

業務之執行。最近A公司營運狀況惡化，甲客觀評估後認為原因有二，其一為乙之領導能力不足，其二為董事們專業不足，且執行職務不夠認真。甲乃研擬推動下列整頓方案，假設你為A公司及甲之法律顧問，請依法律有關規定以及法理（包括解釋與判決），說明各方案之適法性：

(一)先說明所有董事，擬通過董事會決議，解除乙之副董事長職務。（8分）

(二)本屆董事任期均為3年，就任至今已逾1年，擬依法提案並列入議事手冊，於半年內將召開之股東常會中，決議提前改選全體董事，除甲連任外，其餘董事均不續任。（8分）

(三)不續任董事之酬勞，擬依照原委任契約所訂月薪結算，支付至股東會改選之日起，不提供任何賠償。（9分）（99司）

答：(一)A公司透過董事會特別決議解任乙副董事長職務：

　　1.按公司法§208之規定，董事會未設常務董事者，須經由董事會特別決議之方式，互選一人為董事長，並得以同一方式互選一人為副董事長，然就解任副董事長方式，公司法並未有明文規定。

　　2.實務見解認為副董事長解任方式，公司法並無明文，若非章程另有規定，自仍以由原選任之常務董事會或董事會決議為之較為合理。至於常務董事會或董事會決議解任之出席人數及決議方法，可依公司法§208Ⅰ規定之出席人數及決議方法行之，此外，副董事長仍得因股東會決議解除其董事職務而當然去職。

(二)A公司可透過公司法§199-1改選全體董事，但須以股東會特別決議為之：

按公司法§199-1規定，股東會於董事任期未屆滿前，經決議改選全體董事者，如未決議董事於任期屆滿始為解任，視為提前解任，惟本條提前解任性質為何，公司法§199-1與公司法§199之關係如何？茲依實務及學說說明如下：

1.最高法院見解

「視為提前解任」其解任性質應屬法律所定當然解任之一種，

而非決議解任，改選全體董監事與解任董監事之意涵有所不同，無須於改選前先經特別決議解任全體董事、監察人，僅須以選任全體董事、監察人之方式選任之，即僅須代表已發行股份總數過半數之出席，並依198條累積投票方式解任之。

2.高等法院見解

§199-1規定依文義解釋，應經特別決議者，並未限於提前解任個別董事之情形，提前解任全體董事亦包含於該條文義內；又從論理解釋，提前解任全體董事較提前解任個別董事，顯然對公司運作有更重大影響，舉輕以明重，於提前解任全體董事，自應經特別決議程序；再從體系解釋，§199-1係接於提前解任董事應經特別決議之§199之後為規定，顯然199-1之立法重點，非僅解決董事之任期問題，而是強調提前改選，應經較慎重之特別決議程序。

3.學說見解

(1)有學者認為，視為提前解任之前提，必以股東會決議改選全體董事為前提，其性質上應解為法律所擬制之決議解任，又改選全體董事之決議，因未明定應以特別決議為之，固應解為以普通決議即可。

(2)然在現行法允許以章程排除累積投票制之適用，而得以普通決議選任董事之前提下，公司將可透過199-1提前解任之規定，以股東會「普通決議」改選全體董事，而迴避§199須經股東會「特別決議」始能解任董事規定之適用，則§199-1的增訂將不具備必要性及妥當性。

(3)同時從法條文義，似可隨時適用199-1改選全體董事，然從修法過程判斷，本條原擬處理之狀況，應是各屆股東會中難免存有之數日乃至數月差距而生之困擾，尚若任期尚有一定時間以上，卻仍可透過股東會普通決議方式改選全體董事，則與當初立法意旨不符。

(4)因此有建議，應兼顧董事對於任期具有期待權之保護，依是否屬於董事任期即將屆滿之全面改選，而為區分立法，若董事任期即將屆滿而進行全面改選董事時，本可直接依§198

累積投票制或股東會普通決議進行選舉，配合§199-1規定視為提前解任，可縮短原任董事之任期，而使新舊任董事之任期得以順利銜接；反之，若董事之任期並非即將屆滿而進行全面改選董事，則應適用§199股東會特別決議方式，較為公允

4.小結

本案中，A公司董事就任只逾一年半，尚有將近一年半任期，若A公司欲依公司法§199-1解任，除須改選全體董事外，並應考量董事任期期待權之保障，而適用§199股東會特別決議方式為妥適。

申28 甲公司股東常會中出席股東代表之股份，僅為已發行股份總額三分之一，會中討論乙董事之競業許可案，並經出席股東表決權過半數之同意，試問：

(一)該許可決議之效力如何？（15分）

(二)甲公司對乙董事是否得有所請求？（10分）

答：(一)該許可決議之效力如何？實務上先後有不同見解，分別說明如下：

1.得撤銷說：

「召開股東會為決議時，出席之股東，不足代表已發行股份總數之三分之二以上，……，為股東會之決議方法違法。」（63台上965例、70台上594決），故為得撤銷。

2.區分說：

依69年台上1415決：「若股東會出席之股東，不足代表已發行總數之過半數時，則依公司法§175 I規定，根本已不得為決議，而只得為假決議，此際，倘竟為所謂『決議』，除能否視為假決議，係另一問題外，要無成為決議之餘地，從而，上開判例（63台上965例）僅能適用於出席股東已達代表已發行股份總數過半數之股東會決議甚明。至於表決權數不足法律之規定者，則不分普通決議或特別決議，均為決議方法之違法，應依公司法第189條訴請法院撤銷。」此見解認為，63年台上第965號判例僅能適用於特別決議之情形，因此，若為普通決

議之事項，應屬決議不成立。

3.惟管見以為，未達法定最低出席數而為決議之情形，是決議根本不成立之問題，不因為普通決議或特別決議而有別，理由如下：

(1)若採得撤銷說，將使有權召集股東會之人為所欲為，可事先不通知開會，事後又不通知開會內容，達排斥異己之目的。

(2)區分說欠缺如何為區分之法理依據。

(3)實則股東會之決議屬法律行為，其最低出席數之要求乃其成立要件，未達此要件，是決議根本不成立之問題，亦不因為普通決議或特別決議而有別。

(4)實務上最高法院65年台上字第1374號判決認為「……一定數額以上股份之股東出席，即為該法律行為成立之要件。股東會決議欠缺此要件，應認為決議不成立，……」

(二) 該禁業許可之決議案既然不成立，若乙董事已為禁業之行為，則甲公司得依公司法209Ｖ之規定，對乙行使歸入權。

申29 A股份有限公司（下稱A公司）原係一家專業晶圓代工公司，甲為A公司董事長。甲以替代能源前途無量，為使A公司能早日從事太陽能電池製造為由，甲一人擅自決定將A公司所擁有之晶圓廠房及機器設備，以新台幣50億元賣予B股份有限公司（下稱B公司）。事實上，前述晶圓廠房及機器設備，約占A公司總資產之百分之九十，遭甲出售後，A公司營業幾乎全無，僅剩些許晶圓原料代理業務。此外，經查前述買賣之交易價格其實遠低於市場行情，B公司董事長乙並依甲、乙之私下約定，支付甲3億元之不法回扣。事件爆發後，甲去職，丙接任A公司董事長。請依公司法相關規定回答下列問題：（25分）

(一)A公司之新任董事長丙，主張前述出售晶圓廠房及機器設備之行為，對A公司不生效力，試問其法律依據為何？

(二)股東丁等人，對前述董事長甲收取回扣3億元之行為，決定請求民事賠償。試問依法，丁等人得否請求對自己賠償或對公司賠償？（請依公司法相關規定說明其法律依據）（97司）

答：(一)董事長丙得依公司法§185之規定，主張甲代表A公司出售廠房

與設備之行為，對A公司不生效力。

1. 依公司法§185 I ②之規定，讓與公司全部或主要部分之營業或財產，應經股東會之特別決議後，始得為之。條文中所謂「主要部分之營業或財產」，有不同解釋：

   (1)甲說：指因該部分之營業或財產的轉讓，足以影響公司所營事業不能成就者。（最高院81年台上字第2696號判決）

   (2)乙說：主要部分之財產，應指股東會依公司法§20承認之「主要財產目錄」而定。（最高院87年台上字第1998號判決）

   (3)丙說：應採美國法上「質與量分析」之認定基準，除考量交易財產之數量、價值外，尚應就該筆交易結果對公司營運性質方面的影響，綜合判斷，通說採此。

2. 依題目所示，甲代表A公司出售之廠房與設備占A公司總資產百分之九十，且導致A公司營業幾乎全無，僅剩些許原料代理之業務；故不論採用何說，在本題適用之情形並無不同，A公司為該筆財產出售之行為，必然已達到公司法§185 I ②之「主要部分」的程度；故依該條文規定，本題A公司為該交易行為，須經A公司股東會之特別決議後，始得為之。

3. 小結：未經A公司股東會之決議，即一人擅自決定出售A公司之主要部分財產，該買賣契約對A公司不生效力。

(二) 股東丁等人得依公司法§214之規定，向甲起訴，請求甲對A公司為賠償。

1. 甲對A公司應負損害賠償責任：

   本題原董事長甲本為A公司之負責人，甲出售A公司財產，交易價格遠低於市價行情，且收取不法回扣；其行為顯有違反忠實義務與善良管理人之注意義務，故對於A公司之損害，甲應負損害賠償責任。

2. 股東丁等人，得依下列方式追究甲之責任：

   (1)請求監察人代表A公司對甲提起訴訟：

      依公司法§214 I 規定，繼續一年以上，持有已發行股份總數百分之三以上之股東，得以書面請求監察人為公司對董事

提起訴訟。

(2)股東丁等人，亦得為A公司對甲提起訴訟：

依公司法§214Ⅱ前段規定，少數股東依第1項為請求後，監察人三十日內不提起訴訟時，為請求之少數股東，得為公司提起訴訟，本項規定，一般稱之為「少數股東之代表訴訟」。

申30 請依現行公司法規定，回答下列問題：

(一)A公司於股東會選任未持有該公司股份之B公司為監察人，是否可行？（10分）

(二)甲持有A公司已發行股份總數百分之五股份，於股東會前，以A公司乙董事執行業務有違反法令之行為為由，請求A公司董事會將解任乙董事列為股東會議案，但該請求未為A公司董事會所採，甲得否於股東會後三十日內訴請法院解任乙董事？（15分）（92司）

答：(一)A公司股東會不得選任未持有該公司股份之B公司為監察人

1.就公司法§210之規定而言：

公司法（以下同）於九十年修正時，為發揮監察人監督之功能，並強化監察人之獨立性與專業性，並基於「企業經營與企業所有分離原則」，刪除監察人須具股東身份之要件，因此若就§216之文義觀之，公司監察人無須具有公司股東之身分，B公司似得當選為A公司之監察人。

2.惟就法人董、監事之弊端而言：

惟就法人擔任董事及監察人之情形，在§27之規定下，不僅違反股東平等原則，且往往成為逃避董監責任之工具，嚴重違反公司之內部監控設計，因此，若新法修正後，不問法人是否具有股東身份，皆得擔任公司監察人，則不啻更行擴大法人監察人之惡用。

3.因此，為避免擴大法人董事之惡用，學說上主張，可由§27之文義中，以「明示其一，排除其他」之解釋方法，使法人僅於「為股東時」，始得當選為董事或監察人。亦即§27為§192及§216之特別規定，經濟部之見解亦同，認為未具有

股東身分者，以有行爲能力之自然人爲限，始得被選任爲董事或監察人（參經濟部九十一年二月五日經商字第〇九一〇二〇二二二九〇號函）。

(二) 甲得否於股東會後三十日內訴請法院解任乙董事，分析如下：

1. 公司法§200規定，「董事執行業務，有重大損害公司之行爲或違反法令或章程之重大事項，股東會未爲決議將其解任時，得由持有已發行股份總數百分之三以上股份之股東，於股東會後三十日內，訴請法院裁判之。」此爲所謂「裁判解任」之規定，其立法意旨在於使股東有機會透過司法審查，矯正實質上不當之股東會決議。

2. 本例中，甲得否於股東會後三十日內訴請法院解任乙董事，須視甲是否曾於股東會中以臨時動議之方式提出解任乙董事之議案而定：

(1)單就法條文意而言，「股東會未爲決議將其解任」似乎可解釋成包括「股東會未曾討論該議案」，以及「於股東會曾提出解任董事之議案，而該議案卻未能依§199之規定做成決議」二種情形，惟實際上應僅指後者之情形，理由有二：

①就本規定之立法意旨而言：

本規定之立法意旨既如上述，因此，就該要件之解釋，應係指「於股東會曾提出解任董事之議案，而該議案卻未能依§199之規定做成決議」，始爲合理。換言之，須股東會先曾爲決議後，該決議於實質上欠缺正當性時（董事執行業務，有重大損害公司之行爲或違反法令或章程之重大事項，股東會卻未能決議將其解任），法院始有介入私法關係之必要。

②就規範之實益性而言：

若本要件係指前者之情形，等於是只要符合持股要求者，即可提起該訴訟，此時即無特別規定該要件之必要。

(2)又如題所示，甲曾請求A公司董事會將解任乙董事列爲股東會議案，因該請求未爲A公司董事會所採，依現行實務見解，甲仍得以臨時動議之方式提出該議案，若甲未於會中提

出該議案，即不符合起訴之要件。

(3)若甲曾於會中以臨時動議提出該議案而未通過，且符合本法之少數股東權之要求，甲即得提起訴訟，即只要持有已發行股份總數百分之三以上即可，不限於有表決權股份，但有學者認為須持有有表決權股份百分之三以上始可，亦值重視。

(三) 應視A公司提前改選全體董監事有無正當理由，來決定董事可否向公司請求損害賠償：

按公司法§199規定，董事於任期中無正當理由將其解任時，董事得向公司請求賠償因此所受之損害，本案中視為提前解任之董事，除原委任契約所訂月薪外，得否向公司請求損害賠償即有疑義：

1.不可請求損害賠償

解任之性質為法律上之當然解任，不僅無公司法§199請求損害賠償規定之適用，亦非民法§549所規定之任意終止。

2.可依民法委任規定，請求損害賠償

最高法院認為，股東會於董事任期未屆滿前，任意決議改選全體董事、監察人，經視為提前解任之董事、監察人尚非不得依民法委任規定，請求損害賠償，有學者認為最高法院見解，可防堵公司法199-1遭到濫用。

3.可依公司法§199請求損害賠償

(1)有學者認為公司法§199-1之增訂，迴避了199條解任董事負賠償責任之適用，其增訂不具備必要性及妥當性，且若不問期前改選之理由為何，一律以199-1規定為據，而視為有正當理由的解任，對於原任董事期待權之保護，實有欠缺。

(2)高等法院認為，全體改選即意函先有一全體解任之行為，提早解任之董事可依公司法§199主張損害賠償。

(3)有學者進一步表示，視為提前解任之性質屬決議解任，可否請求損害賠償，應視具體個案而定，若係於董事任期即將屆滿，而進行全面改選，應可解為具有正當理由；若董事之任期並非即將屆滿，而進行全面改選董事，仍應視具體情形認定是否具有正當理由。

4.小結

由董事任期制所生董事報酬請求期待權保護的角度觀之，應視A公司提前改選全體董監事有無正常理由，來決定董事可否向公司請求損害賠償。

申31 股份有限公司之監察人於何種情況下得召集股東會？股份有限公司之股東會應如何解任該公司之董事？試就我國公司法規定評述之。（25分）（91律）

答：(一)股份有限公司之監察人得召集股東會之情形：

1.監察人得召開股東會之情形，九十年修法前，依公司法§220規定，監察人認為必要時，得召集股東會，惟何謂「必要時」，實務與學說上有不同見解：

(1)實務見解：依最高法院七十七年台上字第二一六〇號判例之見解，認為所謂必要時係指「董事會不能召開或不為召開時」。蓋公司法§171既明訂董事會為股東會之原則召集機關，則監察人之召集權僅為補充召集權，為避免監察人任意召集股東會而影響公司營運，自以董事會不能召開或不為召開時，始能召集股東會。

(2)學說見解：學說上認為，§220既僅謂「必要時」，則為使監察人之監察權得妥為發揮，自應委由監察人自行判斷。

(3)九十年修法時，修正本條之規定為「監察人除董事會不能召集或不為召集股東會外，得為公司利益，於必要時，召集股東會。」即表示除上述實務所主張之情形外，監察人尚得為公司利益，於必要時，召集股東會，顯然是採納學說之見解，可謂妥當。蓋若監察人濫權而任意召集股東會，致影響公司營運時，公司本得基於監察人與公司間之委任契約關係而主張債務不履行即可，實無限縮監察人之功能之必要，唯有如此，始能積極發揮監察人功能。

(二)股份有限公司之股東會應如何解任公司之董事：此問題應區分為兩個層面加以討論，一為股東會之決議方法；一為議案之提出得否以臨時動議為之。分別說明如下：

1.股東會之決議方法：

(1)九十年修法前：解任董事之議案應以如何之決議方法爲之，
修法前§199並未特別規定，則依§174之規定，應以股東會
之普通決議爲之，即應經代表已發行股份總數過半數股東之
出席，以出席股東表決權過半數之同意行之。

(2)九十年修法後：董事之解任，可能涉及公司經營權之變動，
對於公司經營運作有重要影響，就決議方法之立法本質而
言，實應以特別決議爲之，即通常應有代表已發行股份總數
三分之二以上股東之出席，以出席股東表決權過半數之同意
行之，可謂妥當。

2.議案之提出得否以臨時動議爲之，修法前即存有爭議，依修法
後之172Ⅴ規定，仍僅謂「改選」董事，並未明白將決議解任
之議案，列爲不得以臨時動議提出之列，即針對此點，並未修
正，是否妥當，說明如下：

(1)學說多數說及經濟部之解釋（經濟部九十一年七月二十九日
經商字第○九一○二一五一八二○號函）基於以下理由，認
爲應得以臨時動議提出：

①就§172Ⅴ文義觀之，該條所謂「改選」董事，所指爲解
任董事，同時並爲選任新董事而言。

②就§199之立法目的而言，由於股東會之議案係由董事會
所決定，難以期待董事會能提出該解任議案，故若不得以
臨時動議提出，將使§199之立法目的不能達成。

(2)惟學說上亦有認爲，應不得以臨時動議提出：

①就§172Ⅴ之立法目的觀之，只要是對公司具有重大影響
之事項，皆應於開會事由中列明，而不得以臨時動議提
出，選任董事之議案將造成經營權之變動，屬重大事項，
固無疑義，惟縱爲單純解任之議案，亦可能造成少數派於
解任多數派董事後，相對變成多數派之情形，而造成經營
權之轉移，亦屬重大事項。

②且就§172Ⅴ之文義觀之，其文義既非「選任」，而是
「改選」，即蘊含「變動」之意，因此單純解任亦應屬該
「改選」之文義射程範圍，縱否，亦應類推適用之，若非

如此,選任董事不得以臨時動議提出,解任卻可,實顯失平衡。

(3)上述二說,就§172Ⅴ之立法目的而言,實應採否定說,惟肯定說之疑慮亦非無的放矢,但解決之道,應為修法明文承認「股東提案權」制度,使符合一定條件之股東,能依法請求董事會將解任董事案,列入股東會之議案中,始能避免董事被突襲性地解任,同時兼顧市場派股東之利益。

申32 甲為A紡織股份有限公司(以下簡稱A公司)董事長,由於A公司過去數年因經濟不景氣影響,致累計虧損新臺幣5,000萬元。今(96)年度因景氣復甦,董事長為感念員工辛勞及股東堅定的支持,於年度中請會計部門主管估算後,決定將公司本年度已實現之盈餘,先分配股息及紅利予股東及員工。問A公司債權人乙可依公司法為如何之主張?(20分)(96律)

答:A公司債權人得依公司法§233請求退還溢額分派與公司,並得請求賠償因此所受之損害,茲析述如下:

(一) 依公司法§232Ⅱ本文,公司無盈餘時,不得分派股息、紅利,立法原意乃在遵守資本維持原則,以保護公司債權人權益,是以公司原則上有盈餘時,始得分派股息、紅利,另依公司法下列規定,公司須完成一定行為,始得分派股息、紅利,其順序如下:
1.完納稅捐
2.彌補歷年虧損
3.提出法定盈餘公積
4.提出特別盈餘公積

(二) 今甲公司並未彌補歷年虧損,逕先分配股息及紅利予股東及員工,故違反公司法§232Ⅱ規定。

(三) 公司債權人得依公司法§233:公司違反§232規定分派股息及紅利時,公司之債權人,得請求退還,並得請求賠償因此所受之損害。

申33 A公司係為經營自來瓦斯業務而設立之公司,需鋪設地下管線等開業準備工程,始能開始營業。因工資及建材價格上揚等因素,設立後第3年,A公司原始資金及其他融資手段皆已用盡,但尚須繼續投

注資金，進行2年之工程建設，始能開始營業，預估營業後第3年可開始獲利產生盈餘。為解決當前面臨之資金短缺困境，A公司乃擬變更章程，增列發行固定股息年率6%，期限5年之建設股息特別股規定。請說明：

(一)A公司得否於設立後第3年始變更章程增列建設股息特別股規定？（10分）

(二)主管機關對於上述條件之特別股，應否許可發行？（10分）【98律】

答：(一)A公司得否於設立後第3年始變更章程增列建設股息特別股規定，涉及公司法§234 I之章程是否以公司設立時之章程為限？對此，有肯否兩說：

1.肯定說

因建設股息之立法旨趣，在使經營籌備期間較長之事業容易成立，故公司成立後，再變更章程，而為建設股息之規定，為法所不許。

2.否定說：

(1)依文義解釋，條文並未明定公司設立時之章程。

(2)公司設立後，因環境變化，致公司有利用建設股息制度籌措資金之必要時，若僅因原始章程未明定，即禁止其利用此制，將導致資金無以為繼，使已進行尚未完成之建設淪於無端浪費。

3.管見以為，應以否定說為是，因變更章程依公司法§277須經股東會特別決議，已很慎重，且§234 I尚規定需經主管機關審慎評估後予以許可，已兼顧股東及債權人之保護，故§234 I之章程不以公司設立時之章程為限。

(二) 主管機關應否許可發行，涉及建設股息之分派，是否以開始營業前為限？對此，有肯否兩說：

1.肯定說：

(1)法條文字為於開始營業前。

(2)現行法例外承認尚未開始營業之公司，得在無盈餘時分派建設股息，係因該等公司具有「依其業務之性質，自設立登記

後，需二年以上之準備，始能開始營業者」特質，惟該等公司一旦開始營業，其有別於一般公司之特質即已解消，而應回歸常態。

　2.否定說：

　　公司開始營業後，獲利機會增加，對債權人之保障無更不利之情形，故可繼續分派股息。

　3.管見以爲，基於例外從嚴之原則，應以肯定說爲是，即建設股息之分派，以開始營業前爲限。

　4.小結：A公司雖得變更章程，增列發行建設股息，惟建設股息之分派以開始營業前爲限，故其擬發行爲期5年之建設股息特別股中，尙包括開始營業後之3年，應非可行，故主管機關應否准該建設股息之發放。

申34 公司法對於員工分紅入股有何規定？試詳述之。【75年司法官】

答：公司法爲推動員工分紅入股，達到工者有其股，及規定：公司於章程內，訂明員工分配紅利之成數（公司§235Ⅱ）及公司如以紅利轉作資本時，依章程員工應分配之紅利，得發給新股或以現金支付之（公司§240Ⅳ）。茲就現行法說明如下：

(一) 員工分紅：

　1.公司法§235Ⅱ規定，章程應訂明員工分配紅利之成數，此即員工分紅制度之法律依據，依此，公司分配盈餘時，如有分派紅利，即應先保留章程所訂員工分配成數，方得將其餘紅利分配予股東。

　2.惟此員工分紅之規定，不適用於經目的事業中央主管機關專案核定之公司（公司§235Ⅱ後段）；且公營事業須經該公營事業之主管機關專案核定員工可參與紅利分派，並於章程訂明員工分配紅利之成數，其員工始得參與紅利之分派（公司§235Ⅲ）。

(二) 員工入股：

　1.分紅入股：

　　(1)依公司法§240Ⅳ規定，公司以紅利轉作資本時，依章程員工應分配之紅利，得發給新股或以現金支付之，若公司發給

新股，即為員工分紅入股，而員工分紅入股須經股東會或董事會輕度特別決議，將應分派之紅利之全部或一部以發行新股之方式為之，並決議依章程員工應受分派的紅利發給新股時，始得為之（公司§240Ⅰ、Ⅵ）。

(2)此制度使員工得分享企業經營成果，可加強員工向心力，減緩勞資對立。

2.優先認股：

(1)公司法§267Ⅰ，Ⅱ：「Ⅰ公司發行新股時，除經目的事業中央主管機關專案核定者外，應保留發行新股總數百分之十至十五之股份由公司員工承購。Ⅱ公營事業經該公營事業之主管機關專案核定者，得保留發行新股由員工承購；其保留股份，不得超過發行新股總數百分之十。」此即為員工之優先認股權。

(2)公司法之所以規定，保留股份由員工承購，乃為落實分紅入股之政策，目的在於融合勞資為一體，有利企業之經營。惟若員工承購後，隨即轉讓，非但影響經營權之安定，亦使分紅入股促進勞資合作之目的之落空，因此，公司對員工承購之股份，得限制在一定期間內不得轉讓，但其期間最長不得超過二年（公司§267Ⅵ）。

(3)又員工之優先認購權，於公司通常之發行新股，始得享有。故於以公積或資產增值抵充，核發新股於股東時，不適用之（公司§267Ⅴ）。此係因該種新股之發行，乃基於原有股東之資格而取得，與通常之發行新股不同。

(4)同理，公司因合併他公司或以轉換公司債轉換為股份而增發新股時，員工對之亦無新股認購權（公司§267Ⅶ）。

申35 設某甲股份有限公司擬募集有擔保之公司債，依現行我國公司法之規定，有何限制及禁止之規定？倘該公司董事會二分之一以上董事之出席及出席三分之二以上之同意決議並報告股東會後，是否即可向證券管理機關申請審核募集有擔保公司債？又依我國公司法之規定，股份有限公司募集公司債，不論金額之多寡，均須經證券管理機關之核准。此種規定是否妥適？試附理由以對。【86年司法官】

答：(一) 募集有擔保公司債之限制及禁止規定，詳§246、§247、§250
所述。

(二) 甲股份有限公司不得僅以董事會二分之一以上董事之出席及出席
董事三分之二以上之同意決議並報告股東會後，即向金管會證期
局申請募集有擔保公司債：

1.公司債之募集程序，首先應經董事會之特別決議，理由如下：

(1)公司債係以發行債券之方式向公眾借款，應屬業務執行之範
疇，故依公司法§246 I 本文規定，應由董事會決議。

(2)又因公司債之募集，關係公司之金融與營運至鉅，故此一決
議應由三分之二以上之董事之出席，及出席董事過半數之決
議始可。

2.小結：

本題中，並不符合董事會特別決議，係屬決議方法有瑕疵，而
公司法就董事會決議之瑕疵未如股東會決議之瑕疵設有明文，
故董事會決議之瑕疵，不論程序之瑕疵，或決議內容之瑕疵，
有力說認為利害關係人得隨時以任何方法主張其無效，因此，
甲公司自不得於為該決議並報告股東會後，即向證券管理機關
申請核准。

(三) 依公司法§248規定，股份有限公司募集公司債時，應將該條第1
項所列之21款事項，申請證券管理機關審核，但未區分金額之多
寡，一律適用，實未盡妥適，理由如下：

1.我國法對於公司債發行之審核係採「實質管理原則」，亦即須
符合一定之實質條件，如公司法§249、250之規定，惟太過
依賴實質管理原則亦有其流弊，例如可能導致公眾錯誤之安全
感，也可能使有冒險性但正當之企業無法募得資金，故除了明
顯詐欺性之發行外，其應用應有限度，倘若發行之金額不高或
者僅由特定人協議認購而不公開發行時，似無必要經過證管機
關之核准。

2.又外國立法例有「小額交易豁免」之制度，頗值得參考，蓋於
發行金額不高時，無論從必要性或者成本觀點，似可由投資人
自行判斷其投資價值，減輕其對主管機關之依賴；另一方面，

似可授權主管機關制定標準（例如優良上市公司欲發行時），合乎標準之發行，可經由申報方式，除於一定期間內發現有不適法情形時，命其改正外，可自由發行，不必經核准，以符實際需求。

申36　公司法對於股份有限公司募集公司債及公開發行新股時，有何限制及禁止規定？試申述之。【73年律師】

答：(一) 募集公司債：

　　1.公司債發行總額之限制：

　　　公司法§247規定：「I公司債之總額，不得逾公司現有全部資產減去全部負債及無形資產後之餘額。II無擔保公司債之總額，不得逾前項餘額二分之一。」蓋股份有限公司在股東有限責任原則下，公司財產乃公司全體債權人之總擔保，故公司債發行總額，宜加以限制，防止濫行舉債，藉以保護。

　　2.公司債發行之禁止：

　　　(1)有擔保公司債發行之禁止：

　　　　有擔保公司債係指公司債之發行，設有物上擔保者，有金融機構之保證者，亦視為有擔保公司債。公司債之發行，以有擔保為原則，依公司法§250規定：「公司有左列情形之一者，不得發行公司債：一、對於前已發行之公司債或其他債務有違約或遲延支付本息之事實，尚在繼續中者。二、最近三年或開業不及三年之開業年度課稅後之平均淨利，未達原定發行之公司債應負擔年息總額之百分之一百者，但經銀行保證發行之公司債不受限制。」

　　　　按第一種情形，公司債信業已喪失；第二種情形，其營利能力至為薄弱，自不許發行公司債。

　　　(2)無擔保公司債發行之禁止：

　　　　無擔保公司債係指無物上擔保者，無擔保公司債對債權人之保障不如有擔保公司債，故對無擔保公司債之募集較為嚴格，依公司法§249規定：「公司有左列情形之一者，不得發行無擔保公司債：一、對於前已發行之公司債或其他債務，曾有違約或遲延支付本息之事實已了結者。二、最近三

年或開業不及三年之開業年度課稅後之平均淨利，未達原定
發行之公司債，應負擔年息總額百分之一百五十者。」

蓋第一種情形，公司債信已有動搖之事實，而第二種情形其營
利能力不足，將來難免有遲延支付本息之虞，故不宜募集。

(二) 公開發行新股：

在授權資本制下，發行新股係指公司成立後，發行公司章程所載
股份總數中未於設立時發行之股份，或於章程所載部分總數悉數
發行後，經變更章程增加股份總數後發行所增加之股份而言。而
發行新股有兩種方式：一為不公開發行，一為公開發行，後者是
指公司發行新股時，員工及原有股東未認足全部新股時，其未認
足之部分，向不特定公眾招募之情形。

而公司法為保護公眾免因在公司有經營不善或發生虧損等不利於
投資之情況下認股而受損害，故有禁止規定：

1.不得發行具有優先權利之特別股：

依公司法§269規定：「公司有左列情形之一者，不得公開發
行具有優先權利之特別股：一、最近三年或開業不及三年之開
業年度課稅後之平均淨利，不足支付已發行及擬發行之特別
股股息者。二、對於已發行之特別股約定股息，未能按期支付
者。」

蓋前者公司之營利能力欠佳，後者公司之債信欠佳，故不許公
開發行具有優先權利之特別股。

2.不得公開發行新股：

依公司法§270規定：「公司有左列情形之一者，不得發行新
股：一、最近連續二年有虧損者。但依其事業性質，須有較長
準備期間或具有健全之營業計畫，確能改善營利能力者，不在
此限。二、資產不足抵償債務者。」

蓋前者情形，公司之營利能力欠佳，後者情形，除得聲請公司重
整者外，董事會原應即聲請宣告公司破產，已處破產邊緣，故均
不得公開發行新股。

**申37 股份有限公司發行可轉換公司債後，其債權人應如何行使其轉換權
方為合法？又行使後之效力如何？試詳述之。【81年司法官】**

答：(一) 可轉換公司債債權人行使轉換權之方法：

所謂可轉換公司債，乃賦予得轉換為公司債發行公司之股份的公司債，在轉換權行使前，仍是公司債，公司債規定得轉換為股份者，公司有依其規定轉換辦法核給股份之義務，但公司債債權人有選擇權，此係一形成權，只要公司債債權人一方行使轉換權，當然發生轉換之效力，茲依公司法§262說明如下：

1.轉換權之主體為公司債債權人。

2.性質：

屬形成權，故一向公司為意思表示，便生轉換之效果，公司債債權人即喪失其為公司債權人之地位，而取得股東地位。

3.行使：

(1)依轉換辦法之規定。

(2)若未規定，則公司債債權人得以書面向公司請求。

4.行使期限：

轉換公司債自發行日後屆滿一定期間起，至到期前十日止，除依法暫停過戶期間外，其持有人得依發行公司所定之轉換辦法，隨時請求轉換（處理準則§29 I）。

(二) 行使後之效力：

1.轉換效力發生之時點～公司法未規定，故有爭議：

(1)溯及債發生之時：

按轉換公司債既係一種債權人有選擇權的選擇之債，而依民法§212規定，選擇之效力，溯及債之發生時，故轉換公司債債權人行使轉換權之意思表示到達公司時，溯及於公司債成立時發生成為股東之效力。

(2)自公司債債權人意思表示到達公司時，才生轉換之效力：

若採前說，則轉換公司債債權人須返還行使轉換權之前，由公司取得之利息；公司則須補給債權人應得之股息、紅利，實乃不便，故以無溯及效力之見解較佳。

2.轉換之效力：

(1)轉換公司債債權人喪失債權人之地位，而成為公司之股東。

(2)由於轉換，公司增加其已發行股份數，公司債數額亦減少，

故登記事項發生變更，應爲變更登記，否則不得對抗第三人
（公司法§387Ⅳ、§12）。

(3)此乃特殊之新股發行，故公司員工及股東並無優先認購權
（公司法§267Ⅶ）。

申38 下列之人得否請求報酬？若得請求報酬，其報酬應如何定之？

(一)檢查人（5分）

(二)股份有限公司之清算人（5分）

(三)股份有限公司之董事（5分）

(四)有限公司之董事（5分）【95律】

答：(一) 檢查人得請求報酬：依公司法§313Ⅰ及非訟事件法§174，檢查
人之酬報由公司負擔，至於數額，則由法院依其職務簡繁，於徵
詢董事及監察人意見後酌定之。

(二) 清算人得請求報酬：依公司法§325Ⅰ及非訟事件法§177準用同
法§174，清算人非由法院選任者，其報酬由股東會議定之：若
係由法院選任者，則由法院徵詢董事及監察人意見後決定之。

(三) 股份有限公司之董事得請求報酬：依公司法§196，股份有限公
司董事報酬決定之方式，得由公司於章程中訂明或以股東會普通
決議之方式議定之，股份有限公司董事之報酬性質爲成功報酬，
故實務上多以章程訂明以可分派盈餘特定比例作爲董事報酬，至
於實務上之車馬費係屬勞務報酬，並非公司法上之董事酬勞，故
得由公司與董事自行約定。

(四) 有限公司之董事原則上不得請求報酬：依公司法§108Ⅳ準用
§49，有限公司之董事係準用無限公司執行業務股東之規定，
故原則上爲無償，僅在有特約時始得向公司請求報酬。惟通說認
爲，無限公司原則上全體股東皆得執行業務，故採取無償制度尚
爲合理，但有限公司僅董事得執行業務，又係爲全體股東執行業
務，故若規定其不得請求報酬，且須負擔公司負責人責任，實屬
過苛。故學者認爲公司法§108Ⅳ宜修正爲準用§196之規定，使
有限公司之董事原則上得請求報酬。

申39 某股份有限公司因經營不善，致經年虧損，乃經股東會決議解散公
司，並以董事甲、乙、丙三人為清算人，甲等三人逐將公司全部資

產變賣，並依股東持股比例分配予各股東，試問：

(一)股份有限公司得否以股東會之決議解散公司？

(二)債權人因貸款新台幣一百萬元未獲清償，得否請求清算人甲等三人負連帶賠償之責？

(三)公司所欠稅款新台幣五十萬元未繳，稅捐稽徵機關得否請求甲等三人與公司連帶賠償？【80年司法官】

答：(一)股份有限公司得經股東會特別決議解散公司：

1.股東會為公司解散之決議，係股份有限公司解散之法定原因之一（公司法§315Ⅰ③）。

2.依公司法§316規定，股份有限公司對於公司解散，應經股東會代表已發行股份總數三分之二以上股東之出席，以出席股東表決權過半數之同意行之（公司§316Ⅰ），如為公開發行股票之公司，出席股東之股份總數不足前述定額，得以代表已發行股份總數過半數之出席，出席股東表決權三分之二以上之同意（公司§316Ⅱ），或依章程對出席股東之股份總數及表決權數有較高之規定，從較高規定（公司§316Ⅲ）。

3.故依公司法§316之規定，股份有限公司得經股東會特別決議解散公司。

(二)本題中，丁得請求甲等三人負連帶賠償之責：

1.公司負債超過資產時，依§35規定：「法人之財產不能清償債務時，董事應即向法院聲請破產。不為前項聲請，致法人之債權人受損害時，有過失之董事，應負賠償之責任……。」依此規定，董事應負賠償責任之關鍵，在於其有過失未聲請破產，致法人之債權人受有損害。

2.又依公司法§23Ⅱ規定：「公司負責人對於公司業務之執行，如有違反法令致他人受有損害時，對他人應與公司負連帶賠償之責。」

3.另實務認為，公司法§23Ⅱ所謂公司業務之執行，係指公司負責人處理有關公司之事務而言，至於股份有限公司解散後，董事以清算人之地位，執行清算之事務，亦應認為係公司負責人執行公司之業務，故如於執行清算事務時，違反法令，致他人

受有損害，應有公司法§23Ⅱ之適用（66.12.13第10次民推決定）。

4.本題某公司經營不善，積欠債款及稅款甚鉅，致公司之負債超過資產，卻未依破產法之規定，向法院聲請破產，又未經清算程序逕行將公司解散，並將公司之財產變賣為現款，分配給各股東，已違反民法§35及公司§23Ⅱ之規定，故該公司董事對公司債權人之債款，應與公司連帶負賠償責任；又依同條第1項規定，董事此時並未盡忠實義務與善良管理人之注意義務，而應對公司所受之損害負賠償責任，併此敘明。

(三) 稅捐稽徵機關不得請求甲等三人與公司連帶賠償：

1.公司法§23公司負責人侵權責任之規定，係針對私權之損害而言，不包括公權之損害，故而公司負責人致使稅款未能繳納部分，稅捐稽徵機關不得依本條規定訴請公司負責人與公司連帶負責。（56台上627決）

2.又實務亦認為稅款之違章滯納，非屬公司業務。（經濟部54.5.3商876函）。故而稅捐稽徵機關不得請求甲等三人與公司連帶賠償。

申40 設甲股份有限公司以吸收合併方式將乙股份有限公司合併，試問：

(一)甲公司所應增加之資本額是否應與乙公司資本額一致？

(二)乙公司之股東是否有不變成甲公司股東之情形？

(三)乙公司對其債權人為通知及公告時，若其債權人對合併有所異議，應如何解決？

(四)合併契約內約定，甲公司不承受乙公司某一部分之債務，該約定是否有效？

(五)乙公司應否進行清算？【77年司法官，89年司法官】

答：(一) 甲公司所應增加之資本額未必與乙公司資本額一致：

1.公司合併有吸收合併與新設合併，其中吸收合併，係指兩個或兩個以上公司於合併後，其中僅有一公司存續，而其他公司則歸於消滅之合併，本題即為吸收合併，故甲公司存續，而乙公司則歸於消滅。

2.依公司法§317-1Ⅰ②，僅規定合併契約應記載存續公司因合併

發行股份之總數，種類及數量，至於數量多寡則無限制；且在有公司法§317之情形下，消滅公司股東尚有行使股份收買請求權之機會，其原來之股份可能消滅（類推適用公司法§167 II），故甲公司所增加之資本額未必與乙公司之資本額一致。

(二) 乙公司之股東，在具備一定要件時，可不變成甲公司之股東：

股份有限公司之合併，對股東權益影響至鉅，故公司法規定須經股東會特別決議為之（公司法§316），同時對於反對公司合併決議之股東，許其在具備法定要件下，得請求公司按當時公平價額收買其持有之股份（公司法§317 I），即賦與「股份收買請求權」，以保障其權益，而當股東行使股份收買請求權時，消滅公司之股東，即有可能不變成存續公司之股東。

(三) 若乙公司之債權人對合併有所異議，則乙公司應對其清償或提供擔保，否則不得以其合併對抗之：

依公司法§319準用§73、§74之規定，股份有限公司為合併決議後，應即向各債權人分別通知及公告，並指定三十日以上之期限，聲明債權人得於期限內提出異議。公司對於在指定期限內提出異議之債權人不為清償，或不提供相當之擔保者，不得以其合併對抗債權人，故當乙公司債權人為異議時，乙公司應對其清償或提供擔保，否則不得以其合併對抗該債權人。

(四) 該約定無效：

1.依公司法§319準用§75規定，因合併而消滅之公司，其權利義務，應由合併後存續或另立之公司承受。

2.故本題情形，於合併契約內約定，甲公司不承受乙公司某一部分債務，其約定違反前述強制規定而無效。

(五) 乙公司不必進行清算：

依公司法§24規定，因合併而消滅之公司，其權利義務由合併後存續或新設之公司概括承受，其法人人格直接消滅，故無庸進行清算，乙公司既因合併而消滅，即不必另進行清算程序。

本章記誦事項

1. 股份有限公司應有二人以上為發起人。
2. 股份有限公司之股份總數得分次發行。
3. 股份有限公司非經設立登記或發行新股變更登記後,不得發行股票。
4. 股份有限公司股份之轉讓,不得以章程禁止或限制之,但非於公司設立登記後,不得轉讓。
5. 股份有限公司發起人之股份,非於公司設立登記一年後,不得轉讓。
6. 股份有限公司股東對於會議事項,有自身利害關係致有害於公司利益之虞時,不得加入表決,並不得代理他股東行使表決權。
7. 股份有限公司股東反對營業政策重大變更者,有股份收買請求權。
8. 股份有限公司股東會之召集程序或其決議方法,違反法令或章程時,股東得訴請撤銷。
9. 股份有限公司股東會之決議內容違反法令或章程者為無效。
10. 股份有限公司董事會之董事不得少於三人,由股東會就有行為能力之人選任之。
11. 股份有限公司董事於任期中轉讓持股達選任時股數之二分之一時,當然解任。
12. 股份有限公司董事之選任強制採用累積投票制。
13. 股份有限公司董事之解任應經股東會特別決議行之。
14. 股份有限公司之監察人,除董事會不為召集或不能召集股東會外,得為公司之利益於必要時,召集股東會。
15. 股份有限公司之監察人不得兼任公司董事、經理人或其他職員。
16. 股份有限公司之董事為自己或他人與公司為買賣、借貸或其他法律行為時,由監察人為公司之代表。
17. 股份有限公司募集公司債經由董事會特別決議即可。
18. 股份有限公司變更章程應經股東會之特別決議。
19. 股份有限公司公開發行股票或公司債公司,公司本身及繼續六個月以上持股10%之股東或10%以上之債權人得聲請重整。
20. 股份有限公司分割或合併時,反對股東有股份收買請求權。

第六章　（刪除）

第357條至第369條（刪除）

第六章之一　關係企業

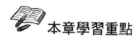 **本章學習重點**

> 本章條文不多，但亦為出題重點，茲述其重點如下：
> (一)369-2：控制公司與從屬公司之定義。
> (二)369-3：控制公司與從屬公司之推定。
> (三)369-4：控制公司使從屬公司為不合營業常規或不利益經營之賠償責任。
> (四)369-11：定義控制公司與從屬公司之關係時，投資股份之計算。
> (五)369-12：公開發行股票公司之關係企業之義務。

第369條之1（關係企業之定義）

本法所稱關係企業，指獨立存在而相互間具有下列關係之企業：

一、有控制與從屬關係之公司。

二、相互投資之公司。

解說

本條為關係企業定義之規定，所謂關係企業必須具備下列要件：

(一) 該企業必須係獨立存在的公司

如果並非另行成立的新公司，而僅係分公司、辦事處等情形，則僅屬於原公司的一部分，此時即當然適用原公司的相關規定，而不屬於此處所稱之關係企業。

(二) 該企業間必須有下列關係

1. 有控制與從屬關係之公司：例如有甲、乙兩公司，甲公司擁有乙公司股權51%，此時，乙公司的經營常須聽命於甲公司，甲公司即為此處所稱之對乙公司有控制關係之公司。

2. 相互投資之公司：所謂相互投資，舉例而言，即如有丙、丁兩公司，丙公司持有丁公司三分之一以上之股權，而丁公司也持有丙公司三分之一以上之股權，但均未達過半數之程度，且未直接或

間接控制對方之人事、財務、或業務之經營者而言。此時雖然因
為未持有超過半數的股權，而不算是控制或從屬公司，然而因為
雙方間仍有極密切的關係，所以也列為關係企業之一種，加以規
範，以避免產生流弊。

第369條之2（控制公司、從屬公司）

①公司持有他公司有表決權之股份或出資額，超過他公司已發行有表決權
之股份總數或資本總額半數者為控制公司，該他公司為從屬公司。
②除前項外，公司直接或間接控制他公司之人事、財務或業務經營者亦為
控制公司，該他公司為從屬公司。

解說

本條為關於控制公司與從屬公司定義之規定[1, 申1, 申2, 申3]，茲分述如

1　(C) A股份有限公司（以下本題之公司組織類型均同）持有B公司已發行有表決權
　（以下均同）股份總數達90%、持有C公司50%股份，對D公司掌控人事任免
　權；A公司之董事有9席，E公司之董事為5席，惟E公司之董事長、副董事長
　及2名董事，與A公司之4名董事，均由相同之4人分別擔任。A公司持有F公司
　39%股份；B公司持有F公司10%股份，B公司並將其所持有之F公司股份全數交
　付信託，但未放棄對股權之管理、指揮及控制等權利；C、D及E公司則均分別
　持有F公司5%股份。請問依公司法，何公司為A公司之從屬公司？(A)B、C、
　D(B)B、C、E(C)B、D、F　(D)B、E、F。（100律14.）
　【解說】(1)依公司法§369-2：「公司持有他公司有表決權之股份或出資額，超過
　他公司已發行有表決權之股份總數或資本總額半數者為控制公司，該他公司為從
　屬公司。除前項外，公司直接或間接控制他公司之人事、財務或業務經營者亦為
　控制公司，該他公司為從屬公司。」本例A公司持有B公司已發行有表決權股份總
　數90%，超過半數，B公司為A公司的從屬公司；但因A公司只有持有剛剛好C公司
　50%的股份，未過半數，C公司不是A公司的從屬公司；又A公司掌握D公司的人事
　任免權，D公司為A公司的從屬公司。
　(2)再依369-3：「有左列情形之一者，推定為有控制與從屬關係：一、公司與他公
　司之執行業務股東或董事有半數以上相同者。」本例A公司9席中與具有5席董事的
　E公司之董事中有4位相同，雖然在E公司過半數，但在A公司並未過半，所以A、E
　公司並無推定控制與從屬關係。

下：

(一) 一公司持有他公司有表決權股份或出資額過半數時，該公司即爲控制公司，被持有之公司即爲從屬公司。惟若股份有限公司發行無表決權特別股時，由於特別股無表決權，即不具有控制他公司之能力，因此必須將此部分股數扣除，以判斷其是否有達到過半數之情形。

(二) 一公司直接或間接控制他公司的人事、財務或業務經營時，該公司即爲控制公司，而被控制的公司即爲從屬公司。

第369條之3（控制與從屬關係）

有下列情形之一者，推定爲有控制與從屬關係：

一、公司與他公司之執行業務股東或董事有半數以上相同者。

二、公司與他公司之已發行有表決權之股份總數或資本總額有半數以上爲相同之股東持有或出資者。

解說

(一) 本條爲關於控制與從屬關係的第二種規定，按如前條所述，甲公司掌控另一乙公司之過半數股權，或控制乙公司人事、財務及業務經營時，此時甲公司與乙公司間具有控制與從屬關係，此時甲公司爲控制公司，乙公司爲從屬公司，固無疑義，但在部分情形下，兩公司實際上爲相同人士所控制時，仍可能因此而有非常規交易行爲，而使小股東權利受損，爲避免此種結果產生，本條乃明定此種情形也「推定」爲有「控制與從屬關係」存在，以便適用關係企業章各相關規定加以規範。

(二) 依本條，被推定爲有控制與從屬關係之情形如下：

1. 公司與他公司的執行業務股東或董事有半數以上相同者。

---

(3)另依公司法§369-11：「計算本章公司所持有他公司之股份或出資額，應連同左列各款之股份或出資額一併計入：一、公司之從屬公司所持有他公司之股份或出資額。二、第三人為該公司而持有之股份或出資額。三、第三人為該公司之從屬公司而持有之股份或出資額。」依本條，C、E公司非從屬公司不計入，A公司對F公司持39%加計B、D公司持有F公司15%的股權後，A公司應持有54%F公司的股權，F公司為A公司從屬公司，所以，答案應選(C)。

2. 公司與他公司之已發行有表決權之股份總數或資本總額有半數以上爲相同之股東持有或出資者。

第369條之4（損害賠償責任）

①控制公司直接或間接使從屬公司爲不合營業常規或其他不利益之經營，而未於會計年度終了時爲適當補償，致從屬公司受有損害者，應負賠償責任。

②控制公司負責人使從屬公司爲前項之經營者，應與控制公司就前項損害負連帶賠償責任。

③控制公司未爲第一項之賠償，從屬公司之債權人或繼續一年以上持有從屬公司已發行有表決權股份總數或資本總額百分之一以上之股東，得以自己名義行使前二項從屬公司之權利，請求對從屬公司爲給付。

④前項權利之行使。不因從屬公司就該請求賠償權利所爲之和解或拋棄而受影響。

解說

(一) 本條爲關於控制公司損害賠償責任之規定，由於控制公司具有優勢地位，因此從屬公司常須聽命於控制公司。政府爲避免控制公司藉由控制關係而自從屬公司取得利益，致損及從屬公司股東及債權人權益的情形產生，所以制定本條之規定。

(二) 第1項是關於損害賠償責任的起因，亦即控制公司以直接或間接的方式，使從屬公司爲不合營業常規或其他不利益的經營，卻沒有在會計年度終了時給予從屬公司適當的補償，以致造成從屬公司損害時，即須對從屬公司負損害賠償責任。所謂不合營業常規，即是指與一般正常的交易慣例並不相同的情形而言，至於其他不利益的經營，即是指其他任何造成從屬公司損害的經營行爲而言，例如將設備低價出售即是。

(三) 第2項爲負責人連帶責任之規定，控制公司之負責人，只要有使從屬公司爲不合營業常規或其他不利益之經營時，該負責人也必須與控制公司一起，對從屬公司負連帶賠償責任，以使從屬公司之債權人及股東能擁有更多的求償管道。

(四) 第3項爲規定從屬公司向控制公司請求賠償時之第三人之求償權的規定：按第1項雖明定控制公司須負賠償責任，但是從屬公司既然受控制公司所掌控，因此僅企求被控制者向控制者請求賠償，無異緣木求魚，因此本項乃明定，除了從屬公司可以向控制公司請求賠償外，下列兩種人亦可以代爲向控制公司請求賠償[甲1，甲2，甲3]：

1. 從屬公司之債權人
2. 繼續1年以上，持有從屬公司已發行有表決權股份總數或資本總額1%以上之股東。

不過，須注意者，前述從屬公司之債權人或股東，雖然可以用「自己名義」起訴，要求控制公司進行損害賠償，但是不能要求控制公司將賠償金交付給自己，而須要求將該賠償金給付給從屬公司，否則其訴訟仍會因違反本項之規定而被駁回。

(五) 第4項爲關於前述債權人等人，行使權利之獨立性的規定：按從屬公司既然受到控制公司所掌控，所以很難期待從屬公司不會聽命於控制公司，致使自動拋棄前述之損害賠償之請求權，或者以極低的數額與控制公司達成和解，導致第三人求償之困擾，爲避免此種結果產生，本項乃明定，縱使從屬公司已就賠償權利與控制公司達成和解，或已爲拋棄權利之表示，對於第三人（指第3項之從屬公司之債權人或股東而言）之請求賠償的權利不生影響。

第369條之5（受利益之他從屬公司之連帶責任）

控制公司使從屬公司爲前條第一項之經營，致他從屬公司受有利益，受有利益之該他從屬公司於其所受利益限度內，就控制公司依前條規定應負之賠償，負連帶責任。

解說

本條爲其他從屬公司，受有利益時之連帶賠償責任的規定，舉例而言，甲公司有從屬公司乙、丙兩公司，甲公司爲求獲利，乃要求丙公司以遠高於市價的價格向乙公司買入貨物，此時除了甲公司獲利外，乙公司也獲取一定利益，如果僅要求甲公司賠償，則一旦甲公司無法賠償，則受損之從屬公司（丙公司）即可能發生求償無門之情形，爲防止此種結果，本

條乃明定前述因該行爲而受有利益之從屬公司（即乙公司），亦需在其所受利益之範圍內，與控制公司（甲公司）一起對受損之從屬公司（丙公司）負連帶賠償責任。

第369條之6（消滅時效）

前二條所規定之損害賠償請求權，自請求權人知控制公司有賠償責任及知有賠償義務人時起，二年間不行使而消滅。自控制公司賠償責任發生時起，逾五年者亦同。

解說

本條爲關於損害賠償請求權消滅時效之規定，按依前兩條規定，可知賠償責任人包括控制公司，控制公司的負責人，及獲有利益的其他從屬公司三種，而請求權人，除了受損害之從屬公司外，尚包括該從屬公司的債權人及持股超過1年以上，並持有超過1%股份的股東兩種，如果任由求償權行使居於一種不確定狀態，則會造成各相關公司的困擾，因此本條乃明定，有請求權之人，自知道控制公司有賠償責任及知有賠償義務人開始，在2年間不行使請求權時，該請求權因時效經過而消滅；但是如果自控制公司賠償責任發生時起，已超過5年，則時效也完成。

第369條之7（對從屬公司債權）

①控制公司直接或間接使從屬公司爲不合營業常規或其他不利益之經營者，如控制公司對從屬公司有債權，在控制公司對從屬公司應負擔之損害賠償限度內，不得主張抵銷。
②前項債權無論有無別除權或優先權，於從屬公司依破產法之規定爲破產或和解，或依本法之規定爲重整或特別清算時，應次於從屬公司之其他債權受清償。

解說

本條爲關於控制公司對從屬公司債權行使的限制規定：由於控制公司對於從屬公司具有控制地位，因此控制公司可能會利用優勢地位，而要求從屬公司爲設定擔保等行爲，而使其債權可以優先獲得清償；然而，在控制公司以損害從屬公司而獲取利益的情形下，從屬公司的損失既係由控制

公司所造成，如果還使其具有優先受償權利，對其他債權人並不公平，因此本條乃對其債權行使加以限制，茲析述如下：

(一) 抵銷的限制

所謂抵銷，是指雙方互負債務，給付種類相同，並且均已到達清償期時，可以單方的意思表示，而使該債權債務一起消滅而言。為避免類似前述之不當結果產生，本條乃明定控制公司的債權，於對從屬公司之損害賠償額度內不得主張抵銷。

(二) 破產等程序時須後於其他債權而受清償

為防止控制公司損害從屬公司，除於公司法§369-4明定控制公司的賠償責任外，復於第2項設處罰規定，即控制公司除應負賠償責任外，控制公司縱使另對從屬公司有債權，不論是否有抵押物加以擔保，甚至有法定優先權存在，均一律在破產、重整等相關程序中，後於其他債權而受清償，換言之，即必須等其他債權人均受清償完畢，才輪到控制公司來分配，立法目的即是為懲罰控制公司的不當行為。

第369條之8（通知義務）

①公司持有他公司有表決權之股份或出資額，超過該他公司已發行有表決權之股份總數或資本總額三分之一者，應於事實發生之日起一個月內以書面通知該他公司。

②公司為前項通知後，有下列變動之一者，應於事實發生之日起五日內以書面再為通知：

一、有表決權之股份或出資額低於他公司已發行有表決權之股份總數或資本總額三分之一時。

二、有表決權之股份或出資額超過他公司已發行有表決權之股份總數或資本總額二分之一時。

三、前款之有表決權之股份或出資額再低於他公司已發行有表決權之股份總數或資本總額二分之一時。

③受通知之公司，應於收到前二項通知五日內公告之，公告中應載明通知公司名稱及其持有股份或出資額之額度。

④公司負責人違反前三項通知或公告之規定者，各處新臺幣六千元以上三

萬元以下罰鍰。主管機關並應責令限期辦理；期滿仍未辦理者，得責令限期辦理，並按次連續各處新臺幣九千元以上六萬元以下罰鍰至辦理爲止。

解說

(一) 第1項爲關於一公司持有他公司股份時，持股之通知及公告的規定：依第1項明定，一公司持有另一公司之有表決權股份或出資額達三分之一以上時，因可能符合相互投資公司等關係企業之規定，故必須在事實發生之日起一個月內通知被投資公司，以便其明瞭該事實存在，而便於依法爲相關法定事項的處理。

(二) 第2項爲再爲通知之規定：按一公司雖然已爲前項的通知，但是通知後，可能股權有增減，爲使被投資公司可以了解是否符合關係企業的相關規定，因此明定有下列情事之一時，即必須在事實發生日起五日內再通知被投資公司：

    1. 所持有之有表決權股份或出資額已低於被投資公司有表決權股份總數或資本總額之三分之一時：因此時，已不具相互投資公司關係。

    2. 所持有之有表決權股份或出資額已超過被投資公司有表決權股份總數或資本總額的二分之一時：由於此時被投資的公司已成爲從屬公司，而通知者則成爲控制公司，因此當然應再爲通知。

    3. 在前款通知之後，持有之有表決權股份或出資額又低於被投資公司有表決權股份總數或資本總額之二分之一時：此時因控制關係又再度減緩，自應將此事實再告知。

(三) 第3項是關於受通知公司的公知之規定：由於相關事實牽涉股東及債權人權益甚鉅，因此本項乃明定，被通知公司於接獲通知後五日內必須將通知公司之名稱、所持有股份或出資額的額度加以公告。

(四) 第4項爲處罰的規定。

第369條之9（相互投資公司之定義）

①公司與他公司相互投資各達對方有表決權之股份總數或資本總額三分之一以上者，爲相互投資公司。

②相互投資公司各持有對方已發行有表決權之股份總數或資本總額超過半數者，或互可直接或間接控制對方之人事、財務或業務經營者，互為控制公司與從屬公司。

解說

(一) 第1項為關於相互投資公司定義之規定，所謂相互投資公司，指兩家以上公司，互相持有對方有表決權股份達三分之一以上而言，由於此類公司仍有規範必要，因此乃於公司法§369-10設一特別規定，限制相互間表決權的行使，以避免藉此方式而造成實質上互相控制之情形產生。

(二) 第2項為關於控制公司規定適用之情形，按依第1項定義，互相持股三分之一以上即為相互投資公司，如果更進一步互相持有過半數之股份、或者互相實質上控制對方公司的人事、財務或業務經營時，是否需要受到「控制公司」相關規定之限制，即可能產生疑問，為免爭議，第2項乃明定，只要有前述之互相持有過半數股份，或互可直接或間接實質上控制對方公司時，即互為控制公司與從屬公司，而受到控制公司與從屬公司相關規定的限制。

第360條之10（相互投資公司之表決權、股權之行使）

①相互投資公司知有相互投資之事實者，其得行使之表決權，不得超過被投資公司已發行有表決權股份總數或資本總額之三分之一。但以盈餘或公積增資配股所得之股份，仍得行使表決權。

②公司依第三百六十九條之八規定通知他公司後，於未獲他公司相同之通知，亦未知有相互投資之事實者，其股權之行使不受前項限制。

解說

(一) 本條為關於相互投資公司行使表決權的限制規定：所謂相互投資公司，即兩家以上公司，彼此間互相持有對方股份達三分之一以上之情形，主管機關為防止藉此種方式，而達到彼此間實質控制之不當結果產生，所以第1項明定此種公司在行使表決權時，不得超過對方公司有表決權股份的三分之一。

(二) 但是，前述限制仍有兩種例外：

1. 以盈餘或公積配股所得之股份，仍可行使表決權

   由於另一公司盈餘及公積配股之多寡，並非他公司所能掌控，因此對於這部分配股所得的股份，不受前述表決權行使不得超過股本三分之一的限制。

2. 不知有相互投資的情形時，亦不受限制

   由於法律是針對故意藉此方式來掌控公司之人而做規範，因此對於不知情的公司當然可以免除其行使表決權之限制，但是需符合以下兩個條件：

   (1)已依公司法§369-8的規定通知他公司，卻未獲他公司相同之通知時：此係指甲公司已以書面通知乙公司，表示甲公司已持有乙公司股份超過三分之一，而乙公司卻未回覆乙公司對甲公司亦有相同情事；惟如果根本未為通知，則仍應受到表決權行使不得超過三分之一的限制。

   (2)該公司尚須不知有相互投資之事實：舉前例而言，甲公司雖未接獲乙公司通知，但早已知道乙公司對甲公司持股超過三分之一時，則仍須受到表決權行使的限制；只有在甲公司未接獲通知，而且也根本不知道乙公司對甲公司持股有超過三分之一的事實，才可以免除前述表決權行使之限制。

第369條之11（投資股份或投資額之計算）

計算本章公司所持有他公司之股份或出資額，應連同下列各款之股份或出資額一併計入：

一、公司之從屬公司所持有他公司之股份或出資額。

二、第三人為該公司而持有之股份或出資額。

三、第三人為該公司之從屬公司而持有之股份或出資額。

解說

本條為關於持有股份計算的規定：按一般持股的計算，原則上應僅計算其本公司所持有的股份為準，不致於將其他公司或其他人所持有的股份也一併列入計算；但為防止有人利用此種方式而規避相關法律的適用，致使所設規範的功能盡失，因此特別將下列情形下所持有之股份數額也列入

一併計算：

(一) 公司之從屬公司所持有他公司之股份或出資額

　　例如甲公司持有乙公司51%的股份，此時乙公司為甲公司的從屬公司，而甲公司另外持有丙公司30%的股份，並由乙公司持有丙公司30%的股份，如果將甲、乙公司持股分開計算，丙公司部分即可不用適用關係企業的限制，為避免此種不當結果，所以明定將從屬公司（即乙公司）所持有之丙公司股份也一併列入計算，此時甲公司對丙公司即成為有控制關係的公司（因加計乙公司持股，甲公司即持有丙公司60%股份），而應受到控制公司相關規定的限制。

(二) 第三人為該公司所持有的股份或出資額

　　例如甲公司欲實質上控制乙公司，所以自己持有乙公司股份41%，而將另外9%以上之股份以信託方式交由丙管理，此時形式上，甲公司持有乙公司股份雖僅41%，但實際上信託給丙的部份，甲公司仍具有相當的控制權，因此本法乃明定應將二者之股份相加（即將甲公司持有乙公司及丙所持有乙公司之股份相加），以決定其是否應受限制。

(三) 第三人為該公司之從屬公司而持有之股份或出資額

　　此處之規範目的與第二點相同，即是為避免利用他人名義持有股份，而達到實質上控制他公司，卻不用受法律規範之問題的產生，例如甲公司持有丙公司40%的股份，而甲公司的從屬公司乙公司也持有丙公司11%的股份，如果不設此規定，則甲公司只要命乙公司將股份信託給丁管理時，即不受到關係企業規定之限制，因此第3款乃明定將為從屬公司持有之股份也列入一併計算。

第369條之12（公開發行股票之關係企業之義務）

①公開發行股票公司之從屬公司應於每會計年度終了，造具其與控制公司間之關係報告書，載明相互間之法律行為、資金往來及損益情形。

②公開發行股票公司之控制公司應於每會計年度終了，編製關係企業合併營業報告書及合併財務報表。

③前二項書表之編製準則，由證券管理機關定之。

解說

　　本條爲關於公開發行股票公司之關係企業所做的特別規定：上市、上櫃公司即屬於此處所稱之公開發行股票公司，由於這類股票通常均在大眾之間流通，爲保障大眾權益，所以本條乃明定應編製報告書等規定，茲分述如下：

(一) **公開發行股票公司之從屬公司方面**：應於會計年度終了時編製與關係企業間之報告書，其中載明相互之間的法律行爲、資金往來及損益情形，以供主管機關查核。

(二) **公開發行股票公司之控制公司方面**：應於會計年度終了時，編製關係企業合併營業報告書（即除本公司營業報告外，尚應包含各關係企業之從屬公司的營業事項、資金往來及損益情形等事項）及合併財務報表（即合併各從屬公司而一併編製之資產負債表、損益表等）。

申論題

申1 **甲股份有限公司為上市公司，其資本額為新台幣壹拾億元；乙股份有限公司係公開發行公司，已發行有表決權股份總數為伍仟萬股。甲公司持有乙公司表決權股份貳仟萬股，無表決權股份壹仟萬股，而乙公司持有甲公司有表決權股份肆仟萬股。另外，丙公司為甲公司之從屬公司，持有乙公司有表決權股份壹仟萬股；丁公司為丙公司持有乙公司有表決權股份伍佰萬股。若甲公司之董事長A於民國八十八年八月八日使乙公司為不利益之經營，致乙公司受損而丙公司受有利益新台幣參仟萬元，並於同年九月九日為方便乙公司順利上市乃使甲公司為不利益之經營，將利益送至乙公司，致使甲公司受損，乙公司獲利新台幣伍仟萬元。試問：**

(一)乙公司之債權人B得否以自己名義行使乙公司之權利而請求A賠償損害？（十二分）

(二)甲公司之股東C得否為甲公司對A提起訴訟以請求損害賠償（十三分）（89律二）

答：(一)若甲公司未於營業年度終了時，對乙公司爲適當補償，乙公司之債權人B應得以自己名義行使乙公司之權利，而請求甲公司賠

償。

1. 甲公司與乙公司間存有控制從屬關係，甲公司為控制公司，乙公司為從屬公司：

    (1)公司法§369-2規定：「公司持有他公司有表決權之股份或出資額，超過他公司已發行有表決權之股份總數或資本總額半數者為控制公司，該他公司為從屬公司。」又於計算一公司持有他公司之股份時，應將下列持有之股份一併計入：①從屬公司所持有他公司之股份；②第三人為該公司而持有之股份；③第三人為該公司之從屬公司而持有之股份（公司法§369-11參照）

    (2)本題中，乙公司已發行之有表決權股份總數為5000萬股，而甲公司持有其中之2000萬股，甲公司之從屬公司丙持有其中之1000萬股，另外丁公司為丙公司持有乙公司之股份500萬股，甲公司共持有乙公司有表決權股份3500萬股，超過乙公司已發行有表決權股份總數二分之一，故甲公司為乙公司之控制公司，乙公司為甲公司之從屬公司。

2. 公司法§369-4規定：「控制公司直接或間接使從屬公司為不合營業常規或其他不利益之經營，而未於營業年度終了時為適當補償，致從屬公司受有損害者，應負賠償責任。（第一項）控制公司負責人使從屬公司為前項經營者，應與控制公司就前項損害之負連帶賠償責任。（第二項）」今甲公司之董事長A使從屬公司乙公司為不利益之經營，若甲公司未於營業年度終了對乙公司為適當之補償，自須對乙公司負損害賠償責任。

3. 依§369-4Ⅲ規定，若甲公司未為賠償，乙公司之債權人B自得以自己名義，行使乙公司之權利，而請求甲公司之董事長A賠償，且依369-4Ⅲ，債權人並無債權數額之限制。

4. 附帶一提，甲公司之另一從屬公司丙，因乙公司不利益之經營，而受有3000萬元之利益，依公司法§369-5之規定，丙公司於受利益限度內，應對乙公司負損害賠償之責。

(二) 甲公司之股東C若符合公司法§214少數股東權之要件，可以為甲公司對A提起訴訟。

1. 公司法§193Ⅰ規定：「董事執行業務，應依照法令章程及股東會之決議。董事會之決議違反前項規定，致公司受損害時，參與決議之董事，對於公司負賠償之責；但經表示異議之董事，有紀錄或書面聲明可證者，免其責任。（第二項）」

2. 今甲公司董事長A為使乙公司順利上市，乃使甲公司為不利益之經營，將其利益輸送至乙公司，其行為顯然違反前揭法律之規定，而應對甲公司負損害賠償之責。

3. 依公司法§212、§213之規定，甲公司股東會若決議對A提起訴訟，請求損害賠償，原則上應由甲公司之監察人代表公司於股東會決議之日起1個月內提起之，惟另依公司法§214Ⅰ之規定，甲公司繼續1年以上，持有已發行股份總數百分之3以上之股東，亦得以書面請求監察人為甲公司對A提起訴訟，若監察人於請求日起30日內不提起訴訟，請求之股東得為公司提起訴訟。

申2 **A股份有限公司係從事3G手機製造之廠商，B股份有限公司係從事高階軟板基材製造之公司。今A公司陸續從市場上買進B公司之有表決權股份達B公司股份總數百分之六十五。此外，A公司現有九席董事，其中三席又分別當選為B公司董事（B公司共有五席董事）。自此以後，A公司向B公司買進軟板基材之平均單價，均比同時期同品質之市場行情價格低五成，A公司遂因而增強其市場競爭力，進一步提高其3G手機市場占有率約三成。持有B公司股份多年之小股東甲等人，認為B公司受有損害，乃向台北地方法院起訴請求賠償。試問本案小股東甲等人有何民事權利可主張？（即請說明其請求權基礎何在？）（二十五分）（93司）**

答：(一)甲等人得依公司法§369-4Ⅲ，代位B公司向A公司及A公司負責人請求損害賠償。

　　1. B公司之直接求償權：

　　　　公司法§369-4Ⅰ，Ⅱ規定：「控制公司直接或間接使從屬公司為不合營業常規或其他不利益之經營，而未於會計年度終了時為適當補償，致從屬公司受有損害者，應負賠償責任。」、「控制公司負責人使從屬公司為前項之經營者，應與控制公司

就前項損害負連帶賠償責任。」A公司向B公司以低於市場價格五成之單價買進材料，屬不合營業常規之交易。又依公司法§8Ⅰ規定，董事為股份有限公司之當然負責人，A、B公司間之交易，應係二公司董事會之董事決議後所為，因此，從屬公司B得向A公司請求損害賠償，並請求A公司董事會之董事與A公司負連帶賠償責任。

2.B公司少數股東之代位求償權：

(1)依公司法§369-4Ⅲ規定，從屬公司繼續一年以上持有從屬公司已發行有表決權股份總數百分之一以上股東，得以自己名義代位行使前述從屬公司之權利，請求對從屬公司為給付。

(2)因此，少數股東甲等人持有B公司股份多年，如總計其等持股數額達B公司已發行有表決權股份總數百分之一以上，即得依前條項規定，以自己名義代位B公司，請求A公司及A公司董事會之董事對B公司負連帶賠償責任，再者，此代位請求權，依同法條第四項規定，不因B公司就該請求賠償權利所為之和解或拋棄而受影。

(二) 甲等人得依公司法§214Ⅱ，代表B公司向B公司董事請求損害賠償：

1.B公司董事之責任

(1)B公司董事會執行業務，與A公司為不合營業常規之交易，致B公司受有損害，如有違反法令、章程或股東會決議，依公司法§193Ⅱ規定，參與決議之董事應對B公司負賠償責任；但經表示異議有記錄或書面聲明可證者，免其責任。

(2)公司法§23Ⅰ規定：「公司負責人，應忠實執行業務並盡善良管理人之注意，如有違反致公司受有損害者，負損害賠償責任。」董事既為股份有限公司之負責人，依法應盡其忠實義務與注意義務，B公司共有五席董事，其中三席為A公司法人代表董事，為圖利A公司，竟與A公司為不合營業常規之交易，致B公司受有損害，B公司董事違反其忠實義務，應對B公司負損害賠償責任。

2.少數股東之代表訴訟：

公司法§214規定，繼續一年以上持有已發行股份總數百分之三以上之股東，得以書面請求監察人為公司對董事提起訴訟；監察人自請求日起，三十日內不提起訴訟時，少數股東，得為公司提起訴訟，故少數股東甲等人，得依本條規定，代表B公司對B公司之董事提起訴訟。

申3 **劉君係某集團總裁，在其總管理處控制之下的從屬企業計有甲、乙、丙等數家股份有限公司，甲為一家股票上市之生產事業，乙為銀行，丙為票券公司。甲公司因經營不善，公司實際資產總額已少於負債，顯然不足抵償債務，依公司法第二百十一條董事會應即聲請宣告破產，但在劉君指示下乙銀行仍續予貸款支援；而丙公司則對該公司簽發之商業本票給予票保。嗣後，劉君操作甲公司股價，拉抬上揚，不料遇上東南亞金融風暴，泡沫經濟萎縮，股價大跌，甲公司財務又發生危機，並連累到乙、丙公司。**

試問：

(一)我公司法關係企業規定對於劉君及其總管理處是否有規範？其等是否應該依公司法負責，試論之。

(二)甲公司董事長早先明知公司財產不足抵償債務，如即刻向法院聲請破產，在公平合理分配下，債權人雖無從獲得完全之清償，但亦能收回相當成數（假設八成）之債款，但董事會仍繼續舉債，致雪上加霜，使債務愈滾愈大，公司債權人權益受損。甲及乙、丙公司債權人是否可向甲公司董事長請求損害賠償？其賠償範圍如何認定？所謂「公司資產」在此是指資產「帳面價值」抑「實際價值」？經濟部是如何認定的。【87年律師】

答：(一) 1.關係企業一詞為我國企業所習用，故公司法於民國86年特增訂關係企業專章，予以規範，以因應實務之需要；而實務上常見關係企業中有總管理處或集團總裁等，以統籌規劃關係企業之發展，從另一方面來看，關係企業亦深受其等之控制，公司法修正草案§369-13原擬增訂：為統一管理各公司之經營，設有總管理處者，該總管理處之人員，因執行職務對他人所生之責任，各公司應負連帶責任，以為規範。惟有學者以為關係企

業於法律上乃爲各自獨立之法人，總管理之人員與各關係企業未必有委任、僱傭或公司法上之職務關係（如董事、監察人、經理人等），若要求關係企業對總管理處人員之行爲負連帶責任，恐無法理依據，且對關係企業自身及股東、債權人之權益亦有損害，故前揭草案未獲通過。

2.因現行公司法對關係企業之總管理處及其人員並無規範，故劉君雖名爲集團總裁，然若其與各關係企業均無公司法上之職務關係（如董監等），則其行爲即無從以公司法規範之，惟如此，恐將造成受害第三人無法求償，故宜修法解決。

(二) 依公司法§211Ⅱ規定：「公司資產顯有不足抵償其所負債務時，除得依§282辦理者外，董事會應即聲請宣告破產。」公司之董事違反本項規定時，學者與實務見解均認其應依民法§35Ⅱ規定負責，即有過失之董事應負賠償責任，有二人以上時，更應連帶負責（23上204判例），合先敘明，茲就上揭條文規定，擬答如下：

1.甲及乙、丙公司債權人是否可向甲公司董事長請求損害賠償：

(1)甲公司債權人：

甲公司董事長明知公司財產不足抵償債務，卻仍向外舉債，顯然違反前揭條文規定，甲公司債權人自得依前揭民法規定，請求甲公司董事長賠償損害。

(2)乙、丙公司債權人：

乙銀行之所以仍貸款予甲公司，丙公司之所以仍爲甲公司爲票保等不合營業常規或不利益之經營，係出於劉君之指示，而甲公司董事長是否參與，甲公司是否爲乙、丙公司之控制公司，本題並未說明，若其甲亦有使乙、丙公司爲此等不合營業常規或不利益之經營，且甲公司爲乙、丙公司之控制公司，依公司法§369-4Ⅱ規定，甲公司董事長應與甲公司對乙、丙公司負連帶賠償責任，而乙、丙公司之債權人，得依公司法§369-4Ⅲ規定，代位乙、丙公司爲賠償之請求，惟不得爲自己逕向甲公司請求賠償。

2.賠償範圍之認定：

甲公司董事長對公司債權人之賠償金額應以「實際損害及董事過失之輕重為衡」，如果公司董事長即刻向法院聲請破產，債權人可能獲得之分配額較多，茲因其不為聲請，致獲償較少或全未獲償，二者之差額應由有過失之董事賠償。

3.公司資產之認定：

所謂公司之資產，係指公司現實資產之總額，非指其帳簿上所載資產（司法院78.7.12秘台廳(一)01687函），換言之，司法院認為公司資產係指「實際價值」而非「帳面價值」，經濟部亦依此認定之。

本章記誦事項

1. 公司持有他公司股份超過50%者，為控制公司。（註：超過者乃不含本數，故剛好持有他公司股份50%，尚非控制公司。）

2. 公司直接或間接控制他公司之人事、財務或業務經營者，亦為控制公司。

3. 公司與他公司之執行業務股東或董事半數以上相同者，推定為控制與從屬公司。

4. 公司與他公司之已發行有表決權股份總數或資本總額，有半數以上為相同之股東持有或出資者，推定為控制與從屬公司。

5. 控制公司使從屬公司為不合營業常規或其他不利益之經營，未於年度終了時為適當補償，致從屬公司受害者，從屬公司之債權人或繼續一年以上，持股1%以上之股東，可以自己名義，代位從屬公司，請求控制公司對從屬公司為賠償。

第七章 外國公司

 **本章學習重點**

> 本章純屬程序事項，容易瞭解，出題機會甚微，故解說、學習重點、申論
> 題及記誦事項均從略，以省篇幅。

第370條（外國公司之名稱）
外國公司之名稱，應譯成中文，除標明其種類外，並應標明其國籍。

第371條（外國公司之認許）
①外國公司非在其本國設立登記營業者，不得申請認許。
②非經認許，並辦理分公司登記者，不得在中華民國境內營業。

第372條（外國公司之營業資金與公司負責人）
①外國公司應專撥其在中華民國境內營業所用之資金，並應受主管機關對
　其所營事業最低資本額規定之限制。
②外國公司應在中華民國境內指定其訴訟及非訴訟之代理人，並以之為在
　中華民國境內之公司負責人。

第373條（認許之消極要件）
外國公司有下列情事之一者，不予認許：
一、其目的或業務，違反中華民國法律、公共秩序或善良風俗者。
二、公司之認許事項或文件，有虛偽情事者。

第374條（章程與無限責任股東名簿之備置）
①外國公司應於認許後，將章程備置於中華民國境內指定之訴訟及非訴訟
　代理人處所，或其分公司，如有無限責任股東者，並備置其名冊。
②公司負責人違反前項規定，不備置章程或無限責任股東名冊者，各處新

臺幣一萬元以上五萬元以下罰鍰。連續拒不備置者,並按次連續各處新
臺幣二萬元以上十萬元以下罰鍰。

第375條(外國公司之權利義務)

外國公司經認許後,其法律上權利義務及主管機關之管轄,除法律另有規
定外,與中華民國公司同[1]。

第376條(刪除)

第377條(總則規定之準用)

第九條、第十條、第十二條至第二十五條,於外國公司準用之。

---

[1] (B) 自然人甲、乙均為中華民國之國民,二人合資於開曼群島依當地法律設立A股
份有限公司,經我國認許後設立臺北分公司在臺營業,惟因經營不善,導致虧
損連連,債臺高築。今債權人丙以A股份有限公司臺北分公司為被告,訴請臺
灣臺北地方法院判決被告償還新臺幣250萬元整之債款,獲勝訴判決確定。試
問丙可持該確定判決,聲請法院對下列何項財產執行之?(A)法理上,只能對A
公司臺北分公司之全部財產執行之(B)法理上,得就A公司之本公司、臺北分
公司及其他分公司之全部財產執行之(C)若A公司之全部財產不足清償時,甲、
乙應依出資比例承擔補充責任,此時即可對甲、乙之財產執行之(D)甲、乙應與
A公司負連帶責任,故無論A公司之全部財產是否足以清償,均可對甲、乙之
財產執行之。(100律12)
【解說】(1)公司法的外國公司專章,並未明文規定如何處理相關問題,所以題目
才會用依法理來問。本題要透過公司法§375:「外國公司經認許後,其法律上權
利義務及主管機關之管轄,除法律另有規定外,與中華民國公司同。」之規定的法
理來思考。
(2)因分公司與本公司在法理上視為一體,且對於分公司的執行名義,效力及於本
公司下的所有財產,除了對A公司臺北分公司以外,應可對A公司開曼本公司及其
他各分公司的全部財產執行,故選項(A)錯誤、選項(B)正確。
(3)又選項(C)及選項(D)均錯誤,因為股份有限公司的股東負的是「有限責任」,對
於公司的負債,除因有「揭穿公司面紗」之情形而須負責外,不負任何責任,不論
其是否為中華民國國民而有不同,所以當A公司的財產不足清償,甲、乙不負比例
清償責任,也不負連帶清償責任。

第378條（認許之撤回）
外國公司經認許後，無意在中華民國境內繼續營業者，應向主管機關申請撤回認許。但不得免除申請撤回以前所負之責任或債務。

第379條（認許之撤銷）
①外國公司有下列情事之一者，主管機關應撤銷或廢止其認許：
　一、申請認許時所報事項或所繳文件，經查明有虛偽情事者。
　二、公司已解散者。
　三、公司已受破產之宣告者。
②前項撤銷或廢止認許，不得影響債權人之權利及公司之義務。

第380條（外國公司之清算）
①撤回、撤銷或廢止認許之外國公司，應就其在中華民國境內營業，或分公司所生之債權債務清算了結，所有清算未了之債務，仍由該外國公司清償之。
②前項清算，以外國公司在中華民國境內之負責人或分公司經理人為清算人，並依外國公司性質，準用本法有關各種公司之清算程序。

第381條（清算中財產之處分）
外國公司在中華民國境內之財產，在清算時期中，不得移出中華民國國境，除清算人為執行清算外，並不得處分。

第382條（違背清算規定之責任）
外國公司在中華民國境內之負責人或分公司經理人，違反前二條規定時，對於外國公司在中華民國境內營業，或分公司所生之債務，應與該外國公司負連帶責任。

第383條（刪除）

第384條（主管機關之監督）
外國公司經認許後，主管機關於必要時，得查閱其有關營業之簿冊文件。

第385條（代理人之更換或離境）

第三百七十二條第二項規定之代理人，在更換或離境前，外國公司應另指定代理人，並將其姓名、國籍、住所或居所申請主管機關登記。

第386條（未經認許者營業之備案）

①外國公司因無意在中華民國境內設立分公司營業，未經申請認許而派其代表人在中華民國境內爲業務上之法律行爲時，應報明下列各款事項，申請主管機關備案：

一、公司名稱、種類、國籍及所在地。

二、公司股本總額及在本國設立登記之年、月、日。

三、公司所營之事業及其代表人在中華民國境內所爲業務上之法律行爲。

四、在中華民國境內指定之訴訟及非訴訟代理人之姓名、國籍、住所或居所。

②前項代表人須經常留駐中華民國境內者，應設置代表人辦事處，並報明辦事處所在地，依前項規定辦理。

③前二項申請備案文件，應由其本國主管機關或其代表人業務上法律行爲行爲地或其代表人辦事處所在地之中華民國使領館、代表處、辦事處或其他外交部授權機構驗證。

④外國公司非經申請指派代表人報備者，不得在中華民國境內設立代表人辦事處。

第八章 公司之登記及認許

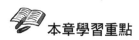本章學習重點

> 本章純屬程序事項，容易瞭解，出題機會甚微，故解說、學習重點、選擇題、申論題及記誦事項均從略，以省篇幅。

第一節 申 請

第387條（登記或認許之申請）

①公司之登記或認許，應由代表公司之負責人備具申請書，連同應備之文件一份，向中央主管機關申請；由代理人申請時，應加具委託書。

②前項代表公司之負責人有數人時，得由一人申辦之。

③第一項代理人，以會計師、律師為限。

④公司之登記或認許事項及其變更，其辦法，由中央主管機關定之。

⑤前項辦法，包括申請人、申請書表、申請方式、申請期限及其他相關事項。

⑥代表公司之負責人違反依第四項所定辦法規定之申請期限者，處新臺幣一萬元以上五萬元以下罰鍰。

⑦代表公司之負責人不依第四項所定辦法規定之申請期限辦理登記者，除由主管機關責令限期改正外，處新臺幣一萬元以上五萬元以下罰鍰；期滿未改正者，繼續責令限期改正，並按次連續處新臺幣二萬元以上十萬元以下罰鍰，至改正為止。

第388條（登記申請之改正）

主管機關對於公司登記之申請，認為有違反本法或不合法定程式者，應令其改正，非俟改正合法後，不予登記。

第389條（刪除）

第390條（刪除）

第391條（登記之更正）
公司登記，申請人於登記後，確知其登記事項有錯誤或遺漏時，得申請更正。

第392條（登記證明書）
請求證明登記事項，主管機關得核給證明書。

第393條（查閱或抄錄之請求）
①公司登記文件，公司負責人或利害關係人，得聲敘理由請求查閱或抄錄。但主管機關認為必要時，得拒絕抄閱或限制其抄閱範圍。
②公司下列登記事項，主管機關應予公開，任何人得向主管機關申請查閱或抄錄：
　一、公司名稱。
　二、所營事業。
　三、公司所在地。
　四、執行業務或代表公司之股東。
　五、董事、監察人姓名及持股。
　六、經理人姓名。
　七、資本總額或實收資本額。
　八、公司章程。
③前項第一款至第七款，任何人得至主管機關之資訊網站查閱。

第394條（刪除）

第395條（刪除）

第396條（刪除）

第397條（撤銷登記之申請）

①公司之解散，不向主管機關申請解散登記者，主管機關得依職權或據利害關係人申請，廢止其登記。

②主管機關對於前項之廢止，除命令解散或裁定解散外，應定三十日之期間，催告公司負責人聲明異議；逾期不為聲明或聲明理由不充分者，即廢止其登記。

第398條至第437條（刪除）

第二節　規　費

第438條（設立登記之規費）

依本法受理公司名稱及所營事業預查、登記、查閱、抄錄及各種證明書等，應收取審查費、登記費、查閱費、抄錄費及證照費；其費額，由中央主管機關定之。

第439條至第446條（刪除）

第九章　附　則

第447條（刪除）

第448條（罰鍰之執行）
本法所定之罰鍰，拒不繳納者，依法移送強制執行。

第449條（本法之施行日期）
本法除中華民國八十六年六月二十五日修正公布之第三百七十三條、第三百八十三條之施行日期由行政院定之，及九十八年五月五日修正之條文自九十八年十一月二十三日施行外，自公布日施行。

附錄：近年律師、司法官考題暨解答

附錄一　99年新制預試試題暨解答（申論題及選擇題）

一、申論題

1. A上市公司為目前流行之山寨手機晶片供應商，B公司則為晶片之下游封裝測試上市公司。A公司持有B公司20%之股權，並掌握B公司全部七席董事中之五席董事，其中並包括董事長甲及總經理乙二人皆係A公司所指派之人員擔任（乙也是B公司董事）。98年時，由於山寨手機晶片預期需求將逐漸旺盛，A公司遂要求B公司降低封測單價以增加搶占山寨手機晶片之競爭力，B公司也同意以低於當時市場價格二成之價錢為A公司晶片從事封測工作。經查B公司因此計損失新台幣10億元之獲利。直至同（98）年底，A公司方給予B公司新台幣10億元之補償。丙為B公司小股東聽聞此消息甚為憤怒，以B公司董事長甲及總經理乙等人涉嫌背信，向檢調機關檢舉。如你為甲、乙之律師，試問你將為B公司經營階層從公司法上為如何之抗辯？（40分）

2. A上市公司（下稱A公司）發行有普通股與特別股兩種股份，實收資本額共計新台幣（以下同）500億元。A公司特別股發行之條件及概況如下表：

項目	條件
發行年數	3年
發行股數	14億股
發行金額	每股16元
股息	年利率1.80%，並與當年度普通股每股股利相比孰高者為分派基礎
是否累積	當年度股息未能發放或發放不足時，不得累積至以後年度補足
資本公積之分派	得參加
召集權	(一)發行滿1年至發行滿3年之期間內，股東得轉換為普通股，惟必須一次全數轉換。 (二)發行滿3年後，未轉換之股份須強制全數轉換。 (三)換股比率為1股特別股換1股普通股。
特別股開標日	95年7月25日

本（98）年度股東常會於6月召開，持有特別股之股東甲等人（即95年7月25日得標者），以其持有股份總計逾全部股權的1%為理由，行使股東提案權，提案內容為：

「本公司下次股東會時，公司章程應修正公司董事席次由十五席減為九席，監察人由五席減為三席」。惟另一派普通股股東則主張特別股股東無股東提案權，而且本件提案人單獨一股東持股未達1%，再者該議案非股東會所得決議，故不可提案。試問就此等爭議依法應如何解決？（30分）又，A公司丙股東持股未達1%，可否就前述提案另提修正案？（10分）請分別說明其法理及法律依據。

解答

1. (一)A、B兩公司為有實質控制從屬關係之公司：
   1.公司法之規定：
      (1)依公司法§369-2規定，控制從屬公司，分為形式認定及實質認定兩種，前者必須一公司持有他公司之有表決權股份或資本總額過半數；後者則是一公司直接或間接控制他公司之人事、財務或業務經營者。
      (2)另依§369-3規定，若一公司與他公司之執行業務股東或董事有半數以上相同者，或者與他公司之已發行有表決權股份或資本總額過半數以上相同者，推定兩公司間有實質之控制、從屬關係。
   2.應可推定A、B公司間有實質控制從屬關係：
      (1)A公司僅持有B公司20%之股權，故A、B公司間不具形式控制從屬公司之關係。
      (2)然依題目所示，A公司掌控B公司全部七席董事中之五席董事，B公司董事長甲及總經理乙二人均為A公司指派（且乙亦為B公司董事），應可認定符合§369-2Ⅱ之規定，A公司為B公司之實質控制公司。
   (二)以本題並無公司法§369-4賠償責任為抗辯：
      依公司法§369-4規定，控制公司使從屬公司為不合營業常規或不利益之經營，必須在會計年度終了前並無為適當補償，方負擔賠償責任。本題A公司在同一會計年度(98)年底，給予B公司十億元之補償，彌補了B公司共計損失十億元之獲利，故而並無違反§369-4，亦無賠償責任發生。
   (三)以公司法§369-4的立法意旨，甲、乙兩人應無違反§23Ⅰ之善良管理人及忠實義務為抗辯：
      §369-4之規範意旨，乃是仿自德國法「事實上關係企業」之規範，設計之目的在於賦予企業經營者，可為整體集團之利益考量，暫時犧牲從屬公司之利益，故而不能單純以B公司之虧損而加以考量。且由法條文字乃是「補償」而非「賠償」，亦可得知控制公司使從屬公司為不合營業常規行為時，並非當然必須賠償，僅於並未為適當補償之時，方負擔賠償之責任。意即對於從屬公司因為控制公司之指示，而為不合營業常規或不利益之行為本身，並無違反法令之情事發生，即從屬公司之董

事，並不因此而必須被認定違反法令或善良管理人注意義務。

2. (一)本題中特別股股東應有提案權：

1.依公司法§172-1提案股東之規定，應不限普通股股東：

(1)公司法§172-1的1%股份，是否限於有表決權股份，容有爭議：

①有學者表示條文既無限制，自不應已有表決權股份為限，且提案權並不涉及股東會之決議；②但亦有學者表示，基於股東行使提案權後，即涉及提案之表決，故而與表決權股份方有相關，無表決權股份並無法參與提案後之表決。

(2)持特別股之股東甲等人，仍應有股東提案權：

因本題發行者，並非無表決權之特別股，故不論基於何說見解，均應認定持有特別股之股東甲等人，有股東提案權。

2.公司法§172-1的提案股東權，乃屬於少數股東權，可集合複數之股東以符合持有股份1%之要求：

(1)依照學者通說見解，§172-1持有已發行股份總數百分之一以上股份之股東，可以行使股東提案權之權利，係屬於少數股東權，而通說亦認為少數股東權之股份數，可以由複數之股東集合其股份行使。

(2)本題中持有特別股之股東甲等人，既然其複數股東之持股總計已經超過A上市公司1%之要求，自然可以按照§172-1規定，對公司以書面提出股東常會議案，行使其股東提案權。

3.該等議案應屬股東會可得決議之事項：

(1)公司法§172-1的股東提案內容，是否限於股東會得決議之事項，學者間容有爭議：

①有學者主張：若將§172-1Ⅳ①之限制搭配§202規定，限於股東會得決議事項，將過於限縮股東提案權之提案範圍，使得對於公司有利之公益提案，無法提出，容有不當。

②另有學者認為：基於§172-1的股東提案權，乃新修正法條，為避免該法條有濫用之虞，以及避免董事會惡用股東提案權，而提出股東會議案，在股東會上通過作為民意基礎，以降低董事之責任，故§172-1股東提案權應該限制於股東會基於法令或章程可決議之事項為當。

(2)本題中所提議案，應屬股東會決議之議案：

然不論採取何說，本題中欲表決議案，乃是降低章程中所記載之董事及監察人之人數，按§129之規定，董事、監察人之人數乃是章程絕對必要記載事項，且依照§277Ⅰ之規定，公司章程之修正，必須經過股東會特別決議為之，故而股東甲等人提案請求修正A上市公司之章程，乃是股東會所得決議之提案。

(二)丙股東可就前述議案另提修正案：

 1.按依§172Ⅴ規定，修正章程不可臨時動議提出，必須載明於召集通知，而關於可否對於已提出之議案提出修正案，依最高法院98年台上第923號判決之意見：§172Ⅴ之臨時動議，係指在該次股東會中本無此等議案，而於臨時動議程序中提出者而言，若該次股東會議程中本已有該特定程序之提案，則在該特定程序中所為之提案，即非臨時動議。另依經濟部95.02.08經商字第09502402970號函表示：股東依公司法§172-1規定，提書面提案並列入議案後，該股東或其他股東於股東常會開會中，提修正或替代案時，尚毋庸具備持有已發行股份總數百分之一以上股份之要件。

 2.綜上所述，A上市公司之股東丙，持股未達1%，其自不可單獨行使§172-1的股東提案權；然因特別股股東甲等人，已提案修正公司章程，降低董事、監察人之席次，則基於最高法院和經濟部之實務見解，於該次股東會中討論該章程修正之議程中，股東丙自可就該降低董事、監察人席次之修正章程提案，提出修正案，又學說亦採肯定見解，因此時雖係在股東會臨時提出修正案，但因其乃對原有之修正章程議案，再度進行修正案之提出，對於全體股東並無侵害其資訊取得權利。

二、選擇題

1. A公司係生產使用環保之電動汽車製造上市公司。95年第一次董事會之其中一項討論案為：「為興建本公司另一座研發及製造汽車環保電池之工廠，以因應市場未來需求，本公司擬增資新台幣100億元，謹提請決議」。由於本案系A公司董事長甲臨時交辦董事會秘書處，故董事會秘書處，故董事會秘書處除議案外，並未準備任何書面資料加以說明。在該董事會中，本議案宣讀完畢後，並無任何董事針對此一議案發言，故本案便迅速順利鼓掌通過並執行。三年後，汽車業蕭條異常，前揭投資興建完成之研發環保電池工廠虧損累累，致影響A公司今年度獲利。對此結果不滿意之A公司股東乙等人，提起代位訴訟，訴請A公司全部董事請求賠償A公司之損失。請問本件股東乙等人之請求權基礎可能為何？

   (A)違反忠實義務　(B)違反注意義力　(C)違反競業禁止義務　(D)違反善意義務。

2. 甲將手上所持有A公司股份5,000萬股依法律規定程序質押於B銀行，借得2億元。A公司分派股利時，假設本件質權契約並無特別規定，A公司應如何處理？

   (A)分派股利給出質人甲　(B)分派股利給質權人B銀行　(C)不得分派股利，保留至質權契約終止　(D)分派股利給出質人甲或質權人B銀行均可，A公司可選擇。

3. 甲為A有限公司之股東，乙為甲之債權人，今乙對甲依強制執行程序，將甲之出資轉讓於他人時，下列之敘述，何者正確？

(A)法院應通知公司及其他全體股東，依法律規定於20日內，指定受讓人　(B)公司法顧及有限公司具有閉鎖性之特質，甲之出資不得轉讓　(C)為保護有限公司股東之債權人之權益，容許股東之債權人對股東之出資聲請強制執行，並且與一般執行程序並無不同　(D)法院於通知公司及其他全體股東後，公司及其他全體股東逾期未指定或指定之受讓人不依同一條件受讓時，視為不同意轉讓。

4. 甲等七人係A雲端運算股份有限公司之發起人，但七人皆缺乏雄厚財力，今A公司章程載明其股份總數為5,000萬股，每股金額10元，A公司發起人並決定在第一次發行新股時，發行1,000萬股，詢問律師，律師亦稱合法。試問律師之回答係基於公司法上之何一概念？

(A)資本確定原則　(B)資本維持原則　(C)法定資本制　(D)授權資本制。

5. A股份有限公司一向營運良好，並與其主要銀行往來密切。今A公司董事會為籌措營運資金，以因應產業景氣復甦，決議以年息16%向A公司大股東甲借貸1,000萬元，惟當時銀行之企業貸款年息約僅4%左右而已。A公司股東乙、監察人丙均不滿此一借貸行為，以公司董事會圖利大股東甲為由，擬行使對董事會違法行為之制止請求權。試問下列有關董事會違法行為之制止請求權之敘述，何者正確？

(A)股東乙行使制止權是以監察人怠於行使為前提　(B)股東或監察人均得於訴訟外，對決議為違法行為之董事會或欲為違法行為之董事，通知其停止該違法行為　(C)公司如有數監察人，則監察人不得單獨行使之，必須共同行使　(D)必須繼續一年以上持有已發行股份總數3%以上之股東，始得請求董事會停止其行為。

6. A股份有限公司經營電子書之生產製造業務，B股份有限公司則為電子書上游零組件供應廠商。A公司為發揮垂直整合功效，與B公司談妥，稱購進B公司90%股權，兩家公司伺機再合併。今A公司如原先計畫取得B公司股權後，決定與B公司進一步合併，試問依法應經何種程序？

(A)A公司與B公司皆經董事會特別決議即可　(B)A公司經股東會特別決議，B公司經董事會特別決議即可　(C)A公司經董事會特別決議，B公司經股東會特別決議即可　(D)A公司與B公司皆經股東會特別決議即可。

7. A股份有限公司為電信業者，已發行股數總數為20億股，為與已發行股數總數為3億股之手機零售通路商B股份有限公司進行業務合作，A公司董事會以特別決議方式通過發行新股3,000萬股，換取B公司所發行之新股3,000萬股。假設B公司股東甲不同意上述交易，問甲可否行使不同意股東股份收買請求權？

(A)可以，因為本件屬於企業併購法之「股份轉換」，故有不同意股東股份收買請求權

(B)不可以，因為本件屬於公司法之「股份交換」，故無不同意股東股份收買請求權

(C)可以，因為本件屬於公司法之「公司合併」，故有不同意股東股份收買請求權

(D)不可以，因為本件屬於企業併購法之「收購」，故無不同意股東股份收買請求權。

8. A股份有限公司實收資本新台幣200億，擬向其董事長甲購買位於A公司旁之土地一塊，供興建公司員工宿舍之用，土地價格為新台幣500萬元。試問有關此筆交易之敘述，依公司法何者錯誤？

(A)出售系爭土地之交易，依法應由監察人為A公司之代表　(B)監察人代表A公司，係此交易對公司生效之要件　(C)董事長甲於董事會決議此筆交易時，應迴避不得加入表決　(D)董事與公司間之交易，依法均應經股東會決議始生效力。

9. A股份有限公司之章程並無可對外保證之規定，A公司董事長甲竟對外以A公司廠房，為某乙對某丙之債務設定抵押權，關於此行為，下列敘述何者錯誤？

(A)本件系爭保證對A公司不生效力　(B)本件系爭保證效力僅存在於甲與丙之間　(C)最高法院判決認為物保，與為他人之保證人無殊，亦為公司法第16條所禁止　(D)本件丙可選擇對A公司或甲主張系爭保證責任。

10. 甲等人欲發起設立專供電動車使用之鋰電池製造公司，下列何者不得擔任公司發起人？

(A)已滿20歲之某鋰電池工程師　(B)專門投資高科技之創投公司　(C)以其自行研發之專門技術之智慧財產權作價投資之財團法人工業研究院　(D)承辦本設立案之法律事務所。

11. A股份有限公司正準備召開本年度之股東大會事宜，試問下列關於召集事由記載之敘述，何者錯誤？

(A)選任或解任董事、監察人必須在召集事由中列舉，不得以臨時動議提出　(B)公司法第185條第1項各款之事項，應在召集事由中列舉，不得以臨時動議提出　(C)以變更章程為召集事由者，應在召集通知之召集事由中列舉，不得以臨時動議提出　(D)上市上櫃公司以低於實際買回股份之平均價格轉讓於員工之決議事項，得以臨時動議提出。

12. A股份有限公司為一家非公開發行公司，但其實收資本額有新台幣10億元，股東人數則有5000人。在某法律事務所內，A公司董事長甲，詢問乙律師：A公司依法是否應強制辦理公開發行？試問乙律師的下列回答中，何者正確？

(A)A公司實收資本額超出新台幣5億元，必須辦理公開發行　(B)A公司股東人數超出300名，必須辦理公開發行　(C)由A公司股東會自行決定是否辦理公開發行　(D)由A公司董事會自行決定是否辦理公開發行。

13. A上市公司董事長乙利益輸送，淘空A公司資產10億元，試問下列何者可逕向公司所在地台北地方法院提出，解任董事長乙之董事資格之訴？

(A)持有A公司股份1%之股東某甲　(B)A公司之債權人　(C)A公司任何股東不論持股多少均可　(D)依證券投資人及期貨交易人保護法設立之保護機構。

14. 上市A公司，係主要從事小筆電（netbook）代工業務之大廠。於本年度股東會時，由該公司董事會提出討論案，案由是：「本公司為多角化經營之企業，經營範圍甚為廣

泛，為適應事實需要，凡本公司董事，為自己或他人為屬於本公司營業範圍內之行為，擬請均予同意許可，以符合公司法第209條之規定。本案前經提請三年前股東會決議通過，茲以本屆董事任期屆滿，即將改選，擬再提請本年股東常會公決，是否之處，敬請討論案」。本案嗣經股東會決議；照案承認通過。試問此一決議的法律效力如何？

(A)有效　(B)無效　(C)得撤銷　(D)效力未定。

15. 甲乙丙丁戊五人欲設立一家以風力發電之A股份有限公司，並在公司章程簽名一起擔任發起人。工作分配上，甲乙丙三人負責對外籌措資金，丁戊則一起對外負責尋找辦公室，最後並由戊簽約承租某大樓十樓充作A股份有限公司之籌備處（合約中並載明：A股份有限公司籌備處）。後來因A股份有限公司無法籌到必要之資金，致公司不能成立。而戊所簽之租約卻欠款50萬元，問依法誰應對此欠款50萬元負責？

(A)僅丁戊二人負連帶責任　(B)丁戊各分別負25萬元之賠償責任　(C)僅戊一人應負責
(D)甲乙丙丁戊五人均應負連帶責任。

解答

1.B　2.B　3.A　4.D　5.B　6.A　7.B　8.D　9.D　10.D　11.A　12.D　13.D　14.B　15.D

附錄二　100年司法官考試第一試試題暨解答（選擇題）

1. 快捷股份有限公司係為經營輕軌鐵路而設立之公司，需進行鋪設鐵道等開業準備工程，始能開始營業。因工資及建材價格上揚等因素，設立後第三年，A公司原始資金及其他融資手段皆已用盡，但尚須繼續投注資金，進行二年之工程建設，始能開始營業，預估開始營業後三年可開始獲利產生盈餘。為解決當前面臨之資金短缺困境，A公司擬變更章程，增列發行固定股息年率6%，連續發放5年之建設股息特別股規定。但此特別股之發行將無法獲得主管機關許可，其理由為何？
   (A)發行建設股息特別股違反不得連續發放三年之規定　(B)此種特別股之發行對持有普通股之股東不公平，違反股東平等原則　(C)公司尚得以發行公司債等方式籌措資金，違反建設股息特別股應為最後手段之原則　(D)違反建設股息僅得於開始營業前分派之要件。

2. A公司為B公司之法人股東，當選為B公司董事，甲為A公司法人股東所指派之自然人代表，下列敘述何者錯誤？
   (A)如甲離職時，A公司可改派他人直接遞補甲在B公司董事之地位　(B)如甲離職時，A公司可改派他人直接遞補甲在B公司董事長之地位　(C)A公司不得再由其他代表人出來競選B公司之董事　(D)A公司與B公司間有忠實及注意義務之關係存在。

3. A股份有限公司欲將其組織變更為有限公司之型態，請問可以依下列何一方式進行之？
   (A)A公司可與另一家有限公司合併　(B)A公司可採分割之方式　(C)A公司可採組織變更之方式，變更為有限公司　(D)A公司必須先解散、清算後，再設立另一家新的有限公司。

4. 繼續一年，持有公開發行A股份有限公司3%股份之股東甲（同時為A公司之監察人），不滿該公司之董事長乙挪用公司公款償其個人之債務，依公司法規定甲對董事長乙可採取下列何種行動追究其責任？
   (A)甲得直接以少數股東之身分對董事乙提起訴訟　(B)甲得直接以少數股東之身分召集股東會，決議解任董事乙　(C)甲得直接以少數股東之身分，向法院請求裁判解任董事乙　(D)甲得直接以監察人身分召集股東會，使股東會決議對董事乙提起訴訟。

5. 甲股份有限公司本年度股東會，有代表已發行股份總數45%之股東出席，甲公司仍為承認去年度財務報表之決議，並經出席股東全體同意通過。試問，下列關於該次決議之敘述何者正確？
   (A)該決議為無效，因為該次決議並未通過普通決議之門檻　(B)該決議不成立，因為該次決議並未通過普通決議之門檻　(C)該決議為假決議，應再行召開股東會再次決議該議案　(D)該決議為效力未定，應提請董事會承認該決議之效力。

6. 某甲欲設立一家股份有限公司，章程記載資本額為新臺幣1億元（相當於1,000萬股），

請問依我國現行的公司法規定，第一次應發行之股份數為多少？

(A)250萬股　(B)10萬股　(C)5萬股　(D)無限制。

7. 甲、乙、丙、丁四人共同發起設立A有限公司，資本總額為新臺幣50萬元，約定由甲出資20萬元，乙、丙、丁各出資10萬元，並由甲、乙、丙擔任董事，丁則純係投資，不執行業務。則下列敘述何者錯誤？

(A)甲、乙、丙、丁須一次繳足所認資本，不得分期繳納　(B)A公司得以章程訂定按甲、乙、丙、丁之出資比例，分配表決權　(C)A公司設立登記後應發給甲、乙、丙、丁之股單，該股單為有價證券　(D)A公司之監察權由丁一人行使。

8. 甲與乙二人原係以合夥方式經營美容保養品事業，之後兩人商討欲將之改為以公司之方式經營，以避免須就合夥債務負連帶清償之責任。另外，兩人希望於公司成立後，由非出資者之丙出任董事長。請問：甲、乙應選擇何種公司型態？

(A)無限公司　(B)有限公司　(C)兩合公司　(D)股份有限公司。

9. 甲公司之董事由A、B、C擔任，D擔任監察人，E擔任總經理，其章程並未規定分公司之設立。若甲公司因擴大營業範圍之需要，計劃於臺北、臺中及高雄地區設立分公司，則下列敘述何者正確？

(A)分公司之設立為公司自治事項，經甲公司之董事會決議後即可設立分公司　(B)分公司之設立為章程之相對應記載事項，甲公司應先經股東會決議修改章程，再經董事會決議設立分公司　(C)分公司之設立為公司自治事項，經甲公司之董事長A決定及監察人承認後即可設立分公司　(D)分公司之設立為公司自治事項，經甲公司之總經理E決定後即可設立分公司。

10. 甲股份有限公司之董事會成員分別有A、B、C、D、E五人，董事長為A。某次董事會欲決議是否委任F為甲公司之總經理乙案，該次董事會由A、B二人親自出席，C因公務出國，但開董事會前C已依公司章程規定出具委託書予B代理出席該次董事會，且授權表示贊成委任F；另外，D則是因為生病住院，以視訊方式參與該次董事會；E雖接獲通知但未出席該次董事會。B、C、D皆同意F之委任案，A則不同意F之委任案。試問，F之委任案是否經甲公司董事會通過，其正確理由為何？

(A)通過，因合法出席董事四人，同意董事三人，因此達到公司法所設之門檻　(B)通過，因合法出席董事三人，同意董事三人，因此達到公司法所設之門檻　(C)不通過，因合法出席董事僅有二人，同意董事二人，未達公司法所設之門檻　(D)不通過，因合法出席董事四人，同意董事一人，未達公司法所設之門檻。

11. A股份有限公司本年度股東常會有下列四個議案，一、會計表冊承認案；二、改選董事案；三、對監察人甲提起訴訟案；四、董事報酬決定案。惟因支持監察人甲之股東杯葛該次股東會而未出席，致出席股東所代表之股份數僅達公司已發行股份總數之40%，則上述議案中，何者不得做成假決議？

(A)會計表冊承認案 (B)改選董事案 (C)對監察人甲提起訴訟案 (D)董事報酬決定案。

12. 我國公司法賦予監察人有主動召集股東會之權利，倘監察人於「非必要時」召集股東會，請問此次股東會決議之效力依最高法院見解如何？

(A)不成立 (B)無效 (C)有效 (D)得撤銷。

13. X股份有限公司為一家成立多年之建設公司，受到大環境之影響，近年來，公司不僅獲利能力欠佳，且已連續兩年未能分派盈餘給股東。另一方面，X公司預估房地產業之景氣將逐漸好轉，擬先發行各種特別股用以購地伺機而動。試問：在現行公司法及主管機關之函釋下，X公司所設計之特別股內容，何者錯誤？

(A)其盈餘分派優先於普通股，且表決權數係一股三表決權 (B)其盈餘分派雖優先於普通股，但表決權之行使，以七五折計算之 (C)其盈餘分派雖優先於普通股，但行使表決權之順序上，劣後於普通股 (D)其盈餘分派雖優先於普通股，但無表決權。

14. 甲向乙銀行借款新臺幣1,000萬元，並將其持股A公司之股票2,000張（價值新臺幣5,000萬元）質押給乙銀行，作為該次借款之擔保。該次設質，經帳戶劃撥之方式交付且向A公司申請設定質權之登記。於甲質押期間，A公司欲分派股票股利，除別有約定外，該新股應分派給何人，理由為何？

(A)甲，甲仍為股東有盈餘分派請求權 (B)乙銀行，乙銀行有收取孳息之權利 (C)A公司，待質權解除再分派給出質人 (D)該股票經設質，故一切股票上權利凍結行使。

15. A股份有限公司於民國99年度之股東常會，採行電子投票及委託書代理出席之方式，下列敘述，何者錯誤？

(A)股東甲得在家以視訊會議行使表決權 (B)以電子投票方式視為親自出席，但對於臨時動議視為棄權 (C)以電子投票方式進行表決者，其意思表示應於股東會開會五日前送達公司 (D)股東同時以電子投票及委託代理出席之方式，以後者為準。

解答

1.D 2.B 3.D 4.D 5.C 6.D 7.C 8.D 9.B 10.A 11.B 12.D 13.A 14.B 15.A, C

附錄三　100年律師考試第一試試題暨解答

1. 甲、乙兩人為好友，決定聯合他人共同投資成立資本額新臺幣1千萬元之A股份有限公司，下列敘述何者錯誤？
   (A)A公司採發起設立，甲以現物出資時，由簽證會計師對甲之現物出資是否合理進行查核　(B)A公司採募集設立，甲以現物出資時，由創立會對甲之現物出資是否合理進行監督　(C)A公司章程並未規定是否發行股票，則A公司董事會得決定不發行股票　(D)A公司章程並未規定是否發行股票，則A公司之股東得請求發行股票，A公司不得拒絕。

2. 甲早年自臺灣赴薩摩亞群島投資經商有成。為饗應我國政府「鮭魚返鄉」政策，乃籌資新臺幣1億元擬於臺灣設立公司經營觀光旅遊業，並擬以「也擱發」為公司特取名稱。惟經預查結果，已有經營食品加工業之「臺灣也擱發有限公司」設立登記在案。則甲得以下列何一公司名稱在我國申請公司設立登記？
   (A)薩摩亞商也擱發股份有限公司　(B)新也擱發股份有限公司　(C)也擱發興業股份有限公司　(D)也擱發旅遊股份有限公司。

3. 為健全公司發展及保障股東權益，推動公司治理，2005年公司法修訂時新增董事候選人提名制度，以強化董事提名審查作業資訊透明度。關於此制度，下列敘述何者錯誤？
   (A)此制度適用於公開發行公司及非公開發行公司　(B)採行此制度之公司，應載明於公司章程　(C)持有已發行股份總數1%以上股份之股東，得以書面向公司提出董事候選人名單，提名人數不得超過董事應選名額　(D)董事會提名董事候選人之人數，亦不得超過董事應選名額。

4. 我國公司法於民國90年修法時，已引進一人公司的法制，請問所謂之「一人」係指：
   (A)員工僅有一人之公司　(B)董事僅有一人之公司　(C)僅設有總經理一人之公司　(D)股東僅有一人之公司。

5. 某股份有限公司欲發行特別股，請問下列何種情形可能會違反公司法？①享二倍之盈餘分派權利、且每股有二表決權；②享二倍之盈餘分派權利、惟無表決權；③有盈餘分派之權利、惟每股有二表決權；④有盈餘分派之權利、但無表決權
   (A)①②　(B)③④　(C)①③　(D)②③

6. 除募集設立外，公開發行公司之所以與非公開發行公司不同，依法，其不同處何在？
   (A)資本額多寡　(B)股東人數多寡　(C)資本額與股東人數多寡　(D)有無補辦公開發行程序。

7. 甲欲設立股份有限公司，正在研擬章程，甲希望公司能設置：①董事長；②副董事長；③總經理；④監察人，請問：何者必須記載在章程中始生效力？

(A)①②　(B)②③　(C)③④　(D)①④。

8. 某股份有限公司章程載明董事會得代理出席。甲董事因移居國外，遂書面委託居住國內之股東乙經常代理出席董事會，惟未辦理登記。請問其效力如何？

(A)有效。依公司法第6條規定，僅有設立登記係採登記要件主義，其他事項無須登記　(B)不得對抗第三人。依公司法第12條規定，應登記之事項未登記者，僅不得對抗第三人，並非無效　(C)效力未定。乙之代理行為須於完成登記之後始生效力，故登記前之代理行為僅屬效力未定　(D)無效。此一事項必須經過登記始生效力。

9. X公司為一家公開發行股票公司，於某次股東會中以特別決議方式變更章程，而變更章程之內容均涉及到公司機關間之權限劃分問題。試問：以下選項中那一個章程內容係違反公司法規定而無效？

(A)X公司每年度之盈餘分派，授權董事會在盈餘分派可能範圍內，於年利率1.5%至3%之間決定其金額　(B)X公司董事之報酬由董事會逕行決定之　(C)X公司所擬從事之交易行為中，金額超過新台幣1億元者，須先取得股東會普通決議之同意後始得為之　(D)X公司董監事選舉方式採用全額連記法。

10. 甲股東持有非公開發行之A股份有限公司有表決權之發行股份總數1.5%，乙股東持有A股份有限公司有表決權之發行股份總數2.4%。甲、乙皆委託自然人丙參加A公司之股東常會，請問丙所代理之表決權該如何計算？

(A)丙不得同時受二股東之委託，故其代理之發行股份總數表決權3.9%全部不予計算　(B)丙可同時受二股東委託，其代理之發行股份總數表決權3.9%全部予以計算　(C)丙可同時受二股東委託，但其代理之表決權不得超過已發行股份總數表決權之3%，超過部分不予計算　(D)丙不得同時受二股東之委託，但事先向A公司申報，表決權即可全部計算。

11. A股份有限公司為一上市公司，因不當之轉投資致其資金週轉不靈，有停業之虞，下列敘述何者正確？

(A)公司之任一股東得向法院聲請重整　(B)購買A公司所發行公司債之任一投資人得向法院聲請重整　(C)經A公司之董事會之特別決議得向法院聲請重整　(D)經A公司之股東會之特別決議得向法院聲請重整。

12. 自然人甲、乙均為中華民國之國民，二人合資於開曼群島依當地法律設立A股份有限公司，經我國認許後設立臺北分公司在臺營業，惟因經營不善，導致虧損連連，債臺高築。今債權人丙以A股份有限公司臺北分公司為被告，訴請臺灣臺北地方法院判決被告償還新臺幣250萬元整之債款，獲勝訴判決確定。試問丙可持該確定判決，聲請法院對下列何項財產執行之？

(A)法理上，只能對A公司臺北分公司之全部財產執行之　(B)法理上，得就A公司之本公司、臺北分公司及其他分公司之全部財產執行之　(C)若A公司之全部財產不足清償

時，甲、乙應依出資比例承擔補充責任，此時即可對甲、乙之財產執行之　(D)甲、乙應與A公司負帶責任，故無論A公司之全部財產是否足以清償，均可對甲、乙之財產執行之。

13. A電腦股份有限公司為一專業筆記型電腦製造及行銷商，為落實客戶導向，避免代工與自有品牌業務衝突，遂於二年前由A公司出資新台幣（下同）70萬元整，A公司大股東甲出資30萬元整，共同設立B有限公司，並將代工部門移至B公司經營。為因應景氣變遷，A公司近期擬使B公司與同業代工廠商C股份有限公司合併，以強化整體市場競爭力。下列敘述何者正確？
(A)如擬以吸收合併方式進行本案，A公司應採C（消滅）公司併入B（存續）公司之方式為之　(B)B公司之股東會僅需出資超過資本總額三分之二之同意，即可通過本合併案　(C)B公司就本案為合併之決議後，應即向各債權人分別通知及公告，並指定三十日以上期限，聲明債權人得於期限內提出異議　(D)A公司之股東乙不認同本合併案，可行使股份收買請求權，請求A公司以公平價格買回乙之持股。

14. A股份有限公司（以下本題之公司組織類型均同）持有B公司已發行有表決權（以下均同）股份總數達90%、持有C公司50%股份，對D公司掌控人事任免權；A公司之董事有9席，E公司之董事為5席，惟E公司之董事長、副董事長及2名董事，與A公司之4名董事，均由相同之4人分別擔任。A公司持有F公司39%股份；B公司持有F公司10%股份，B公司並將其所持有之F公司股份全數交付信託，但未放棄對股權之管理、指揮及控制等權利；C、D及E公司則均分別持有F公司5%股份。請問依公司法，何公司為A公司之從屬公司？
(A)BCD　(B)BCE　(C)BDF　(D)DEF。

15. 承上題，設B、C、D、E及F公司均分別持有A公司有表決權之股份總數5%，於A公司召集股東會時，何公司所持有之股份，依公司法之規定無表決權？
(A)BC　(B)BD　(C)BE　(D)BF。

解答

1.D　2.D　3.A　4.D　5.C　6.D　7.B　8.D　9.B　10.C　11.C　12.B　13.C　14.C　15.D

參考書目

1. 柯芳枝：公司法論（上）（下），三民書局，98年，增訂八版。
2. 梁宇賢：公司法論，三民書局，95年3月，修訂六版。
3. 王文宇等：商事法，元照出版社，99年9月，四版。
4. 陳連順：公司法精義，一品文化，97年10月，修訂八版。
5. 賴源河：實用商事法精義，五南圖書，98年9月，修訂八版。
6. 月旦法學雜誌。
7. 台灣本土法學雜誌。

國家圖書館出版品預行編目資料

公司法概要／林勝安著. －－初版.－－臺北
市：五南，2012.07
　面；　公分
ISBN 978-957-11-6678-0（平裝）

1.公司法

587.2　　　　　　　　　　101008028

1QH7

公司法概要

作　　　者 ― 林勝安（135）

發 行 人 ― 楊榮川

總 編 輯 ― 王翠華

主　　　編 ― 劉靜芬

責任編輯 ― 李奇蓁　王政軒

封面設計 ― 童安安

出 版 者 ― 五南圖書出版股份有限公司

地　　　址：106台北市大安區和平東路二段339號4樓

電　　　話：(02)2705-5066　傳　　真：(02)2706-6100

網　　　址：http://www.wunan.com.tw

電子郵件：wunan@wunan.com.tw

劃撥帳號：01068953

戶　　　名：五南圖書出版股份有限公司

台中市駐區辦公室/台中市中區中山路6號

電　　　話：(04)2223-0891　傳　　真：(04)2223-3549

高雄市駐區辦公室/高雄市新興區中山一路290號

電　　　話：(07)2358-702　傳　　真：(07)2350-236

法律顧問　元貞聯合法律事務所　張澤平律師

出版日期　2012年7月初版一刷

定　　　價　新臺幣500元